設計から楽しむ
ガーデンデザイン入門

企画編集 (財)日本花普及センター

農文協

『設計から楽しむ　ガーデンデザイン入門』の出版にあたって

　近年、ガーデニングがブームとなって、多くの人々が気軽に花を楽しむようになり、生花店やホームセンター等では花苗や園芸用品の販売コーナーが拡大し、本屋では関係するたくさんの雑誌等が書棚の一角を占めるようになってきました。

　しかし、日本人の花好きは、今に始まったものではなく、昔から梅や桜のお花見は人々の楽しみでしたし、江戸時代には、朝顔、菊、椿、花菖蒲等の品種改良が盛んに行なわれ、日本にきた欧米人が長屋の路地の奥まで丹精を込めて花がつくられているのに驚いたことが記録に残っております。

　こうした伝統の上に立って、人間も自然の中で生きる存在として捉え、「自然と人間の共生」の道を探ろうとしたのが平成2年大阪で開催された国際花と緑の博覧会であり、これがガーデニングブームのきっかけともなりました。

　当センターは、この精神を継承するため、幅広い関係者のご支援ご協力を得て、平成3年に設立されました。以来、花と緑による潤いのある豊かな社会の実現に寄与するため、ジャパンフラワーフェスティバルの開催、花の国づくり運動の推進、花に関する調査研究等を実施して参りました。

　このたび出版する『ガーデンデザイン入門』は、ガーデニングが21世紀における日本の園芸文化として質的に向上し、普及・定着することをねらい、ガーデニングの文化的背景や最も基礎となるガーデンデザインについて、図解や事例写真を豊富に使用して、実践的なマニュアルとして企画編集しました。

　終わりに、今回の企画編集の意図を踏まえて、原稿のご執筆や編集出版のご協力を賜りました多くの方々に心から感謝申し上げます。

2002年6月

財団法人日本花普及センター
理事長　畑　中　孝　晴

contents

はじめに……………………………………1

1章 庭園文化とガーデニング　5

イギリス庭園史にみる庭園の文化的背景　赤川 裕　6
- 第一段階の庭園は、イタリアに倣った古典主義庭園
- イギリス独自の「風景式庭園」の出現
- 「絵のような」風景への憧憬とカントリーコッテージガーデンの流行
- カントリーコッテージガーデンに造形性を加味した現代のイギリス庭園

イギリスのガーデニング事情　八尋和子　12

各国のガーデニング最前線　澤野多加史　28
- イギリスの庭園　28
- フランスの庭園　34
- イタリアの庭園　35
- スペインの庭園　38
- オランダの庭園　39
- ニュージーランドの庭園　平城好明　42

日本庭園史と庭園文化　白幡洋三郎　44
- 日本庭園の歴史とその広がり
- 西洋庭園に影響を与えた日本庭園
- 観賞する庭から暮らしを共に楽しむ庭へ

日本のガーデニング事情　村田幸子　56

日本庭園の伝統的作庭技法　萩野賢三　63

コラム
専門業者への依頼法　萩野賢三　74

2章 ガーデンデザインの実際　75

a ガーデンデザインの手法と過程　湯浅 剛　76

I ガーデンデザインの基本手法　76
- ガーデンデザインのポイント
- コンセプトの設定
- 骨格のモチーフとデザイン
- デザインの原理
- 周辺環境との調和
- 空間の限定（区切る・囲む・つなぐ）
- 植栽計画（配植と植栽選定）
- 素材の選定とデザイン
- 色彩と質感
- フォーカルポイントとシンボルツリー
- スケール感（図面の縮尺の感覚）
- 遠近感の活用
- 現況の構造物・樹木・借景の活用
- 高低差の活用
- 水の演出

II ガーデンデザインの過程　88
- 与条件の整理とコンセプトの策定
- 測量と現況図の作成
- ゾーニング（地割）
- デザイン
- 植栽計画と植栽図（リスト）の作成
- 設備計画
- 材料の選定と納まりの検討
- 見積り・見積調整
- 施工（設計監理）
- 管理

III デザイン製図の基礎　95
- 製図用具と線の引き方
- 縮尺の選択と図面の種類
- 図面の表現方法
- 構成要素の基本的な寸法

B 資材の選択とデザイン　湯浅 剛 106

I 床舗装、階段、縁石　106
床舗装・階段・縁石の機能
石
玉石・砂利
レンガ
木材・竹材（デッキ・枕木・木レンガ）
タイル
コンクリート、アスファルト
コンクリート製品

II 塀、フェンス（柵・垣根）　123
塀の種類と資材
フェンスの種類と資材

III 擁壁（土留め）　129
擁壁の種類と資材

IV 門扉　132
門扉の種類と資材

V 構造物　133
パーゴラ、アーチ
カーポート
ガゼボ
サンルーム（コンサバトリー）
物置

VI 水　136
池
噴水、壁泉
流れ、滝
水場

VII アウトドアキッチン　139
バーベキューコーナー
シンク、カウンター

VIII 添景物　140
石製、陶器類
木材、樹脂、金属物ほか
テーブル、チェアー、ベンチ

IX コンテナ　142
コンテナ
ハンギングバスケット

X 電気設備、給排水設備　143
電気設備
給排水設備

C 植栽植物の選定とデザイン　湯浅 剛 146

I 造園植物の種類と特徴　146
造園樹木
造園用草花
地被植物（グランドカバー）
つる性植物
水生植物

II 植栽デザイン　150
庭のイメージと目的
植物の形と大きさ・組合せ
色彩・質感・芳香
四季の変化
植栽配置とイメージ

III 植栽植物の選定法　156
選定の手順
環境条件のチェック法と対処法

IV 植栽図・リストの作成と施工　160
植栽図・植栽リストの作成
植栽施工のポイント

contents

d コンテナ・ハンギングバスケットガーデン　163

I コンテナガーデン　平城好明　163
- どんな場所でも楽しめるコンテナ園芸
- コンテナの種類と使い方
- コンテナガーデンのデザインと設計
- 栽培管理の基本

II ハンギングバスケット　武内嘉一郎　168
- ハンギングに使用する資材
- 用土の選び方
- 苗の選び方
- ハンギングバスケットのデザイン
- 生育中の管理

e Reガーデン（庭の改造）　萩野賢三　173

I 改造にあたって考えること　173
- 要望と現況を整理する
- 庭の現状をつかむ
- 地割・つなぎのリニューアル
- 景色のリニューアル
- 環境のリニューアル
- 既存材料のリサイクル

II A邸の改庭紹介　178

Illustrated by Paul Smither

3章 暮らしを楽しむガーデンデザイン実例　181

フロント・アプローチガーデン
1. アールを生かしたフロントガーデン　182
2. 細長い小道ガーデン　186
3. オープンスタイルのフロントガーデン　190

和洋折衷の庭
1. 縁側のある庭　194
2. 水琴窟のある雑木の庭　198

水を楽しむ庭
1. 壁泉のある庭　202
2. つくばいのある和風の庭　206

屋上・ベランダガーデン
1. バーベキューも楽しめる屋上ガーデン　210
2. マンションの坪庭　214
3. メゾネットのベランダガーデン　218
4. 駐車場の上のテラスガーデン　222

ナチュラルガーデン
1. ナチュラリスティックガーデン　226
2. 野生の生き物を呼ぶビオガーデン　230

共歓するもてなしの庭
1. ガーデニングと生活を憩う庭　234
2. リビングガーデン　238
3. いろりのある庭　242
4. ペンションのキッチンガーデン　246

心を癒すパブリックガーデン
1. 心を解放するキッズガーデン　250
2. 学校花壇とグリーンコミュニティー　254
3. ドライガーデン　258

資料　261
索引　264

第1章
庭園文化とガーデニング
chapter 1

イギリス庭園史にみる庭園の文化的背景

■ 赤川 裕（明治学院大学教授）

　一般的に理解されている「イングリッシュガーデン」の平均的イメージは、ほどほどの空間に彩り豊かな花を見事に咲かせた庭……というあたりであろうか。

　しかし現地イギリスでの実態をつぶさに観察すると、かならずしもそのようなイメージどおりの庭が画一的に存在しているわけではないことに気付かされる。花を主体とした小庭園もあれば、樹木だけが生い茂る森林公園のような大庭園も共存していて、それらのいずれもがイギリス庭園の名を冠しているのである。

　イギリス庭園はどのような変化を遂げて、そのような現況にたどり着いたのか。それを理解するために、イギリス庭園の歴史を3つの段階に分けて整理してみよう。

第一段階の庭園は、イタリアに倣った古典主義庭園

中世からルネッサンスまで

　イギリスを含めたヨーロッパの広範囲な地域を支配下に置いていたローマ帝国が瓦解したあと、いわば置き土産のような封建制度・荘園制度・カトリック教会を3本柱とする等質的な世界がヨーロッパのほぼ全域を覆って、1千年のあいだ社会の基本構造を維持していた。この「中世」と呼ばれる世界にイギリスも組み込まれていたわけで、このことの影響は社会・文化に深く浸透し、この段階のイギリスの庭は、欧州各国の庭と基本的には同じだった。

　したがってこの時期のイギリスの庭は、「イギリスにある庭」ではあっても、まだ独自のイギリス色を打ち出してはいなかったので、後の「イギリス式庭園」という名では呼ばれなかった。

　庶民は庭を持つ余裕もなく、王侯・貴族や富裕層が、高い塀に囲まれた閉鎖的な空間に自分のための安全で快適な庭を持っていた。支配者の地位・権力を象徴する庭とは、きっちりと囲われた空間に整然とした造形が施されたもの、と理解されていた。

　宇宙の秩序の雛型とみなされたそのような庭は、正方形・長方形・完全な円などの幾何学的な図形が組み合わさり、生垣などの植栽も直線的に刈り込まれ、動物などの形を模した「トピアリ」という剪定法もよく行なわれた（● 写真−1）。

イタリアで完成の域に達した古典主義庭園

　造形（フォルム）を重視するので、この種の庭を「整形庭園」（フォーマルガーデン）とか「幾何学式庭園」と呼ぶ。このタイプの庭の総称を「古典主義庭園」というのは、ギリシャローマ文明の中心的継承者であるイタリアで、この種の庭園技法が完成されたからである。

①典型的なイタリアの修道院中庭。正方形に囲いまわされ、外部の世俗世界から隔絶された「閉じられた」小宇宙をなしている。

イタリアは、比較的狭く、高低差の大きい国土を特色とする国であり、その地形上の特性を逆手に取って発達した庭園技法は、複雑な造形を組み合わせ、彫刻や噴水を多用して立体感のある劇的な空間をつくりだした。ルネッサンス期のイギリスで、このイタリア様式でつくられた庭の中で現存する代表例が、ハンプトンコート宮殿庭園である。

国土の広いフランスならではの大庭園

イタリア様式を継承したフランスは、全国土に潤沢に存在する広い平地を生かした華麗な大庭園様式を出現させた。17世紀に990万㎡を誇ったヴェルサイユ宮殿庭園は、その極致である。

これらのヨーロッパ様式に追従していたイギリスでの代表作のひとつが、旧ウィルトンハウス庭園である（下図）。ここは完成後、火災で焼失してしまうが、記録に残る17世紀当時のこの庭の図版を見ると、庭が3つの部分に等分され、それぞれが十文字の通路によって四分割されたり、楕円形をモチーフにしたり、幾何学的要素で整然と統一されている。

イギリス独自の「風景式庭園」の出現

自然主義への傾斜が生んだ第二段階の庭

17世紀後半、イギリスは庭づくりを含めた各分野で独自の道を歩み始め、ニュートンの「万有引力」発見に代表される先進的な科学と思想は、自然と人間との新しい関係に目を開かせた。欧州の諸大国が絶対王権の支配下にあるとき、イギリスでは議会内外の進歩派が主導権を握って、新しい政治の形を実現する。産業革命の影響は田園にも及び、農民は働き手を求める都市周辺の工場へと吸収されていく。

進歩派の自己表現の場としての庭

人影も薄れた田園に、広々とした「風景のような」新しいスタイルの庭が次々と出現する。進歩派を構成する新社会層（新興貴族や上昇機運に乗った中産階級層）は、絶対王権を支えた階層とは異質の生活スタイルを採用して、自己の存在証明とした。整形庭園は「支配者」の象徴という連想が強く、進歩派は反発したのである。

風景庭園といっても人工空間であり、大自然をそのまま持ち込むことは不可能である。以前の整形部分を壊したり、塀を視野から消す工夫をしたり、様々な技法を駆使して理想的な自然風空間をつくりだした。

天才造園家たちの創造の極致、「風景庭園」

名手ウィリアム・ケントや「ケイパビリティー」とあだ名されていたランスロット・ブラウンは、なだらかな起伏やうねうねと曲がった線を組み合わせて、自然らしい美的な空間を創造した。「不規則性」（イレギュラリティー）とか「うねうねした、ゆらぎ

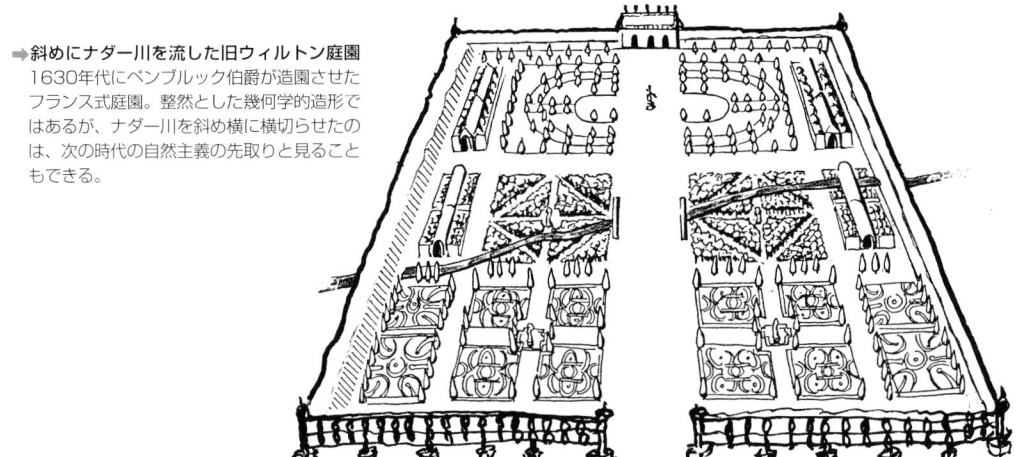

➡ 斜めにナダー川を流した旧ウィルトン庭園
1630年代にペンブルック伯爵が造園させたフランス式庭園。整然とした幾何学的造形ではあるが、ナダー川を斜め横に横切らせたのは、次の時代の自然主義の先取りと見ることもできる。

「風景式庭園」の誕生と変遷

初期風景庭園の代表例の②では、ひたすら広々とした空間が印象的だが、後期風景庭園③では、複雑に入り組んだ湖岸線や樹形が次の段階の様式を予告。④では戻ってきた整形性が、⑤ではカントリー要素が核心をなしている。

④ケント州のシシングハースト城庭園　持ち主のヴィータ・サックビル＝ウェストが夫と協力して1931年から造園。整形性に加えて、ワイルドな自然的混植を施し、今世紀英国庭園の代表作のひとつとなった。

②ハワード城庭園（ヨークシャー）　カーライル伯爵のためにバンブラらが1710年代～30年代に造営。伯爵自身のアイデアが生かされた大風景園。

③オクスフォード郊外のブレニム宮庭園　モルバラ第4公爵のために名手ランスロット・ブラウンが修景（1764年）。風景庭園の極致といえる人工を感じさせない精緻な空間造り。

⑤デボンシャーにあるザ・ガーデンハウス　1970年代からキース・ワイリーによって造営。写真はその中核をなす古い廃墟を取り込んだ「囲われた庭」。広大な丘陵を借景する1.5エーカーの古くて新しい庭。必見中の必見。

のある」（サーペンタイン）などという表現が、18世紀のイギリス庭園を語るキーワードになってゆく（●写真−2）。この第2段階の風景庭園こそ、議会制度を核とする近代的政治を確立したイギリスの思想的メッセージを発信する媒体として、諸外国から「イギリス庭園」、または「イギリス式庭園」の名で呼ばれ、各地で模倣されてゆくのである。

■「絵のような」風景への憧憬とカントリーコッテージの流行

第三段階への橋渡し、「ピクチャレスク」

　何事にも凋落の影は忍び寄るものか、18世紀中葉以降250以上の庭を手掛け、絶頂を極めたブラウンにも批判者が現れる。先駆けとなったウィリアム・ギルピンは美術批評家として、「風景は起伏に富み、奥深い陰影のある、情趣あふれた絵のようであるべきだ」と主張し、ブラウンの創出した明るい開放空間を核とする風景観を批判する。1780年代のことであった。彼の「ピクチャレスク」（絵のような）という用語は、一躍、時代のキーワードになった。

　ブラウン一派の広々と開けた明るい平坦な庭よりも、樹木が生い茂り、崖や窪みで複雑化された、陰影のある風景を演出する造園手法が評価された。いわば「18世紀の世紀末」現象であり、きたるべきロマン主義諸芸術の先触れだったのである（●写真−3）。

田園への憧憬と「カントリーコッテージ」

　ピクチャレスクな庭づくりは一時的な流行に終わったが、余韻として残ったものに「カントリーコッテージ」の流行があった。

　農民の住む田舎家そのものは、はるか昔から存在していた。古典主義時代には整形庭園の塀の外側にも、農夫や馬丁や洗濯女の住まいはあった。だが、それらは庭が風景庭園化した結果、見苦しく露呈してしまい、取り壊されたり移築を強いられたりした。

　なかには、移築に際して風景となじむような、しゃれた小屋を建ててくれた人道的な地主もいた。一方、自分でつつましい小屋を建てて自立する人々もいて、自営農民として階層形成を始める。そうした田舎家が、ピクチャレスクな森かげに見え隠れしている風情が、かえって趣があるという見方が広がってきて、コッテージ礼賛の時代が到来する。

カントリーコッテージが根付かせたイギリス人のライフスタイル

　こうなると、新しい生活様式としての「カントリースタイル」を求めて、都市部の中産階級までもが、別荘として、また居宅として田舎家を買い求めたり、田舎家風な造りの外観を残しつつ内装を改築する流行が沸き起こった。

　自営農民から苗や種を分けてもらい、夫婦が協力して野菜を育て、ゆとりが出た人が花を植え始めたとき、「イギリス人にとって家は城である」という伝統はゆるぎないものになっていった。また、夫婦相和して家事にいそしむ価値観が、生活の根幹となって根付いていった。

■カントリーコッテージガーデンに造形性を加味した現代のイギリス庭園

第三段階で花開いた現代のイギリス庭園

　ピクチャレスクな森かげに、しゃれたコッテージが建ち始めた19世紀前半、上流社会の大庭園にも変化が起きていた。ブラウン以降のピクチャレスク感覚の洗礼を受けた造園家たちは、単に自然的で平坦な庭ではなく、複雑な変化と趣向を盛った造形性のある庭を競ってつくった（●写真−4）。

　これはある意味では古典主義の復活だった。花壇が戻り、噴水が立ち昇り、塀がめぐらされた。かつての進歩派は、今やヴィクトリア王朝の中核を担う主流派層に様変わりしていた。庭が発信した政治的・思想的メッセージは希薄になり、個人の趣味・趣向が優先する時代の傾向に乗って、人々は豊かさの恩恵の中で、過去の美的な遺産を懐かしんだのである。

外来種に熱い眼差しを送り、在来種も見直されて

　豊かな国力は、遠い国から未知の植物を収集する流行を生み、庭園の姿を変えた。一方、行きすぎた珍種収集や財を傾けた豪華な庭づくりへの反発もわき起こり、カントリーコテージ・ガーデンに脈々と生き延びていたイギリス古来の素朴な花が、熱い再評価を受けた。オールド・イングリッシュ・ローズや「すいかずら」などへの愛着は、こうした背景から復活したのである。

過去の多くの要素を組み合せた、現代の市民庭園

　現代イギリス市民の庭は、カントリーコテージ・ガーデンの要素を基本構造に据えて、戻ってきた整形性・造形性を加味しつつ、ほどほどの空間にセンスよく組み合わせたものが主流である。今世紀の庭園技法の核心をなす、「屋外の小部屋」とか「コンパートメント」と呼ばれる小空間を組み合わせる手法は、造形性の追求であるとともに、手狭な空間を活用した初期コテージガーデンのパターンを連鎖・連結させたものと見ることもできる。

　この種の現代庭園の初期傑作、ヒドコット・マナー・ガーデンにも、シシングハースト城庭園（●写真-4）にも、整形部分と並んで田舎家が置かれているのは、注目に値する示唆的な事実である。

数千年かけて生まれた花壇の形

　現代イギリス庭園のもうひとつの決定的特質が、植物の扱いである。今世紀の特色的な植栽技法として圧倒的な支持を受けるのが、「ハーベイシャスボーダー」と呼ばれる路地植え的植え込みである。

　「ボーダー」は「縁取り花壇」と訳されるのが普通ではあるが、カントリーコテージの伝統に立つ現代の「ボーダー」では、多年草、とくに宿根草（冬季に地上部は枯れても根を残して生き延びる耐寒性のある多年草）を主とした花や葉物を植える。その際、塀際や通路沿いに、人が立つ通路面や芝地面に接した同一平面上の土に、植物の彩りを考えて混植する（●写真-5）。

　何でもないようだが、イギリスの庭がこれにたどり着くのに数千年かかったということは、それだけのことがあるわけで、まず、多年草・宿根草なので、何年かするうちに、植物は自然に自分が望むような所に根を伸ばして生えてくる。当然、「ボーダー」の線は、人の足元でうねうねと、つまりイレギュラーに、サーペンタインになってくるわけで、第二段階の風景の構成要素である不規則性が、狭いながらも現代の庭に引き継がれた表われだと私は見ている。

庭に学ぶ、自然との共生

　ここで見過ごせない大切なことは、庭園植物と人間との関係に大きな変化が起きたことである。つまり、多年草に時間を与えて生えたいところに根を張らせ、植物に自立的な生を生きることを促すことによって、人間と植物とが同じ水平面の地面に立って向かい合うことになったのである。足元の小径や芝草に不規則に伸びてくる植物を踏まないよう、気遣いながら庭を歩く。そのときに感じる植物との一体感は、古典主義庭園ではまず味わえない類の感覚である。この植物へのいたわりは、庭園植物に代表される自然そのものとの「共生」を考えさせ、ひいては環境保全に目を開かせてくれる。

　思えばイギリス庭園は、長い変遷の末に、自然の中での人間のあり方、自然に対して人間がどう向かっていくべきかを学ばせてくれる、美しい、それでいて襟を正したくなるような「道場」になったのである。やや高揚した表現になってしまうが、私はこれを「環境道場」と呼んでいる。

　誰もが口にする「イングリッシュガーデン」とは、数千年の間、イギリスの人々が庭を通して自然と向き合ってきた知恵の総集に付けられた名前だったのである。

Chapter 1 庭園文化とガーデニング——イギリス庭園史にみる庭園の文化的背景

■ イギリスの ガーデニング事情

■ 八尋和子（園芸ジャーナリスト）

⑥路面上に確保したミニフロントガーデン（道端園芸）　ドア横のわずかなスペースを利用して魅力的な空間をつくっている。チムニー（煙突）ポットでアクセントをつけ、壁面につる植物を這わせて変化をつけている。

⑦階段アプローチ脇のフロントガーデン　傾斜地を利用してフクシアやハイドランジアなど花木類を植え込み、色調の美しいボリューム感のあるスペースとなった。花後は緑葉で覆われるが、フクシアの花期は長い。

　ロンドンで毎年5月末に開かれるチェルシーフラワーショーは、園芸界の最高レベルが集結するフラワーショーとして、世界中の注目を集めている。ここから発信される新品種やガーデンデザインの傾向が、世界の園芸界をリードしているといっても過言ではない。このフラワーショーは初夏のロンドンの風物詩とも呼ばれるほど人々の間に定着し、今年はどんな新品種が登場するのか、モデルガーデンのグランプリは誰にと、この話題で盛り上がる。

　1913年以来の歴史を重ねるこのチェルシーフラワーショーに象徴されるように、イギリス人がいかに園芸好きな国民であるかは周知のことである。ロンドンの街並みであれ、カントリーサイド（田舎）であれ、庭仕事に余念のない姿を見かけるし、美しい花や緑に囲まれた住環境は、植物を愛し、うるおいのある暮らしが浸透していることを物語っている。

▍園芸文化が根づく プライベートガーデン

　イギリス庭園といえば、かつて王侯貴族が所有していた広大な庭園をイメージしがちだが、ここでは現在のプライベートガーデン（個人庭）についてふれたい。プライベートガーデンとひと口にいっても、規模からして格段の差がある。館周辺に広がる森を含む広大な貴族の庭園や元荘園領主のマナーハウスに見る贅をつくした庭園から、ロンドンの下町に見るフロントガーデン（前庭）だけの家、それさえもなくドアの前の敷石にコンテナを飾った、いわゆる道端園芸に近いものもある。都市と地方との格差もある。その中で、ロンドン市街地に住む一般庶民のごく平均的庭の広さといえば、100㎡前後といってよ

⑧**市街地のスモールガーデン**　6m四方の小さな庭に、円形に敷石を敷き詰め、周囲をレイズドベッドにして高くし、塀を利用してつる植物などを這わせて縦面を上手に活かしたデザイン。中央に置かれたペチュニアとニューサイランの寄せ鉢がポイントに。

⑨**プライベートガーデンのオープンデイに談笑する訪問者**　オーナーはこの日のために入念な準備をして客を待つ。手入れの行き届いた芝生はまさに緑のじゅうたん。オーナーが増やした苗の販売も人気の的。この庭で花仲間の輪が広がる。

Chapter 1　庭園文化とガーデニング──イギリスのガーデニング事情

いだろうか。住宅様式は一戸建てのほかに、2軒が壁でつながったセミデタッチド・ハウスやフラットと呼ぶアパート形式の共同住宅が多いが、いずれも庭は入口に通じるフロントガーデン（前庭）と建物の後ろに広がるバックガーデン（裏庭）からなるのが、一般的な庭のスタイルである。

個性的なフロントガーデンとバックガーデン

建物の前のフロントガーデンは、道路との境を低い生垣で囲ったり、斜面になっていたり、境もなくオープンになるなど、道行く人も楽しめる空間になっているのが一般的だ。

レンガやコンクリートの塀が高くそびえる閉鎖的な家もたまに見かけるが、その街並みの環境にもよる。たとえば、緑の街路樹や低い生垣の続く町内に引越してきた新しい住人が、高いコンクリートの塀を築く途中でばたりと工事を止め、なぜか撤去して生垣に変えてしまったことがあった。街並みの景観がくずれることを理由に、町内会からひとこと申し入れがあったらしい。それほど地域全体の住環境を大事にする一面がうかがわれる。

かといって、画一化を要求するわけではない。矛盾するようだが、イギリス人の個性を重んじる風潮は顕著である。セミデタッチド・ハウスの隣り合った2軒は、つくりは同じでも、ドアの色を変えたり、窓の形を変えたりして、同じスタイルで並んでいることはまずない。

同様なことは庭にもいえ、スタイルにしても、組み合わせた植物の選択にしても千差万別で、イタリアやスイスなどで見かけるように、何軒もの家の窓辺に統一された色のゼラニウムが続くといった光景は見かけない。丈夫で長期間花をつけるゼラニウムはたしかに重宝するが、イギリス人は植物そのものへの関心が非常に高いので、わが家の顔ともいうべきフロントガーデンはじつに個性的だ（●写真−6,7）。

人の目を少なからず意識したフロントガーデンに対して、裏のバックガーデンは本当の意味でプライベートな部分として、さらに自由な庭づくりが展開されている。さまざまな種類の植物が植えられ、その組み合わせはじつに多彩だ。それぞれの庭で植物の選択にこだわりがうかがわれる（●写真−8）。

自生植物が極めて乏しいイギリスにとって、16世紀に始まるプラントハンターの涙ぐましい植物収集物語はあまりにも有名である。それらの植物をもとに、数多くの育種を重ね、園芸品種を生み出し、今日では一般人が入手できる園芸植物の数は7万種類という膨大な数を所有する国である。

そうした歴史を背景に、人々が植物をいとおしみ、大事に育て、増やす下地ができている。週末には芝を刈り、水やりをし花がらをこまめに摘むという園芸作業は、暮らしの一部になっている。子供たちはそれを自然に覚え、土、日には親に連れられて庭巡りにも出かける。子供にとっては刺激的ではないかもしれないが、静かな時間の過ごし方も身に付け、訪問時のマナーも親のふるまいから自然に学ぶことになる。こんな暮らしの基本が受け継がれ、園芸王国とよばれる世界が築かれていったのである。

「プライベートガーデン・オープン」のシステム

本来ならバックガーデンは、招かれないかぎり見ることはできない。ところが、「お庭拝見」というプライベートガーデン・オープン（個人庭公開）のシステムが、イギリスでは70数年前につくられている。Queen's Nursing Institute の理事であったエルシー・ワグが救済基金を募るために考えついたもので、1927年にナショナルガーデン・スキーム The National Gardens Scheme（略称NGS）が設立され、以後、今日に至るまで飛躍的な活動展開をしている。

チャリティ活動の仕組み

この仕組みは、庭のオーナーにチャリティ支援活動を呼びかけ、1年に1〜2回、自庭を一般公開して

もらい、その拝見料をNGSの収益とするものである。当時、この「お庭拝見」の企画は賛同を得て、最初の年には全国で600の個人庭が公開を承諾、ブレニウム宮殿やハットフィールド・ハウスのような有名な庭園も含まれて成功を収めたことから、このチャリティ活動は急速に広がり、公開を申し出るガーデンの数も増え続けた。

収益金は、母体の Nursing Institute はもちろん、1949年以降のナショナルトラストの庭園基金ほか6つの団体へ寄付、とくに1984年以降のガン救済基金には収益の半分が当てられるなど、大きな貢献を果たしている。2000年には3500のガーデンから150万ポンドの収益があがるという大きな運動に発展している。丹精込めてつくった庭を人にも見せたいというオーナーと、よその庭をぜひ訪れてみたいという訪問者の双方の気持ちを充たし、さらにチャリティ活動に協力することになるこのシステムは、実に賢い方法だといえる。

公開を申し出る庭に対して、NGSは審査基準を設けている。各地にNGSの支部があり、審査のために職員が出かけ、庭の規模や植栽をチェックする。条件は「40分間、飽きずに眺められる庭」というイキなものである。

イエローブックによる庭巡り

公開されたガーデンを訪ねるには、まず『Gardens of English & Wales』通称「イエローブック」という黄表紙の本を入手する。この本が書店の店頭に平積みで並び始めるのが2月。スーパーマーケットやニュースエージェントなどにもよく置いてあるので、よほど発行部数が多く、毎年入手している人が多いにちがいない。

本には、公開されるプライベートガーデンが地域ごと月日別に網羅されていて、公開日時、住所、交通アクセス、庭・植物の特徴、車椅子使用の可否、植物セールの有無なども細かに記載されているので、初めての人も難なく訪ねていける。このイエローブックが手元にあれば、旅のついでにその地方のプライベートガーデンをのぞいてみることも簡単だ。

当日は、庭の入口で家族が小机などを出して受付けしているので、訪問者はお庭拝見料1〜2ポンド程度（約300円）を払う。玄関を入り廊下を通り抜けるか、庭の脇道に沿って進むと、そこにバックガーデンが広がる。

すでに何人かの訪問者がそれほど広くない庭を散策しながら、植えられた植物に注目したり、庭のデザインや植栽の出来をあれこれ口にしている。オーナーや専属のガーデナーが訪問者から質問攻めにあっているし、なにやら冗談が飛び交って笑いの渦が広がっている。しかし、中身は実に植物通の会話がはずんでいる。庭の隅ではオーナーが殖やした子苗や挿し木苗がわずかな値段で売られていて、オーナー自慢の珍種も見つかったりするから、この植物販売が目当てで来る人もいる。

テラスでは、おばあちゃんも子供も家族総出でお茶と手づくりケーキのサービスに忙しい。日本の村のお祭的雰囲気である。植物好き同士の出会い、そして新しい花仲間の輪が広がっている。これは単にお庭拝見にとどまらず、まさしく園芸文化の伝播といってもいいだろう（● 写真−9）。

このプライベートガーデン・オープンの仕組みを真似て、日本でも数年前から「オープンガーデン」の名で個人庭の公開が各地で展開されている。北海道、宮城、岡山、東京、九州ほか、それぞれの会が独自の方法で運営している。地域の実情に合わせて会員制やツアー方式にしたり、イエローブックを発行したり、収益の使途もさまざまだが、問題をひとつひとつ解決しながら活動を広げている。各地の主催者が集まって「オープンガーデンの全国会」も開かれ、各自の状況報告や意見交換が行なわれたが、イギリスのような一本化した組織にまでは至ってないようだ。

⑩ プライベートガーデンに見るコレクション　このわずかなスペースに、早晩咲き合わせてフロックスの40品種が植えられているという。お気に入りのコレクションにかける個人の情熱に脱帽。

■庭園植物へのこだわり

プライベートガーデンのオープンで、まず訪れた人たちが口にするのは、庭のデザインや全体の植栽もさることながら、彼らが庭で見つけた植物に対する質問だ。あるときは驚きとともに「これは何という植物？」「どこで手に入れたの？」、または「うちのはこんなに見事じゃない、どうしたらうまく育つの？」。主は応対に忙しい。

公開するオーナーにしてみれば、ちょっと珍しい植物、変わった仕立て方などで見せ場をつくることも当然頭にあるはずだ。そうでなくともコレクション大好きなイギリス人にとって、人の持っていない植物が訪問客に注目されることは鼻高々というところだろう。では、園芸家たちはどんな方法で植物を入手しているのだろう。

どこで植物を手に入れるか？

日本のように大規模花市場から全国各地の園芸店に配送される網の目のような流通システムは、イギリスではさほど発達していないようだ。普通のものはガーデンショップでも手に入るが、植物の選択にこだわりがある園芸家が足を向けるのは、都市近郊にある大型ガーデンセンターか郊外のナーセリーだ。

ナーセリーとは苗生産・販売業者のこと。品種数のそろったナーセリーでは、植物選択の幅も大きいし、おもしろいものが見つかるうえに勉強になることが多く、園芸家にとってナーセリー巡りは大きな楽しみとなっている。

個性的なナーセリー

ナーセリーの規模は、家族経営の1〜2ha程度のものから、300haの圃場を有し全国各地に大型ガーデンセンターをもつ「ノットカット」のような大規模ナーセリーまである。小規模であっても、たとえ

Chapter 1 庭園文化とガーデニング——イギリスのガーデニング事情

ば山野草専門の「イングワルセン」のように世界的に有名なナーセリーもあるし、ある属の植物の収集・保存をめざすナショナルコレクション保有者に認定された専門ナーセリーもある。珍しい品種を見つけたい人にとっては、植物の宝を探しにいくような感覚だ。

ナーセリーは『プランツファインダー』という年鑑で探すことができる。電話帳ほどの厚さのその本には、イギリスで入手できる植物約7万5000種類の一覧と、それを供給できる全国のナーセリー一覧が網羅してある。これで求める植物が品種レベルでどこのナーセリーで売られているかがわかる。これも書店で平積になっているほどよく利用されているようだ。この中に登録されているナーセリーの数は900を超す。詳細な地図まで掲載されているから、訪ねていくのは難しくない。

大型ナーセリーやガーデンセンターは、敷地内にモデルガーデンを併設していることが多い。植物をどんな環境に用い、どんな組み合わせが適するかを実際に見てもらうために、ガーデンに植え付けてあるので、植物の利用の仕方が一目瞭然、客も納得して植物の購買欲も増すことになる。また、モデルガーデンが気に入って、ガーデンデザインの注文へとつながることもある。

植物には必ずラベルがついているが、表記されているのは学名で、全国すべてそれで流通しているから、いやがうえにも学名を覚えることになる。

園芸品種を網羅した『プランツファインダー』

イギリスで使われている庭園植物は、バラエティーに富んだ園芸品種が大きな割合を占めている。自国の自生植物が少ないために、世界各地から収集してきた植物から、長年の育種によって様々な園芸品種を作出してきたのである。驚くほどに色彩の幅がある花色や葉色、枝垂れ性や匍匐性、各種の斑入り葉、八重咲き・カップ咲きなど花型のほか、同種でも形質の異なる品種が、豊富な素材として庭の植栽をバラエティーに富んだものにしている。

前述の『プランツファインダー』で調べると、たとえばフクシアは60種、2000品種を超える植物が登録されている。つまり、使う側としては素材の選択の幅がこれほど大きく、庭のつくりもより個性的な方向に向かうことになる。

逆をいえば、これほど多種類の植物を供給するには、ナーセリーも多様化し、扱う品目も多種類になる。そこである特定の植物にしぼって取り扱う専門ナーセリーが多く、彼らが胸をはって看板をかかげ、個性を打ち出すのも当然なことである。

植物の保存・保護を目的とするナショナルコレクション

作出された園芸品種も、その時代の嗜好により盛衰は見られる。中には消えてしまうものもあるが、イギリス人は植物保存の意識が高い。『プランツファインダー』を見れば、たった1軒のナーセリーが保持している品種もかなり多い。これが育種の材料に使われる可能性もあるし、希少価値として残されている場合もある。

前述のナショナルコレクションとは、消滅する園芸植物を危惧して1978年に設立されたNCCPG（National Council for the Conservation of Plants and Gardens イギリス植物・庭園保存評議会）によって運営されている園芸植物保護団体である。栽培状況により認定されたホルダー（保有者）が同属の植物を収集・保存する制度で、650種類のナショナルコレクションの対象となる園芸植物が登録されており、そのホルダー（保有者）は450。この活動を支持するチャールズ皇太子はNCCPGの総裁を務め、自身もブナのホルダー登録をしている。

ホルダーの内訳は、ナーセリーが全体の21％を占めている。ほかに国の機関、大学、保護団体などがあがっているが、第1位は40％を占める個人のホルダーである（1998年）。それほど、保存に対するイ

ギリス人の意識の高さが感じられるが、マニアによる私的なコレクションとちがって、これを保存し一般にも公開するというNCCPGの目的を理解したうえでのホルダー登録である。

デボンに住むアスチルベのホルダー、ジミー・スマート氏を訪ねたとき、広大な庭の池周辺に群咲く8種、100品種の壮大な様に圧倒された。ヨークシャーに住むロバート・ペイジ氏はシスタス（ハンニチバナ）71種、67品種をごく普通の庭に栽培していた。いずれも個人がコツコツと集めてきたものが、NCCPGの指導により大きく育ったといえる。

ホルダーが維持困難になったときは、NCCPGが次の引き受け手を探してコレクションの散逸を防ぐという、うまい方法だ。ちょうどナショナルトラストが、文化的遺産や自然を次の世代に引き継ぐために保護・保存制度を考えたと同様に、庭園植物も人類が愛した遺産として消滅・散逸することは忍びないという考え方である。

これに比べて日本では、個人が生涯をかけて集めた貴重な植物コレクションなども、所有者の死亡などにより継ぐ人もなく散逸してしまったという話をよく聞く。NCCPGのような保護制度が望まれるが、国や自治体のなんらかの支援方法はないものか、と常々思う（●写真-10）。

■庭づくりを支えるガーデナー

ガーデナーというと、一般にガーデニングの熟達者・園芸家と呼ばれる人を指すが、ここではプロのガーデナーについてふれたい。

イギリスの一般家庭では、基本的には家族で手入れをしているが、中にはお年寄りをはじめ手入れが行き届かない家庭もある。そんな人たちはガーデナーに週1回か月1回、定期的に来てもらって維持管理を頼んでいる。

ガーデナーを庭師と訳す人もいるが、年に2・3回来て庭木の剪定を中心に手入れをする日本の庭師のイメージとはちょっと違い、ガーデナーはもっと頻繁に出入りする。月に1～2回、定期的に芝刈りや草取りなど庭掃除を含む基本的な労働をやってくれるガーデナーと、オーナーの庭づくりのコンセプトを理解し、アドバイザー的役割を務めながら庭づくりを実践するガーデナーがいる。本来のガーデナーとしての力量を発揮するのは後者のほうだ。

そんなガーデナーと仲良くなると、いっしょに庭づくりの計画や作業をしながら園芸の実際をいろいろ教わることも多々ある。彼らの植物に対する知識は幅広く、維持管理がゆきとどく、ということでオーナーにとってはたのもしい存在だ。それはガーデナーという専門職に対する信頼である。

■ガーデナーの資格と養成制度

プロのガーデナーの資格とは、いったいどんなものだろうか。最も基本的なコースは、国が実務者養成のために設けたエヌヴィーキューNVQ（National Vocational Qualification 職業訓練修了資格）の中のガーデナーコースである。

週に1日、1年30数回の講義と実習があり、修了試験と実習の査定により資格が与えられる。レベル1～4まで段階があり、1年で1レベルずつ取得できる。安い受講料で基本を教えてもらえることが魅力で、プロを目指す人はもちろん一般趣味家も参加している。公共庭園の雇用条件にはレベル2以上とあるから、すでに働いている人も週1日を割き、1年ごとにひとつ上のレベルをめざし、何年もかけて勉強を積み重ねている人もいる。

農業大学などカレッジで1年間フルタイム（全日制）の入門コースであるベティックBTEC（Business and Technology Education Council）もある。本格的に園芸に関する幅広い知識と実務を学びたい人は、カレッジで3年間フルタイムのナショナル・ディプロマND（Naional Diploma）に進み、さらにその上のハイ・ナショナルディプロマHND（Higher

National Diploma）を修了すればヘッドガーデナーの資格が取得できる。

英国王立園芸協会RHS（Royal Horticultural Society）付属のウィズリーガーデンや王立植物園キューガーデンで学ぶコースもあるが、受講は狭き門である。NDの3年間コースは通称サンドイッチコースと呼ばれ、2年目の1年間は学外の庭園やナーセリーなどで実習することを義務づけられているから、ウィズリーやキューをその場に求める学生も多い。

ガーデナーズ組合

バッキンガムシャーに本部を置くプロフェッショナル・ガーデナーズギルド（PGG）は、1979年に設立されたガーデナーの全国組織で、ヘッドガーデナーや庭園マネージャーを中心に750名が登録している。PGGの活動は、ガーデナー同士の情報交換とともに、技術を高めあうことを目的とし、歴史的庭園協会やナショナルトラストとの強い絆があり、その庭園維持を全面的にサポートしている。ガーデナー育成もPGGの活動のひとつで、トレーニングコースを設け、3年間の徹底した実習教育を提供している。実習生は前述の庭園で3年間修業し、一定期間は、提携した農業大学で園芸学や分類学などを学ぶ機会が与えられる。

庭はガーデナーの創作作品

以上のように、ガーデナーの養成に関しては様々なコースがあり、どこのコースから入っても、さらに勉強したい人は上位レベルの資格をめざすことも可能で、農業大学のコースに編入することもできる。いずれにしても、ガーデナーは生きた植物が相手の職業だけに、実務が重んじられるのは当然である。植付けや剪定、草取りという作業を基本とするから、ハードな労働は否めない。しかも、経済的に恵まれているとはいえない待遇と聞く。

しかしガーデナーは、植物を育てることを喜びとし、庭づくりという時間の経過も含んだクリエイティブな仕事に携わり、それを維持管理する役目をよしとする職業だといえようか。しかも、近年はガーデンデザインへの人々の関心とともに、庭づくりの要求も多岐にわたり、そのセンスアップはガーデナーにも当然求められている。どんな資格云々よりも、ガーデナーの技量が問われ、維持管理している庭という作品で勝負ということになる（●写真-11）。

⑪芝生の刈り込みに余念のないガーデナー　芝生の手入れはガーデナーの基本中の基本。何回も刈り込んでビロードのじゅうたんのように密にする。

⑫フラワーショーで作品展示をするガーデンデザイナー　作品の発表の場として、入場者にアドバイスしたり、気に入られれば商談も成立する。

Chapter 1 庭園文化とガーデニング──イギリスのガーデニング事情

⑬チェルシーフラワーショーの屋内展示、ロックガーデン　18カ月前から準備のスタートが切られ、入念な計画の下に開花調節など園芸技術を駆使して見事に咲かせた高山植物の数々。

⑭RHSホールで毎月開かれるロンドンフラワーショー　出展許可された優秀なナーセリーが最新品種や珍種を展示するので、小規模ながら園芸家にとっては見逃せない機会である。

■ガーデンデザインへの関心

　ロンドンなど都市に住まう一般家庭の典型的なバックガーデンは、間口が狭くて奥行が長い。そして中央は芝生、その周囲に草花や樹木を植えるというのがごく普通のスタイルである。そこに近年、ガーデンデザインという要素が求められるようになり、プロとしてのガーデンデザイナーが脚光を浴びることになった（● 写真-12）。

　プロに任せるまでもなく、自分でデザインすることも広まった。これまで歴史的な庭園は、有名な造園家やランドスケープアーキテクトの作品として後世に伝えられているが、一般家庭の庭にも、デザインへの関心が高まった原因のひとつは、雑誌やメディアによる豊かな暮らしへの提案である。すてきな住まい、インテリア、料理、ファッション、そして庭もその一部として、デザイン性の高いものを求めるようになってきた。

　メディアは名園の紹介をはじめ個人のお庭拝見で、美しい庭園植物の植栽を見せるばかりでなく、人々がいかに庭づくりに励んでいるかを伝え、テレビは庭のリニューアルの実演を伝える。トレリスやパーゴラ、ペイビングのためのレンガや石材、デッキほか資材、ベンチやバードバスなどのガーデンファニチャー等々、主人公である園芸植物のサブ的役割だった資材その他のエクステリアへも人々の関心が動くようになっていった。

ガーデンデザイン・スクール

　ガーデンデザイナーを目指す人々のためのスクールや講座が90年代前後からあちこちで開設されてきた。古くは1970年にインチボルドデザイン学校にガーデンデザイン科（全日制1年間コース）が開設されている。カレッジのランドスケープデザイン専攻で3年間を学ぶND（National Diploma）や、さらに2年間進むHND（Higher National Diploma）のコースもある。

　週1、2回のパートタイムコースを設けている学校もあり、働いている人や一般人に人気がある。庭の構造から植栽計画まで学び、デザインセンスを磨いていく。自分のセンスにかなったデザインを自庭に活かし、コツコツと庭づくりの醍醐味を楽しんでいる。

　このようにして、プライベートガーデンでは、さまざまな独創的な庭が生まれている。それはとりもなおさず、自分自身の居心地のよい場所、くつろげる空間を求めての模索であろう。

■ 園芸王国のリーダー、英国王立園芸協会（RHS）

　イギリスの園芸の発展は、英国王立園芸協会（The Royal Horticultural Society：略称RHS）の存在を抜きにしては語れない。RHSは植物情報の収集、園芸技術の向上、園芸文化の発展に貢献することを目的とし、1804年に設立された特別公益法人である。世界各国の園芸愛好家、植物家、植物分類学者、造園家とも連携して200年間の園芸史に色濃く足跡を残し、世界の園芸界のリーダーとしての地位が認められている。かつてはプラントハンターと呼ばれた男たちを世界各地に派遣し、積極的に植物導入にも貢献してきた。

　前述のチェルシーフラワーショーはこのRHSが主催するもので、1913年に第1回が開かれ、戦争による2回の中断以外は毎年5月の第4週目に開催を続けてきた。現在は4日間に17万人という入場制限つきで、世界からも大勢の人がこの世界最高レベルの花の祭典に集まる（● 写真-13）。

初心者からエキスパートまで会員31万人

　協会は31万人の会員によって支えられている。その人気ぶりは次のような会員の特典にある。
①最新の園芸情報を盛り込んだ会報『The Garden』が毎月届く。
②園芸植物の宝庫といわれるウィズリーガーデンを

はじめとする全国4カ所の付属ガーデンへの入園無料。
③RHSと提携した全国の庭園約90カ所の入園無料。
④チェルシーショーをはじめとする協会主催の定例フラワーショーへの会員優待や、協会ホールで毎月開かれるロンドンフラワーショーへの入場無料（● 写真-14）。
⑤付属のリンドリー図書館は、5万冊の蔵書や1万8000の植物画などを保有する園芸書の宝庫として世界的に有名だが、ここへも会員は出入りが自由。
⑥電話やメールでの園芸相談、植物同定や土壌分析のサービスなど。
⑦各地区の提携機関で行なう各種の講座や見学、講演、講習など1年間に学ぶ機会は多い。

こうした様々な活動が浸透し、1985年に9万人だった会員は急速に増えつづけ、現在海外会員も含め31万人を超える。園芸を楽しみ、学べる環境が整備され、会員は気軽に庭園やフラワーショーに出かけて、植物とのふれ合いの機会を持ち、正確な植物の学名はもちろん、栽培知識を学んでいく。こうして初心者を巻き込んで園芸人口の裾野は着実に増えていった。こうしたRHSの活動は、園芸界の支持を受けて近年ますますめざましい発展ぶりを見せている。1987年には、日本支部が設立され、会報の翻訳版をはじめとする会員サービスを行ないイギリス園芸界との絆を深めている（＊日本支部の連絡先：03-3984-9690）。

園芸を育むRHSの基盤体制

情報提供、指導サービスの徹底

会員の様々な質問や園芸相談に向けて、ウィズリーガーデンを拠点とした研究所を設け、植物学者や昆虫学者、病理学者などの専門スタッフが待機している。また積極的に品種改良のアドバイスや指導を行なっている。ラン、スイセン、ユリ、シャクナゲ類、デルフィニウムなど8属の国際植物品種名登録の登録機関としても機能している。

フラワーショーの開催とコンテスト

チェルシーショーをはじめ各地区のフラワーショーを展開し、園芸界の活性化をもたらしレベルを高めた。全国から集まる生産者と消費者との出会いの場となり、育種熱に拍車がかかった（● 写真-15）。

プランツセンターの充実

ウィズリーガーデン内のプランツセンターで売られる種類の多さは、比類がないといわれる。ラベルの正しい学名記入を徹底させ、かなっていない業者に対しては厳しいペナルティが課せられる（● 写真-16）。

種子の無料配布

おもにウィズリーガーデンで栽培する植物のうち約1000種について毎年、種子リストを作成し、希望する会員にその種子を頒布している。その配布量は25万袋にのぼるという。とくに海外会員にとって、入手しにくいイギリスの種子が手元に届くことは、大きな喜びとなっている。集めてきた膨大な種子をふるいにかけ袋詰めするという手作業は、ボランティアの労に負うところが多い（● 写真-17）。

トライアル（試験栽培）とAGM

RHSはウィズリーガーデン内の圃場で、生産者や育種家あるいは趣味家の作出した新品種の試験栽培を行なっている。毎年発表される試験対象品目は約50種類。同属の種・品種を一堂に集め、比較検討しながら生育調査をする。ものによっては2〜3年かけて様子を見る。強健度、耐寒性、耐病性、草姿・花の美しさ、栽培の難易度等がチェックされる。圃場は一般にも公開されているので、見学ができるようになっている。

試作の結果、庭園植物として非常に魅力的な観賞ポイントを備え、しかも栽培が難しくなく、入手も困難でない植物に対しては、RHSが推奨する庭園植物という意味の賞、AGM（The Award of Garden Merit）のお墨付きが付く。それが初心者の品種選択の目安となる。AGMマークを名前ラベルに添付

Chapter 1 庭園文化とガーデニング —— イギリスのガーデニング事情

⑮

⑮**チェルシーフラワーショーでゴールドメダル獲得のガーデン**　コッツウォルドのシーンをイメージした植栽の美しさが評価された。花色やカラーリーフの組み合わせ、石積みほか施工技術などあらゆる面で審査が行なわれる。

⑯**RHS付属ウィズリーガーデンのプランツセンター**　ここには、国内最大の種類が集まっている。品種ごとに特徴や栽培のコツが克明に解説されている。

しているガーデンセンターもあるし、植物事典や園芸書の植物リストにこのマークが採用されている場合もある。

園芸教育

RHSは教育にも力を注いでいる。講演・講習・実習など様々な催しが年間計画としてあり、ロンドンだけでなく各地域の支部で実施されている。カレッジと連携している場合もあるし、ナーセリーの栽培専門家が講習を行なうこともある。

またRHSが行なう資格試験があり、園芸一般からRHSディプロマ、RHSマスターの各コースがあり、パスすれば資格が授与される。マスターは学士に匹敵する権威ある資格と認められている。

子供に対する園芸教育のプログラムがウィズリーガーデンを研修の場として用意され、学校教育とも連動している。

プロフェッショナル研修制度

1907年以来RHSが提供している制度で、将来、園芸や造園のリーダーとして従事する人たちを訓練する。35歳以下を対象に、選考試験をパスした20数名がウィズリーガーデンほか付属のガーデンで、実習作業を通じて園芸を学ぶというシステム。海外からの留学生の枠も若干ある。実務経験のある者に対しては、2年間のウィズリー・ディプロマコース、特別の園芸分野、たとえばランやバラなどについての研修1年コースも用意されている。

ボランティア活動によるサポート

RHSは1856年に勅許を得て王立（Royal）という名称を冠するが、同じRoyalの付くキュー植物園（The Royal Botanic Garden, Kew）とは異なり、民間の公益団体である。その運営資金は会員の年会費をはじめ、催事収入やガーデンの入場料などがメイン収入となり、あとは寄付金、遺産の寄付などでまかなわれている。

したがってボランティアのサポートも大きい。ウ

⑰**ウィズリーガーデンの宿根草ボーダー** イングリッシュガーデンの特徴のひとつであるボーダー（帯状花壇）は、ここでは幅5.5m、長さ130mにもおよぶ。

ィズリーガーデンの園芸作業や園内ガイド、展示会・ショーの要員、図書館の手伝い等々、人手の必要な部署には必ずボランティアの姿がある。交通費と食事代程度の支給だが、協会の活動に賛同し、関わることが自身にとってもプラスと考える人たちが多く、希望者はリスト待ちの状態と聞く。

園芸が人々の暮らしの中に根付き、それがより発展的にレベルを高めていくには、RHSのようなリーダーの存在が不可欠である。協会200年の歴史の中で、近年のめざましい発展ぶりの原因をRHS専務理事に尋ねたことがあった。

第一に本部の基盤づくりもさることながら、地域活動の充実に力を注いだとのことだった。ロンドンから発する情報が風通しよく地方へ浸透していることがわかる。また逆の流れもあるだろう。学びたい人への徹底したサービス、それを支える教育や研究の基盤が整ってこそ、RHSが園芸王国のリーダーとして世界を牽引する存在になったといえる。

■庭園文化保護のためのしくみ

ナショナルトラスト庭園

イギリスには園芸王国として築き上げた様々なしくみや知恵、そして遺産を次の世代に遺していこうとする気持ちが強い。なかでもナショナルトラスト（NT）は庭園保護についても熱心である。NTが所有する庭園は全国に200以上ある。

NTは、開発の波にさらされた自然を守るという目的でドイツで誕生した民間の環境保護団体で、イギリスでは1895年創立以来107年の歴史をもつ。美しい景観の海岸線や森林、個人の資産を買い取って保護し、公開して維持管理費をまかなうという方法だ。湖水地方の自然をこよなく愛したピーター・ラビットの作者、ベアトリックス・ポターが、膨大な土地や建物を購入して湖水地方の開発を防ぎ、死後NTに委ねたことはあまりにも有名である。

NTの活動を支えるのは、270万人という膨大な数の会員である。入会の動機は、自然保護運動に賛同してという理由はもちろんだが、NTが公開するどの施設にも会員は無料で入場できるという特典が大きな魅力になっている。

年間のべ1000万人以上もの訪問者がNT所有の地を訪れ、開発を免れた美しい自然に触れ、建築物に在りし日の栄華をしのび、庭園で1日を過ごす。そこで販売されるNTブランドの土産品や本、レストランの売上は大きな収入源である。年間3万7000人を超すボランティア活動も大きな支えになっている。ガーデンガイドのほかに、建物内部の芸術作品、美術品について詳しく解説してくれるのは年配の人が多い（●写真-18）。

庭園の解説と詳細なアクセスを網羅したガイドブックや全国マップの配布など、綿密な広報活動と会員勧誘が成果をあげ、NTは巨大な組織に成長した。

歴史的庭園を次の世代に

イギリスの庭巡りはNTにかぎらず、歴史的な庭が多い。1980年代にThe Garden History societyが発足して歴史的庭園に対する関心が高まり、復元活動が各地で計画された。ハンプトンコートのプリヴィガーデンの修復は、大きな話題となった。1984年にはイングリッシュヘリテージ（イギリス遺産局）と呼ぶ国の機関が設置され、土地や公園、歴史的建造物、美術館など文化財をその財団が保護することになった。庭巡りがさかんになった近年、庭園の復元にも力を入れ、チャールズ・ダーウィンの家ダウンハウス、オードリー・エンドなどの修復完成が伝えられている。

逆に保護団体や組織に加盟することなく、受け継いだ遺産を自力でこつこつと守り続けている独自の財団や個人も多い。湖水地方のレーベンスホールやダービシャーのチャッツワースの庭園は有名だが、チャッツワースのカベンディッシュ家14代目デボンシャー公爵夫妻は、住まいとする館の一部を除き、館内部まで公開して観光名所に徹し、広大な資産維

⑱ナショナルトラスト庭園ティンティンフルハウス　シンメトリーな庭の様式で、長方形の池が美しい水面を見せる。両側のボーダーの対比が美しい。

Chapter 1 庭園文化とガーデニング——イギリスのガーデニング事情

持費の捻出に苦心している。

宝くじに頼る復元・維持費

しかし、個人はもちろんナショナルトラストの資金は限られている。イングリッシュヘリテージ財団の管理する庭園にしても、政府の予算は年々削られ、維持費の増大に悲鳴をあげる苦境にあった。その窮地を救ったのが、1994年にスタートしたナショナルロタリーという国営宝くじだ。

日本の宝くじは桁外れの10億円以上という賞金最高額で爆発的な人気となり、国民の70％がくじを買っているという。くじはコンビニでも郵便局でも買える手軽さで毎週発売され、抽選は土曜日、テレビのライブショーとして当選番号が発表されるので、この番組を通じての視聴者の過熱ぶりはすごい。結果として大きな収益金が生まれ、当選者に総額の半分、公共の福祉や文化、スポーツ基金その他に、合わせて28％が配分される。

そのうちイギリスの遺産保護に対して配分されたものが「ヘリテージロタリー基金」となり、毎年多数の申請の中から修復の危急度と意義の審査により、千数百件を越す施設に助成金が配分されている。その総額は8億ポンド（約1400億円）以上にのぼる。美術館や教会や建物の修復が多いが、庭園もその中に含まれる。

この基金により、ウェールズのディフリンガーデンは見事に修復され装いを新たにしたし、RHSのリンドリー図書館も最新式の建物に改装された。ナショナルトラストや個人所有の資産でも、審査をパスすれば助成金はもらえるので、申請は年々増大している。最近、庭園修復があちこちで見られるようになったのも、こうした背景があってのことかもしれない。

くじにはずれても、福祉や自然・遺産保護に貢献したというイギリス人お得意のチャリティ精神は満足する。シンプルにして効果的な方策で莫大な資金を工面したイギリス人。文化を支え、次の世代に受け継ぐためにしぼり出した知恵である。そんなところにも園芸王国イギリスに学ぶものは多い。

■ 各国のガーデニング最前線

■ 澤野多加史（ガーデンデザイナー）■

　近年、ヨーロッパ各国、特にイギリス、イタリア、フランス、ドイツ、ベルギーなどの国々はユーロトンネルの開通、ユーロ貨幣の統一を機に、いろいろな意味で急激に各々の国が接近しつつあり、各国の特徴がなくなってきた感がある。しかしヨーロッパがこのように小さくなってきた一方で、パリでもローマでもロンドンでもよい、ヨーロッパの街を歩いていると、驚くほど多様でそれぞれの国の特徴ある風景や雰囲気に出会う。

　若き日のクリムトやイーゴン・シーレがさかんにデッサンした田舎の庭園風景。都会の憂愁を得意としたユトリロが、好んで画材として選んだモンマルトルの丘。ターナーがイギリスのあのどんよりと曇った霧を背景に描きまくった、テームズ河畔近くに忽然と立ちはだかるビッグベン。あるいはスペインのアルハンブラ宮殿の、想像を絶する水路縮図。

　そういう古いものが、モダンな近代建築や、立ち並ぶ名もない住宅に飾られたウインドーボックス、抽象的なデザインで刈り込まれたトピアリーで装飾された庭園と同居している。それらは古い時代の雰囲気とうまく融和し、その町その国の新しい雰囲気を醸し出している。

　それらの国には、さまざまな歴史をもった人々がその国の習慣や風習を保ちながら住んでいて、時代や様式の違ういろいろな建造物が混ざりあって建設されているはずなのだが、伝統のあるヨーロッパ各国では、街並み全体がひとつの特徴ある雰囲気を持ってまとまっており、私たちはそこにほとんど違和感を覚えることなく、その違いを楽しんでいる。

　それは不思議といえば不思議だが、それが各国の歴史を踏まえた生活文化というものかもしれない。そこに住む人々も、その時代の言葉や風習や習慣だけで生活しているわけではない。いろいろな時代に導入されてきた、いろいろな国の言語や生活様式が、時には外国のそれと混在し、しだいに溶け合い、いつの日かひとつの個性ある自然体として、それぞれの新しい文化を築いてきたのだろう。

　そして祖先が創造し利用してきた庭園も、その国の生活環境の代表としての歴史を踏まえながら、文化的融合体として成立し、変化してきている。ヨーロッパ各国の庭園には、あくまでも各国民の個性を尊重し、これからも独自の風習・習慣を守り、利用し楽しんでいこうという頑（かたくな）な誇りが漂っている感じがしてならない。

■ イギリスの庭園

　最近のイギリスは非常に住みにくい国のひとつだと聞く。日本から訪れる人々も驚くほどの物価高、食べるものはまずいし、イギリス人の冷静さと高慢さは近寄りがたい。

　それにもまして悩みの種は、イギリスの天候である。特に長い長い冬の時期といわれる10月から3月の終わりまでの間は、ただため息が出るのみである。この期間はイギリス人でもうつ病になる人が急増するといわれるが、確かに納得する。「イギリスに数年住むことができれば、世界中どこでも快適に住むことができる」とはよくいったものである。

　しかし、このような不便で不健康な季節が限りなく続くイギリスに、私はすでに25年以上も住んでいるが、かなり生活をエンジョイしている。それというのも毎年、春から秋までの素晴らしい時期を今か今かと待ち望んでいるからである。

　この春の訪れから10月までの半年の間は、世界中のどこの国とも比べることができないほどすばらしい園芸の世界が花開く。この時期があるからこそ、イギリスは長い歴史を持つ園芸国として世界に君臨しているのである。

⑲ **一般公開庭園** イエローページに記載されている庶民の「一般公開庭園」の年1回の公開日は、英国の庭園本来の姿をかいま見る良い機会である。いやが応でも園芸王国英国の底力と層の厚さを見せつけられる。

⑳ **テームズ河沿いの庭** 英国の中心を流れるテームズ河の河岸に建つ家々の庭園には、春から色彩豊かな花が咲き乱れる。パンジー、ペチュニア、スイセン、チューリップ、クロッカスなどの花々が、釣り人やヨット・ボート乗りの目を楽しませる。

㉑㉒ **都心の庭** 英国ロンドン市内にあるプライベートの庭は、狭い土地を有効に利用している。ウインドーボックス、ハンギングバスケット、そして大小の鉢に植えられた花々は、忙しい都心の殺伐とした生活のなかのオアシスである。

前項で紹介されているように、18世紀に「風景式庭園」を確立したイギリスの庭園は、ほかのヨーロッパ各国の庭園とは、かなりかけ離れた特徴をもっている。直線的で幾何学的なデザイン構成の「整形庭園」に対して、風景式庭園の第一人者であるウィリアム・ケントは、「自然は直線を嫌う」という言葉を残した。風景式庭園の中には、池や川や丘をさらに自然風の曲線に人工的につくり直したものが少なくない。

近年、近代化の波はイギリスにも押し寄せ、生活環境のモダン化や自然破壊も避けられなくなってきたが、伝統を固守し身近な自然とともに生きる気質の強いイギリス人は、これからも素晴らしい自然美を表現した庭園を維持し、私たちを楽しませてくれることだろう。

家族で年1回催す「一般公開庭園」（● 写真-19）

この庭園は、ロンドンから車で2時間ほど走った、園芸の宝庫、コッツウォルズ地方にあり、家族全員が園芸を楽しんでいる平均的なイギリス人家庭の庭園である。家族構成は祖父母、中年の夫婦と子供が3人の7人が同居している。全員の趣味はもちろん園芸。週末は、ほとんど全員が庭園で過ごしている。庭園の大きさは、この地方では平均的な30×30mで、家屋がほぼその中心に位置している。この家族の最大の行事は、自分たちが精魂込めて手入れした庭園を毎年1日だけ一般公開することである。

イギリスでは毎年2月の終わりころ、「イエローブック」と呼ばれる本がベストセラーになる。この本は、その年一般公開する個人の庭園の公開日時や場所などが掲載されている案内書である。その日のために緻密な計画を立て、精魂込めてつくり上げた庭園を、園芸に興味のあるあらゆる人々に公開し、庭を通じて意見交換をする。ほとんどの庭園の公開日は、その素晴らしさを最大に表現できる5月から9月までに集中しており、その日のために1年の園芸作業が動いているといっても過言ではない。

一般公開日が近づくと、2〜3週間前から家族全員で庭の大掃除にとりかかる。当日は老若男女が詰めかけるため、池の掃除から垣根、手すりの修理など安全対策まで考慮する必要がある。車で来る来訪者のために、隣の畑は仮駐車場となる。

数日前から台所ではおばあさんが自慢のケーキやビスケット、イギリスでのティータイムに欠かせないスコーンなどを焼く。この庭でしか生育していない珍しい植物を訪問者に安価な値段で分けるために、数カ月前から丹念に株分けして小さな鉢に植え替える作業は、おじいさんと子供の仕事だ。そして、どんな客が何人来るのかわからない恐ろしさを胸に当日を迎える。

当日は、天気が良いと開園前の9時には長蛇の列ができる年もあるという。入場料の収益は、この村の園芸グループの活動費に当てられたりする。毎年訪問者は1日で100人から150人ほどだそうで、その日は園芸自慢の意見交換会も各所で見られ、1日があっという間に過ぎてしまうそうだ。このような園芸好き市民層が根強い力を発揮するイギリスは、やはり園芸国としての不動の地位をこれからも永遠に守っていくだろう。

悠久の自然に溶け込む「テームズ河沿いの庭」（● 写真-20）

日本に比べると山河が非常に少ないイギリスでは、河沿いに家を持つことはかなり贅沢なことである。最近はロンドン市内のど真ん中を流れるテームズ河の流域に家と庭を持ち、1年のうちのほんの数週間ある天気が良いときに、その庭で家族、あるいは友人たちを招いてガーデンパーティーをすることが流行になっている。

テームズ河には、18世紀のはじめに物資の運搬を目的に数々の水路と水門が建設された。そのころは石炭を満載したリバーボートが頻繁に行き来し、7つの海を制覇したイギリスの栄華を築き上げたのだろう。こうした河川はその後の経済発展によって、

運搬ではなく舟遊びに利用されるようになった。数マイルごとにつくられた水門はいまだ健在で、今でも急な増水や水底の変化がないために、当時の自然の環境をそのままに保存している。

　ここを行き来する船の最大スピードは4ノットに制限されている。この速さは人が早足で歩くスピードなので、船に乗ると周囲の自然と溶け合って、すべての時間がストップしたような錯覚に襲われる。流れの横には豊かな牧草地が広がり、放牧された牛、羊がのんびりと草をはんでいる。両岸に生い茂るブナ、ハンノキ、ヤナギなどが水に枝を沈めている。目をつぶり聴覚だけで自然を感じてみる。遠くで聞こえる人々の笑い声、岸に寄せる単純な波の音、着水する鴨、白鳥の羽ばたき、そして爽やかな風のささやき、じつに静かである。

　数カ所で河から川水を吸い上げているポンプの音が聞こえる。この水はスプリンクラーに直結していて、庭全体に敷き詰められた芝生にくまなくまかれている。そのおかげで、どの庭の芝生も1年中素晴らしい緑に覆われている。

　河沿いから見える庭園は、ほとんどがその家の裏庭である。たいていは道路に面した表の庭より広々としており、家から河まではかなり距離がある。芝生の上には真っ白なデッキチェアーやテーブルが無造作に置かれ、そのまわりを囲むようにデザインされた花壇やハンギングバスケットには、バラ、ゼラニューム、ペチュニアなどの色彩豊かな花々が咲き誇り、アイビーがフレーム役を演じている。

　河岸にはその家所有のボートが繋がれており、休日は友人たちを招いてそのボートで付近をひと回りする。庭の前を行き来するボートの屋根の上にまでたくさんのウインドーボックスが置かれ、水の上でも小さな庭園風景を楽しんでいる。河の中にはスイレン、アシ、カヤなどの水草が自然に生い茂り、その間から釣り人が糸をたらしている。

　近代文明が急速に押し寄せてくる現代、その中で、自然風景を頑なに守りつづけるイギリス。人間が創造し、つくりあげて来た文化、経済、芸術は素晴らしいものだが、この自然の静寂から湧き出てくるエネルギーから感じることは、人間の愚かさ、浅はかさ、空しさ、そして自然の偉大さである。アオサギが自然に倒れた流木の上に立ち、あたかも私たちの行動をあざ笑うかのように、細くて長い首を誇らしげに微動させていた。

街並みを彩るコンテナや屋上庭園ブームの「都心の庭」（●写真−21,22）

　世界中どこでも近代化の波は急速に押し寄せ、自然を無造作に破壊しているが、イギリスもその例にもれず、特にロンドン市内にはその波がじわじわと押し寄せている。他の国の都市に比べれば公共の自然（公園）の割合はかなり大きいとはいえ、植物を見たい、実際に土いじりをしたいという欲求不満は募るばかりである。小さな猫の額ほどの場所でも植物を育てて、自然を身近に感じたくなるものである。

　イギリスでも都心では、普通の家庭で大きな庭を持つことは不可能なので、壁にはり付けたウインドーボックス、窓の上から吊るしたハンギングバスケット、さらには屋上庭園をよく見かける。

　これらは建造物や地域景観との融合性が問われ、建物の色・質感に合わせてデザインされている。ロンドンでも、1年を通じて建造物の味気なさや不自然さをなくすために、個人だけではなく、緑の街お

㉓**屋上庭園**　ロンドン市内の屋上庭園は、外の公共庭園とうまくマッチするように緑を取り入れている。

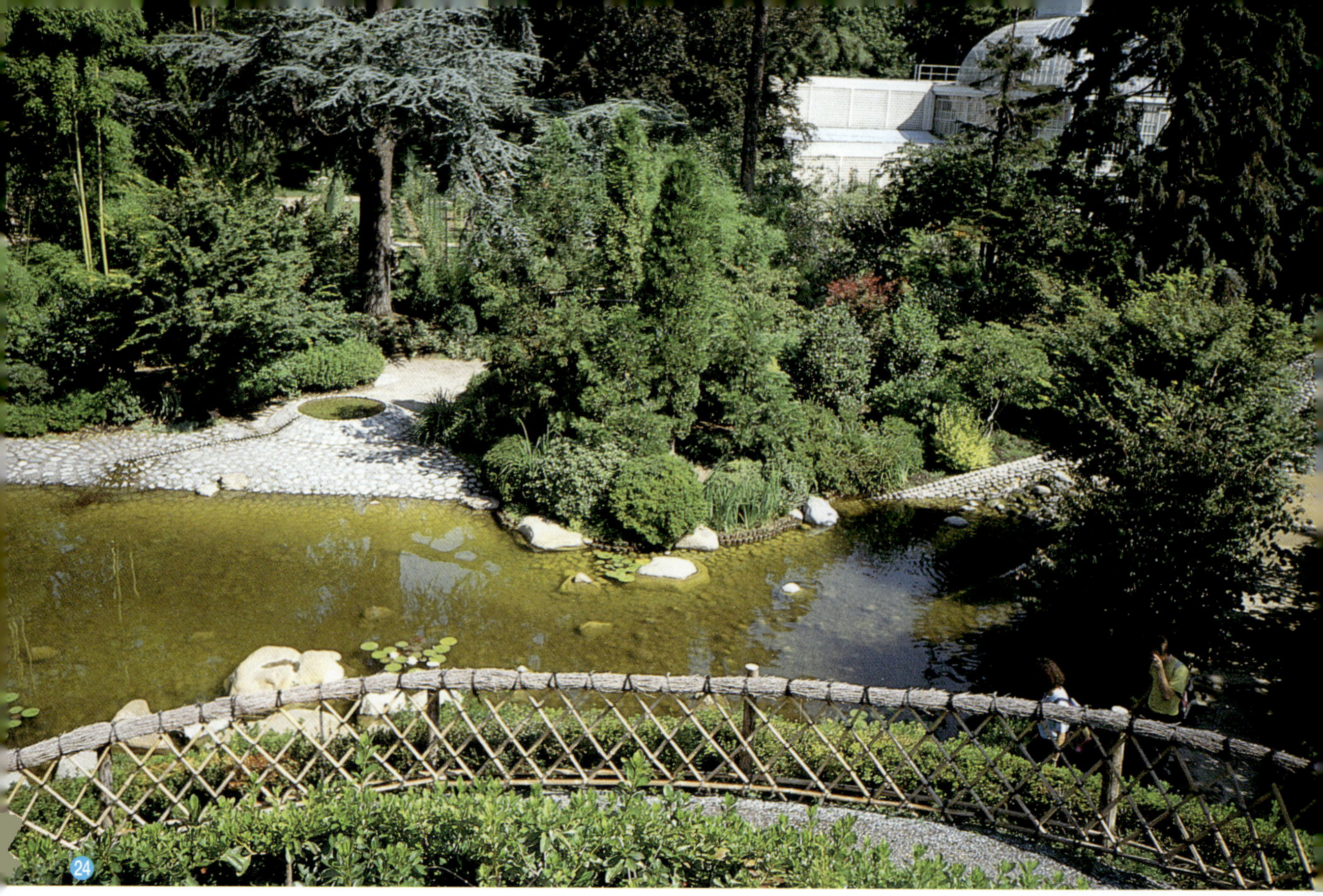
24

㉔㉕**オリエンタル風ガーデン**　20世紀初期につくられたフランスのパリ郊外にあるジャパニーズガーデン。光悦寺垣風の垣根が手すりにもなっている。今、フランスのガーデンデザイナーは、さかんに日本庭園のシンプル技巧をフランス的に取り入れている。モダンなオリエンタルガーデンがブームになっている。

25

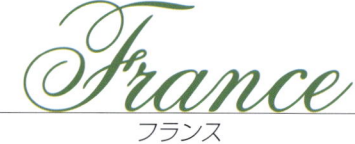

France
フランス

㉖㉗**平面幾何学式庭園**　フランスの郊外にある古い庭園。何代にもわたって守りつづけている平面幾何学式庭園は、そのデザインからしても歴史的重要性を感じる。

26

27

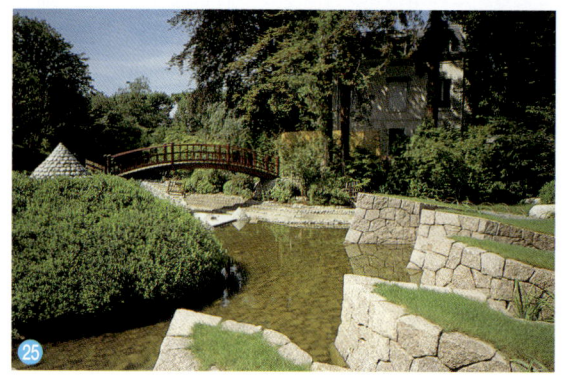

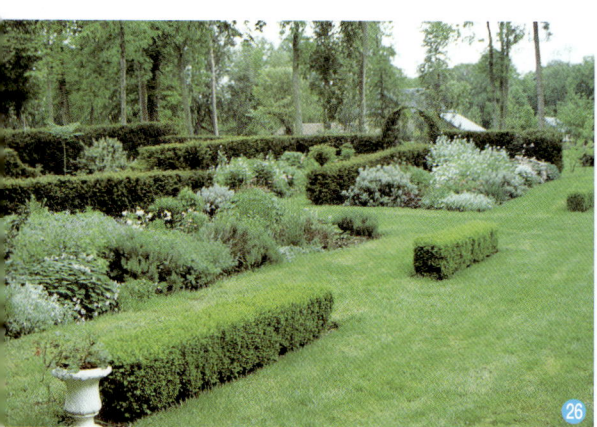

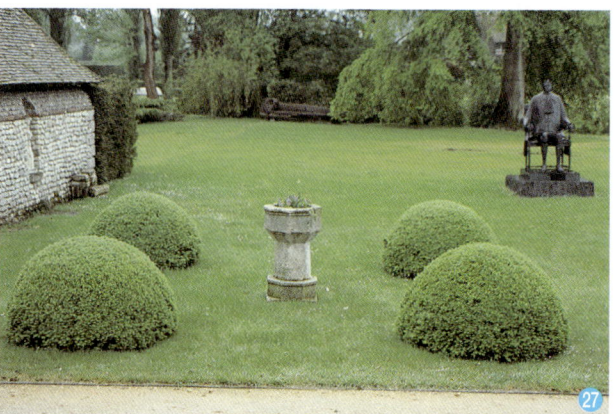

Italy
イタリア

㉘**果樹庭園** イタリアの整形庭園にはいたる所にオレンジ、イチジク、ブドウ、レモンなどの果樹が植えられ、デザイン的に素晴らしい景観となっている。太陽をいっぱいに浴びた果実が濃緑の葉に映え、見る人を魅了している。

㉙㉚㉛**カスケード庭園** イタリアの丘の上に建つビラの庭園は、その傾斜を利用してカスケード式に設計されている。坂の小道にはいくつものテラスがつくられ、周囲に植えられたイトスギやカサマツ、丘の上の緑のアーチが緑陰をつくっている。

こしがブームになっている。春には道路ごとにウインドーボックスのコンテストが開かれ、週末は園芸専門家を招待しての園芸教室もさかんに行なわれている。

写真21は、ロンドン市内のMEWSという大通りの裏側の一角の小さな住宅の集合体に、ひっそりとたたずんでいる家である。周囲を背の高い高層建築物に囲まれ、静かな憩いの溜まり場のような雰囲気だ。それというのもこのMEWSに集合した10軒の家庭は、各々が協力しあい、特に玄関周辺の外の庭を皆で考えながら、競い合って美しく装飾しているからである。毎年冬に、年間に植え替える植物を打ち合わせ、MEWS全体の統一性と変化を生み出している。特に春先から夏にかけてのウインドーボックスの競演は、行き交う人々の笑顔を誘っている。

FLAT（アパート）に住居を構えている都市に住むほとんどの人々は、庭を持つことは物理的に不可能であり、せいぜいバルコニーがあれば幸せである。これまでのロンドン市内の建造物は、昔ながらのレンガづくりの暗いイメージを持ったものが大半を占めていたが、最近ではモダンなビルも建てられ、かなりのスペースを持ったペントハウスが増えてきている。そのペントハウスに住みたいというモダンなイギリス人も増えてきた。近代のペントハウスの特徴は、今まで屋根としか考えていなかった屋上も、生活の空間として利用しようとしていることである。屋上庭園は、遠くに見える緑の集合体が借景となり、素晴らしい眺めを楽しむことができる。

このような欲求から屋上庭園の造園もさかんで、それに適した材料（デッキ、ウインドーボックス、鉢、給水装置など）やら、植物（風雨に強く、あまり急生長しない植物）も急速に各園芸店に並ぶようになってきた。古いビルも屋上の構造強化をはかり、庭の持てないFLAT住まいの人々に新たな緑の空間を提供し始めている。屋上庭園は、これからますますさかんになる傾向が見られる。

■フランスの庭園

古さのなかに新しい息吹を導入した「オリエンタル風ガーデン」（● 写真−24,25）

フランスはやはり芸術の国、美的感覚が至る所に漂っている。この雰囲気をつくってきたのは、長い歴史のなかで培われてきた限りなく旺盛な美的探求心にほかならない。そしてそこからくる自信が、古い物を破壊せず、その古い環境に超近代的なデザインを投入する新たな試みを生み出している。

たとえば、パリの中心街に君臨するルーブル美術館では、ルーブル宮殿の中庭に、地下への入口としてガラス張りのピラミットが突如出現した。1900年に施工されたオルセー駅が、外形をそのまま残し、内部だけを大改装してオルセー美術館としてオープンした。これらは、まったく新しい物を最初から制作していくポンピドーセンターとか、ハイテクを駆使した未来都市空間であるラ・ビレットとは、かなりかけ離れた摩訶不思議な雰囲気を生み出している。古き良き物を存続させながら、その環境下に新しい息吹を導入する仕様は、さすがフランスと納得するしかないデザインセンスである。

このような行動は庭園にも影響を及ぼし始めている。そのひとつ、パリの郊外にある日本庭園がその良い例である。フランス人は、オリエンタルな雰囲気に異常なまでの好奇心を抱き、それをフランス人的美的センスであらゆる芸術、文化に表現してきた。この庭園は、20世紀初期にドイツ生まれの実業家が、私邸の膨大な土地の一角に、すべての庭園材料と庭師をわざわざ日本から呼び寄せて造園させたもので、最近、新たにフランスの建築家とガーデンデザイナーが、その古い日本庭園の形跡を残したまま、日本古来のデザインを基礎に超前衛的に改造したのである。材料もほとんどがフランスで集められた日本的なものだという。

この庭園は回遊式庭園となっており、抽象的な山

㉜現在の女主人のちょっと寂しげな横顔に、フランス庭園の今昔がある。

があったり、滝、池、噴水、飛び石、竹垣など、フランス人のデザインセンスを生かして超モダンに設計されている。体の不自由な人の手すりとしても利用できるように設計された、山沿いの光悦寺垣風垣根などは、すばらしいアイデアだと感心する。

どこを見ても単純化を強調しているが、日本人が考えデザインするシンプルさと、フランス人がつくりあげたシンプルさは、ちょっと雰囲気が違うようだ。どちらが良い悪いといったことではないが、日本以外で日本庭園をデザインする場合、その国の雰囲気や環境を熟知し、違和感なく存在する庭園をつくることは、なかなか難しいような気がした。

フランス古来の環境にフランスの超近代化した環境を新たに加えたり、フランス以外の国のオリジナルの環境の中にフランスの新しい波を導入するチャレンジは、今後ますますさかんになる傾向にある。だが、古い歴史を持つ整形式庭園の影響がいまだにかなり強いフランスでは、こと庭園に関しては、もう少し研究の時間が必要ではないだろうか?

宮殿やシャトーの「平面幾何学式庭園」の昨今（● 写真−26,27）

フランス庭園の代表といえば、誰もがベルサイユ宮殿をあげる。このような膨大なスケールの宮殿の庭園ではないが、フランスの地方を歩いていると、今でも類似するシャトー（城）と庭園が各地で見られる。

ここに紹介したシャトーは、パリから3時間ほど車で南下した所にある、個人所有の古い建物と庭園である。現在の女主人（6代目）は、総面積が3エーカーというあまりの大きさに、その管理をちょっともてあましている様子であった。今では専属のガーデナーは1人のみで、彼女の助手として庭を管理しているとのこと。このような傾向はフランスの至るところで見られる。最近では古い名もないシャトーには国家的援助も手薄になり、所有者自身ができる限りのエネルギーを投資して保持しているのが現状のようだ。

前庭は綺麗な正方形にトピアリーされた植物群で囲まれ、このシャトーの歴史と昔の栄華を物語るようでちょっと寂しい。15室あるシャトーはフランスでは小さい部類に入る。だが、簡素であるが威厳があり、生い茂った自然の樹林に囲まれ、芝生が敷き詰められた正面の1エーカーほどの広場は、フランス式平面幾何学式庭園の典型ともいえる姿を今も保持している。

裏庭はツゲのトピアリーで整形された庭園が綺麗に刈り込まれてはいるが、ほとんど草花がなかったのにはちょっと驚いた。現在の主人が幼少のころは、ここにさまざまな宿根草が咲き乱れていたそうだが、あまりにも多くの手間と費用がかかることから、最近では1年草や宿根草は植えず、手間のかからないハーブ類や常緑樹でカバーしているとのことだった。庭好きの彼女はほとんどの時間を庭で過ごしているそうだが、昔はもっと綺麗な花々が咲き乱れていたと話してくれた彼女の横顔に、どこかノスタルジックなフランス庭園の今昔を見たような気がした。

■イタリアの庭園

整形庭園を彩る「果樹庭園」（● 写真−28）

イタリアでは、14世紀に起こったルネッサンスの影響が建築だけでなく庭園にも及び、現在でも整形庭園に基づくものが多い。

庭園はあくまでも建築物の軸線を中心に左右対称に設計されており、芝生、噴水、池などほとんどの装飾物を面としてとらえている。また建物に接近し

Spain
スペイン

㉝㉟ **スペイン庭園のアプローチ** 南スペインの暖かな気候はアプローチの沿道にキョウチクトウやパームツリー、マツなどを茂らせ、それらは真夏の暑さをしのぐ素晴らしい日陰をつくって来客を迎える。

㉞㊱ **パティオ** スペインのアルハンブラ宮殿の近くにあるこのパティオは、イスラム文化の影響を受けている。素晴らしいモザイク模様にデザインされ、素焼き鉢に植えられたゼラニューム、ユッカ、パームなどの植物が涼しさをかもし出す。

㊲㊳**球根庭園**　早春のキュウケンホフ庭園は、密植された球根類の花のじゅうたんが敷きつめられている。濃紺と灼熱に燃える赤とのコントラストは目に焼き付き、人々を魅了する。

Netherlands
オランダ

㊴**ニューネイチャー庭園**　オランダの自然保全をめざすニューネイチャー計画に影響され、今までの幾何学的に混色された球根花壇に、サクラやツバキなどの花木がさかんに植栽されはじめている。あまりにも不自然な球根類の混色からの自然回帰の現れであろう。

㊵数百年も経っている樹木の下での休息は、自然保全を考える良い機会でもある。

た部分には、必ずといっていいほどテラスが設けてあり、敷石などで庭との境界線をつくっている。そしてツゲなどの植物で囲まれた整形庭園の中に、レモン、オレンジなどの果樹類が植えられ、冬は緑を楽しみ、夏は実ったフルーツを観賞したり味覚を楽しんでいる。

この庭園は、高温多湿のイタリア南部にある、かなり裕福な個人庭園である。専属のガーデナーは3名、2エーカーほどある庭園には、いたるところに柑橘類（オレンジ、レモン、グレープフルーツ）やキウイなどのフルーツがたわわに実り、濃い緑の葉っぱとの素晴らしいコントラストを見せている。

この庭園の特徴は、この果樹類がすべて1本仕立てで、陶器の鉢か木の鉢に植え込まれていることである。数百年はたっているだろうプラタナスの樹林の下には、いくつもの洗練されたデザインの鉄のテーブルとチェアーが所狭しと置かれていた（●写真上）。ここで昼夜を問わず大きな野外パーティーが開かれるそうだ。裏には巨大なコンサバトリー（サンルーム）が建物に隣接しており、冬はここにすべての柑橘類の鉢物を入れて、冬を越すそうである。1本仕立ての鉢植えにしているのは運搬に便利だからだと、このガーデナーから説明され、イタリアン庭園のデザインの基本には、このような便利さを重視するルネッサンスの合理性があると納得するしかなかった。

丘の斜面につくられた「カスケード庭園」
(●写真—29,30,31)

この庭はかなり小さな庭園で、都市の小高い丘の上に建っており、典型的なイタリアンカスケード庭園の特徴を表現した新しい庭園である。三角形を基本にツゲで縁取られた整形式デザインに敷石を敷き詰め、丘の端には緑のアーチをつくり、そこからのフレームを楽しみながら、斜面にできたカスケード庭園を丘の上から見られるようになっている。

急斜地には幾段ものテラスが人工的に切ってあり、各段に乾燥と高温に耐える植物が植えられている。特に、その間に忽然と立っているイトスギやカサマツはイタリア庭園の特徴で、そのまわりには素晴らしい大理石の敷石がサンサンと輝く太陽をまぶしく反射している。

丘の上に建つ建物はビラと呼ばれ、夏の暑さをしのぐ格好の別荘として、素晴らしい夜景を眺める展望台として使われている。カスケード庭園は、丘の下にある本館とこのビラを結ぶ斜面を利用してつくられていて、通路として重要な役目をはたしている。

■スペインの庭園

水とパティオを多彩に取り入れた「スペイン庭園」(●写真—33,34,35,36)

スペインの庭園は、歴史的背景から見るとヨーロッパの庭園の中でも非常に面白い経過をたどって現代に至っている。かつて栄華を誇ったスペインは、その地理的環境からイスラムの影響をまともにかぶり、その影響は庭園にも大きく及び、現在でも至るところで、その形式が認められる。特にグラナダ地方に現存するアルハンブラ宮殿、ヘネラリーフェ宮殿などのすばらしい庭園群は、6世紀を経た現在でも、新しい庭園のデザインのよいサンプルとされている。

両端を背の高いイトスギで覆った小道のアプローチ、乱れ咲くゼラニューム、コスモス、カンナ、オリアンダなどの赤、オレンジ、白、青の強烈な色彩は、灼熱の太陽の熱気をともなって私たちに迫ってくる。その熱気を冷ますようにいたる所に水を利用

したデザインは、まさに生活の知恵から生まれたもの。水は涼しさを演出するとともに、庭園に動きを与える大きなデザイン要素である。水は、ときには噴水や滝になり、ときには池や運河となって、私たちに庭の重要な要素としての必要性を示唆している。

涼しさを演出するパティオ

また、涼しさを演出する考慮は建築にもみられる。それがスペイン特有のパティオである。パティオはイスラムの影響を大きく受けた独特の中庭で、セビリアにあるピラトの家などには、ムデバル様式にギリシャ、ローマ、ゴシック、ルネッサンスなどの諸様式を混ぜ合わせた特異のパティオが数々あり、スペイン庭園を新しくデザインする際の非常によい参考例になっている。

近代化の波は当然スペインにも押し寄せ、生活状態は向上し、建築様式もモダンになったとはいえ、スペインのあくまでも青い空にはサンサンと輝く太陽があり、赤茶けた土壌は永遠に変わることがないだろう。同様に、これからも水を主体にした庭園とパティオはスペインの庭園を特徴づけ、砂漠に湧き出たオアシスのごとく、私たちに永遠のノスタルジーを与えつづけるだろう。

■オランダの庭園

「球根庭園」から自然風の「ニューネイチャー庭園」へ（●写真-37, 38, 39）

オランダはやはり花の国、そして球根産業国である。あの平坦な国のどこへ行っても、球根はつきまとってくる。球根なくしてオランダは語れないといっても過言ではない。その生産量は世界の70％も占めると聞く。

この球根類の中でも特にチューリップの需要は最大で、ユリ、グラジオラス、スイセン、ヒヤシンス、クロッカス、アイリスと続く。現在では1000種以上のチューリップの球根がオランダで栽培されており、中には丼よりも大きな花や、真っ黒いチューリップも栽培されている。1594年にトルコから輸入されたチューリップは、オランダで大きく花開いている。

オランダが花栽培でここまで有名になった最大の理由として、この国の置かれた気候と土壌があげられる。ピートと砂、そしてその底に蓄積されているクレー土壌は、花類、特に球根類の生育に最も適している。

オランダでの庭園はやはり球根類が主で、2月の終わりから4月までのたった3カ月のために全精力を注ぎ込んでいるといってもおかしくない。その時期のオランダは、まさにチューリップの花びらのカーペットがいたるところで見られ、赤、白、黄色の強烈な色彩が太陽に照らされて目にまぶしい。

山も丘もない平坦なオランダの平地には4万2000エーカーに及ぶ球根畑が続き、6キロもの球根ルートは、庭園の基本である色彩をいやがうえにも印象づけている。平坦な地形に強烈な色彩の波、この光景はかなり日本とはかけ離れており、デザインの立場からいうと色彩重要視のマッス（色の広がり）を主にした特殊な庭園となっている。

また、10年ほど前からニューネイチャー計画が始まり、本当の自然を取り戻そうという企画が庭園にも影響し、新しい庭園では球根類以外にサクラ、ツバキ、ツツジなどの花木を導入し始めている。ただし今のところ、それらを集合体として扱い、その単純な動きの連続をアピールしている点は、球根類のマッスで培われた経験がものをいっているのだろう。

国土の4分の1が海抜0メートル以下にあるオランダ人は、長い水害の歴史から得た教訓から、先人が堤防をつくり、干拓地を農地に変え、すばらしく豊かな生活を手に入れることができた。しかしこれから求められているのは、ほんとうの自然、ありのままの姿だといえる。花と一緒に暮らし、世界中に花を送り続けているこの国は、常に一歩進んだところで自然を見つめていて、近い将来ヨーロッパの庭園に新風を巻き起こす気がしてならない。

㊶エイボン川に届きそうなシダ
レヤナギ　ニュージーランドは
樹木や草花の育ちがよい。

オークランド
北島
ウェリントン
クライストチャーチ
南島

New Zealand
ニュージーランド

㊷バラ　生育はきわめてよい。花は大きくて花色がよく美しい。大輪系統の品種だと日本の1.5倍ぐらいの大きさに咲き、それは見事。

㊸エスケープしたシネラリア　雑草でもあり、花壇草花でもある。改良されていないので、草丈も花色もばらばら。

㊹クライストチャーチの花祭り　教会のバージンロードも花いっぱい。

㊺**家庭の庭** 前庭は家屋側にコニファーやつる性植物、中央は芝生で周囲に花壇。道路側に大きな樹木や生垣がないからよく見える。見てもらう庭づくりが一般的のようだ。

㊻**家庭の中庭** この家の中庭はコンテナやハンギングで花ざかり。

㊼**車庫に通じる車の道** 轍(わだち)の間に這性や矮性の植物を植える。とことん花好きのようだ。

■ニュージーランドの庭園

平城好明（ひらき園芸研究所）

園芸種が野生化するほどの温暖な気候

　ニュージーランドはオーストラリアの東南、南太平洋上にある島国で、首都ウェリントンやオークランドのある北島と、クライストチャーチがある南島のふたつの島からなる。国土の総面積271km²、人口約381万人で、人口密度は約14人/km²と低い。

　南半球に位置するため、日本とは四季が逆で、日本の冬は夏、夏は冬にあたる。春は北島から始まり、南島には1カ月遅れでやってくる。

　気候は温暖で、夏といっても日本のようなむしむしベトベト感はなく、初夏のような気候だから快適で過ごしやすい。ただし、1日の気温変化は大きく、俗に朝は春、昼は夏、夕は秋、夜は冬といわれるほどの差がある。しかし、この温度変化と、暑すぎない夏と厳しい寒さの少ない冬とが、植物の生育をよくしているようだ。

　ニュージーランドには、現地名クリスマスツリー（Metrosideros exicelsa）、コウワイ（Sophora tetraptera）、ランスウッド（Pseudopanax ferox）、キャベツツリー（Cordyline australis）、マヌカ（Leptspermum scoparium）、フラックス（Phormium tenax）など有名な植物や木性シダ、野草類がたくさん自生している。

　しかし外来植物も多く、エスケープして野生化し、原生植物と誤解するような植物もある。

　これらの植物は、いずれも生育がよい。たとえばセイヨウシャクナゲは人の3～4倍以上に育って大きな見事な花を咲かせ、サクラは気持ちよく精一杯に育っている。シダレヤナギも小枝が川面に届きそうに垂れ、バラは日本の同一品種よりもひと回り以上大きな美しい花を咲かせる（● 写真-41,42）。エニシダはエスケープして野生化し、土手といわず牧地といわず増えて、始末に困っている。

　草花でも、ルピナスは原生地のイスラエルでは紫色かスミレ色のどちらかが1カ所に自生しているが、ニュージーランドでは園芸種が野生化しているので、色とりどりの花色が咲いて美しい。シネラリアも同様で、たぶん鉢植えの種が飛散したのであろう。花色はピンクと紫の濃淡、草丈は20cmから80cm強とバラバラで、現地の人に聞くと、雑草だといったり庭の草花だといったりする（● 写真-43）。

自然にも人にも優しい無類の花好き

　国民は白人93％、先住民7％で、白人は英国系が多く、祖国イギリスの文化を大切にしている。その一方で先住民マオリ族のマオリ文化も尊重されており、マオリ文化とヨーロッパのキリスト教文化（イギリス文化）が融合して独特の文化を形成し、それがこの国の誇りにもなっている。また、社会福祉が徹底していて貧富の差が少なく、人々は親切で優しく人なつこい。街や郊外に高層建築が少なく、緑が多いためか、のんびりとした雰囲気だ。

　ニュージーランドの人たちは無類の花好きだ。それはこの地にやってきた人たちが祖国から花を持ち込み、故郷を偲び懐かしんだことに始まり、今日に至っているのではないかと推測する。

　クライストチャーチはガーデンシティとして世界に知られている。花好きの人たちが腕を競って公園や街を見事な花で美化している。

　毎年2月に行なわれる花祭りでは、市民センター脇に大きな花時計がつくられ、教会のバージンロードは花、野菜、果実でつくったキリストの物語で埋め尽くされる（● 写真-44）。ハグリー公園、エイボン川の岸辺ではイベントが開かれ、家族連れでにぎわう。街の花屋さんもおめかしして参加する。

　町内会や個人住宅の花のコンクールも行なわれる。町内会のコンクールでは、その通りと左右の住宅の花の植え方や飾り方の美しさを競う。個人住宅コンクールでは、前庭の花壇や裏庭の野菜畑を合わせて、装飾や栽培技術が審査される。

最優秀になった家は、庭を開放して市民に見せる義務があると聞いた。実際にそのお宅を訪問してみると、じつに手入れが行き届き、美しい庭であった（●写真-45）。ガーデンシティの花祭りと家庭園芸の実態は、一度は見ておくと参考になるだろう。

花と野菜・果樹が一体となったガーデンライフ

平均的な家庭の敷地面積は約200坪（660㎡）、平屋建てで前庭は芝生と草花、家のそばにコニファーやつるバラなどが植栽されている。生垣はなく開放的なので、歩道からどの家の庭も見える。芝生の周囲や歩道に面した部分は、1年草や宿根草などの植込が多い。

隣家との境は2mほどの板塀で、つるバラ、クレマチス、スイカズラなどのつる性植物を這わせたり、高性の草花などを植えている。家の壁には球根ベゴニアやサフィニア、インパチエンスなどのハンギングが取り付けてある（●写真-46）。車庫は裏庭のほうにあり、そこに至る自動車道にもタイヤとタイヤの間に30〜40cmの幅に花壇を設け、マツバボタン、ハナスベリヒユ、芝生、セダムなど這性植物やグランドカバープランツを植えている家が多い（●写真-47）。

裏庭は野菜畑で、2〜3本の果樹や宿根草、灌木なども植えられている。また1㎡ほどの堆肥置場や1〜2㎡の育苗用フレーム、1.5㎡ほどの農具置場もある。苗はガーデンセンターで求めることが多いが、野菜や1年草草花は種子から育てる家も多い。

野菜はかならずつくる。野菜をつくらない主婦は主婦ではないと嘲弄されたり、野菜づくりをするようにすすめられるという。「家庭でつくれるような簡単な野菜はつくりなさい。足りない分や難しい野菜をスーパーで買いなさい」という考え方のようだ（●写真-48）。

果樹はりんごや柑橘類、プラムなどで、樹高・株張りとも2mぐらいに制限している。家族が食べる分だけあればよい、という考え方だそうで、このつく

㊽野菜はどの家でも育てる。おもに裏庭が野菜、果樹などの畑になっている（写真・肥土邦彦）。

り方や考え方は参考にすべきだろう。スタンダード仕立てなので、樹下には葉菜や草花をつくっている。

ところで、これだけのものをつくり、手入れしていたら主婦は忙しくて買物にも行けないのでは、と心配になるが、ニュージーランドでは「キーウィーハズバンド」の協力がある。キーウィーハズバンドとは奥さんを愛し、奥さんを助け手伝う夫のことで、ニュージーランドの既婚男性は皆キーウィーハズバンドを自認している。帰宅後のまだ明るい時間や休日には、夫は積極的にガーデニングに励んでいる。

ニュージーランドでは病害虫防除に農薬はあまり使われていない。ガーデンセンターでも、ナメクジや不快害虫の忌避剤はあるが、アブラムシなどの殺虫剤は見当らない。

それに代わって海藻エキスが売られていた。家庭でも海藻エキスの話を聞いた。ニュージーランドの人たちは昆布は食べないが、海岸に打ち上げられた昆布を拾ってくる。それを水洗いして大きなポリバケツに入れ、ふたをしておくとドロドロの液になる。これを薄めて畑や植物に散布したり灌水すると、病害虫の発生が少なくなり、畑も肥えるというのだが、真偽のほどはわからない。

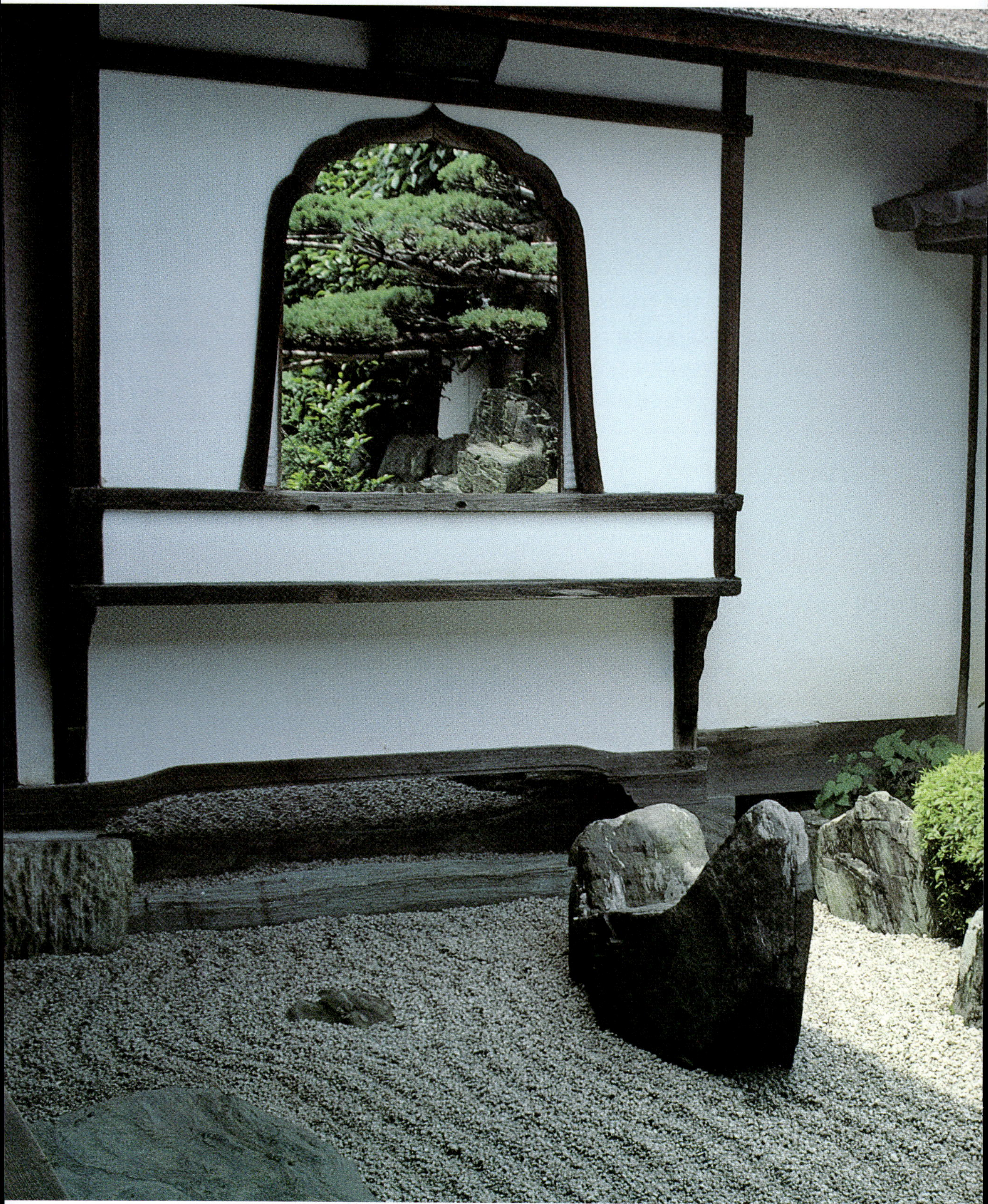

日本庭園史と庭園文化

白幡洋三郎（国際日本文化研究センター）

日本庭園の歴史とその広がり

自然、風景を表現した庭

　日本の庭園は、すべて「整形式ではない様式」を歩んできた。

　日本の庭園の歴史を貫く様式を「自然式」あるいは「風景式」と称する人もいるが、何を指して自然・風景と呼ぶか、厳密な定義は困難である。そこで「整形式ではない様式（非整形式）」というのがもっとも適しているように思う。ただし、日本の庭園は身の回りにある、人が普通に言うところの「自然」「風景」を象徴的にとらえて表現したものだと見るのは、的はずれではない。

　イギリス人建築家コンドル（Josiah Conder）は1893年、『日本の風景造園術』（Landscape Gardening in Japan）と題する書物を出版した。彼はその中で「日本の庭園造形は、この国の自然風景の特徴ある部分を選び出して再現（represent）したものである」と説明した（representation of the scenery of the country）。コンドルは、近代日本にお雇い外国人として来日し、東京大学で西洋の建築術を講義した最初の人物である。彼の定義は日本の庭園様式の特徴を簡潔にとらえていると思う。

㊾室町時代の宗教世界の庭園「大徳寺大仙院」の枯山水庭園　この枯山水庭園は、高山から流れ出る渓流を表すという。枯山水とは、日本の「自然風景の特徴ある部分を選び出して」象徴的に表現する様式。

時代とともに変わる日本の庭

では、自然風景の再現であり、非整形式である日本の庭園様式を古い時代からざっとたどってみることにしよう。

8世紀頃の庭園は、曲線をもった流れを備えていることに特徴があった（奈良時代の庭園）。次いで9世紀から13世紀頃までの庭園は、貴族の邸宅につくられた寝殿造庭園が代表的なものである（平安時代から鎌倉時代にかけての庭園）。14世紀から16世紀にかけて宗教世界に生まれたのが、水を象徴的に表現するけれども、現実の水を使わない枯山水の庭園である。他方、同時代の世俗世界にあらわれる庭園を、書院造の庭園と呼ぶ（室町・桃山時代の庭園）。17世紀から19世紀の半ばまで、江戸時代の大名たちが競って設けたのが回遊式庭園である。これは築造した階層の名を取って大名庭園と呼ぶ（江戸時代の庭園）。そして1854年、日本が鎖国を解いて西洋諸国と通商・外交関係を持つようになってからのちには、政界・財界人すなわちブルジョアジーたちによって庭園がつくられた（明治時代の庭園）。

これらはみな、周囲の自然のなかから池、滝、川、丘などの特徴ある姿をとりだして象徴的に構成した「自然の象徴的再現」といえる。言い換えれば、人間に敵対的でない自然のみを選び出して、風景として身の回りに引き寄せる「風景の理想化」をデザインの根本においていると考えていいだろう。

幻の平安貴族の庭

時代順に日本の庭園様式をもう少し詳しく説明してゆこう。奈良時代、8世紀の庭園は、かつて文献だけでしか考察されなかった。ところが第2次大戦後の考古学的発掘の進展によって庭園遺跡が検出されるようになり、具体的なその姿をつかむことができるようになってきた。1975年に発掘された「平城京・左京三条二坊六坪庭園遺跡」、現在は「宮跡庭園」と呼ばれている庭園遺構は、当時の姿を実感できるように推定復元されている（● 写真-50）。庭園内を貫く細長い池（もしくは水路）の形から、ここでは曲水宴が催されたと想像されている。

平安・鎌倉時代、9世紀から14世紀ころを代表する寝殿造り庭園は、平安時代貴族の住まいである「寝殿」の南側に、平坦な庭（南庭）が設けられ、さらにその南に池（南池）が広がっている。池には島（中島）があり、池の傍らや背後に、樹木を茂らせた小高い丘（築山）や、大きな岩石を組み合わせた石組みがある。寝殿の脇を通り、池に向かって清流（遣水）が流れ込み、建物の周囲や遣水の流れに沿って樹木・草花（前栽）が植えられている。建物のあいだに生まれる空間（壺）にも植栽がみられる。

㊿ 奈良時代「宮跡庭園」　水面は池のように見えるが、画面左から右へ水が流れる。曲水宴が行なわれたともいわれる。

これら屋外の全体が寝殿造庭園と呼ばれるものである（● 写真−51）。

けれども平安貴族が営んだ寝殿造庭園は、今日京都市内にひとつも残っていない。794年に遷都されてのち、千年以上にわたって都市の開発・再開発が繰り返された京都では、もとの貴族の邸宅あとに、いまでは近代的なビルが建っている。地中は攪乱され、たとえ遺構が発見されても、それを保存し当時の様子を復元することは大変困難である。先に挙げた奈良の庭園遺跡のように保存・復元された平安時代の典型的な寝殿造庭園はない。寝殿造庭園の様子は、源氏物語などの文学や当時の日記類など文献資料、絵巻物など画像資料、そして発掘による遺構から断片的にうかがうことしかできないのである。

すべてをとりこんだ大名庭園へ

12世紀の終わり頃に政権についた武士階級は、その後19世紀半ばまでその権力を維持するが、独自の庭園をつくり出すまでに1世紀以上の時間を要した。彼らがつくった庭園は、貴族文化が生み出した伝統的庭園をひきずっており、池庭というべきものである。

14世紀の終わり頃、第5代将軍足利義満がつくった鹿苑寺金閣の庭園は、池の規模も比較的大きく、平安貴族と同じように舟遊びが行なえる庭園であり、寝殿造庭園の系統を引いている（● 写真−52）。第8代将軍足利義政がつくった慈照寺銀閣の庭園は、池庭とはいえ小規模になり、ここでは池での舟遊びより、むしろ建物から観賞する庭園になってきていることがうかがえる（● 写真−53）。この時代の庭園は、屏風絵に描かれた庭園を見ても、儀礼や遊興の場よりは、視覚的な観賞の性格が強まっていることがわかるのである。

武士階級はまた、仏教の一派である禅宗に強く帰依した。その禅宗は、独特の庭園様式、枯山水を生み出した。枯山水の庭園は、表現形式からつけられた命名であり、その素材から見れば石庭と表現できる（● 写真−49,54）。禅宗寺院は武家のもつ武力による庇護を受け、他方、武家は禅宗から精神的な庇護を受けて、それぞれの庭園をつくっていった。14〜16世紀を代表する庭園様式は、世俗世界の書院造庭園（水のある池庭）と宗教世界の枯山水庭園（水のない平庭）というふたつの様式からなっている。

これらすべてを総合した新たな様式が、徳川家が権力を握った江戸時代に生み出された。それが大名庭園である（● 写真−55）。大名庭園は、その利用・観賞の形式からいうと「回遊式庭園」と名づけられる。大きな池を中心に、その周囲を回遊できる園路が取り巻いており、各所に展望台があって、園内の景色

(51)平安時代の貴族屋敷、寝殿造庭園（模型）　寝殿前に白砂の「庭」、そして池の中島には橋が架かる。ところどころに草花が植え込まれている。
出典『京都の庭園』京都市文化観光局文化部文化財保護課　原図　国立歴史民族博物館

(52)**室町時代の池庭「鹿苑寺金閣」の庭園**　中島には現在、松が植わっている。松は常に緑を保ち、強い芽吹きの生命力を見せるため、武家のシンボルでもあった。

(53)**室町時代の世俗屋敷「慈照寺銀閣」の庭園**　京は当時、唯一の都会。その都会の周縁部の山麓に、富裕な人々が別荘を開く。それらの多くは、のちに宗教施設に寄進されることになる。

(54)**枯山水庭園「竜安寺」**　もともと殿舎の南側にあった儀礼用の平坦な空間が、屋外儀礼の屋内化によって機能を変化させる。象徴的視覚芸術である枯山水がそこに誕生する。

(55)回遊式の大名庭園「旧芝離宮庭園」　高所から眺めると、大名庭園が回遊式であることが手にとるようにわかる。大きな池を中心に、園路が周囲をとりまく。
(56)明治時代の庭―山県有朋の京都の別荘「無隣庵」　建物の前には芝生の空間があって、そこは園遊会の場であった。江戸時代の庭の上に新しい時代の社交が乗って、できあがった様式といえる。

❺⓻江戸時代の公家の庭「修学院離宮」　大きな池を中心に山あり谷ありの園路がめぐる。武家がつくりあげた大名庭園様式とも共通する。

を観賞することができる。この様式は、寝殿造の様式と似ており、そのせいもあって江戸時代の貴族層も同じような庭園をつくった。京都の周辺部にいまも存在する桂離宮や修学院離宮はその代表的なものである（●写真-57）。16世紀から19世紀半ばまでの日本庭園を代表するのは、回遊式の大名庭園である。

日本全国各地の大名が屋敷を構えていた江戸には、19世紀半ばの時点で1000を越す庭園があり、その多くが回遊式であった。明治維新の改革で武士の身分は解体され、各大名の多くは国元に帰った。大名の屋敷は官庁や工場敷地に利用されたため、今日の東京にはかつての大名庭園がほとんど残されていない。わずかに明治新政府の役人たちや財界人たちが大名屋敷を譲り受けて、その庭園を維持し、また改修した。彼ら政界人、財界人が新たにつくった庭園もあったが、それは大名庭園の要素を取り入れながら、大名庭園よりも小規模なものであった（●写真-56）。

大名庭園は、過去の日本庭園の様式をすべて取り入れたものだった。そこには寝殿造庭園、枯山水庭園、書院造庭園などの要素がすべて流れ込んでいる。大名庭園は日本庭園の集大成、総合的日本庭園だと考えてよいだろう。

西洋庭園に影響を与えた日本庭園

万国博覧会で日本庭園を紹介

19世紀半ば、開国した日本にやってきた外国人が見た庭園は、ほとんどが回遊式の庭園であり、大名庭園だった。それゆえ彼らが紹介することによって生まれた海外における日本庭園理解は、大名庭園が中心になった。そののち、大名庭園の部分をつくり上げている各要素が紹介されるにつれて、日本の各時代の庭園様式も紹介されるようになった。

海外にまず大名庭園が紹介されたことは、日本庭

園にとって幸運だったと思う。なぜなら大名庭園は日本庭園のすべての要素、すべての様式が流れ込んでいる総合的な庭園だからである。

日本庭園が西洋に受け入れられる大きな契機になったのは万国博覧会である。1873（明治6）年のウィーン万国博覧会に、日本政府は池に架かる反り橋や鳥居を備えた日本庭園を出品した。開園式にはオーストリアの皇后が橋の渡り初めをして、人々の強い関心を呼んだ。しかもここで茶屋の接待や歓迎レセプションなどが開かれたことにより、日本庭園の観賞と利用の仕方が西洋人に受けとめられていったと思われる。これが、ヨーロッパに本格的な日本庭園が姿を現した最初といってよい。

以後日本政府は、万国博が開かれるたびに日本庭園を出品するようになる。1878年パリ万国博ではトロカデロ地区に茶店を備えた日本庭園が設けられ、1893年、アメリカのシカゴ万国博には、平等院鳳凰堂を模した建物の周囲に日本庭園がつくられた。1900年パリ万国博では、法隆寺金堂を模した建物に付随して池が掘られ、日本庭園のしつらいがあり、1904年のセントルイス博では金閣寺ふうの建物をかなり本格的な日本庭園が取り巻いていた。

博覧会は日本文化の展示場であったが、庭園はその中でも西洋とは異なる石や木など自然物の取り扱いと、自然に人工を加える手法の違いを強く意識させ、異文化の強烈なアピールともなった。日本庭園は、西洋にとって芸術的な面での未知の領域と理解され、高い関心と評価を獲得したのである。

ヨーロッパに出現した日本庭園

また、当時流行した世界周遊旅行は、西洋人のあいだに日本文化の現場体験を蓄積させ、エキゾチックな日本への関心はさらに高まった。日本庭園は取り入れるに値するものとされ、金持ちの間では、自宅に日本庭園を設ける者が現れた。

イングランドの西北部、チェシャーにタットンパークという広大な庭園がある。イギリスの18世紀に流行した、いわゆる「風景式庭園」であるが、その一角は日本庭園になっている。灯籠が置かれ、ひなびた四阿があって、太鼓橋が架かるこの庭園は、明治の末頃、日本から呼ばれた庭師がつくったものだ。四阿の屋根は苔むし、周辺もなにやら枯れた渋い感じを漂わせている。全体の風景式庭園に日本庭園は違和感なくとけ込んでいるが、イギリスにはこのような日本庭園が数十の単位でつくられたと思われる。

ヨーロッパ大陸でも同じ流行があったが、その一例はパリにあるアルベール・カーンの庭である。19世紀末から20世紀の初めにかけて莫大な富を築き上げた銀行家、アルベール・カーンの邸宅だ。パリの西の郊外、ブーローニュの森のすぐそば、セーヌ川に接する地区にあるこの庭園は、全体が4つのコンセプトでつくりあげられている。フランス庭園、イギリス庭園、アメリカ庭園、そして日本庭園の区画をもっている。日本庭園の区画には石灯籠、飛石、太鼓橋のほか茶室、日本式の木造家屋などが、およそ7400㎡の細長い敷地に、じつにうまくレイアウトされている。園路をたどっていると、パリにいることも忘れるほどだ。この日本庭園も明治の末頃、日本から材料が送られ、庭師が呼び寄せられてつくりあげられたものだった（● 写真-58）。

こうして明治・大正から昭和の戦前まで、ヨーロッパでは日本庭園の熱心な受容があった。また日本の造園手法も多く取り入れられて、庭園における「ジャポニズム」は西洋庭園のひとつの潮流として存在した。ところが第二次大戦後、戦火に傷ついたヨーロッパでは、個人庭園への日本の影響は相対的に弱まり、日本庭園はせいぜい、公園に設けられるものとして姿を見せるだけになった。

西洋に取り入れられた日本の文化

戦後、海外の庭園に及んだ日本の影響は、実質的には唯一の戦勝国であるアメリカの裕福な個人の庭に強く認められる。とくに西海岸、ロサンゼルスやサンフランシスコでは日本庭園を構えるアメリカ人

Chapter 1 庭園文化とガーデニング──日本庭園史と庭園文化

㊹アルベール・カーンの庭　植え込まれている植物の多くはフランスのもの。現地材料も巧みに取り入れた出色の日本庭園であるが、近年改造された。これは改造以前のもの。
㊾フランクフルトのショッピング街にある石組み　石を立てる手法は西洋にはなかった。完全な自然石ではないが、石もラベンダーやハイマツなどの根締めも、すべて現地材料と思われる。日本庭園技法を吸収し、わがものとした西洋の庭園技法といってよいだろう。

が多くいて、そのため日本人庭師が歓迎され、そんな中で日本人の造園家や設計事務所もたくさん生まれた。

　また戦後のアメリカ社会で人気を博した盆栽は、帰国米兵という広範な受け皿が存在したことにも助けられている。占領軍として滞在中に日本の庭園・園芸文化に接した彼らは、日本庭園や盆栽を受け入れる窓口となった。盆栽は、その後アメリカのみならずヨーロッパ各地に広まり、大変な人気を博している。日本庭園と同じく、「自然の象徴的再現」であり「風景の理想化」である点が、西洋にない美意識を満足させ、熱心な愛好家を生む要因になっていると思われる。

　その後の日本庭園は、別の発展の方向を獲得している。日本庭園そのものの受容だけでなく、日本の造園技術を生かし、応用する造形が生まれているのである。

　80年代に現れたフランクフルトのショッピング街の歩行者天国に、石組みを主体にしたオブジェがある（●写真−59）。これは明らかに日本の庭園に見られる立石の技術にもとづいている。西洋の庭園にこのような石組みがつくられた例は過去にない。切石ではあるが、自然石の雰囲気をかもし出すように組まれ、そして日本の石組みに使われる「根締め」の手法が用いられている。根締めとは石の基部を隠し、装飾の機能も持たせるように草花を植え込む日本の伝統的造園技法だが、ここでは材料は西洋にある石であり、植物も西洋のラベンダーである。それが、西洋の街並みの中に憩いの場をつくりだし、絶妙の味わいでぴったりおさまっている。日本の造園技法が消化され、応用されているのである。

　日本庭園の丸ごとの受容ではなく、西洋の風土と暮らしにかなう、日本「文化」の部分が必要に応じて取り入れられるようになってきたのである。

観賞する庭から暮らしを共に楽しむ庭へ

遊興と観照を繰り返す日本の庭

　素材や形態、様式からみると、日本の庭園と西洋の庭園は大きく異なる。とくに石と花の扱い方に注目すると、日本の庭園の理想と西洋の庭園の理想は、まったく違っているようにみえる。しかし、どのように庭園が使われたかという利用者の観点でみると、日本と西洋の庭園には共通した性格がある。

　利用の観点から日本の庭園を考えると、積極的に庭園に入り込んでこれを使いこなした時代と、庭園を遠ざけてこれを眺めた時代という大きなふたつの時代思潮が認められる。前者の姿勢を「遊興」、後者の姿勢を「観照」と名づけたい。

　大づかみに見ると、8〜9世紀の庭園は和歌を詠む素材となる「観照」の庭園であり、10〜13世紀の寝殿造庭園は儀礼と饗宴の「遊興」を主とし、14〜16世紀の枯山水は「観照」がもっぱらとされ、17〜19世紀半ばまでの回遊式庭園は、御成や宴会の「遊興」の庭園である。その後、近代から現代に至るまで、庭園を視覚芸術としてみる「観照」の姿勢が支配的な時代といえるだろう。このように日本の庭園は「観照」と「遊興」の性格を交互に繰り返してきた。

　ただし「遊興」と「観照」といっても、一方の姿勢しかなかったわけではなく、両方の姿勢が混在しつつ、一方がより強くあらわれていたに過ぎない。そして、日本の庭園思想の中心を貫き、造型の意図を深く動機づけていた一本の柱は、やはり「遊興」ではないかと思われる。「観照」の性格がとくに強かった宗教庭園としての枯山水は、日本の庭園の中でも特別な性格をもっている。同時代の書院造庭園は「観照」の庭園でもあったが、盛大な饗宴のための「遊興」の庭園でもあった。奈良時代の庭園を「観照」の庭園と述べたが、曲水宴を楽しむ「遊興」の要素は強かったし、明治・大正期は庭園が社交の

Chapter 1 庭園文化とガーデニング——日本庭園史と庭園文化

⑥京都・円山の正阿弥の庭。座敷では書会が開かれている（『都林泉名勝図絵』より）。

場として機能していた。

　大きな太い流れとして、日本の庭園は使うための空間であり、「遊典」の空間が基調であった。日本の造園が一貫して「周囲にある自然の再現」「風景の理想化」を求めた理由はここにある。庭園はたんに眺めるだけの美術作品ではない。

　たとえば、京都の町屋には裏庭（前栽と呼ばれることが多い）や坪庭があって、夏場は座敷に涼しい風が通るようになっている。じつにうまくできた設計で、京都の蒸し暑い夏を過ごす知恵だと感心させられる。前栽や坪庭は、平安貴族の寝殿造庭園と共通するものだが、千年以上もの長い「都市」の歴史を経るなかで、日々の暮らしにかなった装置として庶民の住まいに取り込まれてできあがったものだ。

　前栽では鉢植えの菊や朝顔が育てられ、坪庭には雪が降り積もる。自然を引き寄せることで日常生活の場にうるおいのある環境がうまれる。わずかな空間とはいえ、四季の変化を感じ、またみずからの手で草花を育てられるような、生活に密着した庭園が町屋には備わっていたといえるだろう。これだけでは満たされない「大きな自然」と出会う楽しみは、郊外の野山へ出かけ花見や紅葉狩りなどをすることで、手に入れることができた。

身近な庭園づくりを楽しんできた日本人

　自分の手で行なう庭づくり、とくに園芸的な楽しみと、人間の手が加わっていない自然にふれる楽しみのふたつは造園にかかわる大事なテーマである。しかもこのふたつは、立派な庭園を備えた大邸宅をもたない庶民であっても欲求を満足させられるような類のものである。

　庶民の「庭園」の特徴は何かと考えると、草花を育てる園芸的な側面がまず頭に浮かんでくる。昨今のガーデニングブームで、西洋人とくにイギリス人は草花の栽培に長けていて、日本人を上回ると思われているようだ。しかしほんの少し歴史の時間をさかのぼらせて考えると、むしろ日本人は身近な庭園づくり、すなわち園芸をずいぶん楽しんでいた国民なのである。

(61)茶屋でくつろぐ人、高雄の紅葉刈りに興じる人、渓流のすぐそばにござを敷いて酒を酌み交わす人々など、屋外の自然「庭園」を楽しんでいる（『都林泉名勝図』より）。

イギリスに本格的な園芸協会（ロンドン園芸協会）ができたのは1804年のことであるが、園芸愛好家の集まりでいえば、これより100年も前に日本では菊の愛好家が頻繁に会合を開いていた。

1717年（享保2年9月）に京都で開かれた菊の品評会には、143名もの出品者があり、総数380もの菊の展示があったという（『丸山菊大会』）。元禄時代（1690年代）に始まった菊を持ち寄っての「菊会」が、時を追って盛んになっていった。

京都でにぎわった品評会の会場は東山山麓・丸山（今の円山公園のある一帯）の「閑阿弥（かんあみ）」「也阿弥」「連阿弥」「正阿弥」などの寺坊で、そこには整った庭園があった（● 写真－60）。参会者は、ただ菊を出品し、またこれを観賞するだけではなく、句会や書画会、物産会などを開き、座敷や庭園で酒宴を楽しみ大いに親睦を深めたのである。

また彼らは、嵐山や高雄など桜や紅葉の名所を訪れ楽しむ人々であり、名高い郊外遊覧地でのにぎわいを支える人々であった（● 写真－61）。そこは日本の「公園」というべきものだろう。こう考えると、町屋の坪庭や前栽、そこで行なわれる園芸活動とそれが生み出す社交の場である寺院、さらに郊外の行楽地は、都市民の暮らしの中に組み込まれた、それぞれ機能を異にするスケールの違った庭園・公園だったといえよう。

日本の庭園の歴史、過去の造園の展開をふり返ってみると、現代造園に欠けているのは、ともに楽しむ「共歓」とでも名付けるべき感覚だろう。自分一人でなく他人とともに楽しめてはじめて庭園たりうる。自分が育てた花を見てもらうガーデニングが流行るのは「共歓」が求められているからだ。「共歓」を現代の庭園に吹き込むためにいま必要なのは、各時代の各階層が楽しんだ社交の機能へ思いをいたすことではないかと思うのである。

日本の
ガーデニング事情

村田幸子 （有）フラワービジネス・プラン

ガーデニングをブームから新しい園芸文化に

「見る庭」から「使って楽しむ庭」へ

　東洋ではじめての開催となった1990年の「国際花と緑の博覧会」（大阪花の万博）をきっかけに、日本では花のある豊かな社会への欲求が一気に高まり、ガーデニングブームが全国に広がった。豊かな経済社会に裏打ちされた「もの」に対する価値観から、「こころ」の豊かさへと変化しはじめた時代背景も、それを後押しした。そして海外の美しい庭の写真を掲載する雑誌の刊行が相次ぎ、種苗メーカーは、初心者にも育てやすく観賞価値の高い園芸品種を次々と開発した。ガーデンセンターやホームセンターのガーデニングコーナーは、多種多様な資材や植物を供給するなど、ブームを側面から支えた。

　市民が求めたのは、大きな庭石や松など高木の常緑樹主体に構成され、設計・施工から管理を専門業者に委ねた、これまでの「見る庭」としての和風庭園ではなく、草花や中小木を主体にした庭いじりを自ら楽しむ庭である。それは、面積が狭い一般家庭の庭では大きな樹木が植えられない、常緑樹中心だと暗い感じになってしまうなどの理由に加えて、住宅の外観や生活スタイルが洋風になり、デッキを張ったり、テーブルや椅子を置いてお茶を飲んだり、草花を植えて楽しむなど、生活のなかで「使う庭」「飾って見せる庭」へと、庭に対する欲求が変わってきたからである。

新しいライフスタイルとしてのガーデニング

　庭のスペースがほとんどなくても、狭い玄関まわりに四季の草花が咲き乱れるコンテナガーデンを演出したり、壁や塀にハンギングバスケットを飾ることがポピュラーになってきた。土のない都会のマンションでも、ベランダや屋上にレイズドベッド（囲って土を盛り、地面や床よりも高くした花壇）などをつくって草花や中小樹を植え、自然を身近に楽しむ人も増えている。このような市民の欲求に応えるように、各地にできたガーデンセンターでは、植物や鉢、資材や作業の道具などが何でもそろい、手軽に入手できるようになった。

　ガーデニングは単に余暇を楽しむ趣味の段階から、ナチュラルな生活を求める多くの市民の新しいライフスタイルとして根付きつつある。ガーデンがセットされたマンションや分譲住宅も多くなり、野菜やハーブを自分で育てて食べるなどの「食」の安全性に対する関心や、生ゴミのコンポスト化など、環境に対する

⑫宮崎県東臼杵郡北郷村　椎野あじさいロード　第11回全国花のまちづくりコンクール特別賞を受賞。住民が一丸となって農山村地域の道路沿いにアジサイを植え続け、美しい山里の景観をつくった。年々見学客が増え、地区で育った野菜などの販売も活発化した。

関心も大きくなってきた。

市民参加の花のまちづくり活動

こうしたガーデニングの潮流は個人の庭にとどまらない。個人がつくったすてきな庭を通して、ガーデニング仲間の輪が広がり、きれいな街角の通りが出現した例は多い。

さらに、市民が主体的に参加して、隣近所から自分たちの住む地域や街、学校、公園などの地域全体の景観を花や緑で彩る活動も、各地で盛んになってきた。子供たちが学校花壇だけでなく、街角や公園の花壇づくりにボランティアの市民といっしょに参加して、社会とのつながりや自然環境を学ぶ試みも、全国各地の学校に広がっている。

このように、これまでの自治体主導のまちづくりから、市民が、あるいはNPO法人を組織して、行政と一緒になって自分たちの町の景観や環境を話し合い、共に取り組むまちづくりへと変化している。住民が一丸となって道路わきにアジサイを15年間も植え続けたところ、この花を見ようと、わずか4戸しかない過疎地に見学者が年間5000人も訪れるようになった例も出てきた（● 写真−62）。

自分の庭を一般公開する「オープンガーデン」

さらに最近では、イギリスの「プライベートガーデン・オープン」に倣い、丹精込めてつくった個人庭を一般に公開し、より多くの人に見てもらう試みも岩手、仙台、福島、伊豆、長野、東京ほか、全国に出現している。「飾って見せる庭」の典型である。ただし日本の場合はいまのところ、イギリスの「プライベートガーデン・オープン」のようにチャリティーの基本理念や、ナショナルガーデン・スキームという運営の責任と継続性を支える基盤組織がなく、それぞれが独自の思想と方法で行なっている（● 写真−63）。

また、ホームページを開設し、自分の庭の写真を掲載してより多くのガーデニング愛好家とインターネットで交流している市民も増えている。

伝統に学び新しいガーデニングの創造を

歴史のなかで育まれた文化に裏打ちされなければ、ブームは根付かず一過性に終わるものだ。四季の変化が大きい日本では、古くから自然の移ろいや植物に対する深い感性が育まれてきた。桜の開花予想で季節を読み、盆栽の小さな植物の命の中に宇宙を表現する。江戸時代の園芸の興隆は、現代人の想像をはるかに超える技術や感性の存在を証明している。菊の品評会や椿、万年青の収集や交換、朝顔市やほおずき市などはその流れを今に残し、花に対する日本人の造詣の深さを表している。

ガーデニングブームは時代の要望に合わせた形で表れてきたが、その背景にはこうした土壌があり、歴史に学びながら今を熟知して、日本人の感性を表

Chapter 1 庭園文化とガーデニング ──日本のガーデニング事情

㊲オープンガーデンみやぎ 平成10年に仙台市に事務局をスタート。会員登録者には「オープンガーデンガイド」が配付され、紹介されている庭主と直接コンタクトをとり訪問するシステム。愛好家同士の交流と情報の発信を目的とする会として発展している。

現する物まねではない園芸世界を新たに構築する時代にさしかかっているのではないだろうか。

■夢をかきたてる博覧会やガーデンショーの開催

年々増加・大規模になるガーデンショー

花博以来、日本で実施されるガーデンショーの開催数と動員数は増加している。こうしたショーはガーデニングを楽しむ人々のガーデン設計・植栽の参考になり、資材や園芸植物の新商品情報を得る格好の場となっている。また、展示するテーマガーデンは、ガーデンデザイナーのプロへの登竜門にもなっているので、入場者数は大変多く、ガーデニングへの夢をかきたてている。

国際園芸家協会（AIPH）承認の国際的な花の博覧会は'90年「国際花と緑の博覧会」を皮切りに、'00年開催の淡路花博「ジャパンフローラ2000」、しずおか国際園芸博覧会「パシフィックフローラ2004」へと継続されている。

(財)都市緑化基金の「全国都市緑化フェア」は'83年から、(財)日本花普及センターの「ジャパンフラワーフェスティバル」は'91年から、それぞれ地方公共団体と共催して毎年各県持ち回りで開催されている。

また、(社)日本家庭園芸普及協会主催の「フラワー&ガーデンショー」は'91年から始まり（●写真-64）、一般団体主催の「世界らん展日本大賞」は2001年には9日間で44万人の入場者数になった。'99年から始まった「国際バラとガーデニングショー」なども回を重ね、毎年恒例になってきた。このほか、「NHK趣味の園芸フェスティバル」や(社)園芸文化協会の「花の文化展」、そして各地方のさまざまなガーデンショーが春に集中して開催され、入場者数はどこも増加している。

■園芸文化を支える組織と資格

日本の園芸文化振興団体

日本の園芸文化を発展させていくには、園芸を一般に振興し、資格をもった指導者を養成する組織が重要である。現在、おもな園芸振興組織としては、以下のような団体がある。

(社)園芸文化協会 1944年、島津忠重公爵を会長として発足し、「花の文化展」の開催など、文化としての園芸の定着の基礎をつくった。

(財)日本花の会 '62年に設立され「花のまちづくりコンクール推進協議会」の母体として、市民運動や環境をテーマに活動の幅を広げている。

(財)日本花普及センター '91年に大阪花の万博の理念を継承して設立され、海外の博覧会への出展（'99昆明世界園芸博覧会、オランダフロリアード2002）やフラ

⑥'02年日本フラワー&ガーデンショー　3月に東京ビックサイトで12回目を開催。出展者ブースでは各社が新品種や主力商品を展示し、テーマフラワー展示や一般公募のガーデニングアラカルト、園芸相談やセミナー開催など、日本の総合園芸ショーとして定着している。

ワーフェスティバルの開催、農林水産省の花き生産データの開示（花き情報、フラワーデータブック）や調査などを積極的に推進している。

(財)日本緑化センター '73年に設立され、環境緑化を目的に「樹木医」資格認定や、「園芸セラピー」の研究会を発足している。

(社)日本家庭園芸普及協会 '88年、全国の園芸資材メーカー、園芸資材卸、園芸植物取り扱い会社によって設立された。家庭園芸の普及にスポットを当てた「グリーンアドバイザー（GA）」資格認定を'92年から実施し、GA登録者は2001年には5000人を上回った。家庭園芸の指導者資格という分野を独占して人気が高い。

(財)公園緑地管理財団 植物の知識に文化を加えた新しい認定試験「緑・花文化の知識認定試験」を'99年から実施、特級から5級までの6階級を認定している。第1回、2回とも1万人を超す受験者数を得ている。

(社)全国森林レクリエーション協会 山村の活性化や森林保護のために「森林インストラクター」資格を認定している。

(社)日本種苗協会 種苗メーカー・研究機関の団体で、「種苗管理士」を認定している。

英国王立園芸協会日本支部（RHSJ） '87年設立以来、英国本部との交流をはじめとして、「ハンギングバスケットマスター」資格など、日本独自の資格認定を実施している。

(社)日本造園建設業協会 造園の国家資格の取得援助や共済活動を実施している。造園の国家資格には、国土交通省検定の「造園施工管理技師」、厚生労働省検定の「造園技能士」、国土交通省認定の「測量士」、厚生労働省検定の「園芸装飾技能士」などがある。

(社)日本フラワーデザイナー協会 フラワーデザイン振興をとおして幅広く花の業界を支えてきた組織である。

望まれる「ガーデンデザイナー」や「ガーデナー」の育成制度や機関

こうした組織以外にも、'86年から関西で開催されている園芸研究会、千葉大や東京農大などの園芸学科や造園学科が卒業生を対象に開催してきた研究会などがあり、専門家向けのセミナー開催や新しい提言をして、園芸文化の振興に大きな役割を果たしてきた。

しかし、日本ではそれぞれの組織がそれぞれの活動と資格認定をするという図式で振興を図っており、全体を網羅する中心的な組織や市民活動から生まれた国民的団体は存在していない。資格の内容も、日本庭園主体の造園分野の資格は国レベルで確立されているが、園芸と造園の両分野にまたがったトータルなガーデニングのプロとしての「ガーデンデザイナー」や「ガーデナー」を育成する機関と、その資格制度はまだ整備されていない。

日本の新しい庭が確立されるためには、欧米並にこの分野に相当する資格制度や組織が必要になるだろう。これには、日本の庭の歴史や創作に寄与してきた造園界のもつ技術や経験が不可欠な要素である。また、海外のカリキュラムの導入や、造園や園芸の枠、日本の各団体の枠を取り払った組織や資格をつくることが望まれる。

■園芸教育・研究機関

「園芸」教育と「造園」教育が分離

日本の大学レベルの教育機関では、「園芸」と「造園」という2つの分野に分かれている。「園芸」はおもに植物の栽培・育成などを中心にプログラムされ、園芸植物や作物の生産者・研究者を育成している。「造園」は公共の大きな公園などの設計やランドスケープなど、公的機関の人材育成が主である。

一般市民の欲求から生まれた「ガーデニング」は、園芸分野の植物育成知識と、庭のデザイン・構造物の設計・施工など造園分野の知識の双方が必要であ

Chapter 1 庭園文化とガーデニング──日本のガーデニング事情

る。しかも、社会人が自分で楽しむためには、広く総合的な知識が必要であるため、両者が分離された既存の大学の教育内容では不十分である。

新しい園芸教育の動き

こうした新しい分野の教育は、最初に海外の事例を取り入れた個人や、小さなカルチャースクールが補ってきた。また、テクノ・ホルティー園芸専門学校など、専門学校が時代の要望に合わせたカリキュラムで対応してきたのが実情である。一般市民がトータルなガーデニングを学べる教育機関はほとんどなく、本やテレビ番組などで断片的に学ぶ範囲に限られていた。

しかし、ガーデニングが市民生活に溶け込み生涯学習の重要なひとつに位置付けられるようになってからは、大学の社会人教育部門に取り入れられるようになった。'75年から継続している東京農大成人学校や'98年開校の法政大学エクステンション・カレッジ、昭和女子大オープンカレッジなど、カリキュラムの幅も広がり、指導者育成の機能を持つところも出てきている。

また、園芸や造園という範囲を超えて全体を指導できる専門家育成のために、'99年には、兵庫県立淡路景観園芸学校が開校した。景観という新しい分野をデザイン、マネージメント、文化、植物資源という4部門で構成し、専門家育成とともに生涯学習機能も盛り込まれ、新しい分野に対応できる理想的な機関として大きな期待が寄せられている。

■園芸植物の流通事情

増えてきた園芸草花の市場外流通

花き（切り花や切り葉、鉢物、苗物など）の流通は、基本的には市場を通して行なわれるのが一般的である。中央卸売市場と地方卸売市場、その他の市場があり、生産者は市場に納品して代行販売してもらい、買参人が主にセリを通して購入する。

種や苗は公的研究機関や種苗会社で研究開発され、生産者や小売店に卸会社を通じて販売される。これはもともと日本の農業を支える野菜や果物の種苗供給から始まっている。「タキイ種苗」や「サカタのタネ」などが扱う野菜の種は、昔から知っている人も多いだろう。

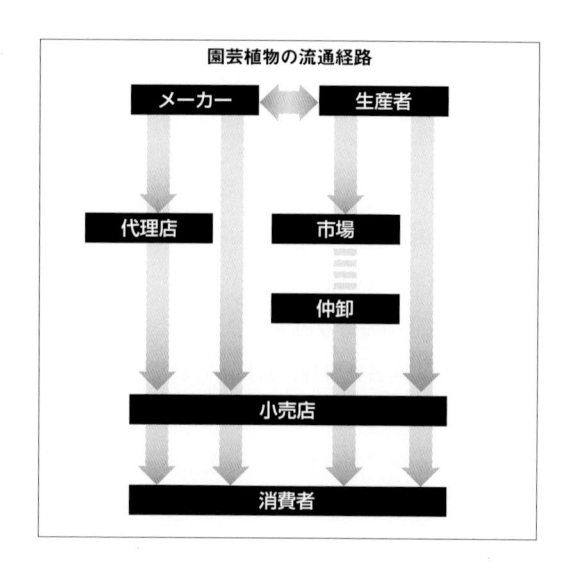

園芸市場に新規参入した企業（サントリーなど）が新たな流通経路をつくった例もある。自社開発した苗を契約農家に委託生産してもらい買い取る方式で、買い取った苗は直接、小売店店頭まで配送する。自社で独自な流通経路を構築し、開発、生産、販売を一本化した。野菜や果物と同じように流通してきた園芸植物が、新しいメーカーの登場や契約生産の増加により市場外流通を広げている（上図）。

専門種苗生産メーカーの通販や直接販売

最近では、家庭園芸向けの花や果樹の規模も膨らんでいる。特に通信販売は、募集した会員に春と秋にカタログを配布し直販する人気のシステムとして定着している。この他、種苗会社では研究・卸にとどまらず、販売店を直接経営するところや、モデルガーデンをつくって展示販売するところ（宿根草ガーデンのミヨシ、第一園芸のガーデンアイランド、京成バラ園芸など）、海外に研究所や販売拠点をつくり輸出入をするところなど、多彩な展開を見せている。

また、これとは別に花壇苗専門のナーセリーがあ

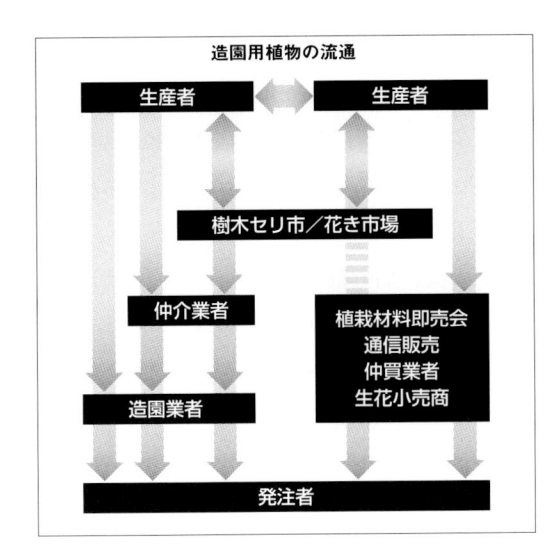

```
造園用植物の流通

生産者 ⇔ 生産者
        ↓
    樹木セリ市／花き市場
   ↓              ↓
仲介業者      植栽材料即売会
              通信販売
              仲買業者
              生花小売商
   ↓              ↓
造園業者
   ↓              ↓
        発注者
```

る。ガーデニングの普及とともに売り上げを伸ばし、生産品を市場に納品するだけでなく、ホームページでの直販や見本庭園公開など、積極的に消費者に近い場での提案を行なっている。

個性的な庭づくりのために、海外の種苗カタログから直輸入する例も多くなった。日本代理店を通せば、関税や検疫などの面倒がなく手に入れられる。ウィズリーの種子配布は種類も多く、RHSJ会員向けに行なわれている。

複雑な樹木などの造園緑化材の流通

樹木やグランドカバー植物などは、造園産業の中の造園緑化材という位置付けが古くから定着しており、生産地の圃場で直接卸販売、輸送されるという別の流通形態をとっている。植木屋さんや造園業者は取引のある産地を近場に持っていて、計画した施工に必要な樹木を見に行き、直接運搬、あるいは配送してもらったりする。大型の工事を伴う公共の造園などでは、規格品を大量にさばくため、図面に沿って注文が出され、電話だけで取引されることが多いなど、専門性が高く複雑になっている（上図）。

園芸資材を独自に仕入れ
多種大量販売する大規模ガーデンセンター

資材の流通は、メーカーや輸入業者から卸会社を経て販売店へ流れるシステムが一般的だが、ホームセンターやガーデンセンターが大型化するにつれ、販売店が独自に輸入や通信販売まで一本化したルートの開拓に乗り出すところが出てきた。

ホームセンターの園芸売り場やガーデンセンターが増すにつれ、ジョウロやホース、コンテナなどから、薬品、用土、レンガや石、砂利などにまで商品の幅が広がり、国産品や輸入品が購入できるようになった。植物からガーデニングの素材全般にわたる手軽な入手方法の確立は、一般市民が手軽に楽しむ園芸の発展に貢献した。

大規模ガーデンセンターでは、多種多様な植物や資材と一緒に樹木も店頭に並べて販売され、植木屋さんに依頼しなくても消費者が直接購入できるようになった。種類も多いので選択肢が広がり、大型の樹木以外なら自家用車で運び、植え付けることができる。配送だけでもしてくれるので、ますます自分で庭づくりできるシステムが整ってきた。

モデルガーデンも付設し情報提供する
小売店や観光ガーデン

一方、園芸小売店に変貌した都心のデパートの屋上も、植物が育つ空間として再構築された。屋上のモデルガーデンや陳列棚の花は、都会のマンションでも植物を育てられるという夢を膨らませてくれた。

園芸店やガーデンセンター、ホームセンターの園芸売り場では、単体の商品を販売するだけでなく、美しい寄せ植えのコンテナを製作して見せたり、物置などの建築物を販売したり、また、モデルガーデンをつくり、庭のデザインの相談を受け施工するなどビジネスの幅を広げている。

花屋さんといわれる小売店でも、花壇苗や鉢物の扱い量が増え、身近なお店で切り花と同じ感覚で気軽に苗やコンテナ、簡単な資材などが購入できる。

そのほかにも、英国式庭園をテーマにした蓼科の「バラクライングリッシュガーデン」のように、テーマを絞った観光ガーデンが各地にあり、そこで植栽されている植物や資材を販売している。

■園芸分野の専門職能

公共緑化分野で活躍するランドスケープコンサルタントと造園会社

　公園や緑地、道路や河川や高速道路、公共機関の外部空間や大規模な宅地開発などの緑化分野は、おもに大学で「造園」を学んだ造園コンサルタントと呼ばれる人が設計している。公共の仕事は国や自治体の法令や基準、指針などが設定されており、その基準に則って実行される（公園緑地管理法令、都市公園法、都市計画法、自然環境保全法、公共緑化樹木品質寸法規格基準など）。

　近年、都市化によるヒートアイランド現象が問題になり、その抑制策のひとつとして環境省や国土交通省が屋上緑化を推進している。自治体などの助成金融資制度なども設立され、新築建造物への緑化の義務づけや、その効果測定などが行なわれている。

　'01年4月には東京都が屋上緑化を義務化する条例を全国に先駆けて施行した。造園界ではこうした動きを新たな公共事業ととらえ、軽量土開発や資材の開発に力を注いでいる。

神社仏閣の名庭園を守る作庭家

　日本の寺院や神社の庭は、時代の権力者によってつくられてきた歴史がある。作庭家と呼ばれた夢窓国師の出現や、枯山水という様式、茶庭という形式などは、このような歴史のなかで形成されてきた。そうした流れをくむ庭師が手入れをする京都の名園などは、今もその思想性や美しさで見学者が絶えない。形式や決まりごとが多く、専門家でなければ維持ができない庭だ。思想や形式を守って歴史をつなぐ庭の存続には、代々師弟関係で受け継がれた庭師が当たっている。

家庭の庭を担当する植木屋さん

　植木屋さんは市民にとって一番身近な存在だ。家庭の庭の施工から植木の剪定や消毒まで、何でもやってくれる。植物を熟知した専門家としてよき相談相手でもある。また、家庭の植木の手入れから大きな庭園の造成までと範疇が幅広いので、造園業としてくくられることも多い。かつて不明瞭だった料金設定が、材料費と人件費に分けられるようになってわかりやすくなり、依頼しやすくなった。

　ただ、庭師と同様に師弟関係のなかで技術を習得しているので、昔ながらの樹木選定や植栽方法を維持しているところが比較的多く、使って楽しむ庭や花いっぱいの洋風ガーデンはまだまだ不得意分野といえる。

　しかし、明治の後期に小川治平によって取り入れられた明るい日本庭園や雑木を使った自然風な庭の流れは、今の日本の庭に定着し、洋風な外観の住宅とも、草花やガーデンファニチャーなどの資材とも似合う庭として今も生き続けている。

新しい職種、ガーデンデザイナー

　ガーデニングで庭づくりや手入れをして楽しむ人が多くなり、ガーデンセンターで何でもそろうと、植物の生長や管理を考えないで衝動買いする人が多くなった。ばらばらに買った植物が庭にあふれ、生長する大きさを考えないで植えた樹木が邪魔になって困っている人もいる。根のある植物の管理は、時間という軸なしにはうまくいかない。

　こうしたことを解決するために、ガーデンデザインという分野がある。紙の上であれこれデザインし、何年か後の庭の姿を熟慮してからつくることができる専門の技術である。

　日本の庭が伝承という修行の形で伝えられたのと対照的に、欧米ではプログラム化されたガーデンデザインを学ぶカリキュラムが完成しており、だれでも論理的に習得することができる。現在、「ガーデンデザイナー」と呼ばれる人たちは、海外で直接学んだ人、間接的に学んだ人、造園界から参入した人、デザイン学校出身者など多彩な顔ぶれであるが、新しい庭の提案を望む市民の声に支えられ、新しい魅力的な職種として認知されるようになってきた。

■日本庭園の伝統的作庭技法

■萩野賢三 (株)富士植木

　最近はガーデニングブームで、国内だけでなく海外のさまざまなスタイルの庭や庭園材料が雑誌やカタログなどで紹介されている。しかし、これらの情報を単に真似たり、安易に取り入れるのは避けたいものである。自分の庭をとりまく環境や生活様式にマッチした、自分の気に入った庭にするにはどうすればよいかを考えてから、取り入れることが大切である。

　庭は一度つくってしまえば、そう簡単に取り壊しや修正ができない。日常生活と密接な関わりをもつ庭は、将来的なことも考え、つくる前に十分に検討したい。庭をデザインする際に、新しい考え方や庭の使い方、新しい材料や工法を導入することは悪いことではないが、住んでいる地域の気候風土、生活環境、あるいは伝統的な日本の庭づくりの考え方も考慮し、地域風土や日本人の気質になじんだ庭にしていくことも、これからのガーデニングにとって大事なことである。

　日本の庭づくりには、絵画や写真のように美しい景観をつくるための基本的な原則や伝統的な手法が蓄積されている。これらは現代でも専門家に受け継がれ、新しい庭園にもいたるところで応用されており、これからの日本の庭をつくるうえで大変参考になり無視することはできない。これら、日本の庭園づくりの要点を紹介したい。

■日本庭園の伝統的造形手法

①表現方法を統一する

　表現方法というよりも、庭全体の雰囲気を統一するといったほうがわかりやすいかもしれない。日本庭園の理論では「真・行・草」という言葉で、統一したい庭全体の雰囲気を表現している。

　「真」とは正確、端正な形式、「草」とは形にとらわれず、柔らかで巧みに簡略化し、崩れた美しさの形式、「行」とはその中間の形式をいう。これは書道の楷書、行書、草書の書体スタイルの表現に似ている (■図—1)。

　家人の要望、建築様式、庭の使い方などから、まず全体の雰囲気をどのような表現形式に統一していくかを決めなければならない。この表現形式によって全体の統一を図るには、デザインや石材、樹木などの材料の選択・配置など細部まで綿密に考慮していく。

②構成上のポイントをつくる

　非対称形式のデザインの庭では、修景的に強調するポイント、すなわち庭としての重点を設けることがデザイン構成上大切である。

　ポイントに配置される要素としては、他の場所より大きな樹木、寄せ植え、庭石、築山、滝組、つくばいや石灯籠を据えたりする。また、洋風の庭では、テラスやパーゴラ、壁泉、飾鉢などが据えられる。

強調ポイントの配置

　強調ポイントは、庭の中央や部屋の真ん中付近を避け、左右いずれかの一方に定める。しかし、庭が左右に細長くて距離があり、視点から左右のいずれかが見えない場合は、左右に強調ポイントを設けることもある。この場合は、どちらかに強弱をつけ、同じデザインにしないようにすることが大切である。

　このように庭には見る人の目を引きつけるポイントが必要であり、庭全体の中で強弱ポイントをつけることで観賞ポイントを絞り込み、変化を与え、力強いバランスを持たせることができる。

　たとえば、庭の細部においても、

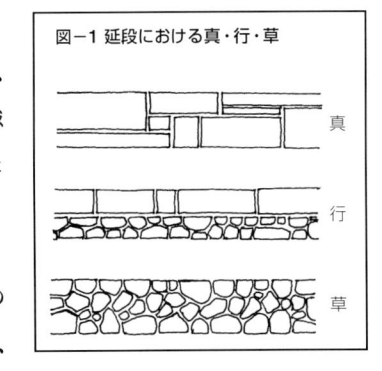

図—1 延段における真・行・草

真
行
草

Chapter 1 庭園文化とガーデニング——日本庭園の伝統的作庭技法

一視点の中にふたつの添景物の灯籠を配置したり、主木となる樹木を複数配置したりすることがないように、重点と非重点を考えていかないと、せっかくよい材料を使ってもまとまりのない構成の庭となるので注意が必要である。

強調ポイントとなる箇所

具体的に庭の中でどの箇所を強調ポイントにしたらよいかを決める判断材料として、次のことを参考にするとよい。

・建物の間取り　客間や居間のあるほうを強調する（■図-2）。
・隣地からの目隠しや遮蔽のため、高木を植えなければならないほうを強調する（■図-3）。
・庭の中に、移植や移設ができず、残存させる利用価値のある大木、大きな石、湧き水、地形的に高いところが残っていれば、できるだけそれを利用する（■図-4）。
・敷地周辺の地形を見て、高い側を利用する。
・庭のスペースに奥行のあるほうを強調する。
・隣地に大木あるいは樹林があれば、そちら側を利用する（■図-5）。
・部屋から庭を通して遠くの山並や樹林などの景色が望める場合、その反対側を利用する（■図-6）。

③気勢をいかす

庭に石や樹木を配置する場合、材料そのもののもつ質感と形、置かれ方、傾け方、高さ、他のものとの組合せなどにより、誰の目にも動き出しそうな「いきおい」みたいな方向性や、力が生じる。これ

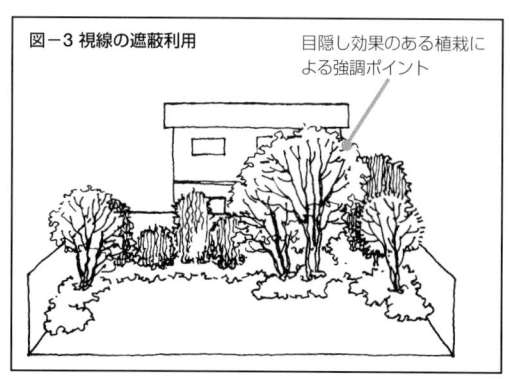

図-4　残存物の利用 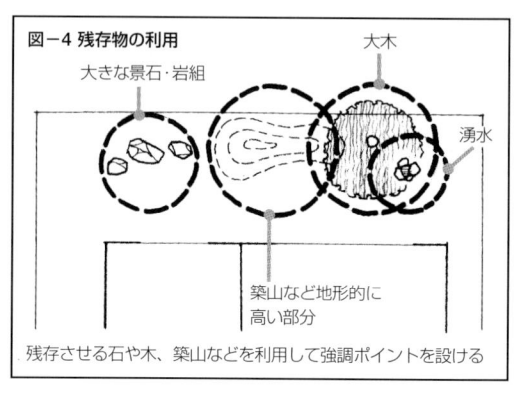
残存させる石や木、築山などを利用して強調ポイントを設ける

図-2　間取りの利用

図-5　隣地の樹木利用

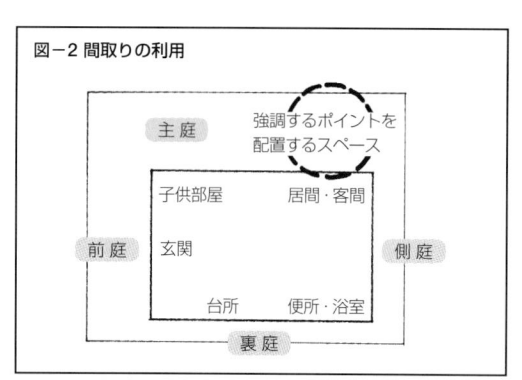

図-3　視線の遮蔽利用

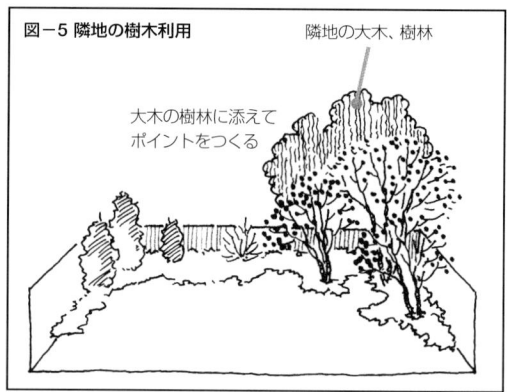

図-6　借景の利用
遠景の山並や樹林を借景にして、反対側にポイントを設ける

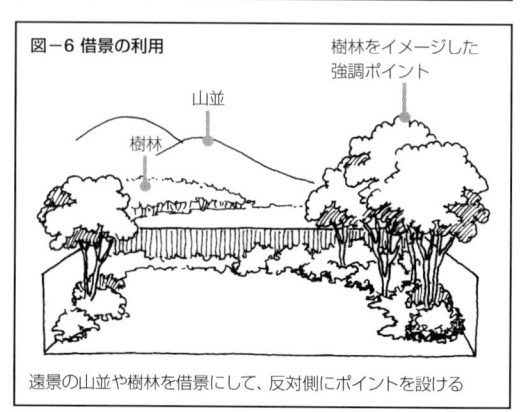

を「気勢」といい、これらをうまく調和させ、バランスを図ることが庭の構成上とくに大切なことになる（■図-7）。

気勢に流れをつくる

庭全体に力強い気勢表現をするには、起点と流れをつくる必要がある。起点は強調ポイントとして強く表現し、他に配置したポイントに起伏と抑揚の変化をつけながら、その「いきおい」を受けとめる形のものを置いて、気勢の流れがおさまるようにする（■図-8）。

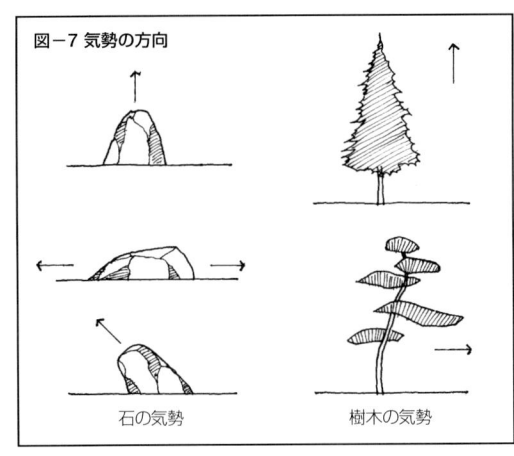

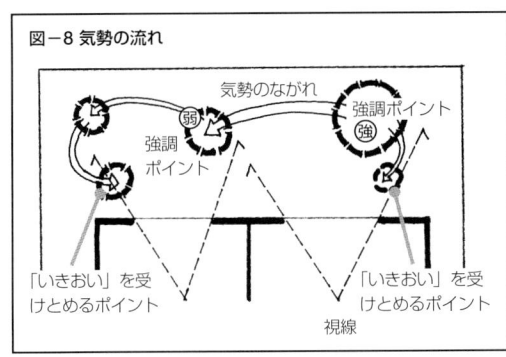

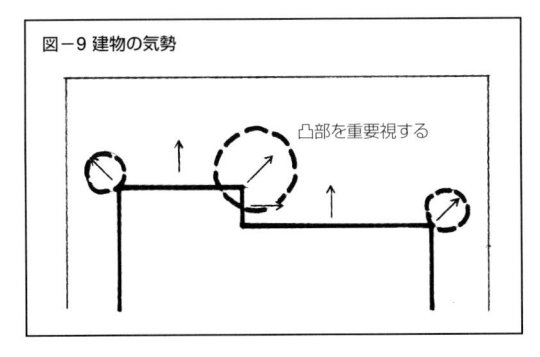

建物の気勢を利用する

建物に凹凸がある場合、建物からの気勢が発生するので、凹部より凸部の気勢を重要視して利用するとよい。

この場合、敷地まわりからの気勢と建物まわりからの気勢がぶつからないように、地割デザインを考えていくようにする（■図-9）。

④空間を感じさせる

庭に配置する樹木や庭石や灯籠などは、それ自体を観賞するだけでなく、それらの周囲を大切な観賞の対象となる空間にしたり、他の素材の引き立て役として効果を持たせることもある。この空間は、建築でいう部屋の壁などで囲まれた空気以外何もない「室内空間」、絵画でいうところの「余白部分」、舞台演劇の「間」と呼ばれているものに似ている。

囲む

樹木や石などの素材の美しさだけを考えるのではなく、それらによって空間を取り囲んだり、分割することによって、美しさを感じる空間となり、そのような空間の庭園構成にすることが大切である（■図-10）。

上空を覆う

建物際に樹木を植えて観賞者の視線を上空で覆ったり、パーゴラや日除棚を用いることによって、空間を覆う効果が十分に得られる（■図-11）。

不完全に区切る

庭では、建築の塀や壁のように完全に視線を遮断するのではなく、竹垣や樹木などで粗く、視線が透

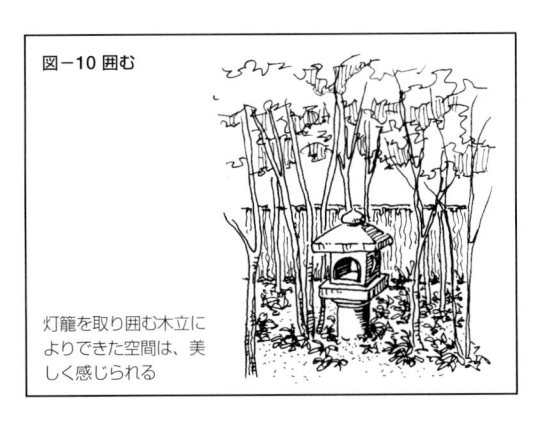

図-7 気勢の方向

石の気勢　　樹木の気勢

図-8 気勢の流れ

強調ポイント　気勢のながれ　強調ポイント強
「いきおい」を受けとめるポイント　「いきおい」を受けとめるポイント　視線

図-9 建物の気勢

凸部を重要視する

図-10 囲む

灯籠を取り囲む木立によりできた空間は、美しく感じられる

は、近景と遠景だけで対比させて遠近感を強調することができる。この場合の近景は、遠景への視線を完全にさえぎらず、透かして見える程度のものを配置することが重要となる（■図-13）。

庭の地割ラインからいうと、建物に近い凸部を近景とした場合、その後背の凹部は、奥行をつくり出す大切な空間となる。この空間は何もしないで残すか、近景より低いものを配置する。たとえば、流れ、池、庭石、テラス、花壇などを配置すればよい。近景と同じような大きな樹木を植えると、庭をさらに狭く見せてしまうことになるので気をつけたい（■図-14）。

また、植栽する樹木の性状を利用し、枝葉の色が濃く暗く感じるもの、葉の小さなもの、葉が密に茂るものを奥のほうへ、葉の色が淡く明るく感じるもの、葉の大きなもの、葉が疎に茂るものを手前に用いることにより、遠近感をより強調することができる。

デフォメル（誇張）する

うねりのある流れや砂利敷の線形に遠近感を出す場合、建物から見て左右はあまり縮めず、前後について極端に縮めた形に強調する手法をとるとよい（■図-15）。

デフォルメされた流線により、植込や盛土などで部分的に視線の届かない空間ができることで、さらに遠近感を強く感じさせることができる。

フレーム（額縁）効果を用いる

額縁に収められた絵はよく見える効果を庭にも応用した方法。軒先や柱を利用したり、軒先近くに高

図-11 上空を覆う
樹木で覆われる空間は大切な観賞対象となる

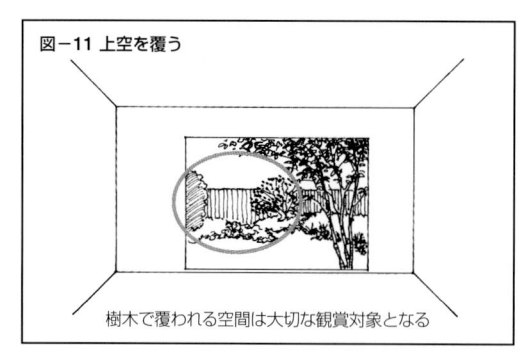

図-12 不完全な区切り
透ける竹垣で空間を区切ることで奥行が出てくる

り不完全に遮断する手法のほうが、効果のある構成となる場合が少なくない（■図-12）。

⑤遠近感を感じさせる

現代は経済的な理由から余裕のある敷地確保は難しく、庭として利用できるスペースも自ずと制約を受け、狭い庭となってしまうことが多い。このような庭を有効的に利用する場合、遠近感を強調し、実際以上に広く見せることは、庭を落着いた雰囲気にし、美しく見せることにつながる。

近景・中景・遠景の配置

庭に奥行があれば、建物近くに近景として太くて高いものを、遠くに細くて低いものを配置し遠景とし、その間に中間のものを置き中景とする。あるい

図-13 近景・中景・遠景 
近景の木は幹が太く、幹を透かして遠景の木を見るようにする

図-14 遠近感の出し方
近景後背の凹部は奥行を出す大切な空間。近景より低い低木、庭石などを配置

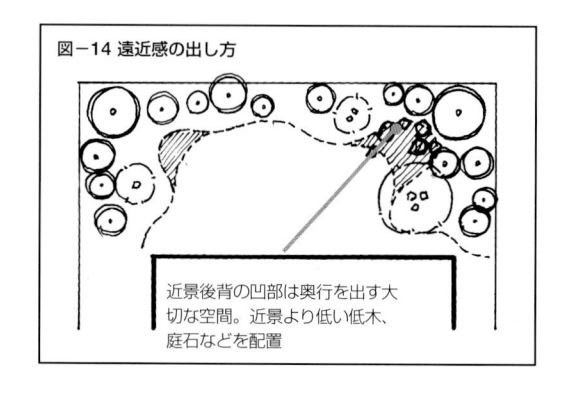

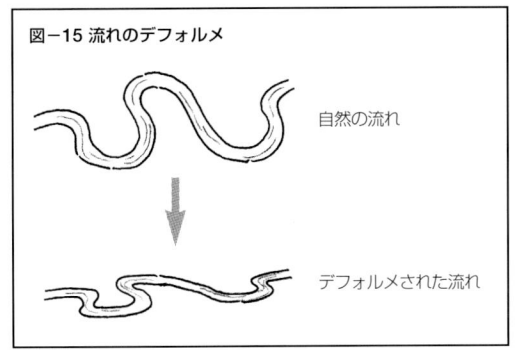

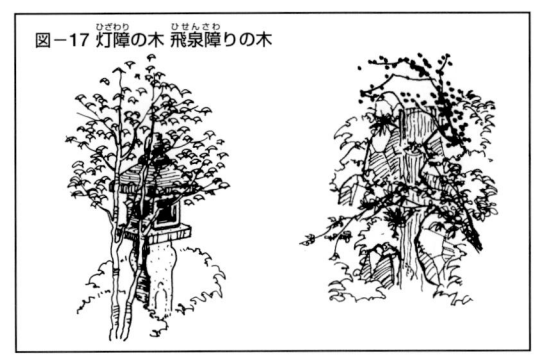

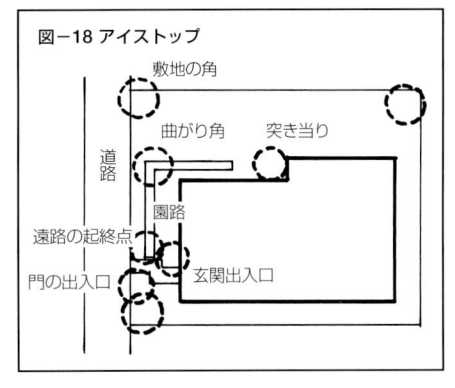

図-15 流れのデフォルメ
自然の流れ
デフォルメされた流れ

図-17 灯障の木 飛泉障りの木

図-16 区切って広く見せる
延段を視線の正面に並列させることで区切りをつくり、広く感じさせる

図-18 アイストップ
敷地の角
曲がり角　突き当り
道路　　園路
遠路の起終点
門の出入口　玄関出入口

木を植えて太い幹立ちや下枝を利用したりして空間を縁取ると、フレーム効果で遠近感が増し、中景や遠景がより美しく見えるようになる。

狭い庭を区切る

狭い庭を正面に見るとき、二重垣、延段、園路、低い土留縁石などを幾段か設けて区切ることで、広く感じさせることができる（■図-16）。

⑥心理的、視覚的効果を利用

日本的な伝統手法で、見せたいと思う全景を一部隠したり、見せたいものを直接見せずに暗示する心理的効果の利用、また視覚的な認識を強調するスポットの配置、材料の質感を表現した用い方などがある。

部分的あるいは全体を隠す

奥のほうに見せたい景色や灯籠、滝口などの強調ポイントがある場合、前に樹の枝葉や幹の一部がかかるように配置し、半ば隠すことにより全景を連想させる。日本の昔の造園書に記されている役木として、飛泉障の木、灯障の木がこれにあたる（■図-17）。

また、滝や流れの景色は直接的には見えないが、水音だけが聞こえるようにして、暗示させる手法である。

アイストップ（フォーカルポイント）を置く

視線の集まりやすいところに直接スポット的に見ごたえのあるものを置き、修景効果を高める。配置の場所としては、園路の起点や終点、曲がり角、突き当り、玄関や門の出入口付近などが考えられる（■図-18）。

テクスチュア（質感）を変える

これも伝統的な手法であるが、材料が本来持つ肌触り感、加工・仕上げによって異なって見えてくる材質感などを対比させて、美的効果を上げる手法である。

たとえば、自然石の場合、天然に風化した状態の野面石、割肌の石、ノミ跡の残る仕上げた石（ビシャン、小叩き）、単に切っただけの切肌の石、磨き仕上げた石などとの相接、また、砂や砂利を敷く場合でも玉石敷、砂利敷、砕石敷、砂敷など大きさの

違った石との相接によって美的効果を高める手法は、昔からよく用いられている。

テラスや園路の舗装、化粧的な砂利敷などでは、仕上げ面や形状を変えることで濃淡が演出され、遠近感や立体感を期待することができる。

地際を仕上げる

狭い庭にあっては、見る人の注目点を地際付近に集中させることが大事である。

特に植込地の場合は、高木中木などの足元は裸地と他の部分との境をあいまいにせず、すっきりとさせたほうがよい（■図-19）。

裸地と芝生地であれば縁切材や縁石などで仕切るか、高中木と芝生地であれば低木の刈込か耐陰性グランドカバーなどですっきりさせることで、庭全体として緑にもつながりが出てくる。

⑦敷地外の景色の利用（借景）

庭から山や海、樹林などが良い景色として望める場合や、隣地の庭の樹木などを、庭園の一部として中景、遠景として利用する借景という手法である。庭ではつくることのできない景色を借り、景色を補う程度の内容の庭にすることで、狭い庭を広々とすばらしく見せることができる。この手法は、あくまでも借りる景色が将来にわたって変化せず、開発でなくなったり、建物によって遮断されることがないといった前提が必要となる。

⑧ものの配置手法

日本の庭師や造園職人たちの間には、実際の庭づくりの現場を通して昔から伝統的な非整形な構成手法が修練・伝承されており、造形の決めごとに類するものが存在している。

配置と分割の比率

ある広さや幅の中にものを配置するとき、また、ある長さや幅のものを分割するときは、7：3か6：4といった区分方法をとり、バランスよくおさめている。庭に面した部屋の開口部前の強調ポイントとなる灯籠やつくばいなどの配置位置、出窓などを区切る立木の植栽位置を決めるときに利用すると、調和と安定感の得られる配置となる（■図-20）。

配置数の組合せ

植栽や石組のようにものを複数配置するとき、1、3、5、7、9などの奇数を好み、4以上の偶数を嫌う。また、同じ大きさ、同じ高さ、同じような間隔にしない。組み合せは、3は2と1、5は3と1と1、7は3

```
図-19 地際の仕上げ
       ×              ○
裸地と芝生の境があいまいで、   低木で裸地と芝生を分離し、
植込の足元がすっきりしない    ラインをすっきりさせる

              縁石で芝生を止め、裸地部
              沿いにグランドカバーを植
              え変化を出す
```

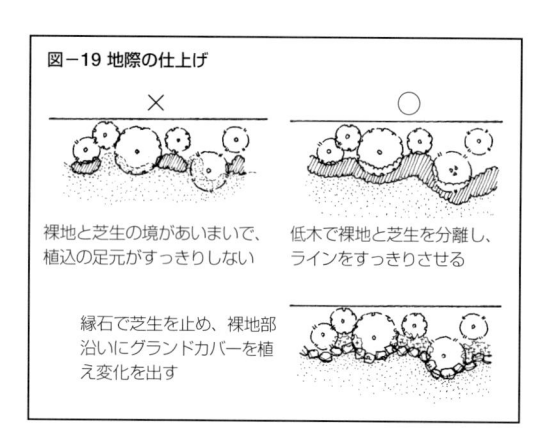

```
図-20 出窓からの配置
幹立の楽しめる落葉樹              低い鉢物

     3        7          樹木
     7        3          鉢物
出窓開口部の横幅を基準に7：3の比率で樹木
と鉢物を置くと、内と外の景色が一体となる
```

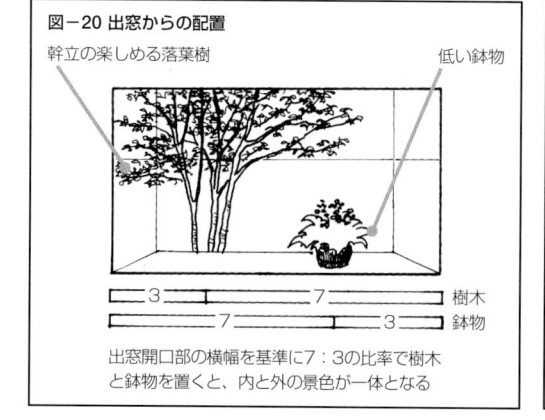

```
図-21 不等辺三角形の配置
    ○              ×
    A              A
  B   C          B   C

手前に頂点が開くほうが、奥行   同じ不等辺三角形でも、Bまた
が出てバランスがよい        はCに真となるものを配置する
                      とバランスが悪い
```

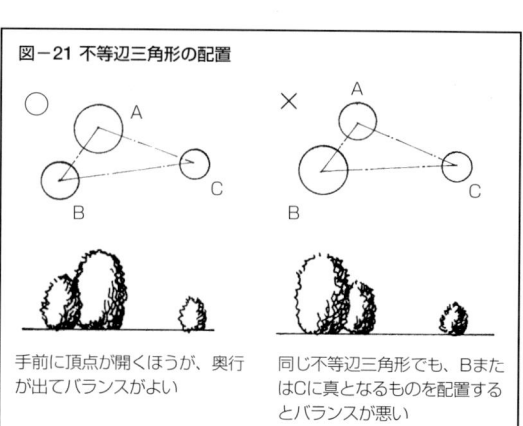

図-22 重なりと間隔

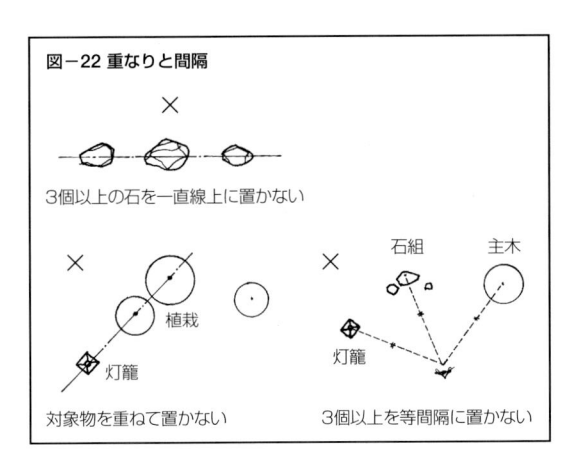

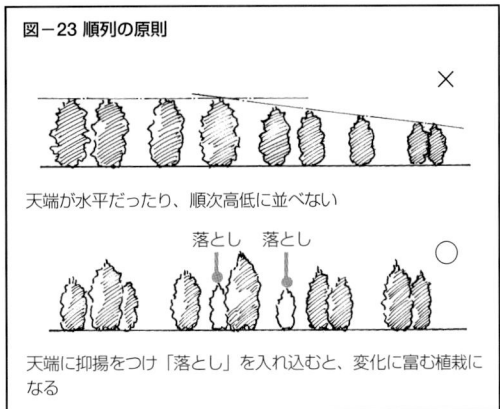

3個以上の石を一直線上に置かない

対象物を重ねて置かない

3個以上を等間隔に置かない

図-23 順列の原則

天端が水平だったり、順次高低に並べない

天端に抑揚をつけ「落とし」を入れ込むと、変化に富む植栽になる

と3と1として扱っている。

不等辺三角形の配置

奥行の出る不等辺三角形の配置を原則とし、それぞれの頂点に強中弱、大中小、高中低、遠中近などの変化をつける。

同じ不等辺三角形でも、中心となる頂点の位置は、視点より見て両端の頂点より遠くにあるほうが、奥行の深い三角形の構成となる（■図-21）。

重なりと間隔の原則

平面的に見た各頂点のならびを横から見た場合、3個以上が一直線上に配置されることを嫌う。

庭の重要な視点位置から見て、強調ポイントなどの対象物が重って見える、ほぼ等しい距離にある、3つ以上の観賞対象をほぼ等しい間隔に配置することは避ける（■図-22）。

順列の原則

いくつかの樹木などが近接して植栽されたとき、天端（てんば）が平らになったり、片側から順次に大きく（小さく）あるいは高く（低く）なったりすることを嫌う。これを避けるため順序を変更したり、一部に大きさや高さの異なるものを挟み込む「落とし」と称する並べ方をする（■図-23）。

■植栽における造形手法

植栽を考えるにあたって、庭のイメージ、目的機能などにあわせて植物の選定、組合せ、配列を行なっていくが、まず大切なのは、絶えず生き物を扱っていることを忘れてはならないことである。植物には生きるための環境が必要であり、時間の経過とともに生長して変化していくのだから、生き物としての管理が必要となってくる。

第二は庭のイメージや目的、土地の気候になじませ、環境づくりへの気配りが必要であり、なじむ材料を選んで植栽することが大切となる。

①生きている素材としての扱いを考える

土地柄に合った材料を用いる

基本的にはその地域で自然に育っているものか、地域外から持って来た植物でも時間が経過し、健全に育っているものの中から選ぶことが好ましい。特に大木になるまで育っているものは、地域の気候風土や環境になじんで生育していると考えられる。したがって、庭の近くの神社や寺院、学校、公園、近所の住宅を見てまわり、その中から選ぶのも方法である。

素材の育った土地を知る

樹木などの生育環境への要求は画一的なものではなく、種類や個体差によって異なる。同じ種類でも日当りのよい所で育てられたものと日陰で育てられたものでは、日照に対する要求度が違ってくる。また、海辺に強いといわれる種類でも、内陸地で育てられた場合、いきなり海辺に植栽すると生育環境が違いすぎて失敗することがある。

Chapter 1　庭園文化とガーデニング――日本庭園の伝統的作庭技法

樹木の環境に対する個体差は、人為的に変えることができないので、材料の調達にあたっては、仕入先を聞くなどして似た環境（地域）で生産された材料かどうかを購入店で確認することが大事である。

時間経過の変化に対応する

樹木は年を重ねるごとに伸長・繁茂・衰退・枯死など変化していくものである。庭づくりにあたっては、将来的な大きさや樹形・崩芽・開花・紅葉・結実・落葉・冬木立などの季節変化を考えた樹種選びや配植、施工にあたっての移植の難易性や植付時期などを考える必要がある。

生長に合わせた管理をする

植えた樹木をそのまま生長するに任せていたのでは、目的とする庭の景色をつくり上げることにはならない。

植栽した樹木を根付かせ、目標の樹形や大きさまでに生長させ、さらに目標の樹形で維持し続けるためには、生長を制限するなど、それぞれの段階で剪定・整枝・刈込・施肥などの方法を調整し、それなりの管理をしていく必要がある。

②庭になじませることを考える

イメージする景色になじませる

庭をイメージのとおりに表現するには、植栽によるところが大きい。洋風の庭のスタイルの場合は、人為的に整形に仕立てられるものや、自然の樹形でもまとまりのあるものを整形的に配列した植栽にする。和風の場合は縮景的な自然風庭園として、老木を縮小したような形に仕立てられる庭木材料を用いた不整形な植栽となる。

また、池や流れなど水辺をイメージする庭では、湿地や川など水辺で見かける樹木を、雑木林をイメージする場合は、日照の少ない林内、日当りのよい林縁などの場所的な違いも考え、周辺の雑木林を構成している樹種で景色づくりをしていき、園芸品種の樹木は用いないようにする。トロピカルなイメージの庭であれば、常緑を主体に葉の大きなもの、あざやかな花の草花類、ヤシ類などを混在させた植栽となる。

それぞれのイメージになじむ景色をつくり上げるためには、趣味的な思いつきやイメージと矛盾する樹木の使用は、よほどのことがない限り避けるべきである。

植栽植物がなじむように庭の環境を整える

イメージの景色を構成する植栽が庭になじむためには、その土地に合った植物の形態、生理、生態などの特性を活かすのが一番である。

しかし、庭の現状の環境にあわせて選ぶとなると限定されてしまうことも考えられるので、植物が生育できる環境になるように改善してやることで、景色づくりに使える材料の幅が出てくる。

特に土壌や排水の改良は、植物の根付きを良くし、生長を促すことになる。植えた後からの改良が難しいこともあるので、先行して行ないたいものである。

また、既存樹などの繁茂で日照が遮られている場合は、枝幹の枝抜、樹そのものを間引き、地面への日当りを確保し明るくしていくことで、新たに地被類、草花類、低木類などの導入も可能となる。

③植栽材料の選定を考える

庭のイメージ、用途、目的・機能に合わせて適切な植物の種類を選ぶには、植物の特性を的確に知ることが大切である。基本的には、景観性、環境制約、市場性、施工性、管理性などが留意点となる。

選定にあたって、ある程度人為的に対応することで選定の幅が広がり、イメージする景色がつくりやすくなる。

[樹木類]

樹木を選定する場合、人為的にはどうすることもできない基本的なポイントがある。

常緑樹と落葉樹の違いを知る

まず一年中緑の葉をつける常緑樹と、冬場に葉を落とす落葉樹の選定である。目隠し、遮蔽を目的と

する場合や、冬場でも緑がほしいときには常緑樹を、開花や紅葉などの季節変化や夏場は緑陰、冬場は日当りを求めるときには落葉樹となる。特に高木類で花を楽しんだり、葉色の明るさや柔らかを期待する場合は、落葉樹の中から選定されることが多い。

成木時の樹高を知る

また、樹木が生長し、成木となった場合の性状が、高木、中木、低木のいずれであるかを知る。苗木や幼木を植えるときは小さくても、将来どれぐらいの高さや幅になるのかを考えて選定する必要がある。高木は高さ3～4m以上生育するもの、中木は2m以上、低木は3m以下のものといわれるが、通常、庭では高木は4～7m、中木1.5～3m、低木0.3～1.5m程度の成木時の高さを設定して使用する場合が多い。高木や中木の高さをある程度人為的に管理で抑制することはあるが、逆に3～4m以上の高さをイメージして中木や低木を植えても、高さは期待できない。したがって、その樹木が高木か中木か低木なのかを確認して使用しなければならない。

高木の中には小高木として高さ4m程度のもの、大木として10～20m近く生長するものもあるので、選定にあたって庭全体に影響を与えることのないように注意が必要である。

葉の大きさ、色合いを知る

もうひとつは、葉の大きさと色調である。樹種によって、外見や枝の出方や葉の密度は生長してもある程度、整枝・剪定で整えることができるが、葉の大小や色調は変えることはできない。葉の大小と色合いは、奥行を感じさせたいときには手前に大きい葉、淡いものを置き、奥に小さい葉、濃いものを選び配列することになる。

［草花類］

基本的には樹木類の選定と同じ手順であるが、草花を庭に利用するにあたって、イメージをどのような種類で表現していくのかが問題となる。草花は、葉や花の色合い、草姿、質感（テクスチュアー）、それに植え放しでも毎年地上部の葉が繁茂し開花するかどうか、葉が繁茂する期間（常緑性、夏緑性、冬緑性）などは、庭のバランスやデザインに影響を与えることになる。さらに環境要求に合わせ、樹木などとの併用を考えながら、様々な組合せを行なってローテーションをつくり上げていく。

草花類は開花までの期間が長く、開花期間は短い。つまり花を楽しむまで庭のスペースを占有されることから、葉を観賞することも考えることがポイントである。また、開花に至るまで水やりや施肥、花がらつみ、除草などのこまめな手入が必要なことから、手入ができる範囲での選定が好ましい。

［地被類］

造園ではグランドカバーといわれている種類である。日本でも古くからコケや芝生、シダやササ類が多く使用されてきた。選定上のポイントは、面的に使用したほうがよいか、スポット的に使用したほうが効果的な種類かどうかである。また芝生と異なり、人の踏込利用が生育上好ましくないものがほとんどなので、注意しなければならない。

これらは樹木などと一緒に使用されることを考えると、地表面上の日当りや乾湿などへの耐性を考えて選ぶことが大切である。

④配植の割合を考える

植物の選定を行ない、それらをイメージに合わせるためどのように組み合わせ、配列していくかが重要となる。庭のスペースとしての雰囲気はこれによって左右されるといってよい。

庭に対しての植栽スペースの割合

庭全体のスペースからいうと、広い庭だからといってむやみに植栽のスペースを多くすると、植木畑のようになり、景色としての植栽演出効果は低くなる。

庭のイメージにもよるが、庭として確保される面積に対して、植栽地は1/3程度に抑えるのが適当である（■図-24）。

植栽密度

植栽スペースにどれぐらいの数量を植えれば健全な生育を促し、景色を損なわないですむかを知っておく必要がある。

樹木類の場合、将来の生長を考えると、高木・常緑で2.5m以上、落葉で3m以上は離した密度にしたいものである。しかし、和風の庭の場合は自然の風景を縮小した景色づくりを行なうことが多いので、ある程度密に植栽しても、後の手入れで枝をすかしたり、全体を切りつめたりすれば、樹形を損なうことなく景色をつくり上げることができる。低木を当初より刈込みなどで群として見せる場合、あまりすき間が目立たないようにするには、枝張が0.3mのとき8本/㎡、0.5mで5本/㎡程度が適正といわれている。

樹木の配列の疎密のバランスは、建物近くは疎にして明るくし、境界に近づくにしたがって密に暗くしたほうが遠近感を持たすことができ、広がりが感じられるようになる。

地被類について将来、面的に見せたいということであれば、大型の草本類は16株/㎡、小型草本類49～64株/㎡、ササ類49株/㎡、シダ類25株/㎡が目安となる。だが、この程度では当初裸地面が目立つので、修景と防草と乾燥防止を兼ねてマルチングを行なう（■図-25）。

常緑と落葉の比率

一般的に広い庭では、高、中木類は四季折々を楽しむ落葉樹を多く使用する。目安として常緑樹は全体の2～3割程度に抑え、残りは落葉樹とする。狭い庭では常緑樹を多く植えると冬の日当りが悪くなるので、落葉樹の密度を高くしたほうが明るさや広さが感じられる。

低木類は、高中木の足元に面的に植栽されることが多い。常緑樹を主体とし、落葉樹をスポット的にはさみ込むか、常緑の低木の後背に植栽したほうが、冬場の緑のぬけが気にならず締まって見え、地際もきれいに見える（■図-26）。

図-24 植栽地の割合

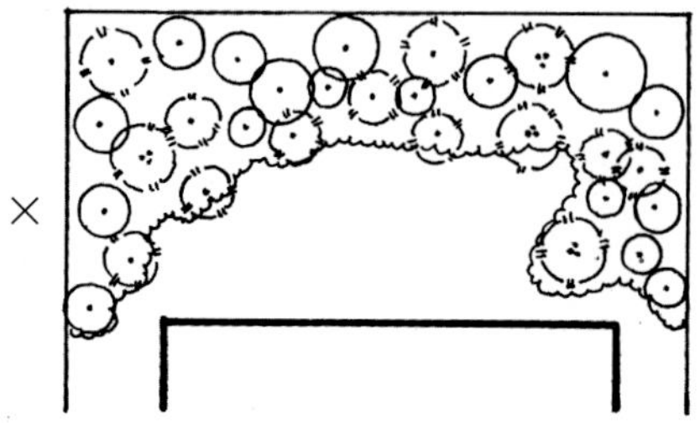

植栽を1/3以上にした場合、植木畑のようになりがちで、庭全体が暗いイメージになりやすい

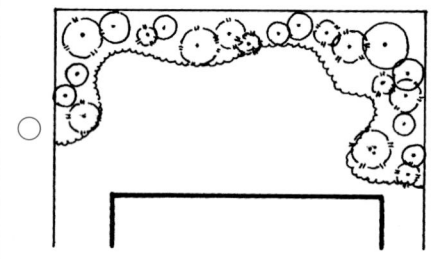

植栽地を1/3程度にした場合、生長後も庭全体が明るく維持できる

図-25 樹木の配列の疎密

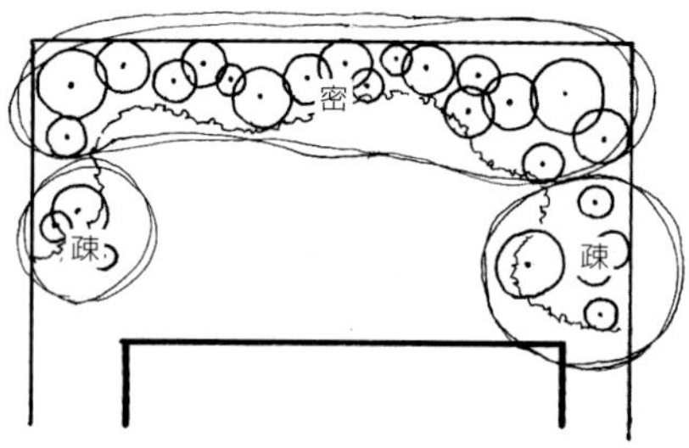

建物側を疎にして明るく、奥にいくにしたがって密で暗くすると、遠近感が出る

図-26 常緑と落葉の比率と配置

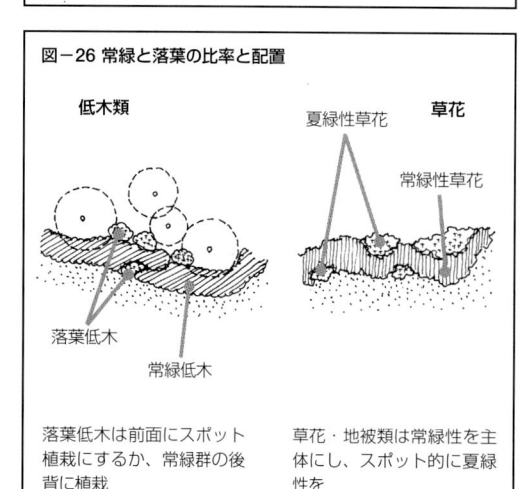

落葉低木は前面にスポット植栽にするか、常緑群の後背に植栽

草花・地被類は常緑性を主体にし、スポット的に夏緑性を

図-27 不等辺三角形による基本配列

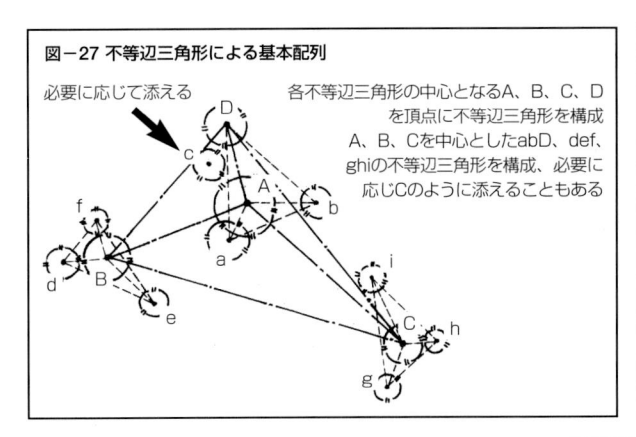

必要に応じて添える

各不等辺三角形の中心となるA、B、C、Dを頂点に不等辺三角形を構成
A、B、Cを中心としたabD、def、ghiの不等辺三角形を構成、必要に応じCのように添えることもある

図-28 低木の配列

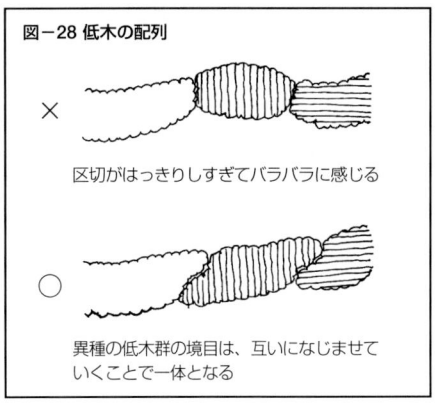

× 区切がはっきりしすぎてバラバラに感じる

○ 異種の低木群の境目は、互いになじませていくことで一体となる

図-29 異なる樹種の配列

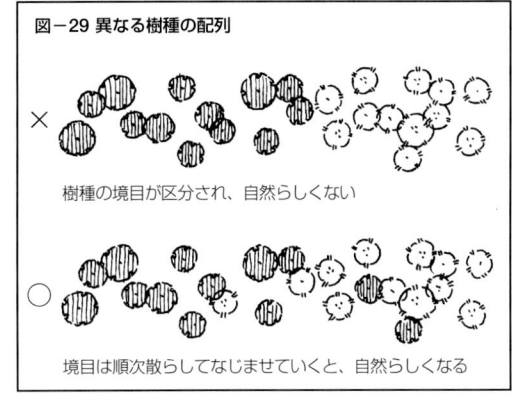

× 樹種の境目が区分され、自然らしくない

○ 境目は順次散らしてなじませていくと、自然らしくなる

図-30 常緑樹と落葉樹の配列

× 常緑樹と落葉樹の配列区分がつきすぎて、自然らしく感じられない

○ 常緑樹に落葉樹が混ざるように配列すると、なじみが出て自然らしい植栽となる

　草花についても同様で、冬場地上部が枯死し広い面積が裸地の状態にならないように、常緑の低木類とスポット的にうまく組み合わせたり、あるいは常緑性を主体とし、夏緑性の草花を後背に配列するなど配慮するとよい。

配列の割合

　不整形の植栽の配列は、3本の組み合せを最低の単位と考え、不等辺三角形の頂点となるように配列していく（■図-27）。

　庭の植栽では、群として植栽することになるが、3本の基本のかたまりをひとつの頂点とし、それぞれのかたまりの中心を頂点として不等辺三角形を考えていくと、植栽が多くても全体のバランスをとることができる。

　このとき注意することは、不等辺三角形の三本と他に配列される樹木が一直線上に並ばないようにすることである。

　庭をつくる場合、高木だけでなく中木や低木を植えることで上下のバランスが保たれる景色となる。低木についても、高木に添えて大中小のボリュームに変化をつけることで自然風の植栽となる。低木だけの場合でも、不等辺三角形の植栽を基本として考えていくとよい。

　樹種の異なるものを配列する場合、境目はくっきり分けるのではなく、境目近くでお互いに混じり合いながら徐々に変化させていくことが大事である（■図-28）。実際の植栽にあっては、一方の樹種群の中に他方の樹種群のものを1あるいは数本程度配列することで、統一感の出る植栽となる（■図-29）。

　庭の場合、外周に常緑樹、内側に落葉樹とかたまりやすくなることがあるので、常緑の中に落葉を数本混ぜたり、飛ばしていくことでなじみがよくなる（■図-30）。

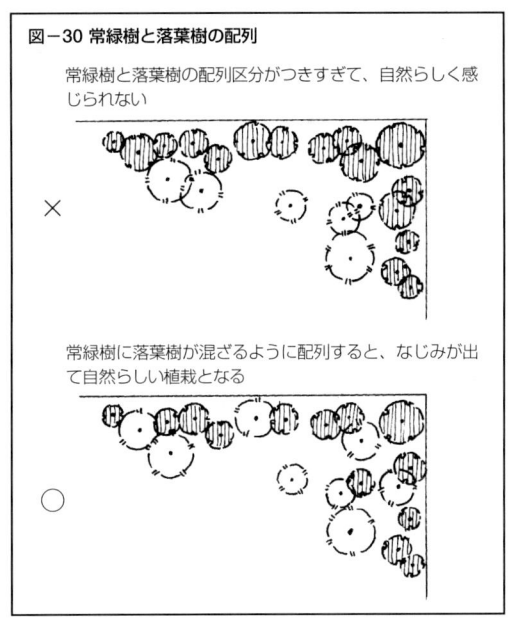

専門業者への依頼法

萩野賢三 ㈱富士植木

庭づくりの過程と手順は、以下の通りである。

① 前提条件の把握・整理（つくりたい庭のイメージや現況の確認）
② 設計（プランニング）
③ 積算（見積り）
④ 材料の調達
⑤ 施工
⑥ 管理（メンテナンス）

これらの①から⑥までの一連の作業を、自分で楽しみながらコツコツとやり遂げられれば、ガーデニングの楽しさを最高に満喫できるだろう。しかし、それぞれの段階の作業には、素人では技術的に対応できないもの、入手が困難な材料、多くの人手や機械力を必要とするものがあり、すべてを自分で手づくりするのはなかなか難しい。どの段階のどの部分を専門家に依頼するのか、自分の技量も考慮して検討する必要がある。そのためにも、自分のつくりたい庭のイメージ・内容をまずはっきりとさせ、そのためにどうするかを考えていくことが大切である。

作業の流れの中で、専門業者に依頼するパターンとして、次の3つが考えられる。

第1のパターンは、④⑤⑥の段階の作業の一部を専門業者の材料調達力や技術力を借りて行ない、基本的には各段階のほとんどを自分で行なう方法である。

第2のパターンは、段階ごとに、それぞれの専門業者に依頼する方法である。①②は造園設計事務所、③④⑤は造園施工業者、⑥は施工した業者か地元の植木屋に、個別に一括で依頼するか、ある段階のある部分だけを依頼し、後は自分で行なう方法である。

第3は、①〜⑥まですべてを一括して造園施工業者に依頼する方法である。

いずれの場合でも、庭のイメージや要望を依頼先に的確に伝わるように説明することが大切である。

専門業者へ依頼するポイント

①前提条件の把握・整理と②設計

イメージをいろいろな条件に合わせて図面にしていく作業は、なかなか難しいものである。一般的には造園設計事務所に依頼することになるが、施工業者でも設計部門があれば対応してくれる。

設計を依頼した場合、自分で調べた現地情報を提供する必要はあるが、依頼された業者は、図面化に必要な現地の状況を確認し、庭づくりに役立つ隠された条件・資源を見つけ、必要に応じて簡単な実測を行ない、現場でのおさまりを考慮して設計してくれる。そのとき、おおよその予算を提示して、その範囲内で設計してもらうようにする。

設計事務所に依頼すると、設計料が別途必要になるが、施工業者は工事を受注することが目的となるので、設計料を別途請求することは少ないようである。

③積算（見積り）

設計を造園設計事務所に依頼した場合、工事費の算出をいっしょに依頼しておけば、工種別に数量と工事費を算出してくれる。これがあると、施工を依頼した業者の見積り書を判断する材料になる。

設計や施工を業者に依頼する場合は、あらかじめ見積りを依頼し、予算との整合性を事前に図る必要がある。

④材料の調達

重量のある大きな材料や、園芸店やホームセンターで入手できない材料は、植木材料生産業者、造園施工業者、石材店などに依頼して入手しなければならない。また、材料を取り寄せ入手できても、重量のある植木を植え付けたり庭石などを据え付ける作業は、人手や機械や技術が必要で、素人や個人の手には負えないので、材料調達から施工まで業者に依頼したほうがよい。

苗木でも幼木程度の小さいものはビニールポットなどに入れて販売されているが、一般には成木は店頭には置かれていない。大きな植木は、畑から掘り上げ根巻きをして売られるが、長い期間根巻きの状態で置いておくと、根が乾き傷みやすい。そのため、注文を受けてから掘り上げ、できるだけ日にちをおかずに植え付ける必要がある。ちなみに、樹高3〜3.5m、幹の直径7〜10m程度の根巻きした植木は、100〜250kg以上の重量となる。庭石も高さ50cm、長さ60cm、幅40cm程度のものでも300kg近くになり、据え付けには専門的な知識と技術が必要となる。

⑤施工 と ⑥管理

造園施工業者や植木屋に依頼することになるが、住宅の庭はきめ細かなセンスと技術を必要とするので、公共造園や大規模な造園を得意とする業者よりも、個人の庭づくりの経験が豊富な業者を選択したほうがよい。

業者は一定の期間に手際よく施工をしますので、でき上がってから気に入らないからと手直しをさせることがないように、各部分の施工のつど、よく調整を図ることが大切である。

管理に関しては、施工した業者か、地元の植木屋・造園施工業者を選び、自分で手入れが難しい部所や技術が必要な管理を依頼すればよい。ただし、施工した業者であれば、家人の意向を理解しているが、管理の段階から依頼した場合は、その職人の判断が先行されやすい。景色のイメージをよく説明し、手入の状況を確認しながら調整していくことが好ましい。

第2章
ガーデンデザインの実際

chapter 2

a ガーデンデザインの手法と過程

湯浅 剛（アトリエ六曜舎）

I ガーデンデザインの基本手法

「庭（ガーデン）」とは、住まい手が暮らしのなかで自然と接する場として、楽しみながら使い、眺め、生活を豊かにするものである。「ガーデンデザイン」とは、施工する前に、そのような住まい手のさまざまな希望や諸条件を満たした美しい庭を、図面を用いて設計・計画することである

民族や国、歴史、気候風土の違いなどによって、伝統的な日本庭園をはじめ、世界にはさまざまなスタイルのガーデンが存在する。しかし、数々の様式やスタイルの変遷を経て、現代ではガーデンデザインにおける共通の認識・手法が確立されてきた。それは独自の文化や宗教、様式などにとらわれず、形や色彩、質感、空間的な構成やバランスなどを基本にしながら、さまざまなモチーフを自由な発想でとり込み、改良し、合理的にデザインをすすめていくという、万国共通のデザイン手法である。

ここではこの新しい手法に基づいたガーデンデザインの基本について紹介する。

1 ガーデンデザインのポイント

「現場の状況と環境を理解し、住まい手の希望を適切に取り入れ、現況を生かしたバランスのよい快適なガーデンの創造」—これがガーデンデザインの基本姿勢である。その要点は以下のとおりである。

・デザインを始める前に、現場調査などによって、敷地や周辺の状況、住まい手や植物にとって重要な環境条件などについて正確に把握しておくこと。
・住まい手の希望をあらかじめしっかりと理解し、優先順位を確認しながら適切に希望を取り入れていくこと。
広さや環境条件など、敷地に制約がある場合、すべての希望を取り入れてしまうと、庭のバランスを崩したり、植物の生育に問題を生じるなど、マイナスになるケースもある。また機能面に関しても十分に検討し、違和感なくデザインに反映させること。
・現況をできるだけ生かす。
特にコンセプト上支障がない範囲で、既存樹木や既存構造物をできる限り保存し、デザインにうまく取り込むことができれば、コストや環境の面で

大きなメリットとなる。
・機能を満たし、植物の緑と構造物を全体的にバランスよく美しく配すること。

　また、住まい手が快適にアウトドアリビングを実践できる「使う庭」を提案することも、今後の重要な課題である。

2 コンセプトの設定

■庭の目的は「観賞」「休養」「活動」「環境調節」

　デザインを始めるにあたってまず必要な作業は、住まい手の希望や現場の状況などを踏まえて、その庭のおもな利用目的や機能、全体イメージといった「コンセプト」を明確にしていくことである。コンセプトがまとまらないうちにデザインをスタートさせてしまうと、あいまいで漠然とした庭となる。機能的な問題が生じることもあり、無駄なスペースができたり、それぞれの場所の要素やイメージがバラバラで落ち着きのない印象の庭になりやすい。

　コンセプトを明瞭にするうえで、あらかじめ整理しておくべき重要なポイントは2つ。ひとつは「庭の目的」、もうひとつは「庭のイメージ」である。

　庭をつくる目的は、住まい手によってさまざまであるが、大き

コンセプト・イメージで異なってくるガーデンデザイン

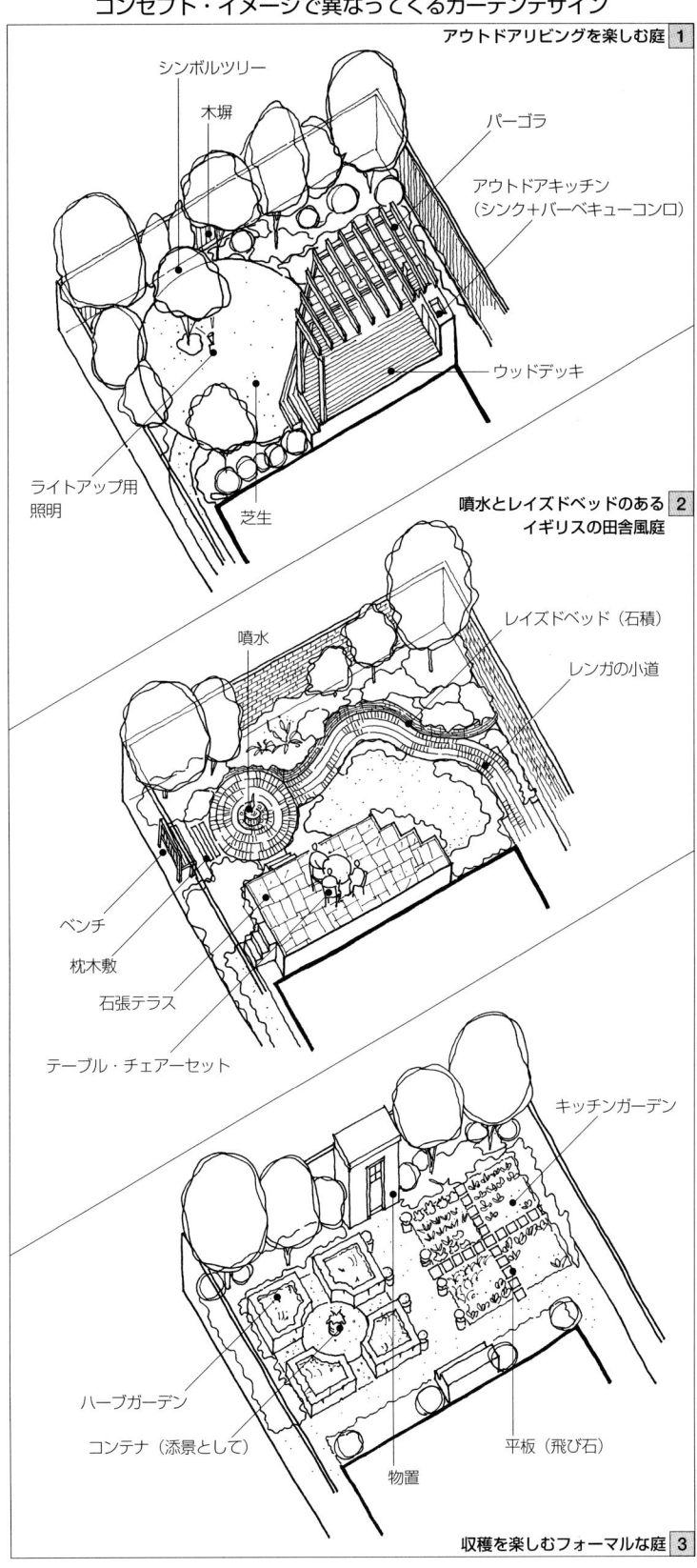

1 アウトドアリビングを楽しむ庭
- シンボルツリー
- 木塀
- パーゴラ
- アウトドアキッチン（シンク＋バーベキューコンロ）
- ウッドデッキ
- ライトアップ用照明
- 芝生

2 噴水とレイズドベッドのあるイギリスの田舎風庭
- 噴水
- レイズドベッド（石積）
- レンガの小道
- ベンチ
- 枕木敷
- 石張テラス
- テーブル・チェアーセット

3 収穫を楽しむフォーマルな庭
- キッチンガーデン
- ハーブガーデン
- コンテナ（添景として）
- 物置
- 平板（飛び石）

Chapter 2　ガーデンデザインの実際——ガーデンデザインの手法と過程

く「観賞」「休養」「活動」「環境調節」などに分類される。

　庭に植物を植え、緑全体や花、葉、実、紅葉などを観賞するのが最も一般的な庭の目的であろう。人間は、自然の産物である植物や水などを観賞することによって安らぎを覚え、精神的な安定を得るのである。

　観賞だけでなく、過ごしやすい季節に木陰で本を読む、昼寝をする、ゆっくりとお茶を飲むなどといった心安らぐ休養が、庭のおもな目的となる場合もある。さらに、友人を招いて庭でバーベキューパーティーをする、ガーデニングを楽しむなど、なんらかの活動が目的になることもあるだろう。

　庭に植えた樹木や草花は、強い夏の日ざしを遮って高温をやわらげ、強風を防いだり、生き物の生息場となる。庭は、身近な住まい空間をより快適に環境調節することも大きな目的である。庭は小さいながらも地球規模の環境保全に寄与しているともいえる。

　このように庭の目的について、住まい手の最も大切な希望から小さな希望まで、優先順位をつけながら整理しておくことが、コンセプトを明確にするうえでまず必要となる。

　前ページの3つの図は同じ敷地を異なるイメージ＋コンセプトでデザインした庭である。各々の庭に含まれる要素や資材は、少しずつ違ったものが採用されている。そのイメージやコンセプトをより具現化するために、植栽の違いだけでなく、植栽以外の要素や素材もコンセプトやイメージとよく照らし合わせながら選定し、組み合わせることが必要である（■図−1, 2, 3）。

■庭のイメージを具体的に

　また「庭のイメージ」に関しても、あらかじめ大まかな方向性──「整形式」か「非整形式」かを考えておくべきである。

　「整形式」は、直線や円、円弧などを用いて庭をレイアウトしたもので、ややフォーマルでかっちりとした印象のイメージ。これに対して「非整形式」は、自然をテーマに自由曲線で構成された、より柔らかなイメージのもの。この2つは必ずしも明確に分かれておらず、ひとつの庭に2つのスタイルが混在する、あるいは骨格となるレイアウトは整形式で、植栽は非整形式といったような折衷式の庭も存在する。

　より具体的な視点では、和風のイメージ、イングリッシュガーデン風（コッテージガーデン）、自然な雑木林風、はたまたモダンで無機質なイメージなのかなど。イメージはさまざまであるが、住まい手の希望とデザイナーの意向を基本に、建物や周辺環境との調和を考慮しながら、ある程度の方向づけを行なっておくと、その後のデザイン作業をスムーズに進めることができる。

骨格のモチーフとデザイン

■モチーフを参考に、
　グリッド上で骨格をデザイン

　庭の周囲にめぐらせた塀、舗装エリアや芝生と植栽エリアとの形状やバランス、またパーゴラなど構造物のレイアウト、高中木の配置や密度、単体としての樹木イメージなど、これらの要素によって形成される庭の骨格

4 アブストラクトスタイルのガーデン

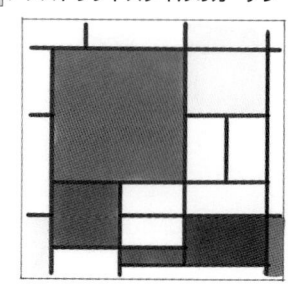

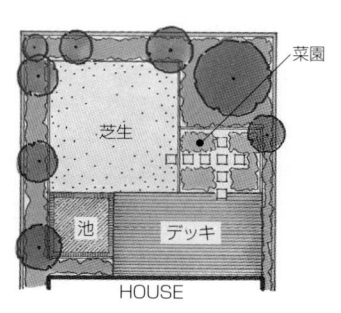

モンドリアン "コンポジション" の構成　　左記の抽象画をモチーフにデザインした庭の平面図

をデザインすることが、庭のイメージを決定づける最も重要なポイントとなる。

骨格デザインは自由な発想で進めていくべきであるが、あらかじめコンセプトをしっかりと考えた上で、何らかのモチーフを参考にしたり、グリッド（格子/方眼紙）上でバランスをみながら構成を考えると、比較的考えをまとめやすい。

デザインの手がかりとなるモチーフの対象は、どんなものでもよい。例えば自然の風景をモチーフとして構成された日本庭園や、モンドリアンに代表されるような抽象画をモチーフとしたアブストラクトスタイルのガーデンなどは、モチーフが明確な典型的な事例である。より細かな自然界の物質（石や花、虫、巣、植物、動物、卵など）や人工的なものなど、とにかくどんなものでも、そのもののもつ「均整のとれた形、または特徴的な形」「バランスのよい構成や組み合わせ」などが参考になるのである（■図-4）。

■直線や円弧をグリッドに描き構成要素をレイアウト

もうひとつは、ある一定間隔のグリッド上で、その縦横の線をひとつのきっかけにしながら、直線や円弧などを用いて、庭の骨格のデザインをすすめる手法。

グリッドはあくまでレイアウトを考えるきっかけをつくるためのものなので、あまりとらわれなくてもよい。必要となる面積や幅、動線（生活のなかで人がおもに移動する線）などを考慮しながらも、自由な発想で「形」の遊びをくり返しながら考えをまとめていく。

「曲線」（円弧、自由曲線）を多用すると柔らかで変化に富んだイメージに、「直線」を多用すると厳格でややフォーマルな印象になる傾向がある。どちらが正しいというわけではなく、その庭で設定したコンセプトにそって考えることが重要である（■図-5）。

市街地の個人庭の計画の場合は、よほど広い敷地でない限り、自然な自由曲線をあまり多用せず、ある程度幾何学的なレイアウト（円弧などの曲線は含む）をベースに骨格デザインをすすめていくほうがデザインをまとめやすい傾向にある。これは、一般的に敷地や建物が矩形（四角形）で狭い庭の場合は、境界線と建物で囲まれた矩形の形状が強調され、自由な曲線のレイアウトがいまひとつ調和しないからである。ただし植栽の配置や選定では、逆に骨格のラインの固さを柔らげるような考え方ですすめると、最もバランスのとれた美しい庭をつくることができるだろう。

また「シンプルな構成」を心掛けることも大切。あまり複雑なレイアウトだったり、多種の要素が混在すると、落ち着きがなく焦点の不明瞭な庭になってしまうからである。狭い庭であればなおさら注意が必要である。

また骨格の形状を考えるときに、舗装や芝生などの開けたイメージのオープンスペースと、植栽が植えられたクローズドなスペースとの割合やバランスについて

Chapter 2 ガーデンデザインの実際——ガーデンデザインの手法と過程

5 骨格のデザイン（グリッドを用いた事例）

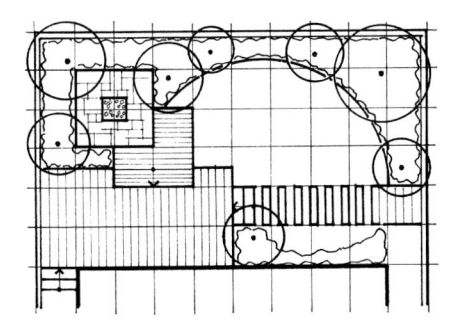

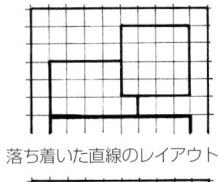

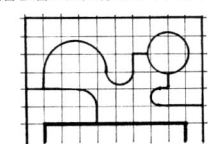

落ち着いた直線のレイアウト　動きのある直線のレイアウト
円弧を多用したレイアウト　斜めの線を多用したレイアウト

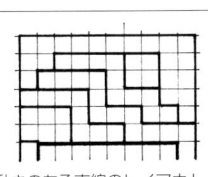

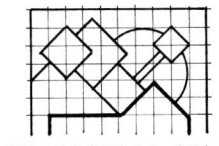

6 オープンスペースとクローズドスペース

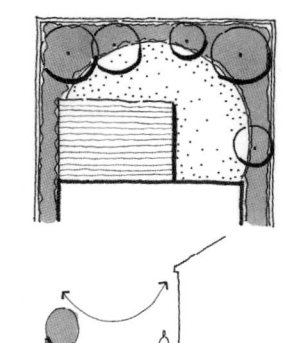

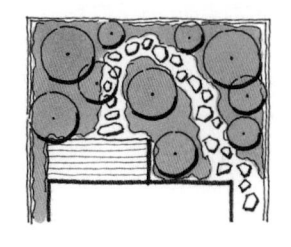

オープンスペース ＞ クローズドスペース　　　オープンスペース ＜ クローズドスペース

も十分検討が必要である。これによって、空間の広がりと開放感、あるいは空間の限定と落ち着きなど、相反する状況が決定されるからである（■図–6）。

■ 立体空間も描いて骨格をデザイン

平面構成がある程度まとまったら、次に空間構成に影響をおよぼす高中木などの樹木や、塀・フェンスなど立体的な構造物をどのように配置するか、またどのような形のものを用いるかなどに関して考える。

はじめはあまり細かなことにとらわれず、空間としてのイメージだけを考えるほうがよい。どのような形・大きさの樹木を、どれくらいの間隔・密度で配置するか。バランスはよいか。またその背景となる塀の高さやデザインはどのようなものがよいか。生垣にするのか、パーゴラなどを取り入れるのかなど。しっかりとしたパース（■図–18、92ページ参照）でなくても、ポンチ絵（漫画のような絵）などを描いてみて、自分なりに確認しながらデザインを決めていくことが大切である。

デザインの原理

ガーデンデザインには、住まい手の希望や機能を満たすと同時に、空間を美しくまとめるという重要な役割が含まれている。この美しさは、統一、調和、つり合いなどいくつかのデザイン原理にもとづいて生み出される。

これらの原理は、骨格のデザインと深く関わり、デザイナーはしっかりとこの原理を理解し感覚を研ぎすましたうえで、慎重に考えを進めていく必要がある。

統一　庭全体において何らかの秩序にもとづいた統一性は必要である。それは素材や色彩、構成、大きさなどさまざまな要素がからみ合ったものとして認識される。

つり合い　左右が同じ形状となるシンメトリー（左右対称）や、左右の形状は異なるが全体でつりあいがとれ安定した形（左右非対称）であれば、美しいものと認識される。左右非対称の配置・配植を行なう場合は、どちらかに「重点（視覚的にどっしりと安定したポイント）」を設定して、それを基準にバランスよく構成を決めていくとよい。例えば、片側に既存の大木があればそちらを重点に、あるいは隣の2階窓前に目隠しとして大きめの常緑樹を配置するとこちらが重点に、パーゴラを設ければそちらが重点に、といったように必然的に重点が決まってくるケースもあれば、デザイナー自身が決めるケースもある。

また形や性質の反対のものを主従の関係で組み合わせる手法

7 シンメトリー（左右対称）

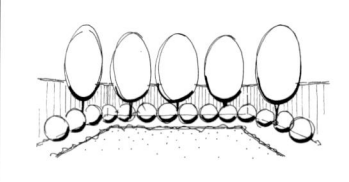

8 左右非対称

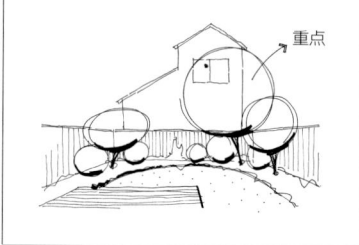

重点

は、対比の方法と呼ばれ、そのバランスにつり合いがとれると美しさを認識することができる（■図-7、8）。

反復 同じようなものが一定の規則性にもとづいてくり返すことにより、美しさが生じる。

類似 形や色の似ているもの同士は、距離が離れていても視覚的に互いに引き合う力をもっており、結果的に一連のものと認識できるため、全体に統一感を生むことができる。

5 周辺環境との調和

■建物との調和

庭のデザインを行なうにあたって、重要なポイントのひとつに「建物との調和」がある。これは極端な表現をすると、洋風の住宅に典型的な和風の庭を組み合わせたために大きな違和感を生じてしまった、ということを極力減らすことである。特に庭の形状が、建物に3～4方を囲まれたようなパティオ形式の場合は、建物の影響を強く受けるので十分な配慮が必要となる。

本来建物と庭は、同一人物がデザインするか、または建築家とガーデンデザイナーが初期の段階から協力して計画をすすめるのが理想的な形なのだが、実際にはそういったケースはまだまだ少ない。そのため結果的に、後から計画に携わるガーデンデザイナーが、住宅に調和する庭をデザインすることが多くなるわけである。

■街並との調和

欧米では、屋根・外壁・窓やドアなど、住宅の外観を構成する素材やスタイルは、周辺のものと共通であることが多い。それぞれの庭も多少の違いはあっても、全体として統一感のある美しい街並を形成する要素となっている。これに対して日本の現在の住宅は、ハウスメーカーによるものが多く、スタイルは千差万別、無機質な箱スタイルから南欧風のものまで、とにかくいろいろある。

原則的には前述のように建物との調和を考えながら庭のデザインをすすめていくべきなのであるが、あまりにも周辺の街並に不釣合いな建物の場合、それに調和させた庭をつくると「街並」としては非常に違和感のある、より有害な要素となってしまう可能性がある。そのためこのような場合、デザイナーは建物との調和を図りながら、同時に街並との調和を考えることが必要となる。

このようにガーデンデザインは、建物との調和のみならず、街並との調和も考慮してすすめていくべきであり、環境を形成する重要な役割を担っていることを十分認識しておく必要がある。

6 空間の限定（区切る・囲む・つなぐ）

■プライバシーを確保する塀や生垣

郊外の広い庭の場合は別として、市街地のごく一般的な住宅の庭について考えると、その敷地周辺にも同じような住宅が建ち並んでいることが多い。この場合、庭でくつろいだり何らかの活動を落ち着いて行なうために、隣地や道路からの視線を必要に応じて遮る「目隠し」が必要となる。

庭の周囲に塀や生垣を設置するのが一般的であるが、その高さをどの程度にするのか、透かすのか完全に遮るのか、素材や色をどうするかなどにより、庭や街並の印象が大きく変わることを念頭に検討する（建築基準法上、高さ2mを超える塀をつくる場合は、いくつかの条件が付加されるので注意が必要）。

一般的にプライバシーを確保するときの塀の高さは、1.6～1.8m程度にすることが多い。このような高さの塀やフェンス、生垣などが庭の周囲を囲む場合、囲まれることによって落ち着きが生まれる反面、狭さや暗さ、単調さなどマイナスの印象が増長する

Chapter 2 ガーデンデザインの実際 — ガーデンデザインの手法と過程

場合があるので、デザインやバランスに注意が必要である。

また住まい手の性格や住体験によって、プライバシーに対する意識は大きく異なるため、事前にしっかりと把握しておくことが大切である。

正面に隣の2階の窓があるようなケースでは、塀や生垣では低すぎてプライバシー確保は難しく、目隠しとしてやや大きめの常緑樹を植えたり、必要な箇所にパーゴラ（133ページ参照）などの屋根の要素を加えて視線を遮ったりなどの対応が必要となる。

■段差・色・素材で
　空間を区切る

視線は特に気にならないが、簡単に道路から庭に入れるようにはしたくないといったケースでは、低い塀やフェンス、あるいは低木を植えるといった対応で十分かもしれない。プライバシーの確保には不十分だが、精神的な区切りとしては機能しているし、なにより庭が広く感じるというメリットもある。

また隣地にある物置や、少し雑然とした美しくない部分をこちらから見たくないときも、目隠しを用いる。敷地内で機能やイメージの異なるエリアを区切るときにも、高さや厚み、素材などに十分注意しながら、区切る方法を検討してみる。

物理的に完全に仕切る場合は、塀や生垣、垣根、扉などを用い、反対にかすかに区切る場合は、床の舗装材や色を変えたり、高低差をつけたりといったことで、感覚的に空間を分けることも可能である。

■空間をつなぐ飛び石や舗装

空間を視覚的に「つなぐ」ケースもある。例えばイメージの違う庭空間をつくり、生垣などで分けている場合、その間に同じ形態の飛び石や舗装を配することによって、物理的だけでなく、視覚的なつながりもつくりだすことができる。

7

植栽計画（配植と植栽選定）

■コンセプトやイメージに
　基づいて、まず高中木を配置

庭に植物を植えるという行為は、前述したように多くの場合「観賞」のためである。植物全体の緑空間を観賞すると同時に、単体の花や実を楽しんだり、紅葉や新緑を楽むなどといったことが考えられる。ほかにも、ハーブや野菜、果樹、草花などを育てて「収穫」を楽しむことや、生垣や常緑樹を用いてプライバシーを確保するような「建築的機能」、テラス横に大きめの落葉樹を植えて夏場の日陰をつくり出す「微気候調節機能」、あるいは「環境工学的機能」なども目的のひとつに含まれるであろう。

このようにさまざまな目的のために植物を植えるのだが、どのような手順で考えていけばよいかというと、やはり庭の目的やイメージを明確にすることが最初に必要なのである。

庭の目的がくつろぐことであれば、広い芝生を設け、テラス際に少し大きめの落葉樹を配置して緑陰を設ける。バードウォッチングをしたければ、鳥の好む実のなる植物を中心に選定する。またイメージが和風であれば、松やマキ、モミジなど和の印象の強い物を、雑木林風であれば、シャラやヤマボウシ、ソヨゴの株立ちなど自然な印象のものをやや密な印象で植え込む、といったように、庭の目的やイメージは配植や選定にも大きく影響をおよぼすのである。

骨格のデザインが完了したら、配植・植栽選定へとすすむのだが、大まかに決めた高中木の配置にもとづいて、まず常緑樹と落葉樹の配置バランス（冬場の景観、目隠しなどと関連）を決定し、次に樹形イメージの組み合わせを確認する。これは空間のイメージを左右する重要なポイントなので、大まかにでもスケッチを描いてみるとよい。

また、より自然なイメージを創出するためには、不等辺三角形

Chapter 2 ガーデンデザインの実際 —ガーデンデザインの手法と過程

9 樹形（草姿）イメージの組合せ

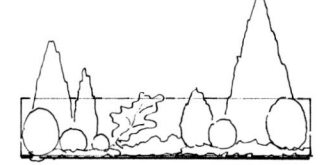

樹形イメージの組合せ－1（針葉樹中心）

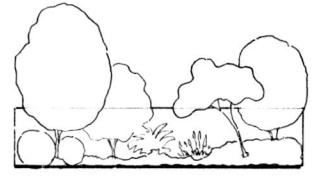

樹形イメージの組合せ－2（広葉樹中心）

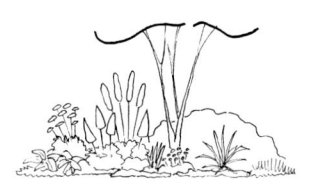

草姿の組合せ

10 不等辺三角形の原理

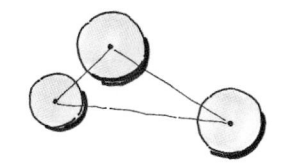

平面上の不等辺三角形

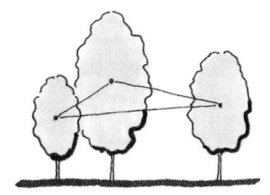

立面上の不等辺三角形

の原理を活用して、位置を決める配慮も必要である。狭い庭の場合は、かなりいびつな不等辺三角形になってしまうが、少しでもずらすとやはり印象は変わるものである。同じように低木～地被類の配植も進めていく（■ 図－9,10）。

■樹種選定のポイント

配植がまとまったら、最後に植栽選定作業。ひとつひとつの植栽に関して、その庭の目的やイメージから、あるいは常緑・落葉の制限、単体としての花・葉・実・紅葉などの特徴、樹形や草姿の印象、芳香など、さまざまな要素を念頭におきながら検討し、いくつかの候補を選定してみる。そして、その植栽を植える場所の環境条件（土壌・温度・日照・風など）や、市場性、生長のスピード、病虫害、管理の度合いなど、生育に影響のある諸条件に適したものを、その候補の中からまた絞り込んで、最終的なものを選定するのである。

これを高中木から低木・地被類へとくり返し行ない、全体としてバランスのとれた植栽計画を完成させる。

「統一」という原理にもとづいて植栽計画を考えると、あまり多種類の植物を少しずつ取り入れることはせず、同じ種類の低木や地被類、草花類等をまとめて植える（ブロック植栽）、あるいは数本を離して植えて全体に統一感を創出するなどの方法で計画するほうが、空間的にはまとめやすい傾向にある。

素材の選定とデザイン

■構造物の素材がつくり出す景観

雑誌でよく見かける外国の美しい庭や日本の有名な日本庭園と、市街地のごく一般的な住宅の庭が違って見えるのは、そこに植えられた植物の違いというより、背景となる建物や塀その他の構造物に使用している素材の違いが、大きく影響していることが多い。

戦後、日本では高度成長にともなって工業化が図られ、庭の素材に対する考えも大きく変わってきた。以前は当たり前のように木材や竹材で塀や垣根をつくり、石や土で床をつくってきたが、現在ではあまり管理に手間がかからず、精度が高く、ずっと変わらないものを、というニーズに応えて、アルミ製品やコンクリート製品がどんどん開発され普及している。今では石や木材などの自然素材よりも広く一般的に利用されているのが現状である。

しかし、これらはあくまで人間がつくりだした工業製品であり、上手に活用しないと植物の緑との相性は必ずしも良いとはいえないうえ、全体的にどこか違和感のある庭となってしまう。外国の庭では今でも、木材やレンガ、

石などが普通に使われている。それが美しい庭の背景となる素材として存在しているのである。もちろん本来の日本庭園でも、素材やデザインに違いはあるが、自然素材を用いているという点では同じである。

■見直したい自然素材

床舗装に石・レンガ・木材・砂利などを、塀やフェンス、門扉などに石・レンガ・木材や鍛鉄を用いるなど、自然素材や質感の良い素材を中心に選定してデザインをすすめると、既製品では実現できないオリジナルなデザインを実践できる。例えば既製品のアルミフェンスを採用すると施工も楽で、業者も手慣れているしコストも安い。しかし反面、人工的、画一的で、大量に製造されていれば、とてもオリジナリティーは感じられない。

これに対して木材でフェンスをつくる場合、大工が必要だし、デザインによっては施工も手間取る、コストもかかる、いずれは腐るなどのマイナス面もある。だがそれにもまして、まったくオリジナルなフェンスのデザインが実践できる、緑との相性もよい、自由な色彩に塗装でき、さまざまな印象に演出できる、メンテナンスも考えようによっては、住まい手にとって庭の愛着を深めることにつながる、といったプラスの効用ははかり知れない。

しかしアルミ製品は「腐らず、軽く、施工性がよく、コストが安い」という特徴をもち、メンテナンスがほとんど必要ないため、何らかの理由で管理がまったくできない住まい手の庭や、湿気が多く木材などが腐りやすいところの庭など、条件によってはとても機能的で適した素材といえる。

このように諸々の条件によっては、アルミ製品もバランスよく取り入れながら、いまいちど緑との調和に適した自然素材を見直して、少しでもうまく庭のデザインに取り入れてみることを考えてみてはどうだろうか。

■自然素材も色や
　質感・形状を吟味して

骨格のデザインがまとまると、例えば床舗装でレンガを選んだ場合、どこのメーカーから入手するか、どのような形・色目のレンガにするのか、どのように並べるのか、あるいは他の素材と組み合せてみてはどうかなど、より細かなデザインの段階に入る。

例えば石張りのテラスを計画に取り入れたとする。その石に「鉄平石」を用いる場合と、輸入の「石灰岩」を用いる場合とでは、色目や質感の印象が大きく異なるテラスができあがる。また同じ石の場合でも、不整形な石を乱張りにするのと、矩形のものを規則正しく張っていく場合では、また違った印象を与える。

このような仕上げの素材は目につく要素となるので、しっかりと最後まで十分な検討を要する。

■9
色彩と質感

■建物・構造物の色彩の
　統一と調和

色彩は人間が最も認識しやすいもののひとつであり、デザインにおいてもかなり重要な要素であることは間違いない。ガーデンデザインにおいては、建物の外壁や屋根、開口部など各部の色、庭に用いる素材自身の持つ色や、塗色の組み合わせや調和について十分留意する必要がある。

白を多用した庭では洋風のイメージが強くなり、濃い茶系でまとめると少し和風のイメージが出る。ビビッドな青や赤などを少し取り入れるとモダンな印象になるなど、工夫次第でさまざまな効果を演出することができる。

通常、多種類の素材を使うと落ち着きのない印象になる可能性があるので、あまりおすすめはできないが、色彩だけでも一定のルールにもとづいて統一しておくと、それなりに全体の調和を保つことができる。素材の違いを色彩でカバーするデザイン手法も知っておくと便利である。

木材を用いた構造物をデザインする場合は、塗装が可能なので、自由なイメージを演出できる。特に視界によく入り、庭の印象に大きな影響を及ぼす木塀や木製フェンスの色彩は、失敗のないよう十分に検討しておくことが必要である。

■植栽計画でも
　花色や葉色を考えてデザイン

植栽計画でも、葉や花、実などの色の組み合わせについて十分な検討を必要とする。花の組み合わせは比較的論じられることが多いが、背景となる葉の緑があってはじめて花色がひきたつ。

緑を背景に、同系色でグラデーションをつけながら配置するのか、反対色をうまく対比させるのか、全体の色のバランスはどうかなど、さまざまな側面から「色」をデザインしてみるべきである。その際、組み合わせる花が同時期に咲くことが前提なので、花期にも注意が必要だ。

また、長期にわたって庭の色の構成要素となる「葉」の色についても考える必要がある。最近はカラーリーフプランツという名称の、グレーや赤茶、黄緑など特徴的な葉色や斑の入った植物（高中低木から地被にいたるまで）をうまく取り入れた、変化のある庭が見られるようになった。暗い印象のエリアを明るく演出するために、斑入りの葉や明るめのグレーの葉をもつ植物を組み合わせたり、庭のポイントとして黄緑の葉をもつ樹木を配置するなど、今後のガーデンデザインにはさまざまな試みが必要となるであろう。

最終段階では、植物の色彩計画と素材や建築の色彩計画との調和をはかる。もし建物や既存の構造物に特徴的な色が使われている場合は、その色を庭のどこか（樹木の実だったり、あるいは塀の一部だったり）に反復使用することで、色彩をより積極的にデザインに活用する方法も効果的である。

■コンセプトに即して、
　素材・植物の質感を統一

素材や植物のもつ質感（テクスチュア）についても考慮が必要である

一般的に、自然素材のもつ質感は、暖かみがあり、表面にざらつきを伴った味わいのある表情が見られる。これに対して人工的なものは表面がつるつるであったり無機質な印象を受け、質感の面ではやや変化に乏しい。落ち着きのある自然なイメージの庭を計画する際には、陰影と変化のある表情をもつ自然素材を選定し、モダンで人工的な庭をデザインする場合は、無機質な工業製品を選定するなど、質感をふまえたうえで素材を選定することも大切である。

自然素材の中でも、ざらざらした石張のテラスの周囲に丸い砂利を敷いたり、枕木を飛石風に配置して隙間に砂利や芝生を入れるなど、組み合わせを工夫することで、質感の対比の美しさを創出することができる。

植栽も同じで、葉や花、幹の質感に着目して考えてみる。例えば柔らかで軽い印象の葉、厚くしっかりした葉、レースのような特徴的な葉、ごつごつと自然味あふれる幹の樹木など。コンセプトに適した印象の質感をもった植栽選定が必要となる。

10 フォーカルポイントとシンボルツリー

■フォーカルポイントとなる
　添景物

フォーマルな整形の庭では、テラスの中心や通路の突き当たりなど整然とした位置にオブジェやコンテナなどを配置して全体バランスをとったり、自然な不整形の庭の場合は、奥まった木陰に色彩の鮮やかなベンチを配置するなど、添景物を配置させることによって視覚的な演出（アイストップポイント＝フォーカルポイント）をすることも、有効なデザイン手法のひとつである。

配置する添景物は、庭のコンセプトやイメージ、レイアウトな

11 フォーカルポイントの事例

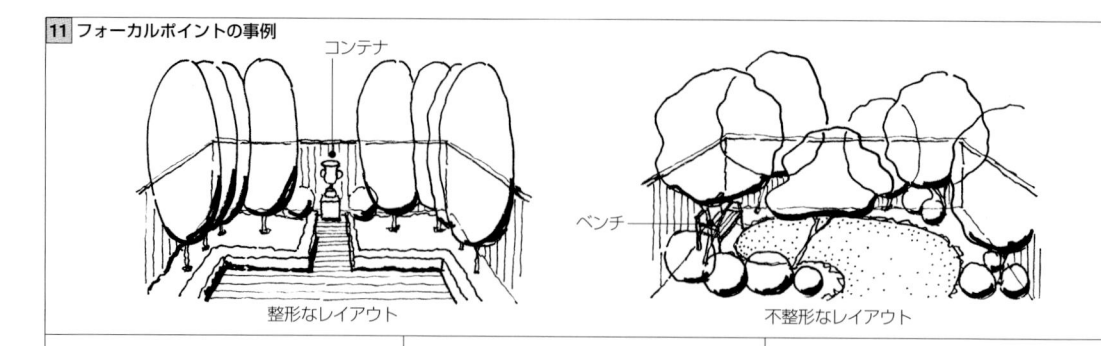

コンテナ　　　　　　　　　ベンチ

整形なレイアウト　　　　　　　　不整形なレイアウト

どによって大きく変わる。和風庭園であれば灯籠・つくばいなどが、洋風の場合はバードバスや彫像、大きめのコンテナなどが一般的であろう。住まい手の趣味やライフスタイルに関係のあるものをとりいれるなど自由な発想で考えると、より愛着のある庭づくりができるかもしれない（■図-11）。

■フォーカルポイントとなるシンボルツリー

特徴的な樹木をフォーカルポイントに用いる場合、これをシンボルツリーとよぶ。特別広くない庭であれば、1～2本程度設定するのが好ましい。

室内から見た時のアイストップ、庭に立ったときのアイストップ、あるいは道路側からみたアイストップなど、設定する位置はデザイナーの考えによるが、通常は落葉樹で、新緑・花・紅葉・実など四季の変化が感じられるものや、針葉樹でクリスマスツリーに用いられるようなもの、あるいは樹形、葉の色などが特徴的なもの、大きく成長した保存樹木などが、シンボルツリーとして用いられることが多い。

11
スケール感（図面の縮尺の感覚）

ガーデンデザインは、常に図面を基本に考えを進めていくものである。図面に描く線はすべて意味をもち、寸法（幅・長さ・高さ・厚み等）という重要な概念を伴う。これが「絵やスケッチ、イラスト」と根本的に異なる点である。そのためデザイナーは、その図面の縮尺の感覚（スケール感）を正確に理解していなければならない。

図面に記載した通路の幅はどれくらいあるのか、テラスの広さは使用するときに十分か、パーゴラの高さは圧迫感がないか、塀はプライバシー確保上問題ないか、車庫は車を置くのに支障がないかなど、常に実際の寸法を確認しながら計画をすすめていく必要がある。慣れるまでは、メジャー片手に常に実際に測って確認することが大切である。

12
遠近感の活用

狭い庭や細長い庭を計画するときには、奥行を実際よりも大きく見せる演出が、重要なポイントとなることがある。これには遠近感を意図的に強調し、奥行があるように錯覚させる手法を用いる。

例えば、手前に葉の大きなもの、奥に葉の小さなものを配置し、手前と奥との距離が長いように見せたり、通路を直線で単調なものとせず、あえて少し蛇行させ、周囲に植栽を施すことによって、隠しながらも部分的に視線が通るようすると、奥行感を演出できる（1章66～67ページ参照）（■図-12）。

13
現況の構造物・樹木・借景の活用

新築で庭にまだ何もない場合は別として、既存の樹木や構造物、床舗装などがすでにある場

合、まずこれを保存するかどうかを考える。図面上ですべて消去して、まっさらな紙に自由にデザインを始めるのは簡単だが、撤去工事を行なったうえで新たな設置工事となると、コスト上のデメリットも大きく非効率的であり、また生き物である樹木などを簡単に切り倒すのは好ましくない。

コンセプトに反したり、デザイン上支障がある場合はやむを得ないが、既存の要素を積極的に活用することもデザインの大切な役割のひとつである。場合によってはそれがデザインの重要な手がかりとなる可能性もある。

また隣地が公園・生産緑地などで樹木が生い茂っている場合や、隣地の住宅に既存樹木がある、あるいは遠くに山が見えるというように美しい要素が敷地の周辺にある場合、これらを庭の要素のひとつに取り入れてしまうデザイン手法が存在する。これは日本の造園においては「借景」という概念で古くから活用されており、コスト面で効率的なだけでなく、上手に取り込めば境界線を超えて視覚的な大きな広がりを創出することもできる。

14 高低差の活用

造園の世界でも「築山(つきやま)」という手法があり、土を盛ることによって土地に変化をつけ、ポイントにしたり、より自然な景観に近付ける工夫を行なってきた。

平たんな土地の場合、どうしても単調なイメージになりがちなので、塀の際に少し土を入れて盛り上げ、視覚的な変化をつけると同時に、その植栽面が斜めになることによって、緑の面積が広く感じるような演出も効果的である。あるいは石積みによって敷地内に新たに高低差をつけ、石のもつ自然な印象と植栽が相まって、より豊かな表情をつけることもあるだろう。

斜面につくられた別荘の庭のように階段が多い高低差のきつい敷地であったり、あえて庭の中に新たに高低差のある部分を設ける場合は、視線の移動をうまくデザインに利用することも大切である。

15 水の演出

「水」を庭に取り入れると、その視覚的な動きや光の反射、水音などによって、静的な庭にさまざまな効果をもたらしてくれる。水性植物や水際植物を楽しむことも可能となる。何より水の存在自体が人間にとって自然を感じさせるものであり、安らぎや涼しさなどを与えてくれる貴重な要素である。

水を取り入れる形態には噴水(壁泉含む)や池、流れ、滝などさまざまあるが、庭のデザインによって、自然な形状にするのか、幾何学的な形状にするのかは検討が必要である。狭い庭の場合は、比較的かっちりとした幾何学的な形状でレイアウトしたほうが、うまくいくことが多い。

この場合、給水・排水・ポンプ(電気)・浄化などの設備が必要となるので、事前にしっかりと計画をたてる。小さな噴水の場合、小型で扱いやすい簡易なポンプもあるが、水の汚れや落ち葉、蚊の発生などに関しては、住まい手の管理も含めて何らかの対策を考えておく必要がある。

12 アプローチを蛇行させて奥行感の創出

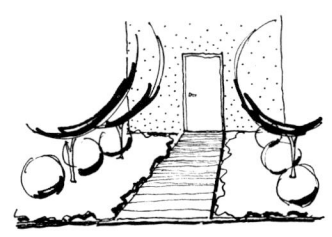

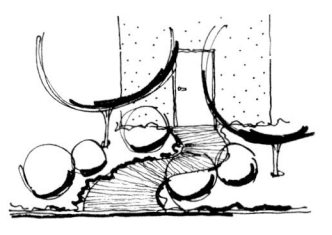

直線のアプローチ　　　蛇行したアプローチ

Chapter 2 ガーデンデザインの実際 ――ガーデンデザインの手法と過程

Ⅱ ガーデンデザインの過程

この項では、実際の庭における調査・設計から工事、完成にいたる一連のフローについて、デザイナーが考慮すべきポイントを補足しながら説明する。

1 与条件の整理とコンセプトの策定

■STEP-1
住まい手の希望を整理する
──ヒアリング・アンケート

下記のような設問を中心に、住まい手の希望をヒアリングする。現時点での希望だけでなく、将来的な機能変更やライフスタイルの変化についても、あらかじめ検討しておくことが大切である。

・家族構成は？（性別・年齢）
  それぞれの趣味は？
  ペットの有無は？
・庭をつくる一番の目的は何か？
  くつろぐ/ガーデニング/パーティーやバーベキュー/菜園/ハーブ/子供の遊び場/DIY/池や噴水を楽しむ/物干しなど
・つくりたい庭のイメージやスタイルはどんなものか？
  洋風/和風/自然風/イギリスのコッテージガーデン風/フォーマル/雑木風/地中海風＝乾燥したイメージ/モダンなど
・取り入れたい要素はなにか？
  テラスやデッキ/塀・フェンス/門扉/バーベキュー炉/パーゴラ/池や噴水/サンルーム/物置/家具/コンテナ/照明など
・取り入れたい植物に関する要素は？
  花木/草花/ハーブ/菜園（キッチンガーデン）/果樹/芝生/コニファー/ロックガーデン植物/水性植物など
・好きな植物、嫌いな植物は？
・好きな素材、嫌いな素材は？
・駐車スペースは必要？　また車種と台数は？（買替要考慮）来客用は必要？　自転車やバイクのスペースは必要？
・庭の日常的な管理にどの程度時間がかけられるか？
・予算はいくらぐらい？（実際にはこれが最も大きな条件となることが多い）

■STEP-2
庭の現状を把握する
──現場調査

下記に記載したポイントを念頭に、現場調査を行なう。また室内から窓を通して、あるいは道路側からなど、いろいろなアングルで現況写真を撮影しておくと、あとで何かを確認したいときや、デザインの完成をあてはめてイメージするときなどに役に立つ。

・周辺の状況把握
  街並イメージ/前面道路の通行量ほか
・隣接地との関係
  道路や隣地からのプライバシー/借景に何か？/利用状況は？
  境界線がどこかをしっかり確認しておくこと。特に既存の塀やフェンスがある場合、これがこちらのものなのか、隣地のものなのか、中心にあるのかを確認
・敷地がかもしだすイメージを考えてみる
・建物のスタイル、イメージ、素

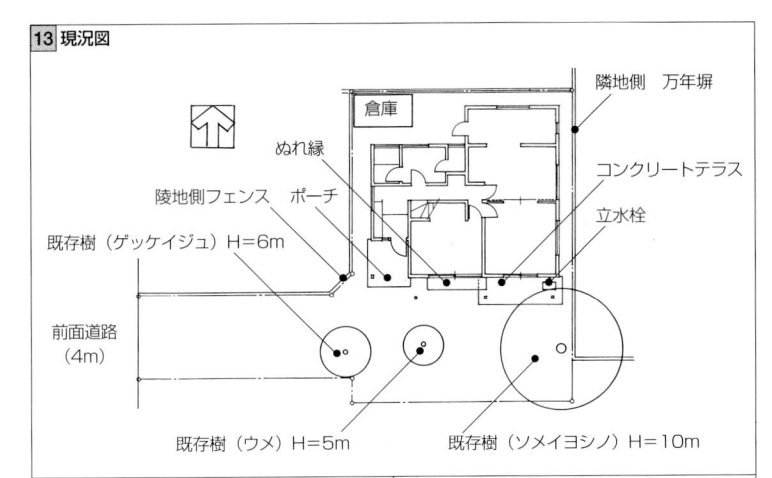

Chapter 2 ガーデンデザインの実際 — ガーデンデザインの手法と過程

13 現況図

図中ラベル：
- 隣地側 万年塀
- 倉庫
- ぬれ縁
- 陵地側フェンス
- ポーチ
- コンクリートテラス
- 立水栓
- 既存樹（ゲッケイジュ）H=6m
- 前面道路（4m）
- 既存樹（ウメ）H=5m
- 既存樹（ソメイヨシノ）H=10m

材、色はどんなものか？
・広さがどの程度かしっかりと理解する
・高低差があるかどうか
・植物の生育に影響する環境条件について確認する
　日照条件/土壌条件/気温/風/公害
・既存の構造物や樹木類があるかどうか、またそれを保存（移植）するか？
・設備はどこになにがあるか？
　給水/排水/照明位置など

■STEP-3　庭のコンセプトの策定

ヒアリングと現場調査で得たすべての情報をベースに、デザインする庭のコンセプトを考えてみる。最も重要なその庭の目的は何で、どんなイメージやスタイルを目指した庭なのか。その庭のタイトルを考えてみるのも、コンセプトを明確にするよい方法である。

注意点としては、あまり多くの要素を取り入れて中途半端な庭にならないよう心掛けること。目的やイメージ、要素に関して、優先順位にもとづいて常にシンプルな方向へもっていくことが、まとまりのある庭づくりの基本である。

2　測量と現況図の作成

デザインをスタートする前に、まず現況平面図が必要となる。よほど古い建物でないかぎり、最低数枚は建築の際に使用した図面があるため、そのなかの配置図（または外構図）をできるかぎり入手する。なければ敷地の形状・長さ・建物の位置などすべてに関して、測量を行なったうえで現況図面を作成する必要がある。

配置図があれば、そこに記載されていない「既存樹木」や「舗装・塀・フェンス・門扉・物置」あるいは「水道栓や照明器具」など、ガーデンデザインに関わってくる要素の位置や大きさなどを簡易な測量によって算出し、その図面に描き加える作業を行なう（■図-13）。

■縮尺と図面について

現況図を作成するにあたって、作成図面の縮尺を決定しなくてはならない。

市街地で平均的な広さの庭であれば、1/50か1/100の縮尺を用いることが多い。狭い庭であれば1/50にすることで、ある程度細かいところまで図面で表現することができる。敷地の状況や計画する内容によって決定する。

1/100以外の図面を作成する場合は、三角スケール（95ページ参照）があると便利である。

■簡単な測量の方法と注意点

配置図など既存の図面がない場合は、敷地の形状も分からない状況なので、まず矩形で比較的理解しやすい建物の輪郭を、長めのメジャーで測りながら慎重に図面化していく。その後、建物の各部から建物のラインに平行または垂直方向の距離を測り、敷地境界線の位置を割り出し、境界線の長さも測って、できる限り正確に敷地の形状を記入していく。

敷地形状が不整形の場合は、境界線角の点から建物の異なる2点までの距離をそれぞれ測れば、コンパスを用いて正確にその位置を

14 測量

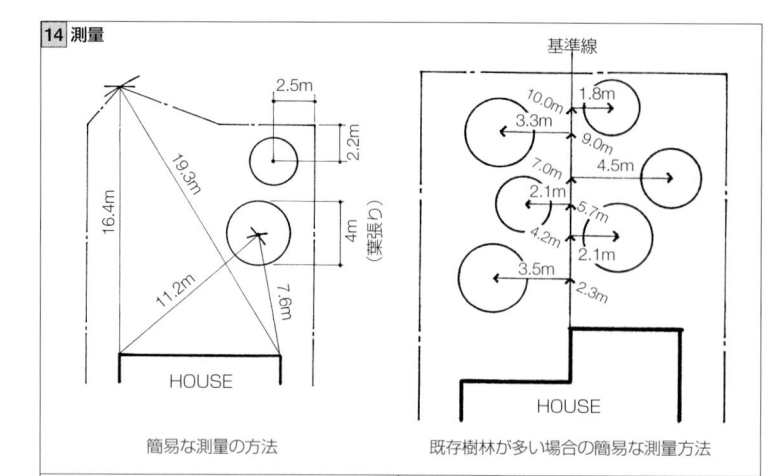

簡易な測定の方法

既存樹林が多い場合の簡易な測定方法

割り出すことができる。

配置図がある場合は、既存樹木の位置・葉張り・高さ、既存のテラスや塀などの構造物の位置と形状、水栓や桝、照明設備の位置などの情報を新たに描き加える作業からスタートする。既存樹木が多い場合は、多少誤差はでるが図14のように効率良く位置を割り出す方法もある。

また敷地内に高低差がある場合は、水準器を使えば大まかな勾配は理解できる。勾配のあるエリアについても現況図に記載しておく（■図−14）。

ゾーニング（地割）

現況図をもとにデザイン作業にとりかかるわけだが、いきなり細かな作業に入ってしまうと庭全体のバランスがくずれる恐れがあるので、まず大まかな配置計画や動線計画（人（車）が通る経路を計画すること）を行なうことから始める。この過程を「ゾーニング（地割）」と呼ぶ（■図−15）。

例えば、室内との出入りがしやすいところにくつろぐためのテラスやデッキを配置したり、日当たりのよいところに菜園や芝生、草花類などのエリアを設ける、隣地や道路からのプライバシーを確保するために生垣や塀を設けるスペースをとる、道路から玄関までのアプローチや、物置への動線を確保するなど、まず機能面での問題が生じないよう、大まかに計画のアウトラインをつくりあげる。

ゾーニングを行なう段階では、だいたいの位置や広さを検討するにとどめて、あまり細かな形状やデザインにとらわれないよう心掛ける。

やや広めの敷地の場合は、道路側に「前庭（フロントヤード）」、建物の裏側（一般的には南側）には「主庭（バックヤード）」、建物の間に「中庭（コートヤード／パティオ）」、勝手口付近には物干しやゴミ置場などの「サービスヤード」といったように、大まかな配置によって決まる分類方法もある。

デザイン

■STEP-1
デザインスタディー
──エスキス

次に庭の「骨格デザイン」の作業をスタートする。テラスや通路、アプローチなどの舗装スペースの広さや形状、あるいは芝生や草花、ハーブ、低木などの植栽エリアの形状と配置、高中木の配置、塀やフェンス、パーゴラなどの位置、池や噴水、流れなどの位置と形状など、それぞれコンセプトにおける優先順位にもとづいて、広さやレイアウトを検討する。

はじめのうちは、前述のデザイン原理や何らかのモチーフを念頭に、グリッド上で検討を重ねることが考えをまとめやすい手法である。このとき平面上で考えるだけでなく、簡単にスケッチを描いてみて、立体的な景観を確認することも大切。また現場をいくつかのアングルで撮影し、これらの写真を眺めながら、いまのデザインをはめこむとどうなるのか、頭の中で想像してみることも、イメージ通りの庭をつくるためには有効な方法である。

また同じ骨格デザインであっても、使用する素材によっては大きくイメージが変わってくるため、素材の選定も平行して考えていく。

■STEP-2
基本図面の作成
——平面図・立面図・アクソメ図・パースなど

骨格デザインがまとまったら、今度はすべての図面の基本となる「平面図の作成」に着手する。正確なスケールにもとづいて、通路の幅やテラスの広さなどを決定しながら、図面化していく。詳細は別として、床舗装のパターンや、塀・フェンス・門扉・パーゴラ・噴水などのデザインもこの段階で検討し決定する。

平面図がまとまったら、立面図とパースやアクソメ図（アクソノメトリック）など、三次元の図面を作成する。これはプレゼンテーションで第三者に庭の構成を説明するのに役立つだけでなく、自分でも空間的確認ができるメリットがある。この段階で気になる箇所は、再び検討し修正・改良を加えるのが望ましい（■ 図-16,17,18）。

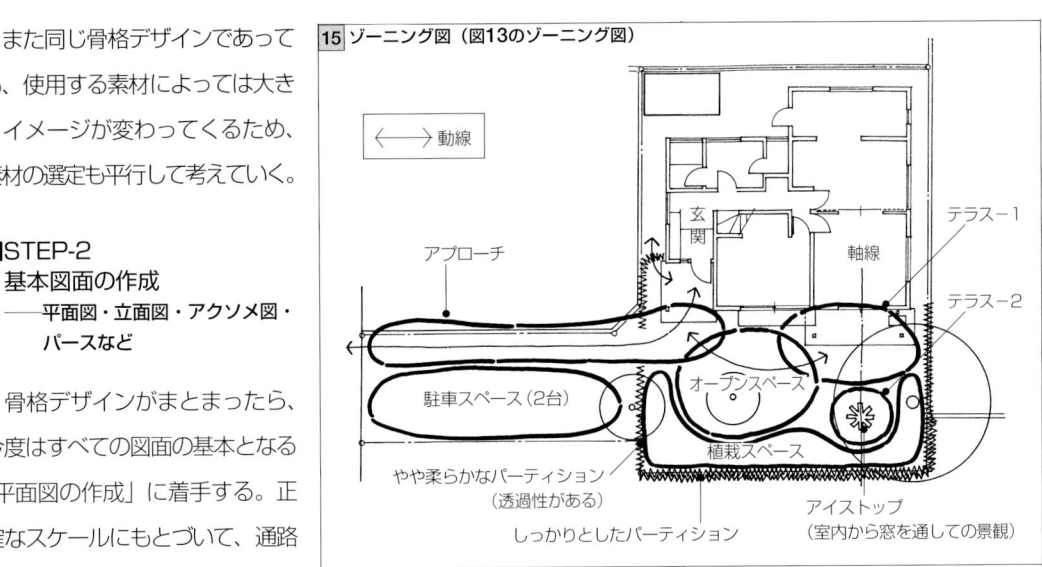

5 植栽計画と植栽図（リスト）の作成

庭のだいたいの構成が決定したところで、いよいよ植栽計画のスタート。あまり早い段階で植栽に

15 ゾーニング図（図13のゾーニング図）

16 平面図（図15の平面図）

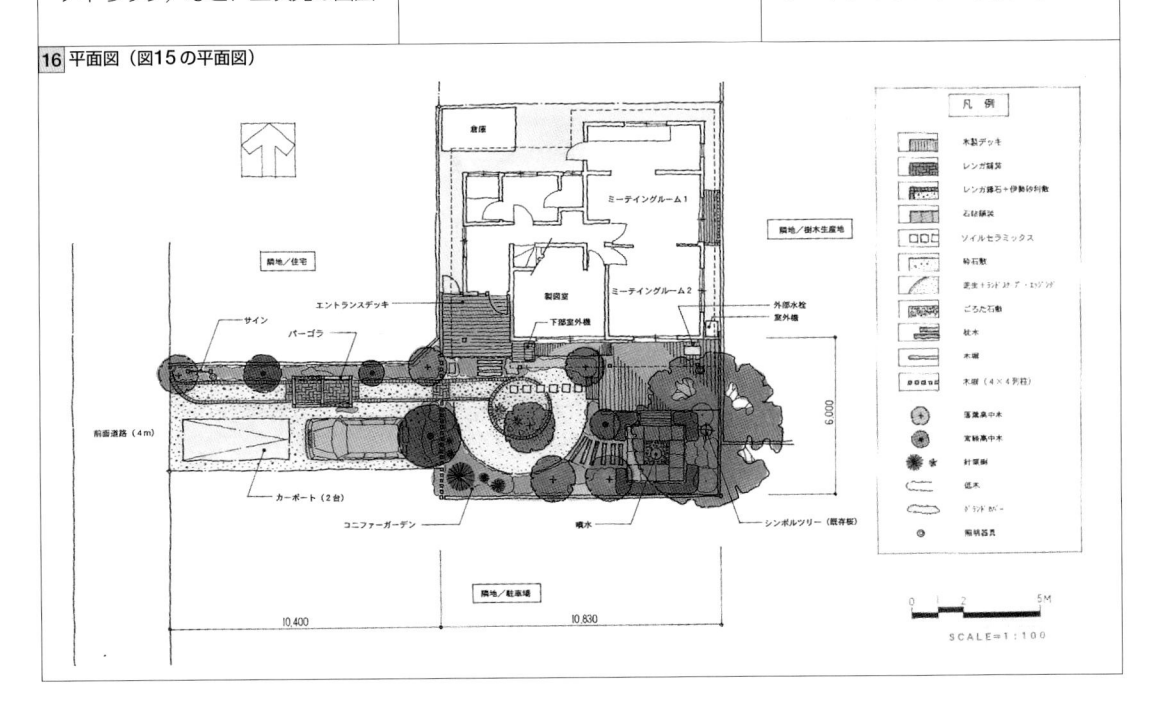

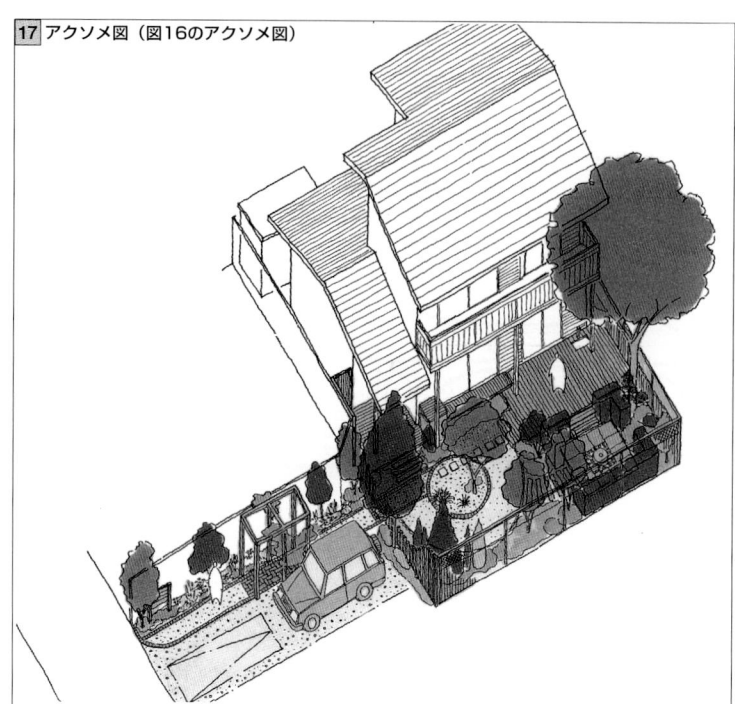

17 アクソメ図（図16のアクソメ図）

18 パース（図16、17のテラスとオープンスペース部分）

植栽図を作成し、またそれぞれの植物の詳細情報（名称・高さ・葉張り・目通り・株立ち・幹立ち・特徴・支柱・ポットサイズ・長さなど）と数量は、植栽リストに記載するのが第三者にもわかりやすい方法である（161ページ参照）。

6
設備計画

　照明設備の位置と器具の選定、屋外コンセントの有無などの電気設備と、給水栓・排水の位置、噴水設備などの給排水設備についても（土壌条件に問題がある場合は排水計画も）、あらかじめ図面化しておくようにする。

　専門的な知識は施工者と相談しながら進める必要があるが、照明器具の配置と選定、スイッチ位置、水栓の選定と水栓廻りのデザインなどは、機能的に重要でかつ視覚的にも庭に大きく影響をおよぼすので、デザイナーはあらかじめ住まい手に確認をしながら検討し決定しておくべきである。庭の目的にもよるが、照明はやや暗めに設定しておくほうが、結果的にほどよい照度を得ることが多い。

　また既存の埋設物（給排水管、ガス管、電気配管など）上に大きな樹木を植えるなどといったリスクのないよう、できるかぎり計画の段階で、設備関連の現状を把握しておくことも大切である。

関して細かく考えてしまうと、それにとらわれすぎて空間としての庭のバランスをくずしてしまうおそれがあるので、庭の構成がほぼ決定したこの段階でとりかかるのが望ましい（もちろん構成を考えている段階で、ある程度、植栽のイメージは頭の中に持っておくべきであるが）。

　骨格のデザインに適した植栽を大きな高中木から低木、地被類と

いう順番で、さまざまな側面を確認しながら選定していく（配植と選定は前述の手法を参照）。

　選定が完了したら、それを図面化する作業に入る。種類が少なければ、植栽図に直接植物の名称などの情報を記入してもよいのだが、実際にはどんな小さな庭でも植物のバリエーションはかなり豊富になることが多い。そのため、高中木と低木・地被類とに分けて

またエアコンの室外機が庭の目立つ位置に出てくることも多いので、場合によっては目隠しを設置するような配慮も必要である。

7 材料の選定と納まりの検討

最後に考えなくてはならないのが、素材の実際的な選定と、その利用方法である。同じデザインでも、素材の違いや使用方法よって庭のイメージが大きくかわることは先にも述べた。

庭のデザインの完成度を高めるためには、石、レンガやタイル、砂利、インターロッキングブロック、木材、家具など、庭に取り入れるあらゆる要素（素材）に関して、どこのメーカー（輸入代理店・業者）あるいはどこの産出地の、どの製品を用いるかということを決定しなければならない。耐久性など機能的な特徴はもちろんのこと、色彩や質感、コスト等に関しても、比較検討を重ね、その庭に最も適したものを選定するのである。

木材を用いる場合は、いずれ腐る自然素材なので、定期的な塗装（保護着色塗料や油性ステイン等）を行なうことの確認が必要である（それが期待できない場合は、使わないほうがよい）。また耐久性を高めるための目的もあるが、塗装色のバリエーションは豊富で、デッキやフェンス、木塀、パーゴラなどに用いる色彩についても、全体のイメージや既存物・植栽との調和などを考慮しながら、この段階で決定しておく。

上記のような木製その他の構造物に関して、オリジナルデザインの場合は、施工方法や納まりなど不明瞭な箇所は工事業者と相談するにしても、イメージや意図、形やサイズなどが理解できるような詳細図を描くことが必要となる。それが難しいようであれば、大まかにでもイメージや構成、寸法が理解でき、見積りを行なえるようなスケッチは用意しておく必要がある。

8 見積り・見積調整

完成した図面をもとに、実際に施工する業者が細かく見積りを行なう作業に入る。図面に記載していない施工上の問題点が発生することもあるので、できれば現場の状況確認をかねて、施工業者に現場で図面を見せながらデザインの意図や内容の説明を行なう。そのときに見積りに必要な内容はできるかぎり伝えておくと、後で問題が少なくなる。

また見積りで算出される実際の工事金額は当初の予算をオーバーすることが多く、何らかの変更によって減額を行なう必要が生じる。その場合、その変更箇所についても施工業者に任せずに、デザイナーが優先順位の低い項目から中止したり、素材を安いものにする、樹木のサイズや数量を減らすなど、変更によってデザインが大きく変わらないような方法を検討すべきである。

9 施工（設計監理）

減額調整によって工事金額と予算との折り合いがつくと、ようやく工事契約・着工になる。工事期間中は、デザイナーは図面通りに工事が進んでいるかどうかを確認するために、現場に何度も足を運ぶ（設計監理）。

工事の手順は、まず既存樹木や構造物があれば撤去工事をしてから、土工事（根株の撤去・土の搬出・土壌改良・切盛土・整地など）に入る。次に塀や床舗装、パーゴラ、門扉などの構造物の設置となるわけだが、まず現場で舗装や構造物の配置を決める作業を行なう。この段階で、必要に応じて図面の内容から微調整を行なうことも少なくないので、必ず確認をすること。

構造物が完成すると、これでようやく骨格が完成となり、いよいよ最後の段階である植栽工事に入る。通常は、高中木→低木→地被類→芝という順序で植栽工事を進

①工事前の状況。
②骨格（建造物や舗装）が完成した段階。
③完成した庭（アプローチから）。
④完成した庭（2階から）。

める。空間に大きく影響をおよぼす高中木に関しては配置・向きなどのバランスに注意する。地被類や草花類の植え込みに際しては、実際に搬入された植物の状況をみながら、間隔に注意して一度ポットのままで配置し、バランスを確認したうえで、植え込みをスタートするとよい。最後に芝生を貼り（または砂利敷きなど）水やりを行なうとようやく完成となる（■写真-1,2,3,4）。

10 管理

建築の場合は、工事終了時がすなわちデザインの完成であるが、庭の場合、工事の完成はあくまで中間地点であり、その後の管理の状況によって、良くも悪くもなるのが特徴である。建築は完成時が最も美しく、その後は経年変化とともに汚れたり傷んだりと確実に悪い方向へ向かうのに対し、庭の場合は、管理がよいと植物の生長とともにより美しくなる。

植物以外の管理というのは、おもに木材などの定期的な塗装や、砂利敷きの補充、照明の電球の取り替えなどで、あとは壊れた箇所の修復や清掃、設備の点検くらいのものである。

植物の管理に関して最も重要なのは、住まい手による日常的な管理である。これは雑草の除去から始まり、芝刈、補植、害虫や病気対策、剪定、施肥など。高中木の剪定や薬剤散布（近年、環境ホルモンの影響も危惧されるので注意が必要）などは造園業者に任せるほうが無難であるが、それもせいぜい年に数回程度であろう。

日常的な管理を専門の業者に委託するのもひとつの考え方ではあるが、美しい庭を維持していくためには、やはり住まい手の管理が不可欠である。管理を続けることによって、庭を知り、思い入れが深まり、それがそのまま庭の味わいとなって表現される。ガーデンデザインというものは、設計から工事までだけでなく、住まい手に対して管理に要するアドバイスを行ない、それが実現していくことでようやく完成するのである。

Ⅲ デザイン製図の基礎

最近ではコンピューター（CAD）で図面を描くことが多くなってきたが、その場でスケッチを描いてイメージを伝えるような必要も往々にして出てくるため、図面はある程度、手で描けるようにしておくべきであろう。

この章では、造園設計の中でも、特に個人の庭を対象とした設計図面を実際に作成する場合に必要となる、製図の基礎について説明する。

1 製図用具と線の引き方

■製図用具の選択

用紙類　製図に用いられる一般的な用紙は「トレーシングペーパー」と呼ばれる半透明の用紙で、重ねても下に敷いた図面の線が見えるため、デザインの検討や、図面の仕上げが効率的に行なえる利点がある。厚さは60g/㎡といった数値で示されている。薄いと破れやすく、あまり分厚いと扱いにくいので、図面の目的に合わせて選ぶとよい。

トレーシングペーパーで作成した図面は、コピーして利用することが多いが、着色を行う場合、その着色の手段によっては、コピー用紙でなく塗りやすい別の紙を選ぶ必要が出てくることもある。

計画敷地の広さにもよるが、個人庭のデザインでは、主にA判規格の用紙（A4、A3、A2サイズ程度）を用いることが多い。またトレーシングペーパーを製図板に固定するために、「ドラフティングテープ」（貼ったりはがしたりできるテープ）が必要となる。

定規類　平行な直線、垂直の直線などを効率的に描くためには、ドラフターや平行定規と呼ばれる専門家の用いる便利な製図用機器もあるが、比較的扱いやすいのは、シンプルな製図板の上で「T定規」と「三角定規」を組み合わせて描く方法である。

水平線はT定規を用いて左から右に（右手が利き手の場合）、垂直線はT定規の上に三角定規をのせて、下から上へ描くと線がぶれにくい。

三角定規は通常、30度＋60度＋90度のものと、45度＋45度＋90度のものがセットになっているが、長めの線を描く場合などもあるので、あまり小さいものではなく、製図用か、もしくは一般的なものより少し大きめのものを選ぶとよい。「勾配三角定規」という、角度を自由に変更して使える便利な定規もある。

コンパスで描けないような自由曲線がある場合は、フリーハンドで定規を使わずに描くことも多いが、雲型定規や自在曲線定規などを用いると便利である。

三角スケール　図面には縮尺という概念があり、縮尺が違う図面上では、同じ長さの線も実際には異なる寸法を示している。異なる縮尺の図面上で長さを計るときに必要なものとして「三角

19 製図用具

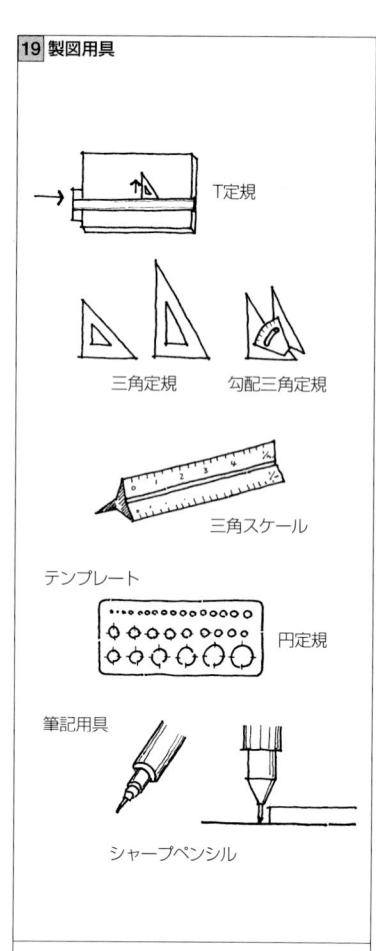

T定規
三角定規　勾配三角定規
三角スケール
テンプレート
円定規
筆記用具
シャープペンシル

スケール」がある。これはひとつのスケールに目盛りが6つついているもので、1：100、200、300、400、500、600といった図面（1：50の図面の場合は、1：500の目盛りを用いる）を描いたり読む時に使うと便利である。

テンプレート類（型板）　一定の形を効率よく美しく描くときに用いるのが、テンプレートと呼ばれる定規。アルファベットや数字、四角、建築専用のものなどさまざまな種類があるが、ガーデンデザインでよく用いるのは「円定規」と呼ばれるもので、直径3cm程度までの大きさの異なる円を効率よく描くことができる。樹木などを図面に表現するときや、下書きによく用いる。

直径3cmをこえる円や曲線については、通常コンパスを用いて描くが、フリーハンドで仕上げる場合などは、特に製図用でなくても市販されているコンパスで、ある程度は十分である。

筆記用具　最近は、シャープペンシルやペン（仕上用）を製図に用いるのが一般的。定規に垂直にあてがうことができるように、ペン先の形状が左図のようなシャープペンシルを用いるのが望ましい。0.3～0.9mmまで芯の太さはいくつかあるが、必ずしも使いわける必要はなく、線の強弱を感覚でつかめれば、一般的な0.5mmの芯を用いて強弱をつけながらすべてにわたって使用してもよいだろう。

図面の線をはっきりと見せたい場合は、水性の黒色のペンで仕上げる。ペンの場合は強弱をつけられないため、線の太さによって使い分ける。マーカーなどで着色する場合は、特にペンを用いてはっきりとした線を描いておくと色がよく映える。

着色用具　プレゼンテーション図面用に着色を施す場合は、おもにデザインマーカー（アルコールインク）や色鉛筆、透明水彩絵具などを用いる。あまりカラフル過ぎたり、色のバランスが悪くならないよう、色の選択には十分に注意をする。やや地味な色調でまとめると落ち着いた雰囲気の図面になる。

透明水彩絵具などを用いる場合は、コピー用紙などは適していないので、やや厚みがあり、質感のよい紙を用いる。水彩絵具で平面図などを着色する場合は、あまり絵やイラストのような表現になりすぎないよう注意する。

このほか、図面は手で描いてスキャナーで読み込み、着色のみコンピューターを用いる方法もある。

■線の引きかた

ガーデンデザイン図面を作成する場合に、すべての線を定規を用いてきっちり引く方法と、定規を用いて下書きを行なったうえで、定規を使わずなぞって仕上げる方法（フリーハンド）の2通りがある。どちらも大きな違いはないが、曲線を多用したデザインが多かったり、自然な印象の庭の場合は、フリーハンドで表現したほうが柔らかい感じがしてイメージは伝わりやすい。

ただしフリーハンドで描く場合は、よほど慣れていない限り、必ず定規で下書きをすることが大切。いい加減に描いてしまうと、寸法や形状が崩れすぎてしまっ

て、図面として支障をきたす可能性が出てくる。

定規あるいはフリーハンドでも、線を引くときに大切なポイントは、「自信をもってスピーディーに引くこと」と、「始点と終点は、強く明確にすること」。何度も同じ箇所をなぞったり、あまりゆっくり引くと、線が不明瞭になったり、ゆがんでしまい、自信のなさがそのまま図面に出ることがある。

また線の始点と終点が不明瞭だと、非常にあいまいで力のない印象の図面となってしまうので注意する。線と線の交わる交点では、少し重なるぐらいの意識で、それぞれの始点・終点をしっかりと描くこと。

20 線の引き方

ペンの種類と引き方
- 細ペン
- 太ペン
- シャープペンシル

途中はスピーディーに
最初に強く　　最後も強く

線の引き方
- スピーディー
- 自信あり
- 最初と最後しっかり
- 交点もしっかり重ねる

×
- 遅い
- 角が弱い

×
- ためらい
- 重ねて描く

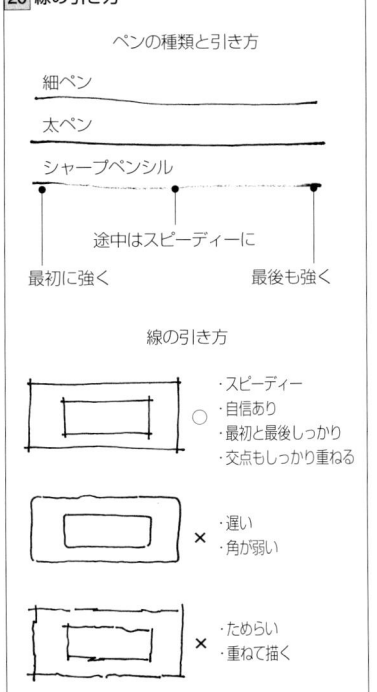

シャープペンシルなどで図面を描く時には、特にこれらのことに注意して線を描かないと、図面の仕上がりが大幅に変わってくる。また基本的なこととして、T定規を用いる場合は、傾かないようにしっかりと製図版に直角にあてることを常に意識して線を描くようにする（■図-20）。

線や図面は、美しく仕上げることを意識しながら、何回も繰り返して練習することが大切。また参考となる図面を下敷きにしてトレース（下に参考となる図面を敷き、その上にトレーシングペーパーをのせ描き写すこと）を何度もくり返すことによって、線の引きかたや図面の表現方法を効率良く修得することができる。

2

縮尺の選択と図面の種類

■縮尺（スケール）

敷地の大きさと図面に用いる紙の大きさとのバランスを見ながら、その図面に用いる縮尺を決定する。その図面の目的も、縮尺を決定する重要な要因である。庭全体の大まかな構成を説明するものなのか、庭の一部のエリアを細かく説明するためのものなのかによって、必然的に採用する縮尺は異なってくる。

一般的な大きさの庭の場合は、平面図や植栽図などで、1：50か1：100程度の縮尺を用いる。やや広めの庭の場合は、例えば全体の平面図を1：200で描いて、細かなところは拡大して、1：50の縮尺で数枚に分けて描くこともある。基本的には、標準となる縮尺を決定し、ある程度まで縮尺は統一して図面を作成するが、前述のように、必要に応じて使い分けると、より理解しやすい図面がつくれる。

1：100の縮尺の場合は、通常の物差で1cmが1mと換算できるため問題はないが、1：50や1：200などの縮尺の図面の場合は計算が面倒になるので、通常は三角スケールを用いる。それぞれの縮尺に合った目盛りを使用すると、効率良く作業を進めることができる。

寸法を図面に記入するときには、原則的にミリメートル単位で統一すること。例えば1mの場合は1000となる。

■図面の種類

公園やビルの外部などのように、役所や企業を対象とした造園設計（ランドスケープデザイン）の場合は、必要となる図面も多種にわたるが、個人庭の場合には、おもに次のような図面を作成して計画をすすめることが多い。

Chapter 2 ガーデンデザインの実際 ——ガーデンデザインの手法と過程

21 方位のマーク事例（平面図）

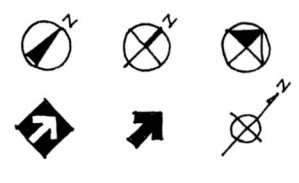

平面図　計画をすすめるうえで最も重要であり、すべてにおいてベースとなる図面。敷地境界線や建物、前面道路の位置を示すと同時に、庭のレイアウトや素材、構造物などの説明、植栽の配置などを記入する（種類やサイズなどの明記は植栽図に）。

建築図面や造園図面は、北方向を上にして描くのが一般的であるが、個人庭の場合は、例外的に南側を上にして描いたほうが庭の構成が理解しやすいこともある。いずれにしろ方位をマークにして記入しておくことが必要である（■図−21）。

各部の寸法は直接平面図に記入してもよいが、必要な寸法がたくさんあり、平面図の他の情報がわかりにくくなるような場合は、平面図に寸法を記入した「寸法図」のようなものを別途用意する。

立面図　計画する庭の地上部の立面を描いた図面。塀や門、樹木などのデザインや高さ関係を表現する図面。平面図の補助的な図面であり、省略することもある。

植栽図　植栽の情報（種類・サイズ・数量ほか）を示す図面。植栽が多種にわたり、1枚の図面だと表現しづらい場合は、高中木・低木と地被草花類を分けて図面化するとよい。

植栽の種類は直接植栽図に記入してもよいが、通常は図面に記号を記載して、植栽リストを別途作成し、そこに種類・サイズ・数量・特記などの詳細を記入すると、わかりやすい図面となるうえ、植物の発注や数量のチェックのときなどに間違いが少なくなる（161ページ参照）。

詳細図　特別な要素や構造物、舗装などの細かなデザインや納まりをチェックしたり、第三者に伝えるために作成する図面。やや建築の知識が必要となるが、細かなデザインにまでこだわる場合には必要な図面である。

アクソメ図（斜投影図）・パース（透視図）　プレゼンテーションなどにおいて、第三者にデザインをよりリアルに伝えるため、庭を立体的に表現する「パース」や「アクソメ図」といった図面を作成することがある。

パース（透視図）は実際に人間の目で見る景観に近く、完成予想のイメージを伝えるには最適である。比較的図面作成に手間がかかるのが難点であったが、最近はコンピューターに平面と高さの情報を入力すると、さまざまな視点からその庭を眺めることもできるようになり、今後ますます活用されると思われる。パースは、平行透視、有角透視、斜透視に分類され、それぞれ一消点法、二消点法、三消点法によって作成することができる。

またアクソメ図（斜投影図）は、無限の距離に視点を置く透視図の一種であり、平面図を一定の角度に傾け、その上に新しいトレーシングペーパーをのせて作図する。このとき平面図を傾ける方向や角度により、アクソ

22 パースとアクソメ図

アクソメ図

パース

（一消点）　（二消点）

メ図のアングルがかなり変わってくるので、この時点で注意が必要である。

　樹木や塀、パーゴラなど、高さのあるものはすべて正確な寸法（平面図と同じ縮尺）で、垂直に線を立ち上げて描いていく。高さのないものは、そのまま平面図をトレースすればよい。樹木は斜め上から見ていることになるので、表現に注意する。

　アクソメ図は、パースよりも作図が簡単で、庭全体の構成を表現するのに適している（■図-22）。

3 図面の表現方法

　デザインがまとまり、平面図、立面図、植栽図、アクソメ図など、図面の作成にとりかかる際に、製図上の一般的な通則や表現方法についても理解しておく必要がある。

24 植栽の表現方法（平面図）

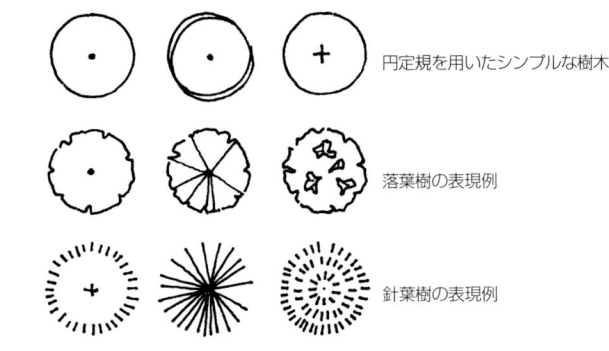

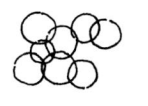

- 円定規を用いたシンプルな樹木
- 落葉樹の表現例
- 針葉樹の表現例
- 円定規で下描き → 低木の表現方法
- 生垣の表現方法
- 地被植物・草花類の表現方法
- ポイントとなる特徴的な植物（アーキテクチュアルプランツ）

23 線の種類

- 実線
- 破線
- 点線
- 一点鎖線
- 二点鎖線

2700　寸法線
テラス
引出線

■ 線の種類

　線には、実線、破線、点線、一点鎖線、二点鎖線などの種類がある。実線（太）は舗装や塀などのレイアウト外郭線に、実線（細）は、寸法線※1や引き出し線※2、目地（ハッチング）などに用いる。破線は見えない部分の形状（例えば上部に屋根やパーゴラなどがある場合のそれらの線）を示す時に。点線は破線と区別したい線に用いる。一点鎖線は、敷地境界線や何かの中心線、寸法の起点となる基準線などに用いる（■図-23）。

■ 植栽の表現方法

平面図の表現　平面図上で植栽を表現する際に、高中木、低木、地被・草花類などに分けて考えるのが一般的である。樹木などの表現方法に特別な決まりはないが、あまり細かい表現にこだわり過ぎると、その樹木の下に何か（ベンチなど）を配置する場合に、上下関係が不明瞭な図面になることもあるので、ややシ

※1 寸法線：寸法を記入するときに用いる線　※2 引き出し線：名称などを記入するときに対象物から引き出して用いる線

25 植栽の表現方法（立面図）

広葉樹の表現例

特殊樹・針葉樹の表現例

落葉樹の冬場の表現例

生垣の表現例

低木の表現例

地被・草花類の表現例

図25に記載したものはあくまで参考なので、より自由な感覚で表現しても構わない。平面図と違い、立面図や透視図の場合は、立体的なものとなるため、植栽の雰囲気をリアルに描くほうが、より庭のイメージをうまく伝えやすい。

■床舗装や構造物の表現方法

平面図の表現　平面図に床舗装や構造物の表現をほどこす場合は、まずその素材とパターンを決定する必要がある。床舗装の場合、レンガであれば並べ方のパターン。タイルであれば形とサイズ、石であれば、乱張りか整形に並べるか。デッキであれば貼り方向やパターンなど。別の素材を組み合わせる場合には、それがわかるように表現する必要がある。

図26は表現方法の事例。わかりやすいものであれば表現方法は自由である。注意点は、塀やフェンス、縁石などを平面図に表現する場合、素材が異なっていても、上部から見たときには2本線でしか表現できない点だ。間違っても平面図上で塀やフェンスの立体的な表現をしないこと。塀やフェンスなどを自分なりにデザインした場合、それは立面図や透視図においてのみ表現が可能となる（■図-26）。

立面図・透視図などの表現

ンプルな表現方法を採用したほうが、全体としてバランスをとりやすい。

高中木は、図24に挙げたような表現方法で単体で描く。低木は、同種あるいは異種のものをあるエリアにまとめて植える場合、図のように全体の範囲のみを示す表現となる。

地被類や草花類の場合も、あまり細かく分けずに、高中木や低木と違うことだけ識別できる程度に、植栽エリアがわかるような表現を行なう。敷地の大きさや計画の内容によっては、低木も地被・草花類も一体で記入し

てしまうこともある。

ただし低木、地被・草花類ともに植栽図に記載する場合は、単体、もしくは少なくとも同種のものでまとめた表現で記入し、どこになにを植えるのかがすぐに判別できることが必要である（■図-24）。

立面図・透視図などの表現　図25で示したものは、植物を真横から見たものなので、基本的には立面図に用いる場合の参考となる。ここから見える角度や大きさのバランスを調整すれば、アクソメ図やパースなどの透視図に植栽を描く場合の参考になる。

Chapter 2 ガーデンデザインの実際──ガーデンデザインの手法と過程

26 構造物・舗装の表現方法（平面図）

建物／塀やフェンスと門扉／パーゴラ／階段／ベンチ／ゲート（アーチ）／デッキ／タイル／飛石（平板・タイル）／砂利／石（方形石張り）／石（乱張り）／ゴロタ石／芝生／枕木／レンガ

27 塀・フェンスの表現方法（立面図）

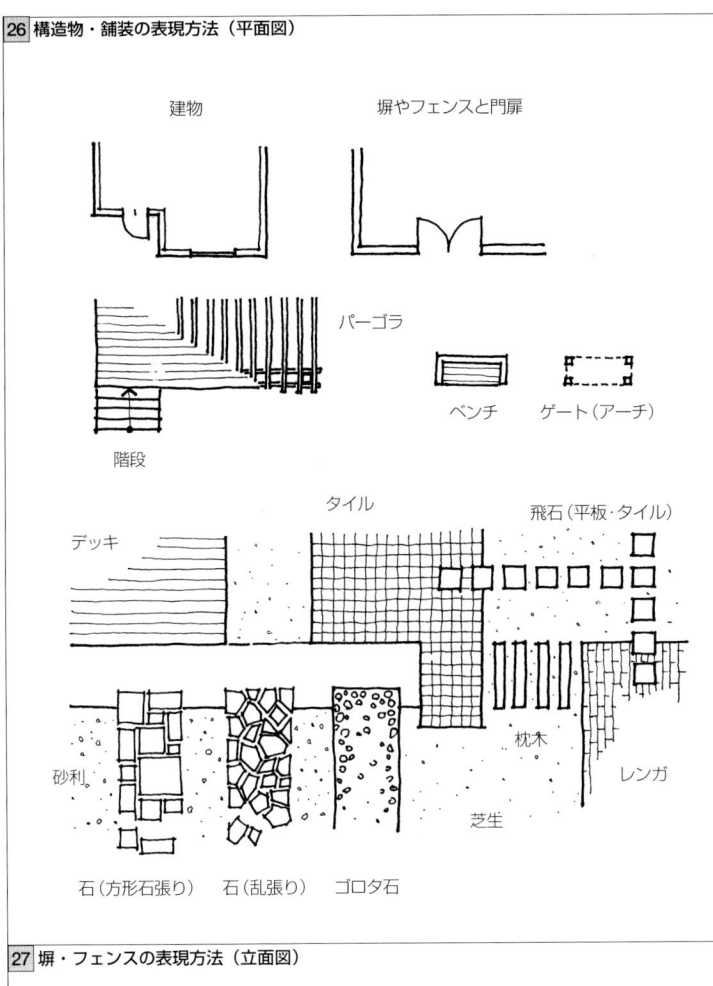

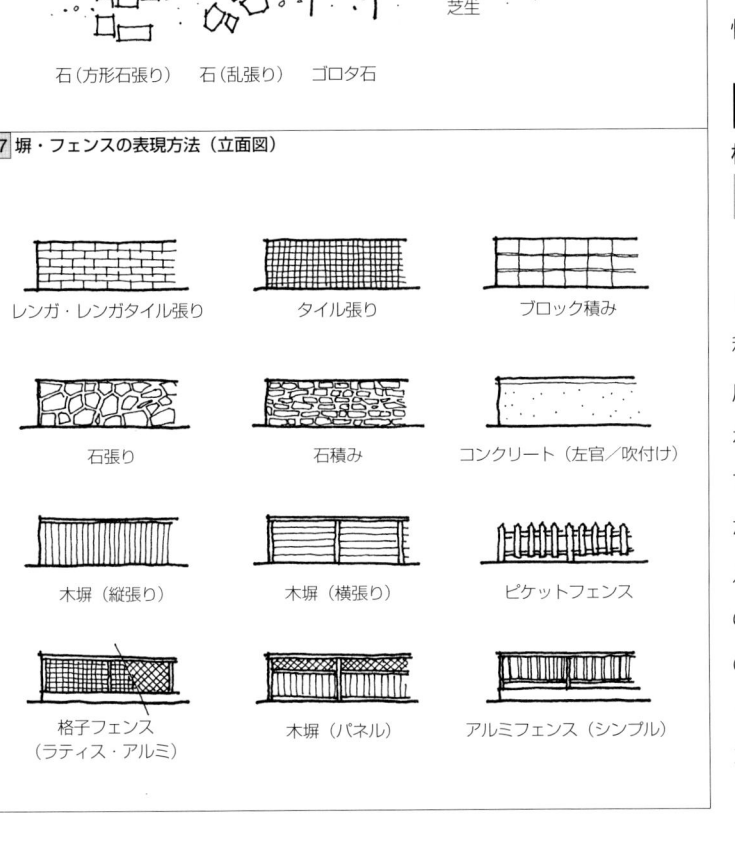

レンガ・レンガタイル張り／タイル張り／ブロック積み／石張り／石積み／コンクリート（左官／吹付け）／木塀（縦張り）／木塀（横張り）／ピケットフェンス／格子フェンス（ラティス・アルミ）／木塀（パネル）／アルミフェンス（シンプル）

図27は塀やフェンスなどのおもな表現事例。既製品の塀やフェンスを採用する、あるいは自分で素材を組み合わせながら塀やフェンスをデザインする場合には、実際のその塀やフェンスの見え方を少し簡略化して図面に表現すること。透視図において表現する床舗装などは、平面図と同じような形の表現で構わない。

アクソメやパースなどの透視図では、塀などによって庭の大切な部分が隠れてしまう場合、透過させて内側を描くことも必要である。ただし、少なくとも塀の天端の線ぐらいは描いておかないと、正確に理解できない可能性がある（■図-27）。

構成要素の基本的な寸法

大まかな骨格デザインができたら、より正確な平面図の作成に移行する。テラスや通路の幅や広さ、塀や階段の高さなど、それぞれの部分において、機能的でイメージに合った寸法を決定しながら図面化していく。スケール感覚が慣れてくるまでは、頭のなかのイメージと図面上の実際の寸法が一致しているか、メジャーで確認しながら決定することが大切。

常に基本となる寸法は「人間」

28 人体寸法略算値（小原二郎：室内計画　コロナ社より）

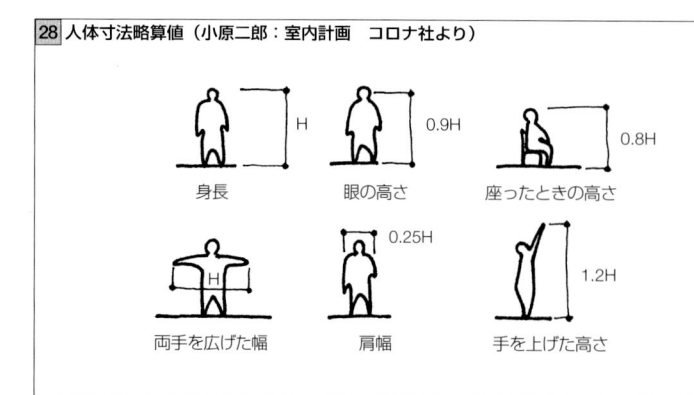

| 身長 H | 眼の高さ 0.9H | 座ったときの高さ 0.8H |
| 両手を広げた幅 H | 肩幅 0.25H | 手を上げた高さ 1.2H |

29 通路幅の目安

300　600　900
（塀やフェンスがある場合）

1200　1500
（車椅子の場合）

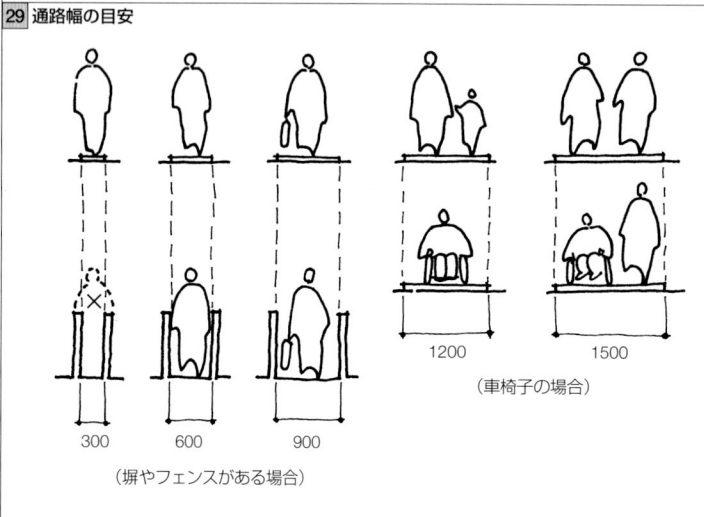

のサイズ。身長、目の高さ、体の幅、手の長さ、手を伸ばした全体の幅、椅子の高さ、歩幅、脚を上げる高さなど、これらの寸法を自分なりに理解しておくと、各部分における寸法を決定するときに非常に役に立つ。あとは車の寸法や家具の寸法など、個々のサイズを理解していればよい。

このように寸法は自分の感覚といくつかの情報によって決定していくわけだが、目安や考え方など、ある程度必要な事柄についてここで紹介する（■図-28）。

■通路幅

通路の幅は、そこを同時に通行すると思われる人間の数と、その通路のイメージによって決まる。人間の幅は個人差があるが約600mm前後。そこを同時に通行する人数がひとりであれば、最低でも600mm以上あれば機能を満たすが、2人以上の場合は、1200～1500mmの幅が必要となる。

実際には、庭のなかを散策する通路は600mm幅で緑のなかの小道のイメージにして、道路から玄関までのアプローチは1200mmの幅を確保して機能面を充実させるといった使い分けを行なうことになる。

また通路に、塀やフェンスなどの構造物や建物の外壁が隣接している場合と、何もない場合とでは、かなり状況が異なってくる。何もなければ300mm角の平板を飛び石風に配置させれば十分に通路として機能するが、300mm幅の通路の両側に塀などをたててしまうと、まったく通ることができなくなってしまう（■図-29）。

例えば同じ900mm幅の通路でも、両側に塀がある場合、片側に塀がある場合、両方に何も

30 テラススペースの目安

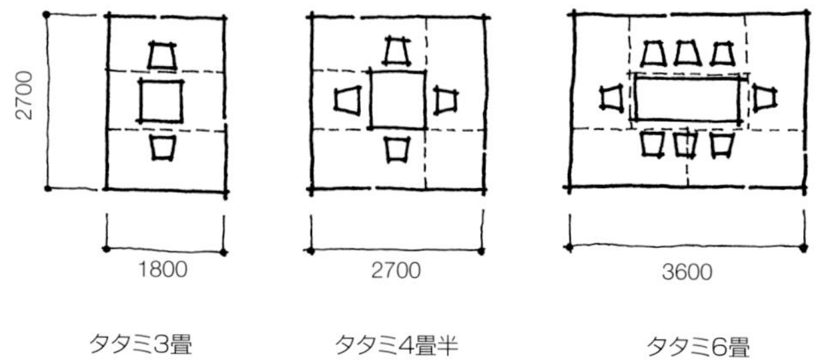

2700×1800　タタミ3畳
2700×2700　タタミ4畳半
2700×3600　タタミ6畳

31 階段・スロープ

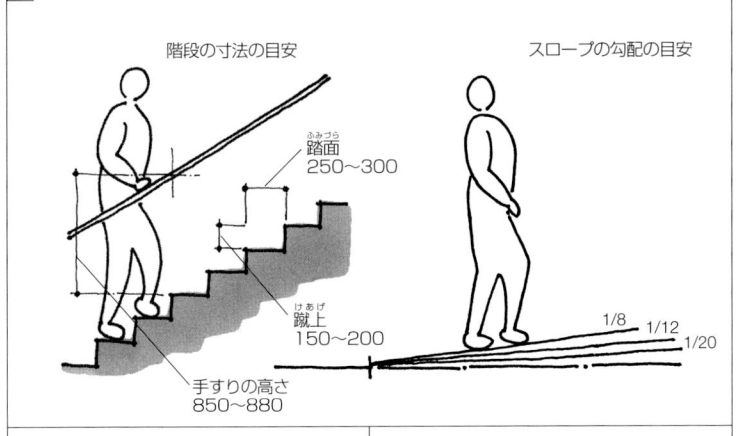

階段の寸法の目安
踏面（ふみづら）250〜300
蹴上（けあげ）150〜200
手すりの高さ 850〜880

スロープの勾配の目安
1/8　1/12　1/20

ない場合と、それぞれこの通路のイメージや広さの感覚はかなり変わってくるので、そのあたりの事柄にも配慮しながら通路幅を決定する必要がある。

床の舗装材によっても通路幅に多少制限が出てくることがある。300mm角のタイルを貼る場合は、300mmの倍数（例えば4枚で目地込み1200mmなど）で通路幅を設定すると、タイルをカットする手間も軽減され、かつ美しく仕上げることができる。

■テラススペース

テラスの広さは、庭の広さによっても制限を受けるが、基本的にはそこをどのような目的で利用するかが最も重要な判断基準となる。室内から外に出るための単なる通過点や、ガーデニングを行なうための作業スペースの目的であれば狭くても問題ないが、そこでくつろいだり、友人などと集まってお茶やバーベキューを楽しむといった場合には、テーブルや椅子を置いても十分に機能を満たすくらいの広さが必要となる。

目安としては、図30のように4畳半から6畳程度あると、数人で小さめのテーブルを囲んで楽しむことができる。

テラスやウッドデッキが地面より高い場合などは、落下防止のため手すりを設けることがある。地面から50〜60cm程度の場合は、手すりの高さを低くしたり、ベンチのような形状で代用することもできるが、地面との高低差がかなりある場合は、1〜1.1m程度の高さは必要となる。

■階段・スロープ

道路から玄関にいたるアプローチや、室内から外に出るテラスには、必ずといってよいほど段差が生じる。一般的には、階段やスロープといった方法でその段差を解消する。

階段　屋外なので、基本的に安全で上りやすい階段にすることが大切である。目安としては、足をのせる踏面（ふみづら）は250〜300mm程度、蹴上（けあげ）は150〜200mm程度。踏面を広めに、蹴上げは低めにすると上りやすいが、あまり極端な寸法にすると逆に段差が見えにくく、つっかかることもあるので注意が必要。階段の幅は通路と同じように目的と機能で異なってくる。

手すりは階段が2〜3段程度であればなくても構わないが、段数がふえてくると危険防止のために設けたほうがよい。高さは階段の先端部分から約850〜880mm程度が一般的。

スロープ　段差を設けずスロープ（斜路）で段差を解消することもある。車椅子を利用する場合や、自転車などが通る場合には、スロープのほうが便利である。

ただし勾配があまりきついと危険なので、一般的には最低でも1/8以下とする。車椅子を利用する場合は最低1/12以下（屋外なので1/20以下程度とするのが望ましい）。段差があまりなくてもスロープはかなりの長さが必要となることが多いので、しっかりと勾配を確認しておく。

車椅子を使用する場合は、勾配のほか次にあげることに留意す

Chapter 2　ガーデンデザインの実際──ガーデンデザインの手法と過程

32 駐車スペースの目安

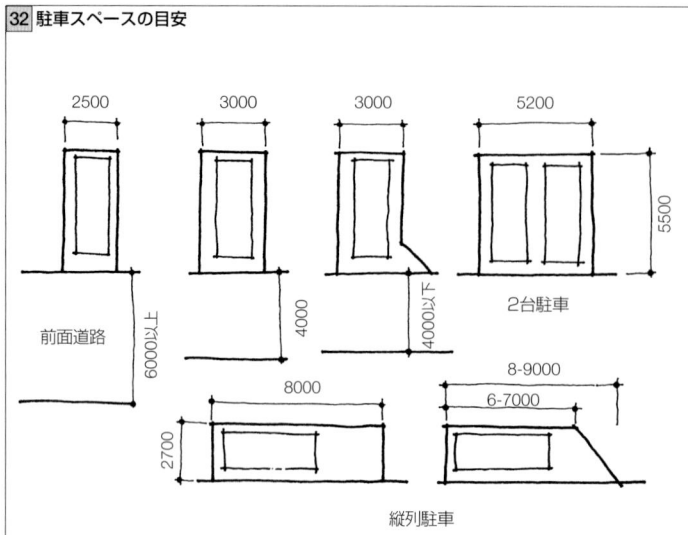

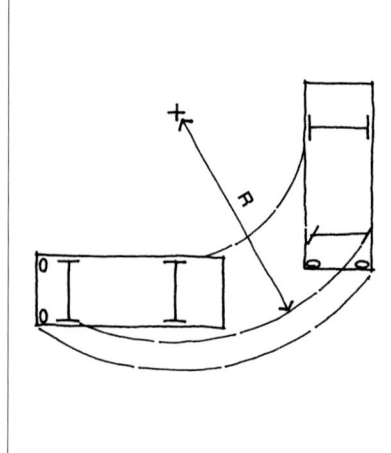

（前面道路、6000以上、2500、3000、3000、4000、4000以下、5200、5500、2台駐車、2700、8000、6-7000、8-9000、縦列駐車）

33 自動車の回転軌跡

る。

スロープの長さが9mを超える場合には、途中に休憩するための平たんな踊り場を設ける。通路幅は1200mm程度確保する。側端に5cm程度の立ち上がりを設ける。手すりを設置する。途中で曲がったり方向転換したりするところには、十分な広さを確保するなど（■図−31）。

■**駐車スペース**

自動車のサイズは車種によって異なる。大まかには、小型車で幅＝1700mm、長さ＝4000〜4700mm、高さ＝1400〜1500mm程度、大型車で、幅＝1800mm、長さ＝5000mm、高さ＝1400mm。ワゴン車の場合は高さが1900mmと高くなる。

自動車のサイズによって必要となる駐車スペースは異なるが、自動車を買い替えたり、住まい手が変わることもあるので、ある程度余裕をみて駐車スペースの寸法を決めておくべきである。幅2200mm、長さ5500mm程度は最低でも必要である。

前面道路に対して、駐車スペースを平行に配置するか直角に配置するか、あるいは前面道路の幅員がいくつかなどによっても、駐車に必要なサイズや形態が変わってくるので注意する。また、それぞれの自動車の最小回転半径によってもこれらの必要寸法が変わってくる（■図−32,33）。

自転車やバイクなどの置き場も、あらかじめスペースを確保しておく。バイクは排気量によってサイズがかなり変わるので、適宜設定する。自転車の寸法は一般的なもので、長さが1600〜1900mm、幅が600mm程度。自転車、バイクともに、それ自体の幅だけでなく、人間がハンドルをもちながら動かすための幅も考慮して、通路や駐車スペースを設定する。

■**塀・フェンス・門扉・パーゴラなどの高さ**

塀・フェンス　道路際や隣地との境界線にパーティションとして塀やフェンスを設置する場合は、まず、どの程度のプライバシーを確保する必要があるかということを考える。

完全に外部から見えないことを望むか、多少見えても構わないので視覚的な広がりを優先するか。あるいは植物環境として、風通しや日照を確保するために、塀を低くしたり、フェンスを採用するかなど。それぞれ一長一短があるので、そこに住む人の希望、デザイナーの意図による判断、植栽計画の状況など、様々な側面からパーティションの

図34を見るとわかるように、塀やフェンスの高さは、内外の見え方に大きく変化をもたらす。外からの視線を遮るためには、塀の高さを目線より高く設定しなければならない。最低でも地面から1.6mくらいから、2m程度まで必要。ただし高い塀は、プライバシーが守られる反面、内部では狭く感じ、外部に対しては閉鎖的な印象を与える。

塀の高さが目線より低くなればなるほど開放感が出てくるが、同時に外部からの視線を意識せざるを得ない状況となる。60cm以下になると、あくまで精神的なパーティションとして機能するのみであるが、素材によっては、境界線を意識させるという点では、かなり異なった印象を与えることができる。

塀の高さは基本的に自由に設定可能だが、レンガやブロックなどを積み上げる場合や、タイルを半端が出ないようきれいに割り付ける場合などは、単体のサイズの倍数で高さを設定しておくと、きれいに納まる。

また、レンガや石を積み上げる場合、地震の多い日本ではあまり高くすることは避けたほうがよい。せいぜい60cm程度、高くても1m程度までが無難である。高く積み上げる場合は、幅を広げ、鉄筋を一定間隔で差し込んだり、コンクリート構造の塀に沿わせて積み上げるなど、何らかの補強が必要となる。

フェンスについては、既製品でなければ高さを自由に設定可能であるが、既製のアルミフェンスなどの場合は、H＝600、800、1000、1200mmとサイズが決まっている。2～3段程度積み上げたコンクリートブロック塀の上に支柱を差し込んで設置して、全体の高さを1000～1800mmとするのが一般的なようである。

門扉 基本的には、塀やフェンスと同じような素材で仕上げることが多く、高さについても景観上、同じ高さにおさめることが多い。塀やフェンスと同じく、視線を遮るかどうかによって、設定する高さは変わってくる。

門柱を設置する場合は、その高さとのバランスに注意する。門扉の幅は片開きの場合、600～900mm程度、両開きの場合はその倍となる。機能と諸条件によってサイズは決定する。

パーゴラ 植物を絡ませるかどうかで微妙に変化するが、パーゴラの下端は少なくとも人間の背の高さよりは高くしておく必要がある。低いとやや圧迫感や狭さを感じ、高いとその下のエリアが落ち着かないなど、空間に適したバランスのよい高さで設定することが大切である。

判断基準として室内の天井高がひとつの目安になる。パーゴラ下端が、低めだとH＝2200mm程度で、やや高めだと2400～2600mmくらいである。

34 塀やフェンスの高さと視線

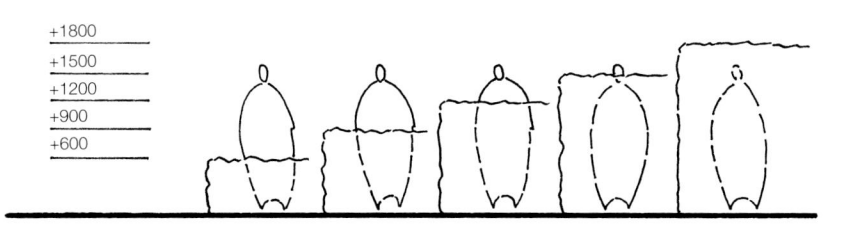

b 資材の選択とデザイン

湯浅 剛（アトリエ六曜舎）

I 床舗装、階段、縁石

庭でくつろいだり、さまざまな活動をするためには、テラスや通路、塀やフェンスなど、植物以外の要素の資材選択・デザインについても十分な配慮が必要である。通路やテラスなどの床舗装、階段、縁石は、各ゾーンをつなぐ動線としての機能だけでなく、景観上でも植栽エリアを引き立てる重要な要素である。

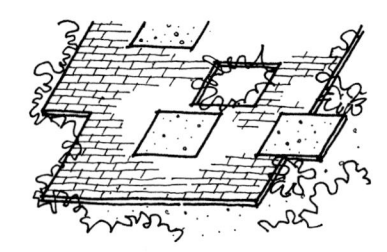

レンガや平板＋芝生

石＋枕木＋砂利

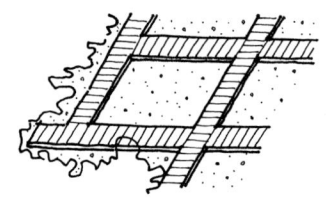

コンクリート＋レンガ

35 床舗装の組合せ事例

1 床舗装・階段・縁石の機能

■床舗装の機能

どんな庭でも、少なからず必要となるのが床舗装。和風の庭では飛石や延段（のべだん）、砂利敷などが利用され、洋風の場合には、レンガや石、タイルなどのテラスや、ウッドデッキなどが取り入れられることが多い。床舗装は、アプローチであれば道路や玄関から、テラスであれば居間などからよく見える。コストをふまえながら、重要なところとそうでないところの優先順位をつけ、素材を決定していく。

床舗装に用いる素材は様々であるが、屋外という厳しい条件下で用いることから、原則的に「滑りにくい」「耐久性がある」「吸水性が少ない」といった性質を持ち合わせていることが必要で

⑤レンガと平板と芝生の組み合わせ。

ある。植物との相性も理解しておくことが大切である。

単一の素材で床を舗装する場合もあれば、いくつもの素材を組み合わせることもある。あまり組合せに凝り過ぎると装飾過多となり、かえってマイナスとなってしまうので注意する（■図−35、● 写真−5）。

■階段の機能

階段は単なる段差ではなく、視線の動きを楽しみ、あるいはコンテナ植物のディスプレー空間や庭のポイントとしてなど、様々な機能をあわせ持つ。高低差があって階段をつける必要がある場合は、その効果を最大限に生かし、ドラマティックな階段づくりにトライしてみてはどうだろうか。またデッキから地面に降りるほんの数段であっても、奥行を広くして、ベンチがわりに利用するなど、工夫次第でプラスアルファの効果も期待できる。

基本的には、床舗装材とほぼ同じものが用いられることが多い。段差によって危険度が増すため、床舗装以上に滑りにくいことが必要となる。

庭のイメージによって、ラフな階段としたり、きっちりとした形にするなど、素材の選定だけでなく、納まりによってもイメージが大きく変わる（■図−36）。

|36| 階段の形状バリエーション

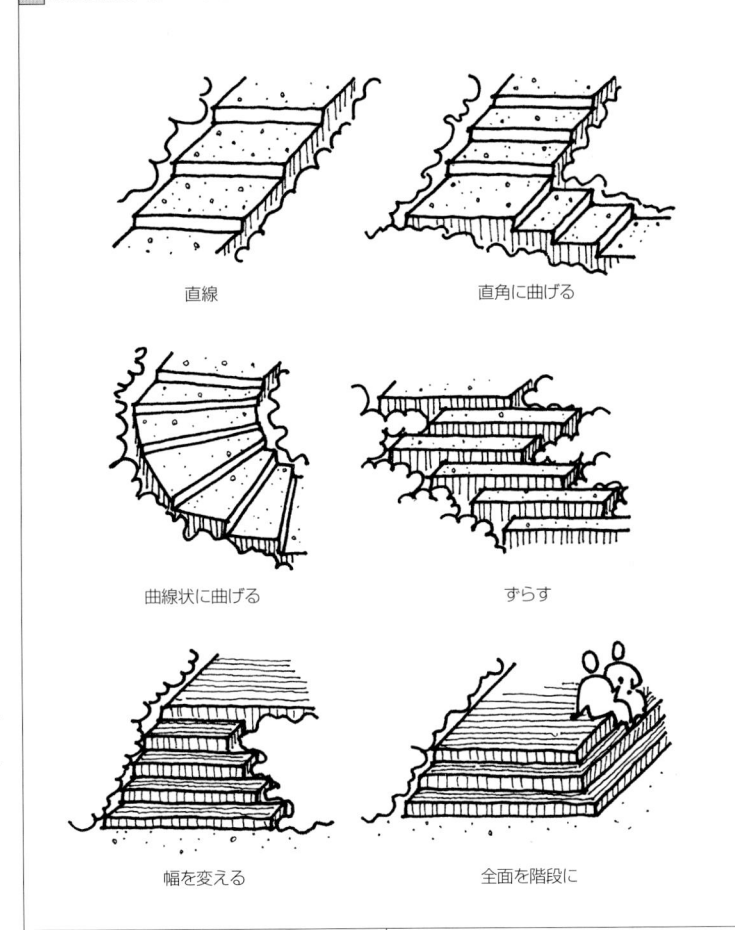

直線　　　　　　直角に曲げる

曲線状に曲げる　　ずらす

幅を変える　　　全面を階段に

■縁石の機能

縁石とは、おもに床舗装の端部（高低差の発生するところや舗装の素材が変わるところ）や、植栽エリアの端部、砂利敷などの端部に設ける縁のことをいう。素材は様々で、床舗装と同じ場合もあれば、異なるものを用いる場合もある。

レンガや石、コンクリート縁石のようなものを地面に半分埋め込んで連続して用いるケースが多いが、プラスチック製の長いランドスケープエッジングのようなものでシンプルに納めることもある。（■図−40、P112）

2 石

■自然石と加工石

石材は非常に古くから和風の庭で用いられてきた素材である。和風庭園では庭石として、自然のまま利用することが多いが、外国では石を加工して使用するほ

37 縁石

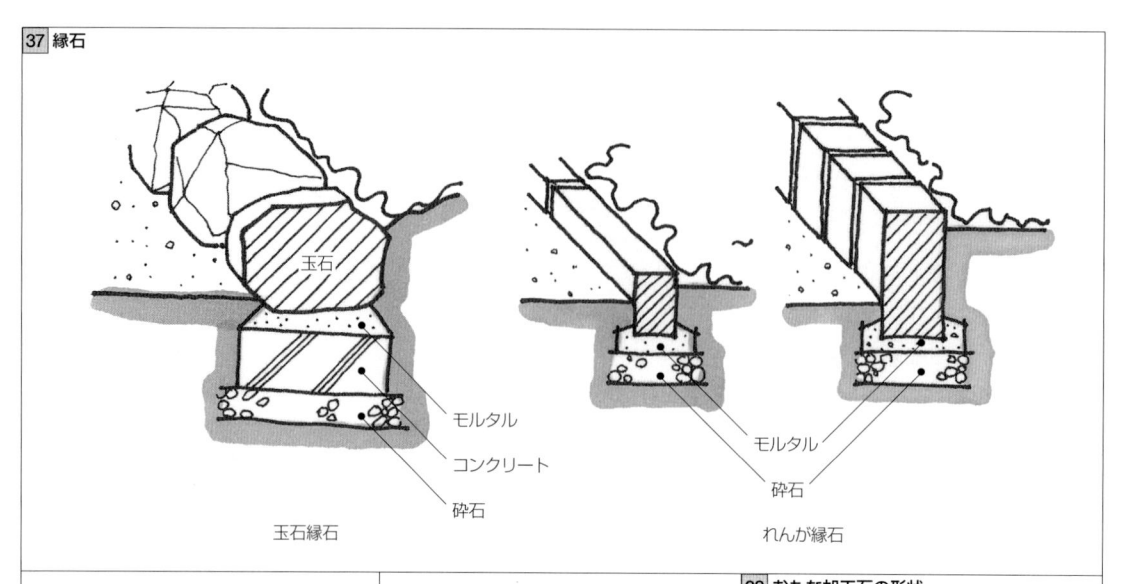

玉石縁石 ― モルタル／コンクリート／砕石

れんが縁石 ― モルタル／砕石

うが一般的である。重厚で美しく、多少磨耗することはあっても半永久的に利用できる素材として、床舗装材や縁石、石積みなどに重宝されているが、重量があるため運搬や施工の手間などに経費がかかり、価格の高い自然素材として認識されている。

最近は、規格がそろい産出量が多く、しかも質感や色彩のバリエーションが豊かな安価な輸入品が多く使用されるようになった。しかし、もし石の産地に近いところであれば、運搬コストも低くおさえられるため、積極的にその石材をデザインに活用すべきであろう。

和風の庭において自然石を用いるのは、石本来の形を楽しむ景石（けいせき）や、2つ以上を組み合わせた石組など、見て楽しむためのものである。歩行するための飛石や沓脱石（くつぬぎいし）、さらには玉石やごろ

た石、砂利なども自然石に含まれ、玉石やごろた石を使用した延段や「あられこぼし」も、日本の庭では伝統的な舗装手法のひとつである。

これに対して加工石の場合は、主に角石（かくいし）、板石（いたいし）、間知石（けんちいし）、割石、小舗石（しょうほせき）などに分類される。

間知石・割石 主に石積み用として用いられる。

角石 幅が厚さの3倍未満の長い石材のことで、標準規格は幅150〜300mm、厚さ120〜180mm、長さ910、1000、1500mmである。石積み用によく用いられてきた「大谷石」の場合は、150×300×900mmという規格が一般的である。

板石 厚さが150mm未満で、幅が厚さの3倍以上ある石材のこと。整形の板石は、長さ300〜900mm、幅300〜600mm、厚さは機械加工の場合12〜40

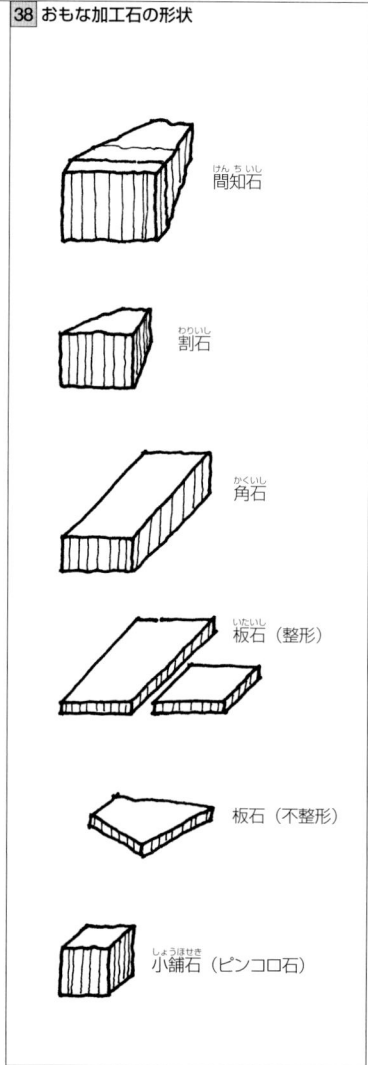

38 おもな加工石の形状

間知石（けんちいし）

割石（わりいし）

角石（かくいし）

板石（いたいし）（整形）

板石（不整形）

小舗石（しょうほせき）（ピンコロ石）

mm、人力加工の場合50〜150mmという規格が標準。不整形の板石は、厚さが12〜40mm（機械加工）、50〜150mm（人力加工）で、幅と長さは200〜600mm以内が標準的な規格となる。

小舗石　1辺が80〜100mm程度の立方体に加工されたもので、御影石などが使用される（■図-38）。

■石の表面仕上げの種類

　石材は用途やイメージによって、次のような工具や機械で表面仕上げをしている。

野面（のづら）　採石のままで何も加工を加えていないもの。

割肌（わりはだ）仕上げ　石の厚板の石目に沿って刃物や楔（くさび）を入れて薄く割った、自然な表情を生かした仕上げのこと。鉄平石や砂岩などに多い。

こぶ出し　玄能でおおまかに払って、表面にこぶ状の凹凸面を残した仕上げ。

のみ切り　「こぶ出し」のこぶを払って、のみで細い溝をつくりながら削っていく仕上げ。

ビシャン　のみ切り後にビシャン工具で叩いて、表面を平坦にする仕上げ。

小たたき　ビシャン後に、小たたき用のみでさらに平坦にする仕上げ。

磨き　小たたきのあと、研磨剤や砥石、自動研磨機などで磨いて平滑にする仕上げのこと。本磨きつや出し、水磨きなどがある。

　上記のような段階的な仕上げ以外に、次のような加工方法もある。

ジェットバーナー仕上げ　水を出しながら、高熱のバーナーで石の表面をざらついた仕上げにする方法。御影石などに多く利用される。

J&P　ジェットバーナー後に、ポリッシャーやバフ仕上げを施して、手触りをよくした仕上げ。

サンドブラスト　石の表面に高圧で砂を吹き付けて、目荒らしした仕上げ。

■おもな石材の種類と特徴

　岩石には数多くの種類があるが、現在庭によく用いられているおもな石材は、花崗岩、安山岩、石英岩、砂岩、粘板岩、凝灰岩、石灰岩、結晶片岩など。国産の固有の石の名称は産出地名がつけられることが多い。また輸入石の名称は日本の代理店が個別につけることも多く、同じ石でも、違う名称ということも少なくない。

花崗岩　閃緑岩（せんりょくがん）、御影石（みかげいし）とも呼ばれ、閃緑岩なども含めた深成岩全般の石材の総称となっている。建築や造園の世界では一般的によく用いられる。耐熱性ははやや劣るものの、強度と耐久性は非常に優れているため、階段や床などの舗装材には最適である。御影石は、長石、石英、黒雲母と呼ばれる3種類の鉱物を主成分とし、それぞれの量や大きさなどから、白系、黒系、桃色系、赤系などの系統に分類される。

　国産の代表的な御影石は、茨城県産の稲田石（白御影）や岡山県の北木石（きたぎいし）(白御影)や万成石（まんなりいし）(櫻御影（さくらみかげ）)、奈良の生駒石など。最近は中国など海外から安価な規格材が大量に入ってきている。舗装材のほか、石積みや添景物の加工品など全般的によく用いられる。ほかには筑波石、鞍馬などがある。

安山岩　日本で最も埋蔵量の多い石。色調は灰色でこれに青味や赤味、褐色を帯び、磨いても御影石ほど光沢は出ない。強度、耐久性、耐熱性に優れているため、花崗岩とともに、土木用石材として広く利用されている。

　長野で産出される諏訪鉄平石（すわてっぺいせき）は、板状節理により簡単に薄く割れることから、日本でも乱張り舗装によく利用されてきた。このほか福島県の白河石（芦野石）、神奈川県の根府川石、真鶴半島で採石される小松、京都の丹波石などが有名。

玄武岩　だいたいが黒褐色で、硬く緻密な石である。自然な形の

まま利用されることが多い。静岡県の六方石（ろっぽうせき）は柱状節理によって独特な形態・風合いをもち、柵や土留めなどに用いられる。

石英岩・石英粗面岩　輸入石材の中で、床舗装材として最近よく使われはじめたのが、この石英岩（クォーツサイト）である。割肌の表面仕上げであり、乱張りで用いられることが多い。硬質で耐磨耗性に優れ、吸水率も低いため、舗装材としての汎用性は広い。灰色〜黒系やベージュ〜褐色系、ピンク系など色彩のバリエーションも豊富で、雲母がキラキラ光っているところに特徴がある。輸入先や輸入商社によって名称は異なり、数多くの製品が出回っている。

東京の新島で産出する杭火石は石英粗面岩で、比重が小さく耐火性があるため、屋上庭園用の庭石などによく利用される。

砂岩　風化した岩石や鉱物片が堆積して生成された岩石で、無地に近いものが多く、光沢のないざらっとした質感はくせのないシンプルな印象をもつ。強度はそれなりにあり、酸に強く耐熱性もあるが、吸水率はやや高めである。床舗装に用いても大きな問題はない。国産では群馬県の多胡石（たこいし）や長崎県の諫早石（いさはやいし）などが有名であるが、最近は主にインドから赤色砂岩や白色砂岩が、またオーストラリアから黄色や白灰色の砂岩、中国からは赤〜ピンク系の砂岩などが輸入され、かなりのシェアをもっている。岐阜で産出する木曽石は、おもに石組として自然石のまま用いられることが多い。

粘板岩　堆積岩の一種であり、通称「スレート」と呼ばれ、黒〜灰色系が主体であるが、緑系やベージュ系のものもある。薄くはがれる性質を持ち、耐候性に優れていることから、屋根材や床材で古くから使われている。宮城県雄勝地方の「玄昌石（げんしょうせき）（雄勝石）」が有名だが、安価な輸入材が非常に増えて、国内での採掘はほとんど中止されている。スペインやポルトガル、中国やアメリカ、ブラジルなどから輸入されている。

凝灰岩　火山灰や細砂が堆積して生成された石で、吸水性が高く、耐久性と強度に劣るが、加工性や耐火性は高い。石肌は柔らかな印象。淡緑や灰色を基調に斑紋があり、水に濡れると緑色が映え美しい。代表的なものは栃木県で産出される大谷石（おおやいし）や静岡県の沢田石、秋田県の十和田石など。

石灰岩　白〜クリーム系の色が多く、そのマットな質感が、シンプルなデザインの建築や庭に似合うため、使用が増えてきた。炭酸カルシウムが組成の半分以上を占める岩石で、細かい空隙があるが、一般的には吸水率が低い。熱や酸に弱く、強度も決して強くはないので、屋内に用いるのが望ましいが、石種によっては外部に用いることができる。

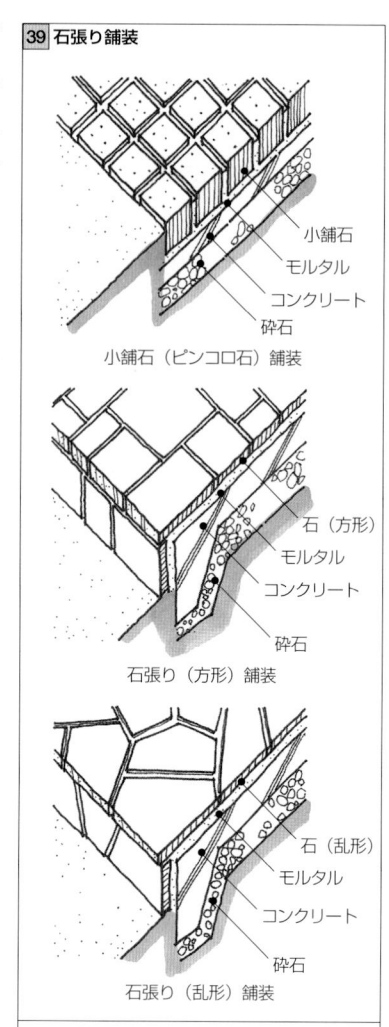

石種が多く、御影石より硬いものから、砂岩より軟らかいものまでまちまちで、ライムストーンのように極端に吸水率の高いものもある。ドイツのソルンホーフェン地方で産出する石灰岩はジュラ紀の岩盤で、生物の化石が模様に出ているのが特徴で、最

39 石張り舗装

小舗石
モルタル
コンクリート
砕石

小舗石（ピンコロ石）舗装

石（方形）
モルタル
コンクリート
砕石

石張り（方形）舗装

石（乱形）
モルタル
コンクリート
砕石

石張り（乱形）舗装

⑥石張り舗装（小舗石と方形石のテラスと水場のごろた石）。

近は乱張りの舗装によく用いられている。国産では、茨城の寒水石（かんすいせき）をはじめ、琉球石灰岩や琉球トラバーチン（サンゴ石灰岩）などが有名。

大理石 石灰岩が熱の作用によって生成された変成岩で、研磨すると滑らかな質感と光沢が独特の輝きを放つ。強度はあるが、熱や酸に弱く、風化しやすいので内装材が主な用途となっている。国産では山口県の美祢（みね）大理石などが有名だが、ほとんどはイタリアやカナダなど外国からの輸入品だ。石灰岩も含めた総称として呼ばれることもある。

結晶片岩 硬質で明確な層理をもち、はげやすい。青緑色系のものが多く、緑泥片岩と呼ばれる。埼玉県の秩父青石、愛媛県の伊予青石などが有名で、景石や石組みなど庭石として用いられることが多い。

■石張り（石敷）舗装

舗装に用いられる加工石は、おもに小舗石と板石である。

小舗石 ピンコロ石とも呼ばれる。ほとんどが花崗岩（御影石）であるが、最近では砂岩やイタリア斑岩なども流通している。レンガなどと同様ひとつひとつのピースが小さいため、円形や曲線上にレイアウトするなど、舗装パターンにバリエーションを持たせることができる。割肌やビシャン仕上げなど、ややラフな表情をもつものが多い（■図-39）。

板石 整形（方形石）と、不整形（乱形石）のものがある。

飛石は直接地面に埋め込むが、床舗装の場合、直接土の上に敷きこむことができるのは厚みのある石のみで、最近では厚さ12〜30mm内外の石を、コンクリートでつくった下地床にモルタルで張り付けていく石張り舗装のほうが多いようである。

方形石の場合と、乱形石の場合で、見え方は異なる。また材料自体は乱形石のほうが安価だが、現場における手間の面では方形石よりコストアップとなる。テラスや通路が矩形の場合は方形石を用いた石張りを、曲線の場合は乱張りを採用すると、違和感なく美しく仕上げることができる（■図-39,●写真-6）。

3

玉石・砂利

庭石の補助材料的なものとして、玉石、ごろた（五郎太）石、砂利、砂などがあり、形や大きさによって名称が変わる。

■玉石，砂利などの種類

玉石 直径が15〜30cm程度の丸みをおびた石のことで、おもに石積みや縁石、護岸などに用いられることが多い。15〜20cmのものを寸なしとよぶこともある。神奈川の相州玉石、山梨の甲州玉石、三重の伊勢玉石などが有名。

ごろた石 直径が6〜15cm程度（約1〜5寸）のもので、用途は大きさにもよるが、延段や洲浜（すはま）などに用いられることが多い。最近では排水用の格子桝を隠すために上に敷き込むこともある。三重の伊勢ごろた、神奈川の相州ごろた、山梨の甲州ごろた、兵

第2章 ガーデンデザインの実際——資材の選択とデザイン

庫の淡路ごろたなど。

砂利 直径1～5cm程度（約3～5分）の円形の小石のこと。敷砂利や洗い出し仕上げなどに用いることが多い。

砂 直径3、6、9mm程度（約1分、2分、3分）のもので、化粧砂や敷砂などに用いられる。

砂利や砂には次のような種類がある。

白色系	白那智、白玉、白川砂、寒水石砂、淡路
黒系	那智黒、輸入那智黒、大磯、輸入大磯
褐色系	伊勢砂利（新白川）、桜川砂、南部砂利
その他	五色砂利、緑花石（緑）、赤玉石（赤）など

このほか最近は、外国の特徴的な色の砂利も多く輸入されるようになり、多様なイメージをもつ砂利敷舗装ができるようになった。またレンガを細かく砕いてできたピースを、砂利敷きのように敷いて並べることもある。

■**砂利敷・砂利洗い出し・石粒舗装**

砂利敷舗装 他の舗装材と違ってとても柔らかな舗装材である。施工も簡単でコストも安く、扱いやすいところに特徴がある。

砂利敷きを採用する際に注意することは、まず地面の勾配。あまり勾配がきついと砂利がどんどん低いほうに移動してしまい、高いところの砂利がはげてしまうこ

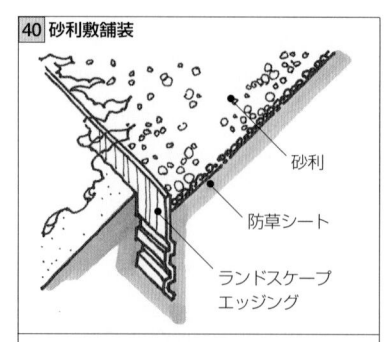

40 砂利敷舗装

砂利
防草シート
ランドスケープエッジング

ともあるので、そのような条件下では、切盛土を施し、階段を設けて上段下段に敷地を完全に分けてしまうか、あるいは他の舗装方法を選択するほうがよい。

砂利や砂を撒いて舗装とする場合、3～4袋/㎡を基準にすると、だいたい厚み4cm程度となるが、必ず4～5cm程度以上の厚みが必要である。時間の経過とともに砂利は減ってくるので、1年から数年単位で、随時補充する必要がある。

土の上に直接砂利を敷き込むと、どうしても雑草が生えてくる。メンテナンス上問題なければ別だが、できれば対策は講じておいたほうがよいだろう。薄くコンクリートを打設し、タタキとした上に砂利を撒いてもよいが、より簡単な雑草対策として浸透性のある防草シートを用いる方法がある。

このシートを敷き込んだ上に砂利を撒けば、数年は雑草が生えてくることもなく、メンテナンスの軽減になる。タタキの場合は不可能だが、防草シートの場合は、ハサミで穴をあけることができるので、好きなところにあとから植物を追加して植えることも可能。ただし防草シートを用いる場合は、端部を標準金具や釘などで土中にしっかりとめておかないと、シートが砂利の表面に出てきてしまう。ジョイント部分は、特に設置の際に注意が必要である。

植栽などまわりの状況にもよるが、砂利敷の端部がそのままだと、歩行などにより砂利が周辺に飛散し、汚い印象を与えることもある。できれば縁石などで端部を押さえ、砂利があまり飛散しないようにしておくとよい。ランドスケープエッジングを飛散防止に用いると、曲線もつけやすく施工も簡単なので扱いやすい（■図-40）。

砂利洗い出し舗装 化粧砂利（砂）をモルタルに混入し、完全に乾燥する前に水洗いによって表面を洗い出し、砂利の表情を浮きたたせるもの。

石粒舗装（せきりゅうほそう） 細かな石粒を樹脂によって固めた、柔らかな表情をもつ舗装。

レンガ

レンガは粘土と砂を焼成したもので、粘土に含まれる酸化鉄により独特の赤褐色になる。欧

レンガの種類（商品名／特性／原産国／メーカー）
⑦イブストックレンガ／古い質感／イギリス／エスビック
⑧ボーランブリック／積みレンガ／オーストラリア／エスビック
⑨ボーラルペイザー／敷きレンガ／オーストラリア／エスビック
⑩国産焼き過ぎレンガ／榊原製陶所

Chapter 2 ガーデンデザインの実際 ——資材の選択とデザイン

米の庭では非常によく利用される自然素材であり、経年変化も美しく、植物などとの相性も良い。最近は国産のものだけでなく外国からさまざまな形状、質感のレンガが輸入されていて、選択の幅もかなり広がった。

赤色の強いものやベージュ系、グレー系など、色目や焼きムラなどによって舗装の表情はかなり異なってくるので、カタログやサンプルなどで十分に質感を確認しておくことが大切である。

■レンガの種類

普通レンガ　赤味がやや強く価格が安い。つくった当初はやや質感に乏しいが、経年変化がすばらしく、豊かな表情をもつようになる。普通レンガの基本サイズは210×100×60mmで、孔あきタイプもある。品質は吸水率と圧縮強度によって2種、3種、4種に区分されている。長辺を半分に切ったものを「半ます」、短辺を半分に切って細長くなったものを「ようかん」と呼ぶ。

焼き過ぎレンガ　普通レンガの焼成温度をさらに高くして、赤（紫）褐色になるまで焼成したもの。普通レンガよりも強度が大きく、吸水率も少ない。わざわざ工場で転がしてレンガの角を落とし、より柔らかで味わいのある印象をもたせている製品もある。

耐火レンガ　耐火度SK26番（1580℃）以上の耐火性能をもつレンガ。通常は窯炉や焼却炉などの裏積みに用いられるものだが、その質感を好んで舗装などに用いることもある。

輸入レンガ　おもにオーストラリアやヨーロッパなどから輸入されているレンガには、さまざまな種類が含まれ、色目や焼きムラなどにも味わいのあるものが多い。サイズは舗装用のレンガが230×115×50mm、積みレンガは230×110×76mmと2種類に分類されることも多く、日本の普通レンガに比べるとやや大きめのものが多い（●写真-7,8,9,10）。

■レンガ敷のパターン

レンガを舗装材として用いる場合、並べ方（パターン）によっても床舗装のイメージが変わるため、まずデザイン上の配慮が必要である。しんうま（ランニングボンド）／あじろ（ヘリンボーン）／いちまつ（バスケットウィーブ）などが一般的な並べ方の

⑪曲線のレンガ道。

| 41 レンガ敷のパターン |

ランニングボンド（しんうま）

ヘリンボーン（あじろ）

バスケットウィーブ（いちまつ）

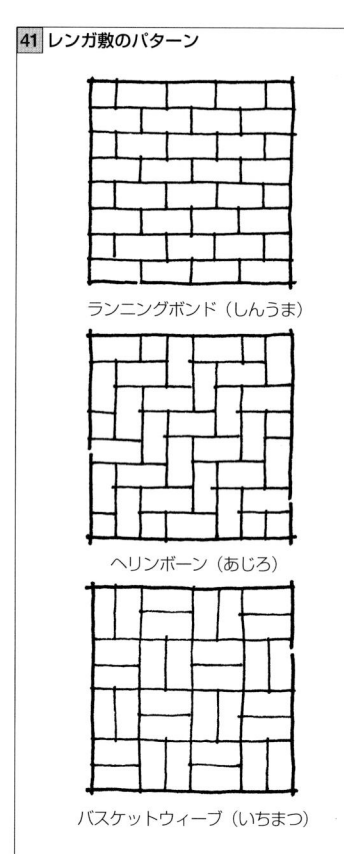

| 42 レンガ舗装法 |

レンガ
モルタル
コンクリート
砕石

コンクリート下地

レンガ
敷砂
砕石
モルタル

サンドクッション

パターンであり、舗装するエリアの形が、整形か、曲線による不整形かなどによっても、選択するパターンは異なってくる。曲線を用いた不整形の場合は、シンプルなランニングボンドをベースにしながら、端部のみ縁取り状に並べるのが一般的に美しくおさめる方法である（■図-41、●写真-11）。

レンガやブロック、石などを舗装材に用いるときには、2通りの施工方法がある。砕石の転圧後、コンクリートを打設して、その上にレンガをモルタルで固定していく方法と、やはり砕石を転圧後、砂を敷いてその上にレンガやブロック、石などを並べていく方法。砂下地の場合でも、端部だけはモルタルなどでしっかりと固定しておく必要がある。

モルタル下地の場合はコストがかかり、解体などがたいへんな反面、長期にわたってしっかりとした舗装となる。砂下地の場合はコストが安く、変更も簡単で、隙間に植栽することも可能な反面、長いスパンで考えると、ずれたり外れてしまうなど、補修が必要になる場合もある（■図-42）。

レンガ施工後にレンガの表面に白い結晶が生じることがあり、これを「白華（はっか）」または「エフロレッセンス」とよぶ。目地のモルタルなどからも発生するため、完全に防ぐのは難しいが、セメント量を少なくするなどして対処する。

5
木材・竹材
（デッキ・枕木・木レンガ）

■木材の種類と特徴

針葉樹材と広葉樹材　木材は大きく、針葉樹材と広葉樹材に分類される。

スギやヒノキ等の針葉樹は、比較的軽く、目が通っているので加工しやすく、白木の表情が美しいなどの理由で、長い間木造建築や造園の材料として利用されてきた。

これに対して、ケヤキやミズナラ、クリなどの広葉樹は、硬く丈夫で、木目に味わいがあるので、床板や家具などによく用いられている。最近は流通量が限られているので、スギやヒノキと比較するとかなり高価なものとなり、特に屋外での利用頻度は少ない。

国産材と輸入材　また、木材は日本で生産されている国産材と外国から運ばれてくる輸入材とに分類される。輸入材は、おもに「北米材」と「北欧材」（どちらも針葉樹が中心）、あるいは「南洋材」（広葉樹中心）、その他に分類される。

庭や造園の世界では、杭や樹

Chapter 2 ガーデンデザインの実際 ── 資材の選択とデザイン

木支柱などに杉丸太や竹材がよく利用されているが、製材でつくられるウッドデッキや木塀・フェンスなどの舗装や構造物には、輸入材がかなりの割合で利用されている。おもなものとしては、耐朽性のあるベイスギ（レッドシダー）や、防腐処理を施したベイツガや北欧パインなど。中でも北米やカナダから輸入されているベイスギは少し赤味をもった木材で、耐朽性が高く、加工も容易なので、代理店だけでなくメーカーやDIYショップなどでも扱われるようになり、都市部を中心に庭の構造物の木材としてかなり一般化しつつある。

日本は実に国土の約67%が森林である。戦後の材木不足も解消し、ようやく伐採できる木材も豊富になってきている。しかし、建築を中心とした材木の業界では、国産材よりも輸入材が圧倒的なシェアを占めている。これは価格の安さ、品質の安定性（乾燥等）によるものである。日本の森林はおもに山間部に位置しており、森林の管理や運搬に要する経費が、外国の平坦な森林と比較するとかなりかかるからである。

しかし輸入材に依存したままの状態がこのまま続くと、日本の林業が完全に衰退し、山に人間の手が入らなくなってしまう。自然林と異なり、人工林の場合は放置されると山の生態系がくずれ、直接的、あるいは間接的に人間に大きな影響を及ぼす環境破壊につながってしまう。

このような状況を考慮すると、造園・ガーデンデザインにおいても適材適所の考えで、輸入材を必要に応じて取り入れながらも、国産材を積極的に活用していくことが重要なテーマのひとつではないだろうか。

■**木材の性質**

木材（竹材）は、従来から土木・建築用材としてだけでなく、造園の構造用材や支柱用材などで用いられてきた。簡単に入手でき、加工も容易という実用上の利点と、素材のもつ暖かさや柔らかさなどの質感、塗装によってさまざまな表情を演出できる美観上・デザイン上の利点をもつ。その反面、自然素材であるため、燃えやすい、反りや曲がりなどの狂いがでる、あるいは屋外で利用する場合、特に腐食や虫害の被害を受けるなど、いくつかの欠点があるので、木材の選定や防腐対策などを十分に検討しておく必要がある。

樹木の幹断面を見たときに、中心部分（心材/赤身）は濃い色をしており、周辺部分（辺材/白太）は淡色をしている。一般的に心材は辺材よりも耐朽性や強度が高い。

木材の物理的性質を比較するとき、圧縮・引張り・曲げ・せん断などの「強度」や、「気乾比重」、塗装性や鉋削性など「加工性」等いくつか検討すべき項目はあるが、屋外で用いる木材という観点から考えると、最も重要なのは「耐朽性」である。耐朽性とは、腐食や虫害（シロアリなど）に対する耐性の度合のことだ。

樹種別の耐朽性は、原則的に心材の耐久性をいう（辺材の場合はどの樹種でも耐朽性は小か極小になるため）。耐朽性の高い樹種は、国産材だとヒノキ、ヒバ、クリ、ケヤキなど。最も一般的な材木であるスギは中程度の耐朽性。マツ類やツガの耐朽性は小。

輸入材の場合、チーク、セランガンバツなどの南洋材は耐朽性が極めて高く防腐処理の必要もないが、価格や加工性の面でやや難がある。ベイスギ（レッドシダー）、ベイヒバ、ジャラなどは、ヒノキ等と同程度で高く、ベイマツは中程度、ベイツガやスプルスなどになると耐朽性は小さくなる。

耐朽性が中程度かそれ以下の木材を屋外で利用する場合は、必ず何らかの防腐処理が必要となる。使用状況によっては、チークやセランガンバツなど耐朽性が極大の樹種以外は、耐朽性の

高いヒノキやベイスギなどでも、なるべく防腐処理を行なったほうがよい。

■**木材の防腐処理法**

木材の耐久性を高めるための防腐処理の方法は、おもに「表面処理」と「加圧注入処理」に大別される。「表面処理」には、表面炭化法と薬剤塗布法がある。

表面炭化法 木材の表面を焼いて炭化させ耐久性を高める方法で、簡単・安価であるが、永続性に乏しい。

薬剤塗布法 木材の表面に薬剤を塗布する方法で、手軽だが加圧注入処理に比べると永続性に乏しい。なお塗布用の防腐剤は溶剤に溶かされているが、木材保護着色塗料と呼ばれる塗料は防腐剤が配合されており、着色と防腐処理が同時にできるので、一般的な防腐塗布剤として使われている。

輸入品の屋外用ステインなどのように撥水性をもたせる塗料でも、定期的に塗ることによって耐久性の向上が期待できる。色のバリエーションが豊富なので、デザインやイメージなどによって塗料の色を選択する。

加圧注入処理 高圧をかけた圧力かん内で防腐・防蟻剤を浸透させる方法で、永続性があり、耐朽性の向上には最も効果的である。しかし、CCA系木材防腐剤などのように焼却時に土壌や人間に害が及ぶものもあるので、薬剤の選定や方法に関して十分注意が必要である。クレオソートやCCAが、防腐の永続性などにおいてすぐれている。

加圧注入に用いる主な防腐剤の種類とその成分には、次のようなものがある。

クレオソート油：加圧注入だけでなく塗布にも使用される。性能や価格的にはまったく問題ないが、強い臭気とベタつき、施工時の皮膚刺激などに問題がある。枕木などによく用いられる。

CCA：成分はクロム・銅・ひ素化合物

AAC：成分はアルキルアンモニウム化合物

ACQ：成分は銅＋アルキルアンモニウム化合物

ナフテン系：成分はナフテン酸銅、ナフテン酸亜鉛など

また既製品でなく一般製材をデッキなど屋外に使用する場合には、十分に乾燥したものを用いることも大切である。木材を乾燥させるのは、重量を減らす、強度を増す、狂いを防ぐなどの目的があるが、腐食や虫害を減らす効果もある。既製品のデッキなどの場合は、すでに十分乾燥し、場合によっては加圧注入処理がされているものもある。

■**デッキ（濡れ縁）**

◆**高さを自由にできる床舗装**◆

木材を用いた床舗装の代表的なものとして、デッキ（濡れ縁）が挙げられる。

後述の枕木のように地面に直接埋め込んで利用する方法もあるが、デッキは基礎（束石(つかいし)）から束を立てて床の高さを自由に設定できるという、他の舗装とはまったく異なる特徴をもっている。

例えば1階床と同じ高さに設置すれば、より室内外のつながりが強まり、出入りがしやすい外の部屋となる。高低差のある敷地では高さの異なるデッキをつなげれば、敷地を有効に活用することができる。

既製品を用いる方法と、大工さんのような職人に依頼してつくる方法がある。簡易なパネル状のものをマンションのバルコニーに敷いて並べるだけなら簡単だが、既製品であっても部材を組み合わせて本格的につくるものなどは技術が必要であり、また基礎はその庭に合わせてつくる必要があるので、既製品であっても業者に組み立てを依頼することが多い（●写真−12）。

◆**デッキ木材の選択**◆

デッキ材のサイズに特に決まりはないが、輸入材はツーバイフ

⑫曲線状のデッキ。

ォー住宅で用いられる規格寸法のものがよく利用されている。デッキ材としては、2×4（ツーバイフォー）と呼ばれる40mm×90mmの断面サイズのものや、2×6（ツーバイシックス）という、40mm×140mmの断面サイズのもが一般的である。ただし材木の樹種は、ツーバイフォー住宅用ではなく、前述のとおりベイスギ（レッドシダー）や防腐処理されたベイツガなどを用いる。

国産材などを用いる場合は、構造上デッキの厚みはだいたい30mm以上は必要である。幅は、あまり幅広の材をデッキに使用すると、反りの影響が大きくなってしまう可能性があるので、90〜150mm程度が適当であろう。

◆デッキの構造と製作ポイント◆

デッキの構造は、一般的に図43に示したようなものであり、基本的には仕上げとなる「デッキ材」と、根太や大引、束などの「構造材」、束石などの「基礎」で構成される。デッキ材に厚みの薄い材料を用いる場合は、根太の間隔を小さくするなどして構造的なバランスを考慮しなければならない。

雨水がデッキ面に滞留しないようデッキ材の間には多少のスキマをあけて、排水を確保しておく必要がある。またデッキを曲線状にデザインする場合は、デッキ材の垂直方向の端部をカットして曲線をかたちづくるのが一般的である。

デッキを根太に固定するには、脳天から釘打ち、あるいはビス止めなどが一般的である。ただ露出する釘頭やビス頭が気になる場合には、デッキの側面から隠しクギで固定するか、裏側からビス止めして固定する。またデッキクリップと呼ばれる固定金具を用いれば、表面には釘頭が一切見えないので美しく仕上がる。ただしデッキクリップを用い

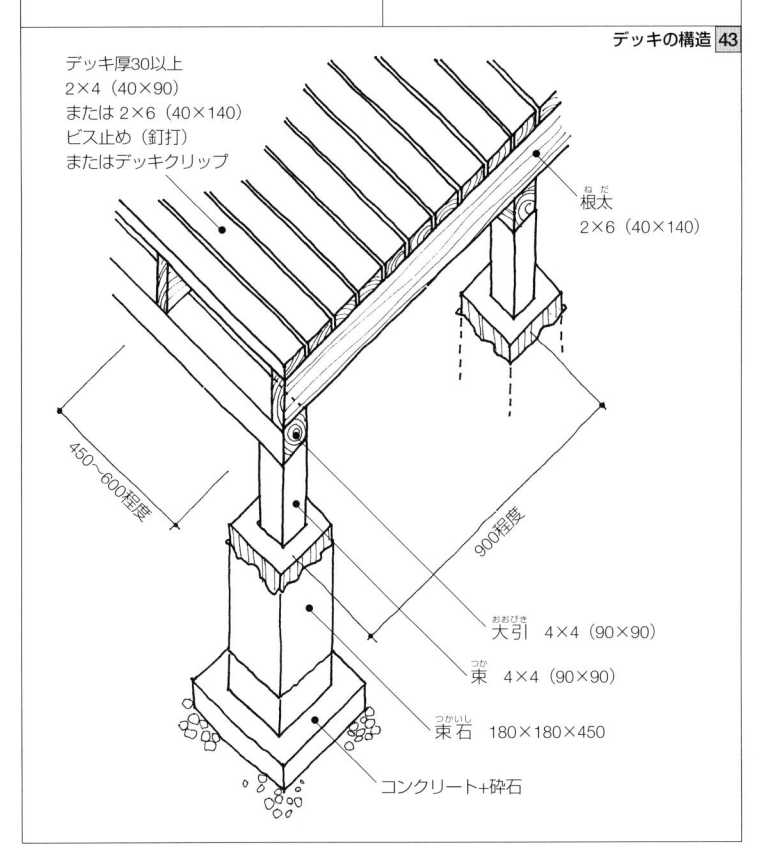

デッキの構造 43

デッキ厚30以上
2×4（40×90）
または 2×6（40×140）
ビス止め（釘打）
またはデッキクリップ

根太 2×6（40×140）

450〜600程度

900程度

大引 4×4（90×90）
束 4×4（90×90）
束石 180×180×450
コンクリート+砕石

ガーデンデザインの実際 ——資材の選択とデザイン

| 44 木製手すりのデザイン | 45 枕木敷 |

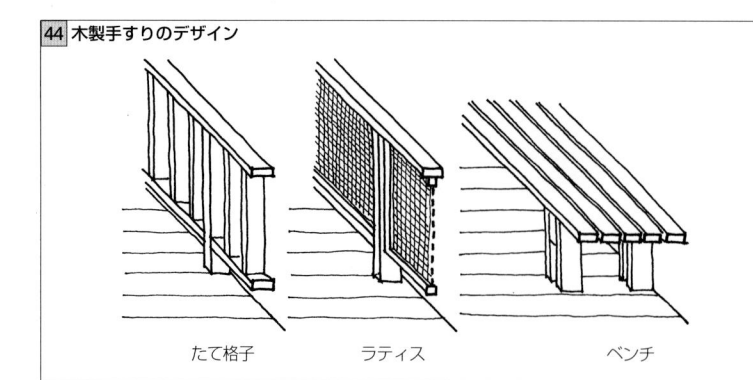

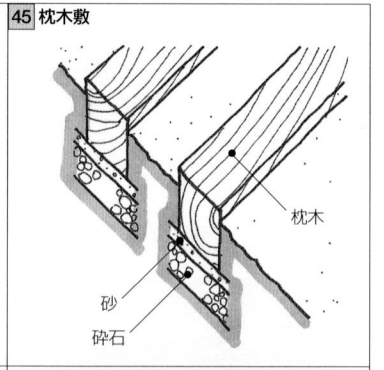

たて格子　ラティス　ベンチ

枕木／砂／砕石

ると1枚だけをはずすことができなくなるので、数カ所をビス留にしておくなどの対処をしないと、スキマから何かを落とした時に拾うことができなくなる。

　なお、釘やビスなど屋外で用いる金物は、サビの発生を極力おさえるためにも、原則的にステンレス製か溶融亜鉛メッキ品を用いることが望ましい。金物が錆びると、そこから木材の腐食がはじまることもあるので十分注意する（■図-43）。

◆デッキの手すりのデザイン◆

　デッキが地面より5〜600mm程度であれば危険性も低く、必ずしも手すりは必要ない。特に狭い庭の場合は、手すりなどないほうが庭が広く見えて良いケースもある。だが、デッキの高さがそれ以上になってくると、全面が階段になっているようなケースを除いて、手すりを設置する必要がでてくる。

　手すりは、既製品のラティス（格子）パネルのようなものを嵌め込んでもよいし、単に手すり材を1本横に通すだけでもよい。周辺に塀やフェンスなどがあれば、それらの形状とのバランスを考慮しながらデザインする。

　手すりのかわりにベンチのようなものを手すり兼用で長めに設置すると、たくさんの来客があってもフレキシブルに座って楽しむことができる（■図-44）。

■枕木敷

　最近では、電車の軌道に利用されていた枕木を床に埋め込んで舗装にしたり、立てて土留めに利用するなど、庭にさまざまに活用されている。枕木を飛石風に土中に埋め込み、ところどころに植栽を施すと、自然なイメージの通路やアプローチ、駐車スペースなどをつくることができる。

　枕木はもともと防腐処理（クレオソート）をされた木材であり、クリやブナ、ナラなどの国産堅木材の中古品が多かったが、最近では、カナダやオーストラリア、中国など、海外からの輸入

⑬枕木敷（新しい製材を活用）。

品が多くなっている。国産、輸入材ともに、中古品は品質にバラツキがあり、かなり劣化したものも出回っているので、注意が必要である。

　元々耐朽性が高いため、土中に埋めたり、土留めに使用するのに適している。ただし中古品の粗い質感と、クレオソート特有の濃い色目は、かなり個性的であるため、周囲の建物や庭のデザインとのバランスを崩さないよう注意が必要である。特に建物の外観仕上げは、最近工業製品が主流になっていて、質感に

46 木レンガ敷（コンクリート下地）

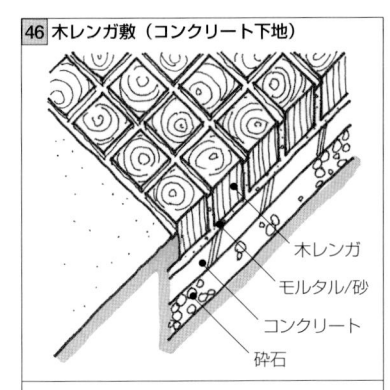

木レンガ
モルタル/砂
コンクリート
砕石

乏しいことが多いので、庭の枕木が目立ち過ぎて滑稽にならないような配慮が欲しい（■図-45, ●写真-13）。

■木レンガ舗装

90mm角、あるいは90×90×30mm程度の木材をレンガのように地面に埋め込んでいく舗装で、通常、耐朽性のあるものか、防腐処理を施した木材を用いる。フレームをもった300角などの既成の製品もあり、砕石や砂、コンクリートの上に直接敷設できるなど施工性を高めている。

材料は特定しないが、カラマツやスギ、ベイマツ、クリなどが多く利用されている。年輪の見える小口を表面に向けて並べるのが一般的。日の当たらないところに利用する場合は、表面に苔などが生えて滑りやすくなったり、短期間に腐食することもあるので、注意が必要である（■図-46）。

6

タイル

■タイルの種類

タイルは、耐水性、耐磨耗性、防火性に優れ、建築・造園の装飾仕上材として用途は広く、おそらく現在の日本の住宅で、玄関まわりや庭のテラスなど、最もよく用いられている床舗装材のひとつといっても過言ではない。おもに外装、内装、床タイルに区分され、また素地の質によって、陶器、せっ器、磁器に分類される。

陶器質タイル 素地が白か有色、不透明で、多少の吸水があり、モルタルの付着がよく、施工しやすい。

せっ器質タイル 素地は有色、不透明で焼成は高温（1160～1350℃）なので吸水性は低い。

磁器質タイル 素地は白か透明で、1200℃以上の高温焼成なので、吸水はほとんどないが、形状・寸法を正確に出すのは難しい。床用として最も耐久性がある。

タイルは屋内でも用いられるものだが、屋外の床舗装で用いるタイルは、床舗装材の条件どおり、滑りにくい、吸水性が少ない、耐久性があることが必要になり、磁器質タイルやせっ器質タイルが適している。

最近は、焼かない土タイルなど新しいタイプの質感のよいものも出てきているので、選定する場合は、機能だけでなく色彩や質感なども十分に吟味することが大切である。

■タイルのサイズ

タイルのサイズはさまざまだが、床タイルで多いのは、100角、150角、200角、大きなも

⑭

⑮

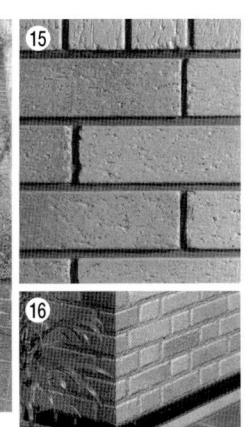

⑯

タイルの種類（商品名／特性／メーカー）
⑭ソイルセラミックス／焼かずに固めたタイル／INAX
⑮ベルフェンアスプール／外溝用壁タイル／INAX
⑯デザレートコット／素焼き風タイル／INAX

Chapter 2 ガーデンデザインの実際――資材の選択とデザイン

119

47 タイル張り舗装

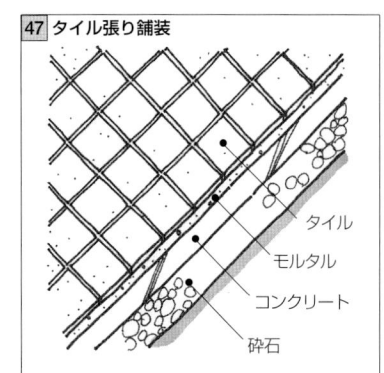

タイル／モルタル／コンクリート／砕石

ので300角など。壁面に張るタイルの場合は、上記のほか、慣用的呼称であるが二丁掛タイル（60×227サイズ）なども一般的によく利用されている。

現在、タイルの寸法は「モジュールタイル」と呼ばれ、実寸でなく目地心々（目地を含んだ大きさ）を基準としている。またテラコッタタイル（素焼き）は吸水性が高いので屋外に用いる場合は、撥水性のある上塗り剤を施し耐汚性を向上させたほうがよい。どちらかというとサンルームや居間などの屋内使用に向いている（■図−47, ●写真−14, 15, 16）。

7 コンクリート、アスファルト

■コンクリート舗装

コンクリートの特徴 セメントとは、珪酸質粘土と石灰石を主原料にして焼成・粉砕してつくられるもので、ポルトランドセメント、混合セメント、特殊セメントなどの種類がある。一般的によく利用されているものはポルトランドセメントと呼ばれるものである。セメントは水を加えると化学的に結合して（水和反応）凝結し、時間を経過すると強度が増大し硬化する。

コンクリートは、セメントと骨材（砂、砂利、砕石）と水を一定の割合で混合してつくられ、建築や造園、土木などさまざまな目的に用いられる。セメントに水を加えたものを「セメントペースト」、セメントに砂と水を加えたものを「モルタル」という。

コンクリートの強度は、材料の品質や配合、養生方法などにより異なってくるが、水とセメントの割合（水セメント比という）を適切にすることが非常に重要である。

コンクリートは自由な形に成形できる特徴をもち、耐火・耐水・耐圧性能が高く、コストメリットもあるので、塀や擁壁などと同様、安価ではあるがしっかりとした舗装が必要な箇所には最適である。反面、改造や解体が難しく、ひび割れなどが生じること、無機質で質感に乏しいことなどの問題がある。

コンクリート舗装の方法 コンクリート舗装は、コンクリートをそのまま仕上げとする場合と、コンクリートの床の上にモルタルを

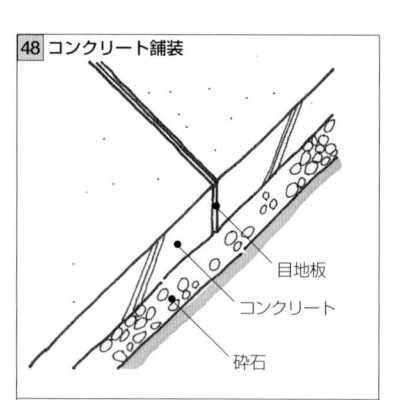

48 コンクリート舗装

目地板／コンクリート／砕石

塗りそれを仕上げる場合とがある（■図−48）。ともにおもな仕上げ方法は、金ごて仕上げと、はけ引き仕上げで、平滑に仕上げる場合は金ごて仕上げを、粗面に仕上げる場合は、はけ引き仕上げを行なう。

最近、質感に乏しいコンクリート舗装に変化を加えることで、舗装としての付加価値を高める工夫がなされるようになってきた。例えば、コンクリート舗装の周囲や舗装の中間に土の部分を残して、背の低い地被植物を植えることでコンクリートの無機質感を解消したり、石やレンガなどをところどころに配して、コストを抑えながら単調さを改善するなどの方法だ。

最近では、コンクリートが硬化する前にスタンプを用いる要領で表面に柄をつけ、特殊なコーティングを施して、本物の石畳のイメージをつくりあげる方法も出てきている。

ガーデンデザインの実際 ――資材の選択とデザイン

■アスファルト舗装

個人住宅ではあまり用いられないが、広範囲にわたる塗装、特に長い車道のようなものが敷地内にある場合は、最も安価な舗装として採用されることがある。コンクリート舗装に比べると変形に対して順応性が高いが、コンクリートと同じく質感に問題があるので、デザイン的に重要な箇所であれば、何らかの配慮が必要となる。

アスファルト舗装は、土で構築された路床上に、路盤、基層、表層の順で構成される。路盤は上層路盤と下層路盤とで構成され、主にクラッシャーランや粒度調整砕石などの砕石類を転圧してつくられている。基層は、路盤の上に加熱アスファルト混合物を敷きならした層で、不陸(ふりく)(でこぼこ)を調整し、表層に作用する荷重を路盤に伝えることを目的としている。表層は砕石、砂、フィラーなどを歴青材料で結合したアスファルト混合物を敷き固める。

コンクリート製品

■コンクリート製品の特徴と種類

工場で製作されるさまざまなコンクリート製品が、造園においてもかなり一般的に利用されるようになった。工場生産なので品質にばらつきが少なく、大量に生産されることから本物の自然素材よりも安価で、現場打設のコンクリート舗装などと比較すると施工手間も少ない、などの長所をもつ。だが、どうしても質感が人工的だったり、ひとつひとつの製品の大きさが限定されるため、そのつなぎ目部分が少し気になるなどの問題点がある。ケースバイケースで長所を生かしながら、短所をうまくカバーするデザインを行なうとよい。

製品としては、バリエーションの豊富な平板類、インターロッキングブロック、縁石、側溝、コンクリートブロック類などがあり、最近では輸入された舗装用、土留用、仕上げ張り用の擬石などもある。

普通平板 300mm角で厚みが60mmの無地の歩道用コンクリート平板は、古くから歩道など公共の屋外空間に利用されており、安価で扱いやすい製品である。芝生などの中に飛石風に利用する場合は美観上も悪くないのだが、平板自体は質感に乏しいため、テラスなどで並べて利用する場合は、他の床舗装材と組み合わせたり、地被類などの植栽と組み合わせるなど、デザイン上の処理が必要かもしれない。ただし現代的(モダン)な庭の場合は、上手に利用すると面白い素材である。

洗い出し平板 平板類の中には、表面に玉砂利などの洗い出し仕上げを施した「洗い出し平板」や、自然石に似せて加工・着色した「擬石平板」、色や目地に工夫を凝らした「カラー平板」などがある。「洗い出し平板」は表面が本物の砂利なので質感はとてもよいが、ジョイント部分の目地が出てくるため、現場で施工する「砂利洗い出し仕上げ」とは少し異なった印象となる。

これらの製品はサイズがさまざまだが、厚さは60mmが標準で、300角、400角、500角、600角などの正方形や、300×600mm、400×600mmなどの長方形の寸法規格が一般的である。

インターロッキングブロック 100×200×厚60mmまたは80mmの寸法を標準とした舗装用のコンクリートブロックで、硬質の材料で製造され、表層部分に塗装を施してあるのが特徴。色彩・形状のバリエーションも豊富で、レンガや石などの自然素材と比べるとコストが安く、施工もサンドクッション工法が一般的なため、歩道や広いオープンな屋外空間で用いられることが多い。最近は個人住宅の庭でもカーポートやアプローチなどで利用されることが増えてきた。

質感の面では、自然素材に比

べるとどうしても劣るため、価格と希望などを整理した上で、よく検討すべきである。

　形状は他に、大小の正方形、長方形、多角形、互いに噛み合う形状などのほか、芝生などを植え込む穴あきの植生ブロックなどもある。メーカーによっては、数種の色のブロックを組み合わせて、変化をつけた床舗装の提案を行なっているので、検討してみるのもよいだろう。

　端部は、通常モルタルなどで固定するが、プラスチック製のインターロッキング用のエッジングなどを利用することもできる（■ 図−49）。

49 平板舗装とインターロッキングブロック舗装

ブロックの種類（種類／特性／原産国／メーカー）
⑰ブロンテ・ペイバー／床舗装／イギリス／エスビック
⑱スーパーキングスレイ・ウォール／積／イギリス／エスビック
⑲コロナドストーン／内・外装／イギリス／エスビック
⑳透水性オルブペイバー／床舗装／エスビック
㉑インターロッキングブロック スタンダード／床舗装／エスビック

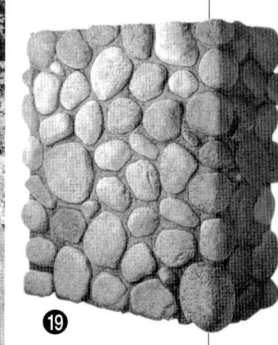

擬石　コンクリートで本物の自然石を再現した製品で、床舗装や、土留め、壁面張り仕上げなどの製品がある。輸入品もかなり出回っており、今後、和洋を問わず面白い利用法や効果が期待できそうである。これはもちろん自然素材ではないが、木材と違って石は限りある資源なため、このようなコンクリート製品もうまく活用していくことで、広義の意味で環境保全につながるかもしれない。

　床舗装用は正方形や長方形の形が多く、異なるサイズのものを組み合わせて使うが、曲線状の既製品もある。土留め用のブロックは、細かい石を積み上げたようなデザインのパーツになっていて、笠木のパーツを最上段にのせるような形態になっている（● 写真−17,18,19,20,21）。

II 塀、フェンス（柵・垣根）

外部からの侵入や視線をシャットアウトし、プライバシーを確保するために、敷地境界線や道路境界線上、あるいはその近くに、塀やフェンスを建てることが多い。塀は堅固であり、プライバシー確保も確実である反面、内外に圧迫感を感じさせ、風通しや日当たりに難がある。逆にフェンス（柵・垣根）は、塀よりもやや軽いつくりで、ものによっては風や光をある程度通すことができるが、その場合、同時に視線も通してしまうので、プライバシー性にやや注意が必要である。

諸々の条件や希望を前提に、塀とフェンスのどちらがよいか、どこに、どのような形態（素材）のものを設置するか、高さはどの程度が適しているかなどを十分に検討した上で決めることが大切である。

また塀やフェンスは必ずしも一直線でなくてもよく、途中で曲げたり、曲線状にしたり、高さを変える、切ってずらす、穴をあけるなどおもに道路側で工夫することが多いが、外と内との関係に変化をつける上でも、このような遊びがあってもよい。また曲げたり、曲線状にすると面積を消費してしまう反面、控え壁のような効果となり、強度的には安定して強くなる（■図−50）。

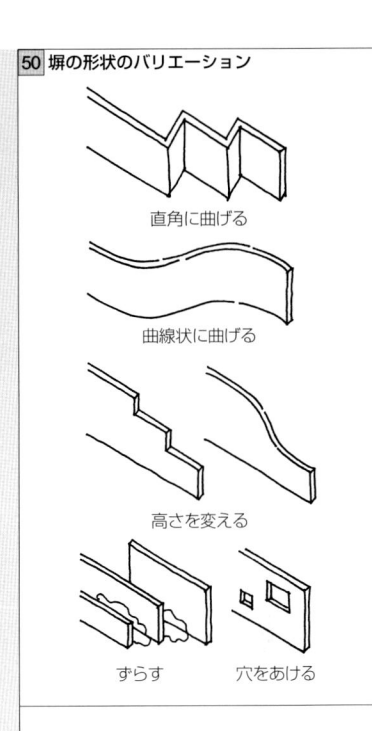

50 塀の形状のバリエーション

直角に曲げる

曲線状に曲げる

高さを変える

ずらす　　穴をあける

1 塀の種類と資材

■コンクリートブロック塀

最近の住宅の庭で一般的によく用いられている塀のひとつ。質感は必ずしもよいとはいえないが、価格が手頃で施工もしやすくバリエーションも多いので、利用頻度は高い。

表面に特殊な加工をしていない普通のコンクリート積みブロックを、そのまま仕上げ兼用で利用することは以前ほど多くないが、縦に溝を彫ったリブ状のものや、表面を大谷石や御影石などの石の質感に似せたブロック、アースカラーの焼き物のような質感を出したもの、輸入の擬石ブ

㉒既存ブロック上に左官で仕上げている塀。

ロックなど、さまざまな表情のブロックが製品化され、利用されている。コンクリートブロックのみで、1.6～2mまで積み上げることもあるが、3～6段ほどブロックを積み、その上にアルミフェンスを設置することも多い（道路側は、建築基準法の道路斜線制限という高さ規制の規定により、この方式が採用されていることもある）。

現場で型枠や鉄筋を固定してコンクリートを打設するコンクリート塀に比べると、ブロックを積み上げる作業が中心なので、施工手間と施工期間を軽減できるメリットがある。ただしコンクリートブロック塀の場合も、基礎は、鉄筋をともなった現場打設のコンクリートとしなければならないし、ブロック部分も補強用の鉄筋を等間隔で縦横に入れていくことなどが必要。また強度上の制限で、塀と垂直方向に、一定間隔で「控壁」か「控柱」を設置しなければならないので、あらかじめデザイン上で反映させておくことが必要である。

普通のコンクリート積みブロックを積み上げたのち、表面にモルタルなどを塗り、その上を左官や吹き付けで仕上げ、質感と耐久性を高める方法もある。

今は、洋風イメージの強い白やベージュ色でコテ跡の残るような仕上げが多いようだが、和の印象をもつ横に線を引いたような櫛引仕上げや、さっと吹き付けるだけの吹き付け仕上げなど、さまざまな色彩・質感をもたせる仕上げの方法がある。ただしブロックの目地が経年変化によって浮き出てくることがあるので、仕上げを施す前に、モルタルなどでしっかりと下塗りを行なうことが重要である（● 写真—22）。

■コンクリート塀

現場で型枠を組み、コンクリートを流し込んで製作するコンクリート塀は、一般的にブロック塀よりも強度があり、曲線など自由な形に成形でき、目地処理の心配もない。コンクリートは、植物との相性は悪くないので、バランスよく植栽を取り入れたデザインを考えたい。ただし手間がかかる分コストが高めで、施工精度によって仕上がりの品質にもばらつきが出るなどの問題もある。

コンクリートをそのままの仕上げとした「打放し」は、無機質であるが素材のもつ力強さや繊細さが表現できる。どちらかというとモダンな庭のイメージに向く仕上げである。コンクリートの表面をつついて粗く仕上げる「つつき仕上げ」の場合は、その凹凸の陰影や質感が面白い効果を生む。

コンクリートで堅固な塀をつくり、それに別の仕上げ材を張りつけていく方法も一般的である。最も代表的なものは、タイル張り仕上げ。これはコンクリートで塀の下地をつくり、これにモルタルでタイルを順次貼りつけていくもの。建物でタイルを利用していたら、同じものを使用して調和をはかることもできる。耐久性があり、経年変化による汚れも目立ちにくいという長所がある。

最近は、薄い自然石や擬石などを張りつけたり、コンクリートの下地に沿って積み上げる方法も増えてきた。石を積み上げても、実際の塀の強度はコンクリートが負担するので、石の選定範囲はかなり広くなる。床舗装と同様、石の色彩や質感、張り方（方形張り・乱張り）などによって塀のイメージは大きく変わるので、石の選定は慎重に行なう。

Chapter 2 ガーデンデザインの実際 ── 資材の選択とデザイン

51 コンクリート塀

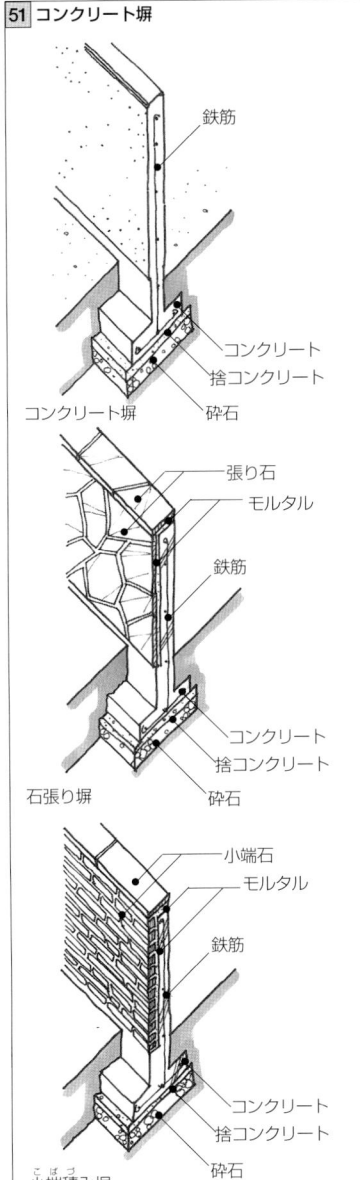

- コンクリート塀
  - 鉄筋
  - コンクリート
  - 捨コンクリート
  - 砕石

- 石張り塀
  - 張り石
  - モルタル
  - 鉄筋
  - コンクリート
  - 捨コンクリート
  - 砕石

- 小端積み塀
  - 小端石
  - モルタル
  - 鉄筋
  - コンクリート
  - 捨コンクリート
  - 砕石

52 レンガ積塀
- レンガ
- 鉄筋
- コンクリート
- 捨コンクリート
- 砕石

また鉄平石や石英岩、砂岩などの小端側を仕上げとして積み上げる「小端積み塀」もある。この方法は、目地の陰影が深く、石の種類も増えてきているので、自然な印象で重みのある塀として、今後もより普及するだろう。

自然石がコスト的に厳しい場合や、イメージにあう自然石が見つからない場合には、擬石を用いる方法もある。擬石の場合は方形石や乱張り石だけでなく、玉石をカットしたような自然石も含まれる。塀が高い場合には、石だけでなくレンガについても同じ方法で積み上げることがある。

また、ブロック塀と同様、コンクリート表面に左官仕上げや吹きつけ仕上げを行なうことも多い。ブロックと異なり目地がないので、下地処理の手間は軽減される（■図-51）。

■レンガ積み塀、石積み塀

地震の多い日本では、石積みやレンガ積みの塀は強度的に問題があり、積み上げる高さに限界がある。塀の厚みをとり、控壁を設置すれば1m程度の高さでは可能かもしれないが、もしそれ以上高く積み上げる場合には、鉄筋などによる補強が必要であり、種類によっては強度的に難しい場合もある。

高い塀が必要な場合は、前述したように、コンクリートで塀の下地をつくり、それに沿わせて石を積み上げていく方法が最も安全である。代表的なものに、以前は一般的であった大谷石積み塀などがあるが、最近ではブロック類のほうが利用頻度は高くなっている。

後述の土留めと同様に、石の小端積みの低い塀などもデザイン的には面白い効果をもつ。モルタルで積み上げるだけでよいか、コンクリートの下地が必要かは、その石の形状や、周囲の状況などにより判断する。

レンガ積みの塀も、低いものならば大きな問題はない。ただ

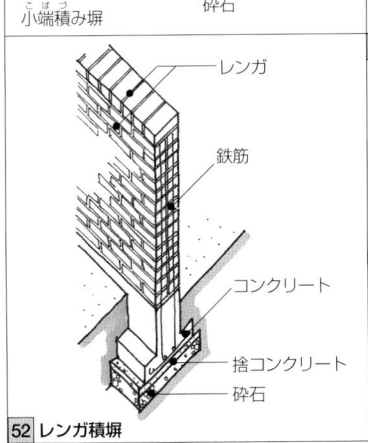

53 レンガ積みのパターン

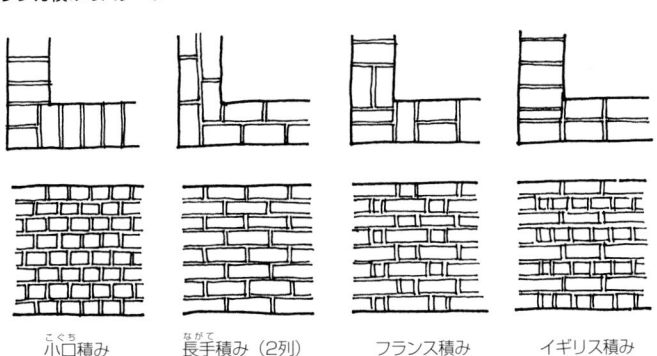

小口積み　　長手積み（2列）　　フランス積み　　イギリス積み

㉓レンガ積みの低い塀。

しコストが見合えば、1列でなく2列か、もしくは小口積みで積み上げていくことをおすすめする（■図−52,53,● 写真−23）。強度的なことはもちろんだが、1列だと景観上少しうすい印象があり、自然素材のもつ質感や重厚感がいまひとつ表現できないためでもある。

■木塀

木塀の特徴 木塀は、自然素材特有の柔らかさや暖かさをもち、植物との相性もよく、経年変化により味わいを増すなどの特徴をもつ。また、形態・色彩ともに自由なデザインが行なえるため、和洋どんなイメージにも調和をとりやすいというフレキシブルさを持つ。ただしデッキと同様に、木材は腐食や虫害の影響を受けやすいため、耐朽性のある樹種を選定する、防腐処理を施す、メンテナンスを行なうなどの配慮が必要。

デザインはさまざまだが、柱を一定間隔に設置して、適度な幅の薄板を縦・横・斜めなどに張るか、格子のようなものを嵌め込む、あるいはそれらを組み合わせるのが基本的な構造。板の間隔、格子の間隔によって、通風・採光・プライバシー性の状態は大きく変わり、同じようなデザインであっても、間隔が狭くプライバシー製の高いものは木塀、間隔の大きな開放的なものを木製フェンスと分類することもある（■図−54）。

柱の設置法 日本の場合、土中に木材を埋め込むと腐食や虫害の影響を受けるのは必至なので、柱を単に土中に差し込むのではなく、次の方法で設置する（■図−55）。

・コンクリート基礎に受け金具をあらかじめ設置して、それに柱を固定する方法。荷重（力）が金物に集中するため、強度に注意が必要。
・コンクリート製の基礎石を一定の深さまで地中に埋め込み、モルタルなどで固定したうえで、それに柱を差し込んで固定する方法。柱の取り替えが

木塀・木製フェンスの構造と種類 54

笠木／パネルフェンス／柱／基礎石／横板張り／ラティスフェンス／縦板張り／ピケットフェンス

木塀の柱脚 55

基礎石を利用／柱受金物を利用／RCキソ

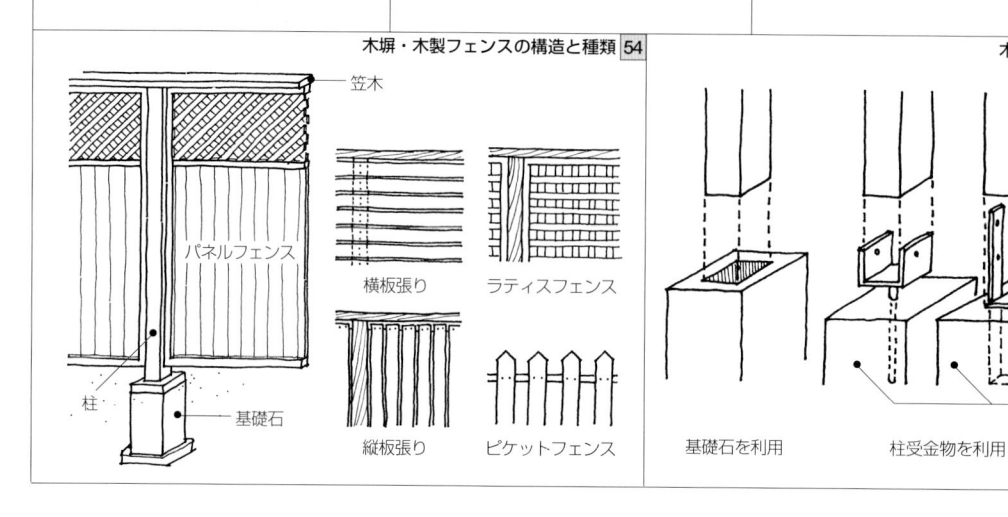

簡単というメリットはあるが、基礎石の厚みがあるので、敷地境界ぎりぎりに木塀を設置することはできない。

・柱を直接埋め込み、土中の柱周囲をモルタルでまいて固定する方法。解体・撤去時には面倒であり、腐食の影響を受けやすい。

木塀の塗装 木塀を長もちさせるためには、定期的な塗装は不可欠である。ただし、昔利用していたペンキのように膜をつくってしまうタイプの塗料は、木材も呼吸ができず内部で腐食がすすみ、経年変化ではげてくる問題がある。デッキの章で記載したように、屋外用油性ステインや木材保護着色塗料のような浸透するタイプの塗料を用いるほうがよい。

歩くことによってはげてきたり、雨や紫外線の影響を受けやすいデッキと比べると、木塀は塗料の効果が多少長もちしやすいが、雨や紫外線の影響を受けやすい笠木には少し早めに塗っておくとよいだろう。

2
フェンスの種類と資材

■木製フェンス

木製フェンスの最も一般的なスタイルは、格子状のラティス（パネルになっているトレリスのこと）を柱間に嵌め込んだデザインであろう。ラティスは通常900×1800mmのサイズが多く、斜め格子である「ダイヤ」と、縦横の格子である「スクエア」の2種類で、それぞれピッチの大小がある。ピッチの小さいものは目隠しを目的に、ピッチの大きいものは、つる植物の誘引に利用するなど、使い分けができる。

最近では欧米から、パネル化した木塀やフェンス類が輸入されている。これらの既製品なら、柱や笠木だけ設置すればビス留めして固定できるので、施工がひじょうに効率的である（● **写真-24**）。

木製フェンスは木塀と同様に腐食しやすいので、屋外用油性ステインや木材保護着色塗料のような浸透するタイプの塗料を早めに塗っておく（木塀の項参照）。

■アルミフェンス

現在日本で最も一般的なフェンスはアルミフェンスである。アルミフェンスは、軽く、耐久性・耐候性にすぐれ、メンテナンスの手間がかからないという特徴がある。色は、白、黒、ブロンズ、茶、グレーなどが中心でデザインはさまざま。シンプルな部材でシンプルなデザインの「アルミ形材フェンス」と、やや装飾的なデザインが多い「アルミ鋳物フェンス」に大別される。

アルミ形材フェンス 比較的安価で、縦桟や横桟、格子状、メッシュなどシンプルなものが多い。パネルやルーバータイプの目隠しフェンスもある。機能を優先する裏手の境界には、最も安価でシンプルなフェンスを、道路側の目立つ箇所には、自分が好むややデザイン性の高いものを選定するなど、うまく使い分けをしたい。

存在感のないフェンスを考えている場合は、線が細いメッシュ

㉔木製のパネルフェンス（上部がダイヤ柄ラティス）。

㉕アルミフェンス／東洋エクステリア　　㉖スチールフェンス／東洋エクステリア

状のものを選定し、色は黒や茶系の濃い色のほうが目立たないようである。つる植物などを絡ませる利用法もある（● 写真-25）。

アルミ鋳物フェンス　フォーマルなものやモダンなものなどいろいろある。建物のイメージやデザイン的な好みに応じて選ぶとよい。だが鍛鉄（スチールフェンスの項参照）のような手づくりの質感と比較すると、若干人工的な感じがするのはやむを得ない。デザインにもよるが、一般的に価格は鍛鉄の特注品よりは安い。

最近は各メーカーから、アルミ柱にベイスギなどの木材のフェンスを組み合わせた製品も出ている。大工などを入れられないケースで木質のフェンスを使いたい場合は、工事業者の施工が楽なこのような資材を用いるのもひとつの手段である。

■**スチールフェンス**

スチール（鉄）で製作されたフェンスは、既製品がいろいろと出回っているが、公共の屋外施設などで利用されることが多く、最近では個人の庭ではアルミフェンスほど利用されていない。既製品のスチールフェンスは安価で、メッシュ状などシンプルなものが多いため、特に機能を優先する場合に適している。つる植物を絡ませるなど工夫すれば、面白い利用法があるかもしれない。

鉄の角棒や丸棒、パイプや鉄筋など、建築の規格材料を利用して、オリジナルの鉄のフェンスをデザインすることも可能である。ただしカットや溶接などを伴う特注品になるため、既製品に比べると加工費分が割高になる。屋外なので亜鉛メッキを施すか、錆止め塗料の処理などが必要。

またヨーロッパで古くから行なわれてきた「鍛鉄（ロートアイアン）」と呼ばれる技術で、鉄の質感に特徴のあるフェンスを製作することもできる。これは規格の鉄の角棒などを、熱を加えながらハンマーで叩いてさまざまな形に加工する方法で、型に鉄を流し込む鋳物とは違った独特の手づくりの味わいを楽しむことができる。手間がかかる分、一般の鉄の加工よりもやや割高になる。鍛鉄の場合も、屋外に設置する場合は、亜鉛メッキや錆止め塗料を施す必要がある。

デザインや色にもよるが、一般的には欧米のフォーマルなスタイルの庭や、モダンな庭などに適しているフェンスである。スチールはアルミに比べてかなり重量があるので、運搬や施工の面で注意が必要である（● 写真-26）。

■**垣根**

日本独特の囲いの手法が垣根である。主に丸太や竹などを使用して、シュロ縄で緊結しながら組み上げていく。伝統的な垣根の手法はいくつかあるが、最も一般的なものは「四つ目垣」や「建仁寺垣」が挙げられる。四つ目垣は、生け垣支柱を兼用して利用される場合がある。このほか、御簾垣、桂垣、金閣寺垣、光悦寺垣などがある。

また「袖垣」と呼ばれるものは、建物際に設置されるごく短い幅のもので、庭の見切りや目隠しに使われ、より装飾性をもち、デザインや使用材料の種類もさまざまである。

III 擁壁（土留め）

擁壁とは、切土や盛土によってできた崖面に、土や水の圧力による崩壊を防ぐために設置する壁のことである。土留めとも呼ぶ。

平坦な土地でそのまま庭をつくる場合には特に必要ないが、敷地に高低差がある場合や、平坦な土地に起伏をつくる場合には、少なからず必要となる。景観上、あるいは構造上の理由（水はけがかなり悪いなど）で花壇を高くするレイズドベッドを採り入れる場合にも、周囲には土留めが必要となる。

平坦な土地にあえて土を盛り土留めを設け、景観に変化を加えるのは、とても効果的である。そのときに、擁壁の素材はイメージを左右する重要なポイントなので、慎重に決定する。

擁壁の高低差が1mを超える高いものになる場合には、土圧や水圧の影響が非常に大きくなり、コンクリートや型枠コンクリートブロックなどを基準とした擁壁の構造計算が必要となるため、専門家に相談する。

1m以下の低い擁壁の場合でも、基礎をしっかりとつくり、水抜きを一定間隔で設ける。壁面のやや低い位置の目地部分などにパイプを差し込み、パイプの裏側には土砂で詰まらないようにメッシュをつけ、砕石などを設置する。

2 Chapter ガーデンデザインの実際 —— 資材の選択とデザイン

1 擁壁の種類と資材

■石積み

石積みは自然素材独特の質感をもち、構造だけでなく景観上もすぐれた擁壁である。施工方法は、石積みの背面にコンクリートを充填して積み上げる「練石積み」と、砂利や栗石のみで積み上げる「空石積み」の2通り。練石積みは比較的高い土留めにも用いることができるが、裏込めには砂利などを充填し、必ず排水を確保することが必要。空石積みは、比較的低い土留めに用いる。石積みの方法には次のような種類がある。

野面石積み　自然石をそのまま積み上げるもので、大きめの石を面が乱れるように積む「崩れ積み」や、表面を揃えて積み上げる「線積み」などの方法がある（■図−56）。

玉石積み　大きさの揃った玉石を、目地が上下に揃わないように積み上げる。長手積み（布積み）、小口積み、矢羽積みなどがある（■図−57）。

間知石積み　間知石を用いた石積みで、土留めが高い場合には「谷積み[※1]」に、低い場合には「布積み[※2]」とする（■図−58,59）。

切石積み　整形の石を積み上げていく方法で、土留めが低い場

※1 谷積み：方形の石を斜めに並べていき、下の石に食い込むように積む　※2 布積み：段ごとに水平に積みあげていく積み方で、縦目地は通さない

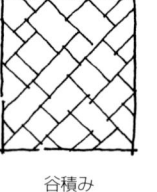

| 56 野面石積み（空石積み） | 58 間知石（切石）積みの種類 |

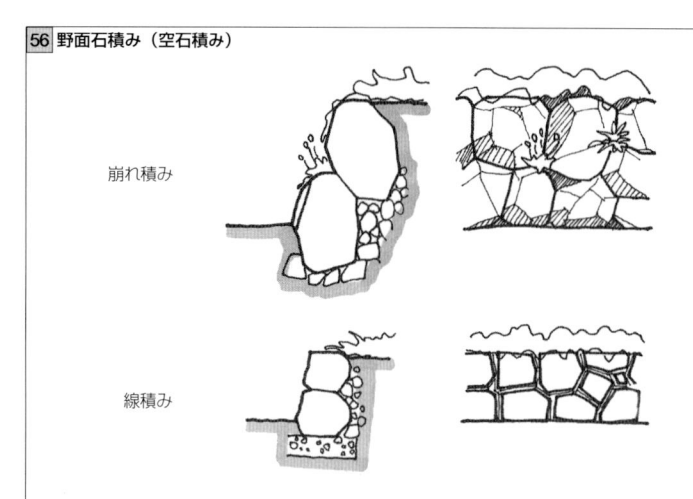

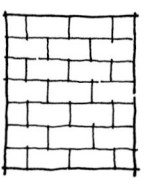

崩れ積み

線積み

谷積み　布積み

| 57 玉石積みの種類 | 59 間知石積み（雑割石） |

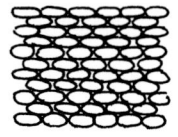

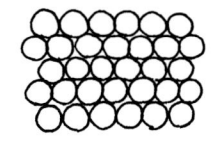

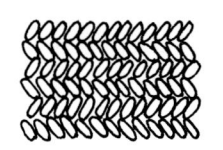

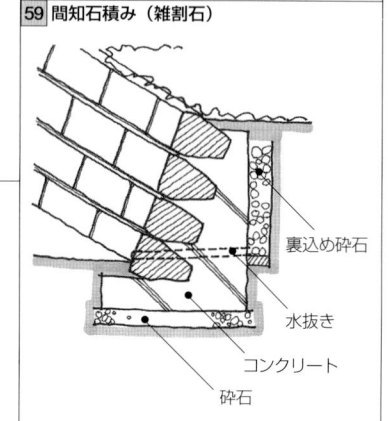

長手積み（布積み）　小口積み　矢羽積み

裏込め砕石
水抜き
コンクリート
砕石

合のみ可能。

小端積み（小口積み） 鉄平石などの薄い石の断面を仕上げ面に見せて積み上げていく方法。厚いものでなければ、基本的にコンクリート擁壁に沿わせるような形で積み上げる（■図-60，●写真-27）。

■**レンガ積**

レンガのみを積み上げた擁壁は構造的にも弱く、日本ではあまり一般的ではないが、60cm程度までであれば、鉄筋で補強して積み上げることが可能である。2枚分の幅で積み上げていくこ

が望ましいが、特殊な穴あき加工されたものを使い、縦横に鉄筋を通して積み上げれば、幅は狭くても構わない。

コンクリートやCP型枠コンクリートブロックで下地のしっかりとした擁壁をつくり、その手前に仕上げとしてレンガを積み上げる場合には、補強の必要はない（■図-61）。

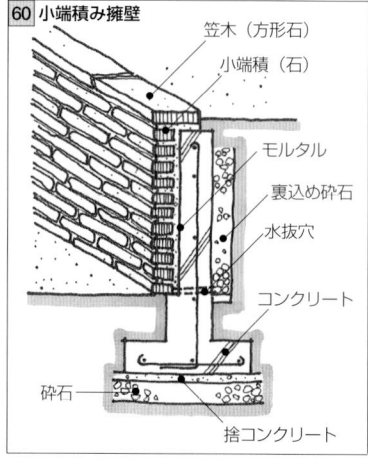

■**木、枕木**

新しい木材でも、柱を一定間隔に地中に打ち込み、幅の広い板を横長にして柱の内側に落とし込んで、背の低い擁壁をつくることができる。ただし、防腐処理をしていない木材の場合は、いずれ腐るという問題がある。

㉗小端積み擁壁。

| 60 小端積み擁壁 |

笠木（方形石）
小端積（石）
モルタル
裏込め砕石
水抜穴
コンクリート
砕石
捨コンクリート

61 レンガ擁壁（コンクリート擁壁下地）

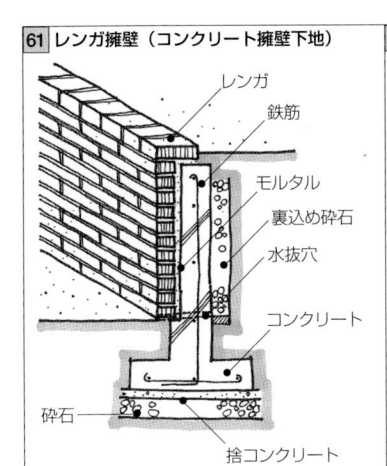

レンガ／鉄筋／モルタル／裏込め砕石／水抜穴／コンクリート／砕石／捨コンクリート

62 枕木土留め

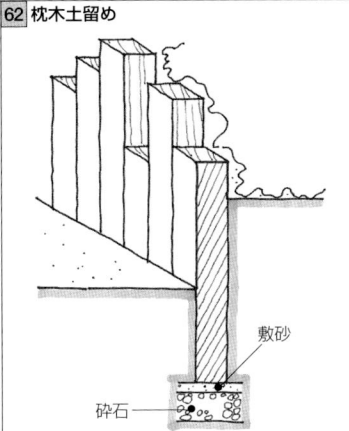

敷砂／砕石

63 コンクリートブロック積み

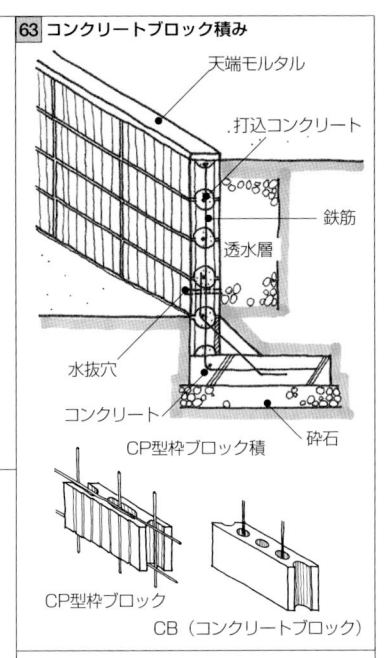

天端モルタル／打込コンクリート／鉄筋／透水層／水抜穴／コンクリート／砕石／CP型枠ブロック積／CP型枠ブロック／CB（コンクリートブロック）

ガーデンデザインの実際 ──資材の選択とデザイン

　枕木を立てて土留めにしている事例を最近よく見かける。質感のある素材で、耐朽性もあるので重厚感を演出するには適しているが、かなり重い印象をもつため、周辺の素材やイメージとのバランスを崩さないか検討が必要である。枕木を地中にある程度埋め込んで、隣接する枕木と金物によって固定し、必要に応じてコンクリートなどで基礎を補強するとよい（■図-62）。

■コンクリート

　鉄筋コンクリート擁壁は、自由に形状をデザインでき、最も強度の高い擁壁なので利用頻度は高い。仕上げもコンクリート打放しや左官仕上げ、吹付仕上げ、タイル張りや石張り、擬石張りなどさまざまである。ブロック積みに比べるとやや施工に手間がかかり、コストも高めだが、仕上げのバリエーションは豊富である。高さのある擁壁の場合は、鉄筋コンクリート擁壁とすることが多い。

■コンクリートブロック

　一般的なコンクリートブロックを用いて端部の縦横に鉄筋を入れ、モルタルで積み上げていく補強コンクリートブロックづくりの擁壁は、1m程度までが適している。1m以下の土留めであれば、鉄筋の補強により、選択できるブロック類の範囲は広い。

　それ以上の高さの垂直擁壁をブロックでつくる場合には、CP型枠コンクリートブロックを利用する。基礎はコンクリートを現場で打設するが、壁面はブロックが型枠を兼ねるので、縦横に鉄筋を通しながら積み上げてしまえば、あとはコンクリートを流し込むだけで完成するので、非常に合理的である。

　仕上げのバリエーションとしては、おもにグレーやベージュの色彩で、表面にリブがついている

㉘乾式組積工法ブロック／エスビック

ものが多い。

　最近では、海外から輸入されているバリエーション豊かな擬石の積みブロック、あるいはアメリカから入ってきたモルタルを使わない乾式組積工法や、半乾式組積工法のブロック積擁壁などが少しずつ増えており、石を模したその質感や色彩、不規則な表情などは、ブロック擁壁の今後の新たなスタイルであると思う（●写真-28、■図-63）。

IV 門扉

最近は郊外を中心に、門扉を設けないオープンスタイルの庭も広まってきたが、市街地では敷地も狭く防犯上や精神的な安心感などの面で、まだ門扉をつけることが多い。両開きや片開きの門扉が一般的だが、駐車スペース用は幅が広いため、伸縮門扉や大型の引き戸、跳ね上げ式のものなどもある。ただしこれらの製品は概してデザイン的にすぐれたものが少なく、慎重に選ばなくてはならない。両開きや片開きは開閉が楽だが、奥行のある設置スペースが必要。引き戸は、引き込むスペースが必要だが、奥行のない場合には有効である。

門扉は家の顔のような大切な存在である。住まい手らしい形・色・デザインを反映させることが重要だ。

㉙鍛鉄の門扉。

1 門扉の種類と資材

■木製門扉

木製の門扉は今ではあまり一般的でなくなったが、アルミやスチール製のものが出てくる前は、ごく当たり前に利用されていたものである。木塀やフェンスと同様に、木のもつ質感の良さや緑との相性の良さ、厚みのある材を用いれば重厚感も演出できるなどの長所も多いが、腐食や虫害などの対策が必要となる。また門扉の場合、経年変化による木材の収縮や反りなどで、開閉に支障がでて、蝶番や鍵の微調整が必要になったり、柱を頑丈に固定しておかないとぐらついてしまう可能性もある。

乾燥した耐朽性の高い木材を使用する、しっかりと塗装をかけておく、錆びにくい金物を使用するなど、確実な対処をしておけば、すぐに問題は発生しないが、いずれは必ずメンテナンスが必要となる。

木塀同様、幅や形状、色彩など自由にデザインができるので、和洋などスタイルは選ばない。製作は基本的には建具業者に依頼するが、室内ドアほどの精度はいらないので、よほど凝ったものでなければ、大工さんでも十分製作が可能である。簡単で安価な

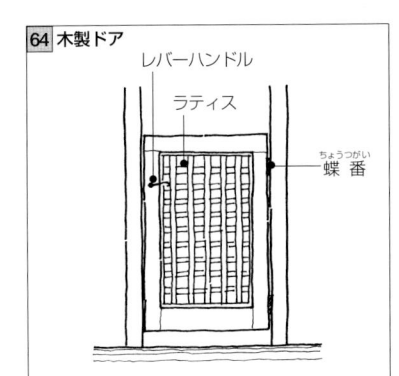

64 木製ドア
レバーハンドル
ラティス
蝶番（ちょうつがい）

木製ドアは、木枠にラティスや合板を嵌め込んだもの（■図-64）。

■アルミ製

　アルミ製の門扉は、フェンスと同様、現在日本で最も一般的に利用されている。アルミ素材なので軽量で、耐久性・耐候性に優れ、価格、施工性もよい。おもにアルミ形材とアルミ鋳物の2種類の門扉がある。色はフェンスと同じく黒・白・ブロンズ・茶などが中心。デザインは、アルミ形材は縦横桟や格子状などシンプルな物が多く、アルミ鋳物は概して装飾的なものが多い。最近はアルミフレームに木製のパネルをはめこんだものや、鍛鉄風の質感を再現したものなども製品化されている。室内で開閉操作ができる電気錠など、付加価値をそなえたものもある。

　基本的には既製品の中から選ぶため、完全なオリジナルは難しいが、工場生産なので、品質と施工性はよく、価格も手ごろである。

■スチール製門扉

　既製のアルミ製門扉ではイメージに合うデザインのものがない、自分でデザインしたい、あるいはもっと質感のよい門扉が欲しい、といった場合には、角棒や丸棒、鉄筋などを加工して特注で門扉を製作することも可能である。フェンス同様、鍛鉄の手法で製作すると、重厚で特徴的な質感の門扉をつくることもできる。既製品よりは加工費分高価なものとなってしまうが、庭のイメージによっては、非常に大きなデザイン的効果を生むこともある（●写真-29）。

　既製品のスチールフェンスを利用している場合に、同じシリーズのスチール製の門扉を採用することがある。既製品の場合、住宅用のものは種類も少なくデザイン性にやや問題があるが、機能的で安価である。

V 構造物

　特別な機能をもつ庭の構造物には、パーゴラやアーチ、ガゼボ、サンルーム、物置などがある。これらは機能面だけでなく、デザイン上も重要なポイントとなる可能性が高いので、十分な配慮が必要である。

1 パーゴラ、アーチ

　パーゴラとは、日本でいう藤棚とほぼ同様の構造物のこと。古くは古代エジプトや中世イタリアで、つる植物（特にブドウ類）などを絡ませて緑陰をつくるための構造物として生まれた。20世紀以降は柱を装飾的な円柱にしたり、木材だけでなく金属が利用されるなど、本来のつる植物を絡ませて緑陰をつくる目的だけでなく、パーゴラ自身がより建築的なものとして認識され、庭のひとつのポイントとしても活用されるようになった（●写真-30）。

㉚通路上のパーゴラ（イギリス）。

パーゴラはテラスやデッキの上に設置し、ルーバーや落葉つる植物を絡ませて日陰をつくり、快適な空間を提供し落ち着きを演出する、あるいは庭の通路部分に連続させて方向性を強調する、などを目的として利用されることが多い。

パーゴラは、木材でつくられることが多いが、金属やコンクリート、レンガなど、特に素材は限定しない。屋根部分は古くは格子状の形態が多かったが、最近はよりシンプルに、梁を一定間隔で並べただけのものが多い。

柱脚は、ほぼ塀と同様のおさめ方でよいが、つる植物などを伴うと特に荷重が大きくなるため、腐食や虫害だけでなく、強度的にもしっかりした構造が必要である（■図-65）。

ゲートやアーチなども、小さなパーゴラのような形態で、つる植物を絡ませる構造物であるが、これらは庭への出入り口や異なる空間の境界などに配置させることが多く、どちらかというと洋風の中門のようなものである。ツルバラなどを絡ませることが多い（■図-66）。

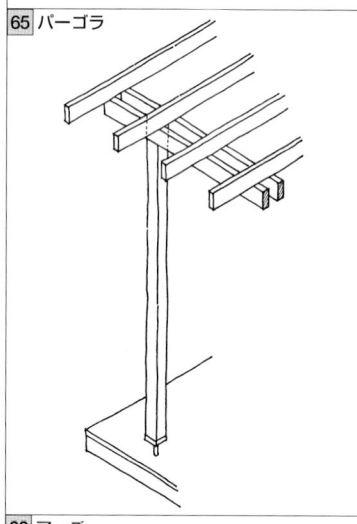

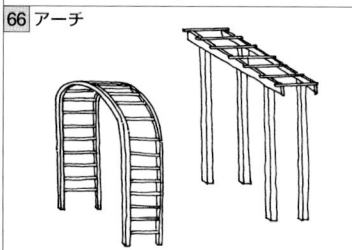

65 パーゴラ

66 アーチ

2
カーポート

建物とは別途に設置する自動車の屋根となる構造物で、アルミ製の既製品を利用することが多い。おもに1台用・2台用に分類され、屋根はポリカーボネート製で、片流れや切妻型、アーチ型などの形態となる。デザインは多少の違いがあるものの、黒、白、ブロンズ、茶などのアルミの柱と梁で構成されるのは共通である。ほぼ同様の形態・仕様でサイズを小さくした自転車用の屋根も製品化されている。アルミと木材を組み合わせたカーポートの既製品もある。

カーポートは道路側から非常によく見えるので、本来は街並の要素としてデザイン的にとても重要なポイントである。アルミ製の既製品は、性能や品質、価格の面ではメリットが大きいが、素材や質感の面では、必ずしもベストとはいえない。

特注になるので価格は少し高くなってしまうかもしれないが、木材を利用してオリジナルで建物とバランスのとれたカーポートをデザインすることも、考えてみる価値はある。この場合、木材は耐朽性のあるものを利用し、屋根にはポリカーボネートを使用する。やはり木部には定期的な塗装が不可欠である。もし屋根がそれほど必要でなければ、屋根なしにするのもひとつの考え方である。

もしカーポートをそれ以外の目的で利用することができれば、屋外空間の有効利用という観点では理想的である。屋根があるため地植えの植栽は難しいが、自動車のないときには、庭とうま

くつなげることができれば、屋根付きのテラスや、物干しスペース、日曜大工の作業スペースなど、多目的に活用することも可能であろう。法的な規制はあるものの、最近カーポートの屋上部分にデッキを敷き、ガーデニング用のスペースとして利用できるシステムも製品化されている。

3
ガゼボ

洋風の東屋（四阿）のことで、屋根を葺いただけの壁のない小屋のような構造物。木製のものが多く、最近は外国からキット製品が多く輸入されている。

ガゼボは建物から離れた場所に設置して、休憩のために利用するのが一般的であり、庭の添景としても機能する。個人の庭に利用する場合は、ある程度広さがないと空間のバランスをくずしてしまうおそれがあるので注意する。狭い庭の場合は、より狭さを感じさせることとなり逆にマイナスである。

木製の場合は、耐朽性のすぐれた木材を用いて、必ず浸透性の塗装を行なうこと。アメリカなどから輸入されるキット製品の場合は、ベイスギが使われていることが多い。

デザインと価格はさまざまだが、屋根に反りのあるものや、手すりに曲線のあるものは高価で、直線の材料を中心に構成されたものはやや安価である。キット製品であっても、基礎はコンクリートでしっかりとつくっておく必要がある（●写真-31）。

4
サンルーム（コンサバトリー）

サンルームは、屋根や壁にガラスをはめこみ、太陽光をふんだんに取り入れた半屋外的な部屋のこと。イギリスではオレンジなど越冬できない植物を育てる目的が主だったため「コンサバトリー」と呼ばれている。

建物と隣接させることが多く、居間や食堂などから直接出入りできるような南側に設置され、庭につながる室内の延長としての機能をもつ。植物を育てることはもちろんだが、友人や家族と食事やお茶を楽しんだり、雨の日の洗濯乾燥室にするなど、多目的に用いることができる。

イギリスなどとは異なって、日本は夏場の暑さが厳しいため、南側にサンルームを設置する場合、日ざしをやわらげる方法をあらかじめ考えておく必要がある。

オリジナルでサンルームをつくる場合は、基礎工事後、土台から柱・梁・タルキと木造の骨組みをつくり、窓を嵌め込み、屋根に合わせガラスやポリカーボネートなどをのせ、木部に塗装をかけると完成する。この場合は大工工事が中心となり、やや建築的な構造物となってしまう。敷地に多少余裕があれば、イギリスなど海外からの輸入品のユニットを利用することもできる。

最近はアルミの既製品でも、ポリカーボネートの透明な屋根をもつパーゴラや、同様の屋根をもち、柱間あるいは柱の内側に設置された開口部を折畳むことによって、全体が開放できるシステムになっているサンルームなど、多様なものが出回ってきている。質感や色彩に関しては検討が必要であるが、現在の日本の施工体制では、このようなアルミ製品のほうが工事依頼がしやすいのも現実なので、いろいろな製品が出てくることはとても喜ばしいことである。

5
物置

庭でハーブや野菜を育てたり、

㉛ガゼボ。

㉜木製の物置。

自転車の修理や日曜大工にいそしむなど、庭や屋外での活動に必要となる道具や資材はけっこう多い。屋外で保管するものの種類や量は一律ではないが、屋外に物置を設置する場合、まずどの位置にどのような形状の物置を設置するか、十分に検討しておくことが必要である。

国内では機能的でコストメリットのある金属製の物置が主流だが、最近では、木製の物置や組立式の物置なども増えている。室内や庭からあまり見えない北側であれば、金属製の物置でまったく問題ないが、かなり見える場所の場合は、庭の自然なイメージとのバランスを崩してしまうおそれがあるので注意する。庭のデザインイメージにもよるが、このような目立つ場所に設置する物置は、木製の質感のよいものにして、逆に庭のポイントとする考え方でもよいのではないかと思う（● 写真−32）。

Ⅵ 水

光の反射、心地よい水音、力強くあるいは美しく流れる水の動きなど、庭において最も魅力的な要素である水を取り入れるのは、とても素晴らしいことである。水を庭に取り入れる形態としては、池、噴水（壁泉）、流れ、滝などがある。まず、どのような形態で水を活用するのかを決定することが大切である。小さい子供がいる場合には、安全性についても十分検討しておく必要がある。

1 池

池をデザインに取り入れる場合、まず庭の広さを前提に、どのような形にするのかを決定する。広い庭であれば、自然風の池でも調和がとれるが、小さな庭の場合は、円や四角など幾何学的な形にしておくほうが庭にフィットさせやすい。庭が狭いと、一般的に矩形の塀や建物など周囲の影響を受けやすく、自然風ということに限界が出てしまう。周囲に自然な植栽を加えると、幾何学的な形の池も大幅に自然なイメージへと変化するのでバランスをとりやすい（● 写真−33）。

防水対策は、コンクリートで池の基盤をつくるのが最も確実であるが、欧米でよく用いられ

㉝円形の池。

67 池の構造と石組護岸

自然石／ごろた石（玉石）／メッシュ／防水シート／コンクリート／捨コンクリート／砕石

68 護岸の種類

草止め／しがらみ／乱杭／切石／玉石／洲浜（ごろた石）

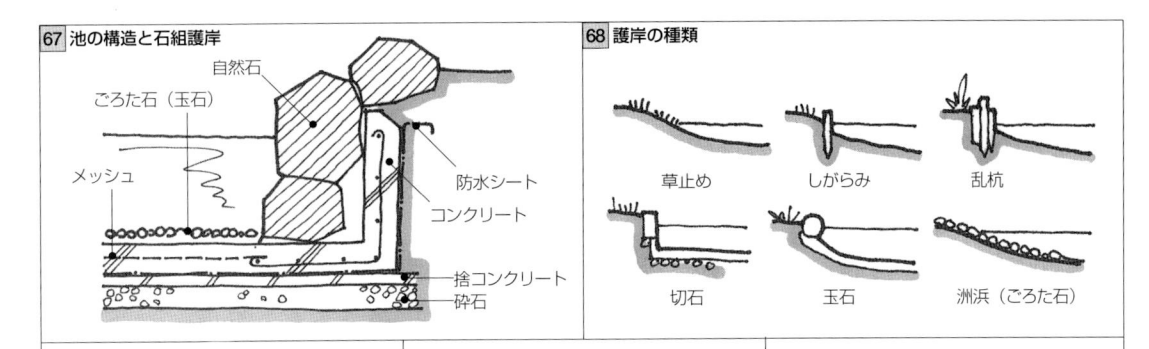

る防水シートを敷く比較的簡易な方法もある。給水・排水を設ける場合は、前者のほうが安心である。既製品のFRP製の池もある。これは施工がしやすいが、形状が決まってしまうためデザイン的な制約がある。

特別な理由がなければ、給水と排水は必ず確保したほうがよい。水の汚れがひどくなったときなども、一度排水して掃除を行ない、新たに水を加えることが簡単にできる。日陰の池では、蚊が発生する原因となることが多いので、池の配置には十分注意する。

池の深さを浅くすると水が透き通って見えるが、池の底もよく目に入るので、塗装したり、玉石を敷くなど何らかの処理が必要となる。反対に深くすると暗く深淵な印象となるので、どちらがよいか考えたうえで深さを決定する。

池で魚を飼ったり、水性植物を育てる場合は、深さを30cm程度とするが、一部を深くするなど、小さくても池の生態系の

バランスを考慮して、生物にとって過ごしやすい環境づくりが必要となる。

池の水際部分（護岸）をどう見せるかも大切なポイントである。石やレンガなどを並べるのが一般的であるが、より自然なイメージに仕上げる場合は、玉石やごろた石などを敷き詰めたり、密に水性植物を植え込むなどの処理を行なう（■図－67,68）。

2 噴水、壁泉(へきせん)

大小にかかわらず、噴水を設置すれば水の動きや音を庭で楽しむことが可能となる。通常は、水道の水（給水）を一度水が貯まる部分に入れ込んで、ポンプ（ウォータークリーナー付き）によって水を吹き上げる（壁泉の場合は、壁面の噴水口まで押し上げて落とす）というシステムが基本となる。

ポンプは、水を引き上げる能力が異なるため、高低差や必要とする水量などについて確認が必要である。また吹き上げる水の形態にバリエーションがあり、どのような造形の噴水にするのかによって、ノズルが変わるので注意

㉞ 小さな噴水。

する。また噴水でも壁泉でも、ポンプを設置する箇所の近くに、必ず電源が必要となる。

小さな庭であれば、噴水も小さめのほうがバランスもよく、小さな池から水が吹き上げるものや、石の穴からちょろちょろ出てくるものなど、デザインによって大きくイメージも変わる（●写真-34）。

壁泉とは、塀や壁面から噴水口を経由して水が流れ出てくるもので、壁面の裏か中に給水管を通して水を通す。噴水口の位置が高いので視線に入りやすく、壁面とともに庭のポイントとして活用しやすい。室内から窓越しに噴水を見て楽しむこともできる。

壁泉の場合も、植栽を加えることによって自然なイメージの構造物となるが、壁面のどこかに穴をあけてそこに植え込むなど、どこにどのように植え込むかがポイントであろう。和風の庭では、水鉢に水を供給する「筧（かけい）」や、静けさの中の音が特徴的な「僧都（そうず）」（鹿おどし）といったような、竹を利用した水の装置も多く用いられている。

３ 流れ、滝

庭に少しでも高低差をつけられるなら、高いところから低いところへ水を流す「流れ」の手法を取り入れることができる。流れには、日本の造園のように自然の渓流を再現するような自然な印象のものと、欧米のような人工的で直線的なものとに大別される。どちらも人工的につくり上げるものであるが、自然な印象の流れをつくる際には、人工的な部分が極力見えないように、石の並べ方や配置などにも細心の注意が必要である。

流れの勾配は0.6％程度であるが、水の動きを見せる場合は3％以上と勾配を少しきつくする。最も低い部分にポンプを設置して、そこから再び最上部の噴水口まで水を引き上げ回転させて水を流すのが基本であるが、勾配や水深、流れの幅や障害物などによって、水の流れ方がかなり変わるので、大まかにでも計算式で流速や流量などを把握しておくことが望ましい。

滝は造園の世界では景観の中心となる要素であり、石の配置や水の落とし方にはいろいろな形式がある（■図-69）。また山の中の滝を演出するために、滝の手前には、カエデや松などの「飛泉障り（ひせんさわり）の木」を、背景にはマツ、ヒノキ、カシなど「滝囲いの木」を配置して少し暗い印象にする。

４ 水場

池や噴水などを設置するのが難しい場合は、庭の景観上、目に入りやすい位置に水栓を設け、「水場」という位置付けで水栓廻りをデザインし、ひとつのポイントとする考え方もある。その場合には、木材で囲ったり、レンガや石などを積み上げるなど、デザインはさまざまであるが、まず周囲の景観と調和することを考えることが大切であろう。

69 滝の種類

段落　　伝い落　　布の落　　分れ落　　離れ落　　流れ落　　糸落

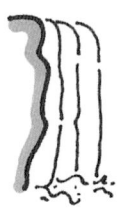

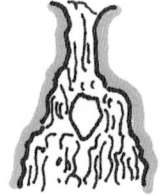

Ⅶ アウトドアキッチン

庭でバーベキューや食事、お茶を楽しむ生活は、日本ではまだまだ少ない。しかし気持ちのよい季節に外で食事を楽しむのは、やはり心地よいもの。コンロやシンクがあれば、より快適なアウトドアリビングが実践できる。

1 バーベキューコーナー

バーベキューを頻繁に行なう家庭では、庭に固定式のバーベキューコンロを設置することがある。機能面だけでなくそれが庭のポイントになるケースもある。

一般的にはレンガや石、ブロックなど不燃の材料を積み上げてつくることが多い。木炭と網をのせるところをつくり、掃除がしやすいようにしておく。作業スペースを兼ねるため、使いやすい高さに設定することが大切。極力隣地に迷惑のかからない位置に配置するのが望ましい。数人で利用することが多いため、周囲には多少スペース的な余裕が必要となる。

2 シンク、カウンター

バーベキューやパーティー用に、シンクと水栓、収納スペースなどを伴った屋外用のカウンターを設けると非常に便利で、庭の利用方法も広がる。

かがまずに立ったまま作業ができるので、カウンター上のシンクの場合は食器や野菜などが楽に洗える。バーベキュー用の炭や道具類なども収納できると効率的である。

㉟ バーベキュー炉。

Chapter 2 ガーデンデザインの実際——資材の選択とデザイン

VIII 添景物

添景物は、おもに2通りの方法で用いる。ひとつは、庭の中心や通路の正面、あるいは少し正面をずらしたポイントなど、特に目立つ部分に配置して、景観の中心として利用する方法。フォーマルな庭では最も一般的であり、その添景物の影響は強い。

2つめは、このような目立つ箇所でなく、木の足元や灌木の裏などに配置させて、景観に溶け込ませて利用する方法。こちらはちょっとした驚きや楽しみの演出ができ、特に自然な印象の庭をつくる際に適した方法である。このように添景物を用いるときには、配置が重要なポイント。植物や構造物、舗装など背景とのバランスに気をつけながら、最も安定して美しい位置・向きで設置することが大切である。

また、その大きさについても注意しなければならない。小さい添景物を大きな空間に配置させてもあまり効果が得られないし、その反対に小さな空間にあまり大きな添景物を配置させるとバランスを崩したり、空間を極端に狭く感じさせたりする。その空間に適したサイズの添景物を選定することも大切なポイントである。

1 石製、陶器類

和風庭園で用いる添景物には、単体で配置されるさまざまなデザインの「手水鉢(ちょうずばち)」や、茶室に縁が深く、手水鉢と石を配して構成される「つくばい」、本来は照明を目的とした大小・形状さまざまな「石灯籠」などがあり、他にも石塔や石仏など、石を利用したものが多い（● 写真−36）。

しかし最も典型的な和風の添景物は、自然石や加工石を用いた「石組み」であろう。これは添景物であると同時に庭全体の骨格ともなりえる重要な役割を担う。

洋風の庭園で用いる石の添景物は、彫刻や日時計、ポット、バードバスなど。フォーマルなスタイルの庭であれば、古典的なデザインの日時計やポット、バードバス、あるいは人物の彫刻などが一般的であるが、日本の個人の庭では、周辺環境とのバランスを考えると、あまりにフォーマルな添景物（例えば人物の彫刻など）は、場合によっては少し滑稽に見えてしまうこともあるので、注意深く検討する。モダンな庭やナチュラルな庭においては、日時計やポット、バードバスなども、より自由なデザインのものを選ぶことが可能だし、自

㊱石製の灯籠と手水鉢。　㊲木製ベンチ。

由な発想で自由なものを配置させることで庭づくりにもより愛着がわくものである。

和洋どちらでも添景物として利用できるものに、鉢や壺などの陶器類がある。適当な大きさでデザインのよいものであれば、植物を植え込まなくても十分に庭のポイントとして利用できる。素焼きかどうか、仕上がりの色や雰囲気、形状など、その特徴によって庭のイメージに合うか検討する必要はある。

2
木材、樹脂、金属物ほか

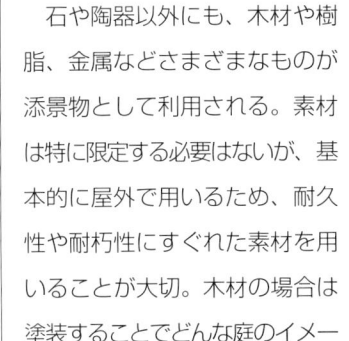

石や陶器以外にも、木材や樹脂、金属などさまざまなものが添景物として利用される。素材は特に限定する必要はないが、基本的に屋外で用いるため、耐久性や耐朽性にすぐれた素材を用いることが大切。木材の場合は塗装することでどんな庭のイメージにも調和させやすいが、樹脂や金属の場合、その質感や形状が庭のイメージに合うかを確認しておく必要がある。

3
テーブル、チェアー、ベンチ

テーブルやチェアー、ベンチなどの家具は、複雑にからみ合う庭の植栽や構造物などとは異なり、まったく独立した存在なので、ガーデンデザインとはあまり関係のないように思いがちだが、実は庭のイメージを大きく左右する重要な要素である。家具によって大きくイメージが変わるので、庭のコンセプトやイメージを念頭に、どのような家具がこの庭に適しているのかを検討することが大切である。

家具のおもな素材は、木材・金属・樹脂など。木製の家具は、自然素材の味わいを持ちながら、塗装によってさまざまなイメージに変化させることもできる。屋外用なので、チークやベイスギなどが使われることが多いが、自分でつくる場合は木材の樹種に注意が必要。

金属製の家具は、デザインにもよるが、モダンな庭やフォーマルな庭に調和しやすい。ただし、やや装飾過多なクラシック調の家具は、全体のイメージを崩すこともあるので、よく吟味して選定する。

樹脂製の家具は、耐朽性にすぐれているのでメンテナンスの必要がなく手間がかからない。ただデザイン性や人工的な質感に問題があり、自然な印象の庭づくりを目指している場合には、あまり適さない。

サイズも重要で、庭がそれほど広くない場合には、折り畳み敷きのチェアーやテーブルなどを利用すると収納できて便利である。ベンチは、機能だけでなく庭のポイントとして用いることも少なくないので、サイズはもちろん、配置についても検討が必要である（● **写真-37**）。

Ⅸ コンテナ

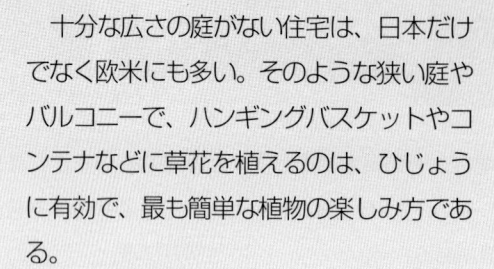

十分な広さの庭がない住宅は、日本だけでなく欧米にも多い。そのような狭い庭やバルコニーで、ハンギングバスケットやコンテナなどに草花を植えるのは、ひじょうに有効で、最も簡単な植物の楽しみ方である。

1 コンテナ

植物を植えるための器であるコンテナには、さまざまな種類がある。最も一般的なものは、テラコッタ（素焼きの鉢）であろう。ほかには陶器製や、樹脂製、金属製や木製、石やコンクリート製のものもある。

コンテナの種類は庭や建物のイメージにあわせて選ぶとよいが、歩くスペースもないようにびっしりとたくさんのコンテナを並べるのは、あまり好ましくない。植物を含めた大きさのバランスや素材の統一感を確認しながら、適度な数量のコンテナを配置するとまとめやすい。何よりそこでくつろぐ住まい手にとって快適な空間となるであろう。

寄せ植えの大きなコンテナや、コンテナを中心に構成した空間のことを「コンテナガーデン」とよぶ。コンテナは植替えたり、移動させるのが簡単なので、狭い空間や日当たりの悪い庭、土のないバルコニーやルーフバルコニーなどに用いるのが便利だ（●写真-38）。

ウインドーボックスはおもに道路側に面した窓下に設置する四角いコンテナのことで、草花などの植物をともなって、街並に彩りを添える重要な要素として、欧米では広く認識されている。

2 ハンギングバスケット

壁に固定した金物や、天井、あるいは樹木の枝などから、植物を植えこんだバスケットを吊り下げて楽しむ方法で、自由なところにかけて楽しめるところに最大の特徴がある。欧米では一般的に玄関ドア横の外壁面や、バルコニー、パーゴラなどで利用することが多い。小さな庭や玄関先、バルコニーなど、狭く暗い空間であっても、植物を植え込んで楽しむことができ、視覚的にも変化のある緑を楽しむことができる。

一般的なハンギングバスケットは、軽い半球形の金属フレームからできており、インナー（土がこぼれないように、鉢の内側に敷くもの）がある場合はそのまま、ない場合はそこにミズゴケを敷きつめ、土を盛る。壁据え付け型のハーフバスケットと呼ばれるものは、壁面側が平坦になっているので、壁面にぴたっと取り付けられる。ハンギンバスケットは水の乾きが早いので、夏場など特に水やりのタイミングに注意が必要である。

㊳デッキにつくったコンテナガーデン。

X 電気設備、給排水設備

電気や給排水設備は、庭の計画において最も専門性の高い分野となってしまうが、機能上避けて通れないので、デザインするうえで最低限知っておくべき事柄について述べる。

1 電気設備

照明、コンセント、インターホンなどが、庭に含まれるおもな電気設備である。それぞれの位置と製品、配線経路などについて、計画しておく必要がある。

■照明設備

◆照明計画◆

照明は、ただ単に夜間、室内から庭を見て楽しむためのものだけではなく、玄関や門扉まわりに配置して、安全に通行できるようにする、あるいは夜間の来客が表札やインターホンを容易に確認できるようにするため、防犯上の目的や、テラスでのバーベキューパーティー用、樹木のライトアップやクリスマスのイルミネーション用など、目的はさまざまである。

照明計画は、まずどこのエリアをどのように、どの程度明るくするのかを考えることからスタートする。全体をボンヤリと明るくさせたいのか、一定の箇所だけ明るく照らしたいのか、どこから照らすのかということで、選定する器具や配置が変わってくる。

また店舗など特殊な場合でなければ、外部空間は極端に明るくする必要はなく、少し暗い程度のほうが落ち着く。庭を極端に明るくしたり、光が隣地側へ向いている場合は、光害となる恐れがあるので注意する。

光源がまともに目に入ってくるタイプの照明器具（ほとんどがこのタイプ）の場合、光源が明るすぎてその周囲が見えにくくなるケースもあるので、その特性を十分ふまえておくことが大切。間接照明のように、光源は見えず、植栽や舗装、壁面などがぼんやり明るく浮き上がっているほうが、対象物が美しく見えて理想的である。

通常は地面に配管（配線を保護するもの）を埋めて、そこに配線を通して照明器具を設置していく。建物が完成した後やリフォームの際、土中に通せない何らかの理由があったり、外壁の高い位置にブラケットなどを設置する場合には、配線が露出してあまり美しくないので、あらかじめ経路を確認して極力露出配線を少なくすることも大切である。またスイッチをどこに設置して、どの器具を操作するのか。ひとつだけなのか、すべての器具を一度に操作するのか、といったシステムについても、使い勝手を考えて検討しておく必要がある。

◆照明機具の種類と選択◆

庭で用いる照明器具はおおまかにガーデンライト、ブラケット、スポットライト（壁付け/差し込み）などに大別されるが、基本的に屋外で使用するので、防雨型か防湿型の器具から選ぶ必要がある。

ガーデンライト 庭に差し込み、

庭をボンヤリと明るくするタイプの照明器具で利用頻度は多い。庭の植栽の中などに設置するので、明るすぎる光源の場合は見え方に注意すること。

ブラケット　室内と同様に、壁面に設置するタイプの器具のこと。さまざまなタイプのものがある。あまり高い位置につけると電球の交換が大変なので注意する。

スポットライト　ある対象物や一定のエリアを明るくするために用いる器具で、向きを変えることができ便利である。地面に差し込んで樹木や壁面などをライトアップしたり、建物の壁面に設置してテラスのあたりを集中的に明るくするといった利用法がある。大きな樹木を本格的にライトアップする場合には、大きめの容量をもつ器具が必要になるので注意する（■図-70）。

センサー付きの照明器具　人が近くに寄るとセンサーが反応して照明がともる。これは門灯やガレージ近くに設置して、帰宅時にスイッチなしで明るくできるという利用法が一般的であるが、防犯用に利用することもある。

ランプの種類　照明器具に用いるランプには、白熱電球やミニクリプトン電球、レフ電球、ビーム球などの白熱灯と蛍光灯がある。太陽と同じ原理で発光する白熱電球は、光の色に暖かみがあり演色性がよいが、エネルギー効率が悪く、寿命も短い。

白熱電球は欧米の住宅では今でも非常に多く利用されているが、日本の住宅では最近蛍光灯が主流になりつつある。放電の原理を利用した蛍光灯は、発光効率がよく寿命が長いが、演色性に劣り、住宅には少し不向きなところもあった。近年蛍光灯でも電球型で電球色のものなど、バリエーションも増え、演色性も改善されたため、蛍光灯が今後も多く利用されるのではないかと思う。

■**コンセント**

屋外に設置するコンセントは、下部から差し込むスタイルの防水型コンセントとよばれるものを選ぶ。パーティー用の補助的な照明器具や、日曜大工の工具用、自動車の掃除用、屋外に設置する電気器具（ごみ処理機）など、必要に応じて位置や数量を決定する。噴水を設ける場合にも、ポンプやクリーナー用に電源が必要なので注意する。室内配線ができれば、スイッチを利用してそのコンセントをON/OFFすることも可能。

■**インターホン**

玄関から門扉まわりも計画に含まれる場合、来客用のインターホン子機をどこにどのように設置するかをしっかりと計画しておくことも大切。建物の外壁面にすでについていればそのまま問題はないが、まだ設置してない場合、室内のインターホン親機からどこに配線がきているかを確認して（玄関付近の外壁などにボックスでついていることが多い）、そこから土中を経由して、門柱や塀など計画している構造物のところまで配管（配線）する。最近はカメラ付きのインターホンも多いので、し

| 70 | 照明器具の方式 |

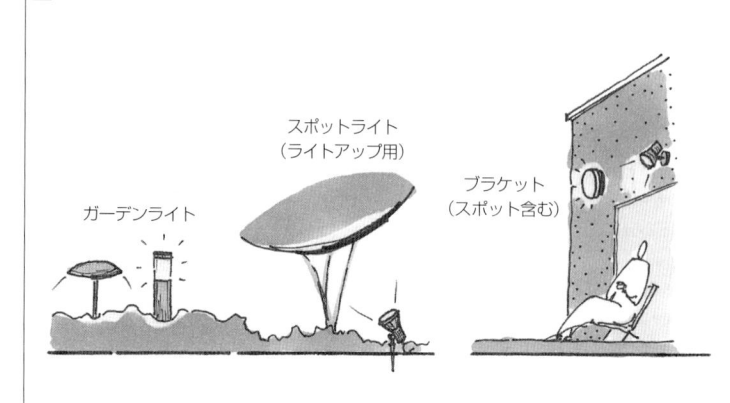

ガーデンライト　スポットライト（ライトアップ用）　ブラケット（スポット含む）

っかりと画面に来客の顔が写るよう設置高さに注意する。

2
給排水設備

■給水設備

どんな庭であっても、少なからず植物は植える。その場合、灌水用の水栓は不可欠である。外壁面の水栓や、立水栓形式で地面上に設置されているケースが多い。駐車スペースであれば、水栓を舗装面に直接埋め込んでスペースを有効に利用する散水栓ボックスのような形で設けられていることもあるが、これは少々使いづらい。

まず、庭のどこにどんな形態で給水栓が設置されているかを確認し、使い勝手において特に問題ないようであれば、そのままの位置で利用する。位置があまり適していなければ移設する。水は室内と同様に給水管を経由して供給されているので、給水管を土中で延長すれば、基本的に敷地のどの位置にも給水栓を設置することは可能である。

■排水設備

屋外であっても給水栓を設置しているところには、必ず排水設備が必要である。

排水はまず目皿(めざら)などから排水管に入り、排水桝を数カ所経由して、敷地内の最終枡へ至り、そこから道路内の公共の下水管へと排出される。

排水管の経路上では、樹木を植えようとしても、排水管の埋め込み深さが浅く、根鉢の邪魔になって植えることができない場合がある。そのため建築の設備図であらかじめ経路を確認し、点在する枡の位置から排水経路を予測しておくことも計画上必要なことである(このほかガス管や給水管、電気設備の配管などの埋設物にも注意する)。

問題が発生した場合には、排水管の経路を少し変えることもできなくはないが、大がかりな工事となってしまうこともあるので、根鉢を小さいものに変えるなど、植栽計画で対処するほうがより現実的である。

■排水枡の美観対策

枡は排水管の途中に設ける「ためます」のことで、屋内からの排水中に含まれる固形物の除去や定期的な掃除、メンテナンスなどを目的として設置する。庭や駐車スペースのコンクリートや塩ビの枡蓋は、美観をそこなうことがある。この場合、周囲が舗装仕上げの場合は、フロアーハッチとよばれる金物を利用すれば、金属枠以外の蓋表面は、舗装と同じ仕上げを施すことができるので目立たなくなる。

庭に枡蓋が目立つ場合は、周囲を植栽してもポッカリ穴があいてしまうので、砂利などをかぶせてカムフラージュするか、逆にコンテナやポットをそこに配置してひとつのポイントとして活用するという前向きな対処法もある。枡は排水経路で何かあったときに蓋をあけてメンテナンスするためのものなので、その上を完全に舗装などでカバーしないこと。

「格子枡」は枡蓋が鉄製の格子になっていて、蓋の上部に落ちた水が直接排水されるしくみになっている。庭に給水栓を設置する場合、この格子枡を給水栓下に設置して、排水に利用することがある。あまり美観的にすぐれているものではないので、格子枡の上にごろた石などを並べてカムフラージュすることもある。

地下水を確保し自然環境を保全するために、雨水は極力敷地内で土中に浸透させようという運動がある。敷地内で雨水を浸透させるには浸透枡を用いる。これは土中に穴を掘って砕石や砂利など入れ、水が浸透しやすい構造にした枡のこと。雨水のみに利用し、自治体などで助成を行なっている場合もある。

Chapter 2 ガーデンデザインの実際──資材の選択とデザイン

C 植栽植物の選定とデザイン

湯浅 剛（アトリエ六曜舎）

I 造園植物の種類と特徴

　日本は南北に長い国土をもち、気候も多様で雨も多いことから、生育している植物の種類は非常に多い。だが、造園用に利用される植物（造園植物と呼ぶ）は、基本的に生産者によって生産されているものとなり、限られたものしか流通していない。

　最近はガーデニングブームなどの影響で、海外から新しい植物が多数導入されるようになり、造園植物の種類も以前より増えてきているが、植物本来の原産地が多様になってきているので、扱いには十分注意が必要である。日本で自生している植物は、気候風土が適しており、最も育てやすい植物といえる。

　この項では、造園植物をその形状や用途などにより分類し、それぞれの特徴を述べる。

［学名］について

　植物には日本で一般的に使用されている「和名」以外に、学名（ラテン名）と呼ばれる世界共通の植物名が存在する。例えばイロハモミジ（和名）は学名ではAcer palmatumとなる。Acerは属名を（カエデ属）、palmatumは種名を示す。またイロハモミジの園芸品種であるノムラモミジは、学名でAcer palmatum cv.sanguineumとなり、cvは園芸品種を意味し、sanguineumが品種名となる。和名が異なる場合でも、学名の最初の属名が共通であれば、同種であることが容易に判断でき、学名を理解することは、正確に植物を理解する早道である。

　またイギリスやアメリカなどの英語圏で一般的に用いられている呼び名は英名と呼ばれ、学名と混同しやすいので注意する。

1 造園樹木

　庭や公園、その他さまざまな用途の造園工事に用いられる樹木のことを造園樹木とよぶ。特に公共工事で大量に用いられる樹木は「緑化木」とよび、性質が強健で多量に安定した流通が行なわれているため樹種は限定される。そのほかの造園樹木は観賞価値のある庭木と呼ばれる。

　造園樹木は次に示す特徴にもとづいて分類される。

針葉樹・広葉樹・特殊樹　葉の形態によって、針葉樹と広葉樹、タケ・ササ類とヤシ類などの特殊樹などに分類される。

　特殊樹のなかのタケ・ササ類は、日本的な庭やモダンな庭に取り入れると、非常に魅力的で多様な効果を得ることができる。ただし地下茎によって旺盛に伸びるため、隣地への影響が予測される場合は、あらかじめ対処が必要である。生長後に稈の皮が落ちるものをタケ類、生長後も皮がついているものをササ類と区別している。おもなものにマダケ、モウソウチク、ナリヒラダケ、クロチクなど。クマザサやコクマザサ、オカメザサ、チゴザサなど背の低いものは、地被植物としてよく利用されている。

　特殊樹のなかでも、ヤシ類や

ガーデンデザインの実際 ——植栽植物の選定とデザイン

ユリ科の植物など暖かい地方の植物は寒さに弱く、本州中南部までが北限となるものが多い。南方系のイメージの庭づくりには、これらの植物を用いるとひじょうに効果的であるが、あまりに凝り過ぎると、周辺の街並と違和感を生じてしまう恐れがあるので、注意が必要である。

常緑樹・落葉樹・半落葉樹 年間を通じて葉をつけている「常緑樹」と、冬季に葉をすべて落とす「落葉樹」に分類される。しかし、一定の気温をさかいに冬季に半落葉状態になってしまうものもあり、同じ樹種でも地域によって異なる。

陽樹・陰樹 太陽光に対する適応力によって、太陽光が十分に当たらないと育たずに枯れてしまう「陽樹」と、日陰でも生育する「陰樹」とに大別される。陰樹は日陰でなければ生育しないというわけではなく、ほとんどのものは太陽光のよく当たる場所でも生長する。

高木・中木・低木 植栽計画のなかで最も重要なのは、生長後のサイズによって分類する高中低木の分廻。庭に用いる樹木の植栽時のサイズとしては、低木は300〜1200mm程度、高中木は1200〜5000mm程度の高さのものを用いることが多い。

樹木は庭で最も存在感のある要素であるため、生長後の大きさに注意が必要である。数年先にどの程度の大きさになるのかをあらかじめ念頭において、植栽計画を行なわなければならない。

特に狭い庭で高中木を取り入れる場合は、生長が早いものや、生長後に大きくなりすぎるものは避けたほうが無難である。庭の場合は生長しても5〜15m程度である中木を中心に選択すると、バランスよくまとめやすい。

また低木は、高中木の足元を彩る要素として、あるいは草花類の背景として大切な役割を担う。密植や列植して、刈込み剪定されることも多い。

2
造園用草花

造園用に用いられる草花は、おもに一・二年草と宿根草、球根類に分類される。鉢植えや観葉植物などを含め、多くの草花類が市場に出回っているが、実際に庭に地植えで利用できる草花類は、日本特有の夏の暑さ、冬の寒さに耐えて生育できるものとなり、種類が限られてくる。草花類を計画に盛り込む際には、ある程度管理に手間がかかると考えておいてほうがよい。

宿根草 一度植えると長年にわたって生き続け、毎年開花から結実する草花のこと。常緑性のものと、冬は地上部が枯れて地下茎で生き延びる2通りがある。

宿根草は一般的に野生種に近いものが多いため、その土地の気候風土に合ったものであれば非常に育てやすく、反対に条件のそろわないところでは、生育がやや難しい傾向にある。

一・二年草と違って、基本的には植え替えの必要がなく、環境条件さえ合っていれば毎年花を楽しむことができる。

庭をデザインするときに、草花類を導入する場合には、これらの宿根草を中心に選定・配置させることが多い。在来の宿根草にはグランドカバーとして利用されているものも多く、ひじょうに強健で育てやすいため、導入のリスクも少ない。花の美しい宿根草には冬枯れするものが多いので、常緑のものを増やすなど、冬場の景観に何らかの配慮が必要となる。

一・二年草 種子をまくと1〜2年以内に発芽・生長・開花・結実までを行ない、その後枯れてしまうタイプの草花のことを一・二年草とよぶ。一般的に一・二年草は、強健で花期も長いので、育てやすい草花である。明るく鮮やかな色調の花を咲かせるものが多いので、花壇の彩りをいっそう際立たせ、色彩のポイントとなるなど、色彩の計画上とても有効な植物である。

ただし過度に多種類の色のも

のを植え込んだり、背景となる葉の緑をあまり取り入れなかったり、花色の組み合わせを誤ると、かえって調和を乱しバラバラでうるさい印象のエリアになってしまう可能性もあるため注意が必要。

一・二年草は基本的には植え替えを前提とするため、住まい手の希望にもよるが、ある程度までは宿根草をベースにしながら、ポイント的に適宜一・二年草を加えるという方式がまとめやすい。一・二年草は、地植えでなくおもにコンテナなどに植えて、庭に彩りを加えるという考え方もある。

球根類 宿根草の一部に含まれるが、茎や根の一部が肥大して養分を蓄え、一定の休眠期間ののちに発芽し、生育を続ける草花類を球根類とよぶ。スイセン、チューリップ、ユリなどの秋植え種と、カンナ、ダリアなどの春植え種とに大別される。球根類の中には掘りあげを行なわないでも数年花を咲かせるものもあり、その場合は宿根草と同じ扱いで計画に取り入れることもできる。

地被植物（グランドカバー）

植物学上の分類ではなく、あくまで用途本位の呼称である。地表面を迅速かつ確実に葉で覆い隠す植物の総称で、丈が低く強健なことが条件となる。芝生を形成する強健な芝草と、観賞価値がある草本類・木本類・笹類・つる植物などの下草に大別される。

最近では庭にかぎらずさまざまな用途の造園に用いられるようになり、ますます利用頻度は増える一方である。強健なものが多いので、庭の管理が期待できない場合などには、多少の彩りを加えるものとして有効である。

下草 下草とは樹木の足元などに植える背の低い草本類という意味で用いられてきたが、現在では芝生以外のグランドカバーとして、平坦な土地だけでなく、法面などの地表面や構造物の壁面など、垂直面でも密に緑で被覆する植物として利用されており、その利用範囲はかなり広い。

リュウノヒゲやヤブラン、フッキソウやギボウシ、ツワブキなど、日本在来の植物は、強健で日陰にも強いものが多い。また乾燥に強いセダム類などは最近の屋上緑化において最も利用されている。このほか強健な草花類や、アイビーなどのつる植物もグランドカバーとして広く利用されている。

芝生 芝生は、芝草類を用いて地表部をカバーし、一定の高さに刈り込んで管理されているエリアのことをさす。芝草類には古くから日本に自生していた日本芝と、明治以降に欧米から入ってきた西洋芝やダイカンドラなどがある。

日本芝はイネ科シバ属の植物で、夏はよく生長するが冬には生育を休眠するため褐色に枯れてしまう。このような芝は夏型芝とよび、強健で病虫害にも強く、踏圧に対しても耐久性があり、管理は比較的容易である。ただし1日あたりの日照が4〜5時間程度必要となるため、日陰地での生育は難しい。

日本芝の代表的なものには、葉幅の広いノシバ、葉幅の狭いコウライシバなどがあり、張芝形式となる。庭に最も適しているのは、ヒメコウライシバである。

西洋芝はイネ科の牧草の中でも芝生に向いている種類をさし、通年緑を保つところに特徴がある。このような芝は冬型芝とよび、日当たりの悪いところでも生育し、種子で増やせるため、広い範囲での芝生に向く。だが、草丈が高く刈り込みの回数が多くなり、夏の高温多湿に弱く病害虫が多いため、管理に手間がかかり、北海道などの冷涼地を除き利用頻度は小さい。

西洋芝の代表的なものには、北海道では最も一般的で、ゴルフ場のグリーンなどにも利用されるベントグラス類、ブルーグラス類、フェスク類、ライグラス類などと、唯一冬枯れする暖地向きの

バミューダグラス類などがある。

ダイカンドラはヒルガオ科に属する多年草で、寒さには弱いが、日陰や湿地でも育ち、関東以南では芝生としても利用できる。

4
つる性植物

グランドカバーとしても頻繁に利用されているつる性植物であるが、登はんして伸びる特性を利用した壁面緑化が最近ではさまざまな分野で注目されるようになった。庭の活用法は種々あるが、一般的には、パーゴラにフジを絡ませたり、アーチやゲートにつるバラを這わせる、フェンスにモッコウバラやクレマチスを這わせ

㊴小さな池の植栽事例。

71 つる植物とラティス

るなど、観賞を目的とすることが多い。

登はんする方式は、吸着によって壁面を直接登はんできるツタ類やヘデラ類、イタビカズラ類と、巻きつるによってラティスやフェンスなどの構造物に絡みついて登はんするその他のつる植物に大別される。ツルニチニチソウなどは登はんしないので、ベランダや窓辺から下垂させて利用する。

また、つる植物は垂直に伸びていくので、狭いスペースを有効利用できるメリットがある。例えば敷地境界線と建物との間に十分なスペースがなく、プライバシーを守りたいが、生垣では幅をとってしまい難しいし、無機質な塀やフェンスではいまひとつ、といった場合に、木製の格

72 水生植物と水深

子フェンスにつる植物を這わせ薄い緑の壁をつくればよい。常緑であれば年間を通してプライバシーも確保される（■図-71）。

つる植物を選定する際には、常緑か落葉か、花が咲く必要があるかどうかなどを確認する。

5
水生植物

水中で生育するもの、水面で生育するもの、水際で生育するものなど、水深や土壌の条件などによって生育する植物の種類は変わってくる。自然な水際の植生を考えると、極端に多種類の水生植物は取り入れず、シンプルに構成するほうがうまくまとまる。スイレンやハスなど葉の広がるタイプのものと、ハナショウブなど垂直に葉をのばすものなど、異なった形のものを組み合わせながら、植物と水面とのバランスをみて量を決めるといよい。（■図-72, ●写真-39）

ガーデンデザインの実際 —— 植栽植物の選定とデザイン

II 植栽デザイン

花や実、大きさや形、質感、色彩、四季の変化など、植物のもつさまざまな特徴を理解し、バランスよく配置することが、植栽デザインの大切なポイントである。

1 庭のイメージと目的

植栽計画をスタートする前に、まず庭のイメージと目的を明確にしておくことが大切である。イメージに合い、目的に基づいた植栽の選定と配置を行なう。イメージや目的が絞り込まれていない段階で先行して植栽計画をすすめると、バランスが悪い、使いにくいなどといった問題が生じる可能性もある。

まず庭の目的について考えてみる。例えば「ガーデニングを楽しみたい」という庭の場合には、ある程度住まい手の管理が期待できるので、植物にも多様なものが取り入れられるだろうし、草花類をかなり採用しても問題ないだろう。「植物にはあまり興味はないが、外で友人とパーティーを楽しみたいし、子供たちを芝生で遊ばせたい」といった希望の庭の場合は、植物の量を少し控えめにして、テラスの面積を広くとり、テラスと芝生を中心とした庭という構成が適しているかもしれない。このように庭の目的によって、植栽についての考え方も大きく変わってくるのである。

また庭のイメージに関しては、例えば自然な雑木風の庭であれば、株立ちの雑木を中心にしながら、足元には自然な印象の低木や草花類などを配置させる。和風の庭であれば和風の、イギリスのコッテージガーデン風であればそのイメージに合った植物を選ぶといったように、多少認識に個人差はあるものの、庭のイメージから派生する植栽計画はデザイン上とても大切な要素である。

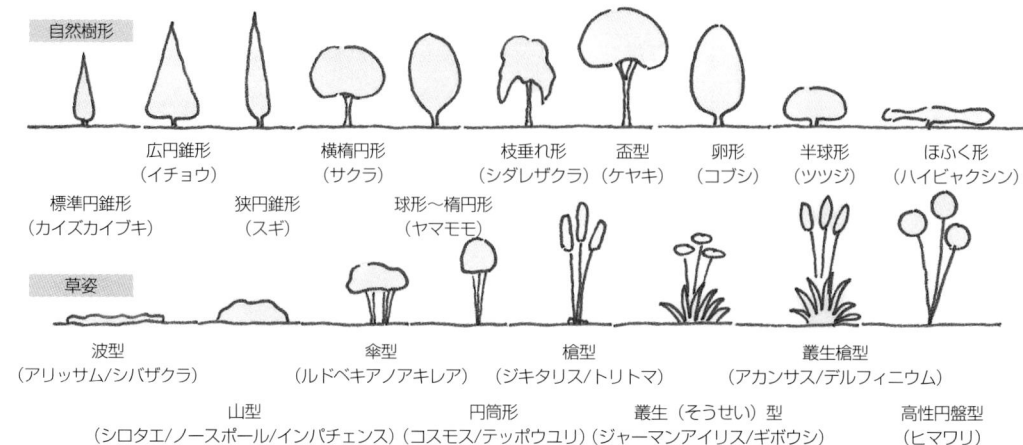

73 樹形と草姿

自然樹形
- 標準円錐形(カイズカイブキ)
- 広円錐形(イチョウ)
- 狭円錐形(スギ)
- 横楕円形(サクラ)
- 球形〜楕円形(ヤマモモ)
- 枝垂れ形(シダレザクラ)
- 盃型(ケヤキ)
- 卵形(コブシ)
- 半球形(ツツジ)
- ほふく形(ハイビャクシン)

草姿
- 波型(アリッサム/シバザクラ)
- 山型(シロタエ/ノースポール/インパチェンス)
- 傘型(ルドベキア/ノアキレア)
- 円筒形(コスモス/テッポウユリ)
- 槍型(ジキタリス/トリトマ)
- 叢生(そうせい)型(ジャーマンアイリス/ギボウシ)
- 叢生槍型(アカンサス/デルフィニウム)
- 高性円盤型(ヒマワリ)

Chapter 2 ガーデンデザインの実際 —— 植栽植物の選定とデザイン

2 植物の形と大きさ・組合せ

植物、とりわけ樹木は、庭空間の質を左右する重要な要素となる。塀や舗装などによって大まかに構築された空間は、その後に配置される植栽によって、大きく様子が一変する。樹木の大きさ、数量、形、そしてそれらの組み合わせは、庭空間における最も大きな骨格を形成し、のちのち変更を加えにくいことから、当初の計画が非常に重要な意味あいをもつ。

樹木のレイアウトを考えるときにポイントとなるのは、自然樹形である。樹形はそれぞれ樹種によって異なりサイズも千差万別であるが、大きく分類すると図73のようになる。庭を空間として考える初期の段階では、まずこのような樹形の概念図をもとに、大まかな組み合わせを考えることが、イメージづくりに役立つ。

高中木の場合、生長が良ければ、考えていたよりも大きくなることもしばしばある。雑木林風の場合はそれなりに樹木の本数も必要だが、概して小さめの庭の場合は、高中木は若干少なめにしておくほうが、長い目でみるとまとまりやすい傾向にある。

低木は、球形にちかいものや、ほうき状になるものが多いが、思いのほか大きくなりすぎたり、イメージの大きさにいたらないなどの問題のないよう、生長後のサイズについてあらかじめ確認しておくべきである。

草花類などは、単体では庭空間全体に大きく影響を及ぼすことは少ないが、樹木と同じように図73にあるような草姿の典型的な形をイメージしながら、レイアウトや組み合わせを決めていくと、まとまりのある植栽空間をつくることができる。

イギリスで一般的な「ボーダー（境栽）花壇」は、20世紀初めジェイキル女史によって、色彩の組み合わせだけでなく、植物のもつ高さや形といった特徴も見事にバランスよく組み合わせて完成した花壇の手法である。場合によって彼女は低木などもボーダーに取り入れた。草花類との組み合わせで、背景のボリュームとしてバランス上不可欠だと判断したからである（● 写真-40）。

植物本来のもつ形（葉や全体）や、人の手によってつくられたが形が特徴的な植物のことを、アーキテクチュアルプランツ（建築的な植物）とよび、特化させてデザインに利用する考え方がある。退屈な印象の庭に、イメージを乱さない範囲でニューサイランやユッカなど、もともと特徴的な形をもつアーキテクチュアルプランツを加えると、それがひとつの景観上のポイントとなり、空間が引き締まる効果が期待できる。

また人の手によって形づくられたトピアリーや生垣なども、意図的な配置によっては、同じような効果をもたせることが可能。規模は大きいが、ベルサイユ宮殿に代表されるフランス式庭園では、幾何学的な形に刈り込まれたイチイを、花壇の重要な位置に配置し、デザイナーの意図したであろう緊張感を効果的に生み出している。ただし植物本来の形ではないので、当然のこ

⑳ボーダー花壇。

74 アーキテクチュアルプランツ

となりながら人間の手による管理が必要である（■図-74, ●写真-41）。

色彩・質感・芳香

■**色彩**

基調の色彩の選定　植物の緑、花や実の色、塀や舗装の色、建物の色、家具や鉢の色など、庭で見られる色彩の要素はさまざまである。庭を落ち着きのある快適な空間とするには、色彩計画にも十分注意を払わなければならない。

最も大切なのは、まずそこの住まい手の好きな色を知ること。極端な色でなければ、ひとつのテーマカラーとして、庭の構成要素に取り入れていくと、住まい手が満足できる庭づくりができるであろう。ただし周囲との調和を同時に考えなければ、決して快適な庭とはならない。建物の色とのバランスはどうか、室内の壁や家具などの色と違和感はないか、そして「街並」に対し

㊶アーキテクチュアルプランツ。

て調和しているか、デザイナーは必ずそこまで考えた上で計画をすすめていくべきである。

植物の色彩を考えるにあたって、その庭がどのようなイメージの庭であるかを考える必要がある。和風や自然な雑木林風の庭であれば、おそらく樹木と葉物の地被類中心に構成されることになり、色は緑がほとんど、秋の紅葉や花木と地被類の花色がポイントして加わる程度である。逆にイギリスの田舎の庭（コテージガーデン）であれば、さまざまな花色の草花が咲き乱れるイメージとなり、草花類の色彩計画がとても重要となる。

庭に草花類を取り入れ、花の色をテーマとして庭を構成する場合、比較的簡単な方法に「ワンカラーガーデン」が挙げられる。これはひとつの花色の植物を集めてレイアウトする方法で、非常に強い印象が得られる。もちろん樹木の花色、草花の花色、つる植物の花色など、植物全般について花色の統一を行なう。白い花を中心に構成すれば、とても清楚な印象に、黄色い花であれば明るく元気な印象といったように、選択する色によってもイメージは大きく変わってくる。反面、単色の構成なので、どうしても単調になり、自然な印象からは少しはずれてくる可能性はある。

色相環による配色　同じような考え方であるが、同系色の花色の植物を集めて構成させるというのも、比較的取り入れやすい方法である。

同系色とは「色相環」の両隣を含めた範囲の色のことで、例えばオレンジ色系の草花を中心にしながら、黄色に近い花色のものや、赤に近いものなどを組み合わせて構成する。色のグラデーションを楽しむことができ、ワンカラーガーデンに比べると、少し変化のある庭となる。

難易度は高くなるが、反対色の組み合わせなども取り入れながら、花色の組み合わせを工夫する方法もある。反対色とは「色相環」における反対側にある色のことで、まったく反対の色は対比により調和しやすいという考えに基づいている。特に黄色と紫色などの花色の組み合わせは、最も合わせやすい（■図-75）。

このように同系色、反対色、

75 色相環

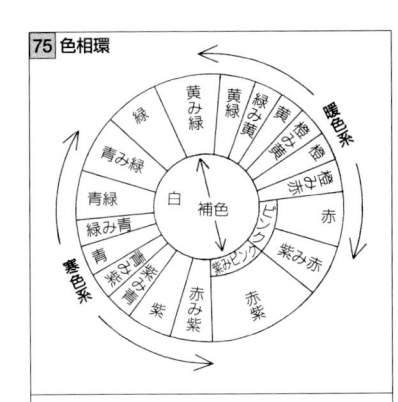

その他の調和しやすい色の組み合わせを頭に描きながら、草花類の組み合わせをいろいろと考えいくわけであるが、大切なことは、組み合わせるべき花が同じ時期に咲いていることを確認しておくこと。同じ時期に咲いていなければ組み合わせる意味がまったくなくなってしまう。これは季節によって中心となる花色に変化をつけることもできるということでもある。

重要なリーフカラー 花はたしかに美しく主役となることは間違いないが、主役ばかりでは個性が強すぎてよいものになるはずがない。脇役があってはじめて映画も演劇も成り立ち、素晴らしいものとなるのである。庭の場合の脇役は、木や草花などの葉。背景としての葉の緑があってはじめて草花の花色が際立つのである。葉の緑と花色との割合は、庭のコンセプトやイメージによって変わってくる。

また葉の色である緑は、一定期間のみ楽しめる花色とくらべると、年間を通して楽しむことができ、圧倒的に長い期間、目にする。そのため、花色だけでなく葉の色についても工夫することで、本当に年間を通して色彩を楽しめる庭づくりができるようになる。

葉の色はほとんどが緑であるが、中にはグレー系の葉色をもつものや、紫色系、黄色に近い明るい色のものや、白い斑が入っているものなど、じつに種類が多い。何より同じ緑の葉であっても、明るい緑なのか、暗い緑なのかによっても印象は大きく変わるので、そのあたりについてもよく考えておく必要があるだろう。

このほか秋から冬にかけての色彩の主役となるものは、紅葉や実、幹などの色。紅葉は日本の造園の世界でも、古くから彩りの主役として扱われてきた。庭をつくる場所にもよるが、年間の温度変化が大きいほど、紅葉の色彩は美しくあらわれる。モミジやカエデ類、ナナカマドや、ハナミズキなどの高中木やドウダンツツジなどの低木は赤色が中心、イチョウやカツラなどの黄色に変化するものも特徴があり美しい。

実に特徴のあるものとしては、秋から冬にかけて赤い実をつけるモチノキやサンゴジュ、ナナカマドやハナミズキなど。果樹でもあるナツミカン、カキノキやベリー類なども彩りの少ない時期にポイントとなる。

■質感

植物のもつ質感とは、葉の大きさや形状、厚みや色などから受ける印象ということができる。

樹木であれば、常緑樹には比較的大きく硬質で厚みがあり、深い緑色の葉をもつものが多いが、そのような樹木を小さな庭にたくさん植えると狭く、重く、暗い印象の庭になってしまう可能性がある。反対に落葉樹は比較的小さく柔らかで、厚さも薄く色

㊷ リーフカラー花壇。

Chapter 2 ガーデンデザインの実際 ――植栽植物の選定とデザイン

彩も柔らかな葉をもつものが多く、これらを中心に庭を構成すると、ソフトで明るい印象の庭となるだろう。これは狭い庭に当てはめた場合のケースであり、どちらがよいというわけではない。機能や景観の面でそれぞれ特徴が異なるので、まず自分のもつイメージを具現化させるためには、どのような質感のものを利用すればよいのかを考えてみることである。

葉ではなく幹の質感に特徴のあるものもある。例えばシラカバのように白い樹皮をもつものや、アオギリの緑、ヒメシャラやナツツバキのように褐色でめくれるような質感をもつもの、サルスベリのようにツルツルとした質感のものなど。幹は特に冬季の観賞の対象となることが多い。

■芳香

植物の放つ芳香は、季節感とともに強烈な印象としてわれわれの感覚を刺激する。春先のジンチョウゲや秋のキンモクセイなどの花の香りは、最も典型的な季節の移り変わりをしめすものであろう。花に芳香のある植物は、ほかにもウメやライラック、クチナシ、フジなど数多く存在する。実に芳香のあるのはカリンやユズなど、葉に芳香のあるのはクスノキ、ゲッケイジュなどがある。最近では強健なハーブなども多く利用されるようになり、芳香という観点で今後はさまざまな利用法があるだろう。

ただし香りの好みには、かなり個人差があるので、住まい手の希望に応じて慎重に利用することが望ましい。

4 四季の変化

植栽計画で非常に大切な要素となるのが、四季の変化である。例えばハナミズキについて考えると、春に新緑と花を、そして秋に実と紅葉とを楽しむことができる。ひとつの植物で1年でこれだけ変化をとげるわけである。

また常緑樹は、春から秋までそれほど重要な役割を果たしていないかもしれない。だが落葉樹の葉が落ちた後の、唯一緑を楽しむことのできる植物として、またサザンカやツバキ類などのように冬場の数少ない花を楽しめるもの、モチノキなど赤い実が印象的なものなど、常緑樹もまた庭に彩りを添える大切な植物であることは間違いない。

単体での植物の四季の変化を基本にしながらも、高中木・低木・地被類・草花類など庭全体でどのように表情が変わっていくのかが、実際に庭で植栽計画を行なうときの重要なポイントとなる。特に草花類の計画では、花色が四季のうつろいにともなって、どのように変化していくか、つまりそれぞれの季節で、何が同時に咲いてどのような色彩を放ち、次にどれとどれが咲くのか、という季節ごとの花の組み合わせについて、計画をたてる必要がある。

春から夏にかけて楽しむ草花類をふやせば、おのずと冬の景観は地表面に土しか見えない状況となってしまう。何を優先するかによって考えるべきことだが、冬場の景観がどうなるのかをあらかじめ確認し、もし問題があるようだったら必要に応じて常緑樹や常緑の宿根草などを加えるようにする。

またシンボルツリーを庭に設定する場合には、特殊な理由がなければ、四季の変化を楽しめる樹木を選定するほうが、庭全体の季節感を感じさせるという観点で適しているかもしれない。

5 植栽配置とイメージ

■樹木の配置と組み合わせ

樹木を組み合せるのは、形状イメージを用いるわけだが、実際の配置には、自然なイメージを創出するために不等辺三角形配置を行なう。樹木を増やしていく場合には、これを組み合わせ

ガーデンデザインの実際——植栽植物の選定とデザイン

ていく考え方ですすめるとよい。また常緑樹と落葉樹の配置も、この段階である程度決めながらすすめると、目隠しなど機能面や冬場の景観などをある程度イメージしやすい（■図-76）。

■樹木とその足元の植栽との組み合わせ

樹木の配置が決まると、次に背の低い低木や地被・草花類の植栽計画に移るが、まず樹木との関係をどのような構成にするのかを考える必要がある。

樹木下に、高さの異なる低木や草花類をバランスよく配置するのか、それとも低木のみ、あるいは下草のみで構成させるのか、イメージはさまざまである。それによって低木・下草・草花類などの配置や数量が決まってくる。同じ庭であっても場所によってこの構成は変わるかもしれない（■図-77）。

■低木や地被類・草花類などの組み合わせ

最も一般的には、ドリフト植栽という手法を用いて植栽配置を行なうことが多い。これは流れるような配置が生み出す方向性と、重なりが生み出す高低の

76 樹木の配置

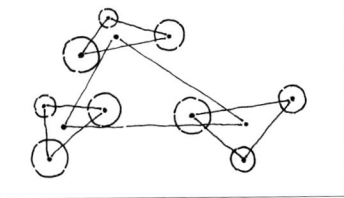

77 樹木と足元の植栽との組合せ

平面図

立面図

78 植栽手法のイラスト

ブロック植栽　　ドリフト植栽　　ランダム植栽

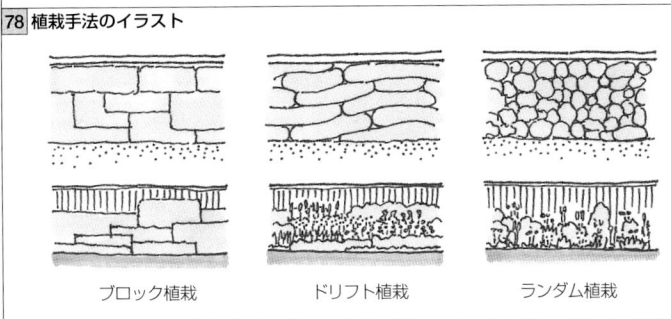

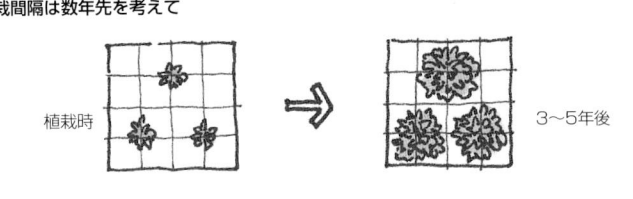

79 植栽間隔は数年先を考えて

植栽時　→　3〜5年後

変化を楽しむもの。このほか、より自然な印象を演出するランダム植栽や、より固まりの印象が強いブロック植栽がある。ドリフト植栽はブロック植栽の変形版とも言える（■図-78）。

■植栽間隔

樹木でも草花類でも、植栽間隔は3〜5年後の生長後の寸法を目安とする。当初は間隔があきすぎているように思えるが、実際には、数年先にちょうど良いバランスになるわけである。当初からびっしりと植えると見栄えは良いものの、生長に伴い葉が密になり過ぎて、通風が悪くなり根腐れをおこすなど、生長に弊害をきたす可能性もある。植物の生長速度にもよるが、適切な間隔をあけるように注意する（■図-79）。

III 植栽植物の選定法

植物の選定では、デザイン性だけでなく、植物の生育や管理などの面で極力問題を生じさせないよう、さまざまな条件における適性をチェックする必要がある。

1 選定の手順

デザインイメージに適した植物を選定するときに、忘れてはならない重要なことは「植物は生き物」であるということ。いくらイメージに合っていたとしても、日当たりを好む植物を、塀際のまったく日の当たらないところに植えれば、おそらく枯れてしまう。また枯れないまでも、生育が悪く花が咲かないかもしれない。肥沃な土壌を好む植物を、まったく栄養分のない砂地のようなところに植えても、同じようにうまく育たないだろう。

あるいは、住まい手が忙しすぎてまったく管理のなされない庭で、特に手のかかるバラの園芸品種などのように病気や虫害の影響を受けやすい植物を植えれば、これもまたうまく育たずに枯れてしまう可能性大である。

またこの逆に、その場所の環境条件に合ったものから選定をスタートすると、庭の目的やイメージにそぐわないものとなってしまうおそれもある。

このように植栽の選定を行なうにあたっては、必ず検討しておかなければならない項目があり、バランスよくすすめるためには、下記のような3段階で選定をすすめていくとよい。

■第一段階…「庭のイメージと目的」による選定

これは後述のとおり、庭のイメージや目的を理由に植物を選定することで、デザイナーの提案するデザインが最も反映されてくるところである。この段階では1種類に絞り込まず、いくつかの植物を選定しておくと、より早く選定作業をすすめることができる。

第一段階では、後述の植栽デザイン手法の基本をふまえつつ、シンプルに選定するほうがうまくいく。庭の広さにもよるが、あまり多種類の植物を入れてしまうと、焦点が定まらず落ち着きのない庭となってしまう場合もあり、自分のもつ植栽イメージよりも若干シンプルに計画・選定するほうが、比較的うまくまとめやすい。

■第二段階…「環境条件」による選定

土壌、温度、日照、水分、公害、風などの要因について確認を行なう。

基本的には第一段階で選定したものから、植える場所の環境条件に適応できないものは不採用となり、その他の適応できるものから選定する。枯れてしまうものを植えることほど愚かなことはないので、環境条件に適していないものを選定するのは、正しい選択とはいえない。

第二段階の環境条件については、ひとつひとつの項目について確認する。

土壌条件 その土地の土壌によって、選定する植物も変化する。問題のある土壌であっても、土

壌改良などにより改善される場合には、特に選定上の制約は受けない。

温度条件 おもに気温のことを指し、ほぼその土地の立地による。北海道と東京、東京と沖縄では気温に格段の差があり、生育する植物は大幅に異なってくる。また高度によっても気温には変化がみられるので、同じ都道府県内であっても、山近くと市街地では選定に違いが出てくる。

日照条件 その場所の状態によって、陰樹、陽樹を採用する。

水分条件 その土地の乾湿の度合いによって、植物の水分要求度を考慮して選択する。

公害条件 工場などの煙突や車の排気ガスなどによる影響を大きく受ける場合に、条件として付加される。

強風条件 強い風の影響を受ける場所では、幹が折れやすいので、風に弱い樹木は選定しない。海に近いところで庭の計画を行なうときには、潮風に耐性をもつ植物を選定しなければならない。

植物が適応する環境条件は、その植物の原産地や自然に分布する場所を知ることが、最も理解を深める方法である。

■第三段階…「施工・管理上の制約」による選定

おもに市場性、施工性、管理上の問題、管理の頻度などをふまえて、選定を行なう。第一・第二段階で条件に適したもののなかで、この第三段階での制約についても問題がなければ、ようやくそこで選定に適した植物ということになる。

まず選定している植物類の市場性を確認する。たまたま選定した植物が外国産のもので、国内ではほとんど生産されていない、あるいは生産されているが遠隔地なので運搬費が異常に高くついてしまうなど、市場性によっては簡単に選定できないこともある。また樹木と違って、草花類などは、季節によって市場に出回るものが限られており、施工時期によってはタイミングよく入手できないこともある。

個人住宅の庭の場合、極端にリスクのある時期には植栽の施工を行なわないのが常であるが、何らかの理由により、真夏や真冬に植栽の植え込みをせざるを得ない場合は、まず移植に弱いものや、暑さ寒さに弱い植物は極力選定するのを避けるべきである。

管理上の問題とは、例えば次のようなことである。庭が狭くどうしても敷地境界線際に樹木を植えなければならない場合、生長の早い樹木や、横に広がりやすい樹木、落葉樹などを選定すると、隣地側へ枝葉を伸ばし、日照や落葉のことなどで隣家とのトラブルにつながることもある。そのためこのようなケースでは、極力生長の遅い樹木や、あまり横に枝葉が広がらない樹木、一度に葉を落とさない常緑樹などの条件で選定をする。

管理の頻度とは、住まい手がどの程度管理に時間をさけるか、あるいは管理を行なうつもりがあるのか、といったことから、植物に期待できる管理の程度を判断し、それにもとづいて植物の選定を行なう。管理に期待ができない場合は、病害虫に強いもの、生長の遅いもの、乾燥に強いもの、そのほかその敷地の条件に合っているものなどから選定するとよい。

2 環境条件のチェック法と対処法

■土壌条件

◆土壌条件のチェック法◆

植物にとって、土壌は直接的に最も生育に影響を及ぼす要素であり、土壌に問題がある場合、そこに植物を植えると非常に大きなリスクを伴う。コンテナと違い庭の場合は、そこにすでに存在する土壌に植え込むのが基本なので、まずその土をよく調べることが必要である。

正確な土壌調査を行なう場合は、各種の試験や検査を実施す

Chapter 2 ガーデンデザインの実際——植栽植物の選定とデザイン

るが、個人の庭の場合は、次に示す簡易なチェック法によって、ある程度の土壌状態を確認することができる。

断面構成のチェック まず地面を掘ってみて土の断面の状況を確認する（1m以上）。

・表層土の厚さ（植物を植え込むのに適した土）
　…30cm以上あるか？
・地下水位までの深さ（常に水が滞留している層）
　…深さ2m以上あるか？
・土の色は（腐食の度合い）
　…黒色〜暗褐色→良
　…鮮明な色→不良
・水分状態（保水性・透水性）：土を手で握って水分量を判断する。
　…ややしめる感じ→良（半乾）
　…軽く濡れる→やや良（湿）
　…ベットリ濡れる→不良（潤）
　…完全に乾燥→不良（乾燥）
・硬度のチェック（通気性）：山中式などの硬度計を使用して、8〜20mm（山中式）程度の数値であれば適した土であるといえるが、スコップなどで掘ってみることで、ある程度判断は可能である。
　…スコップですぐ崩れる→良
　…柔らかすぎ→やや良
　…スコップで掘るのが非常に困難→不良

土性のチェック 土の粒子の構成によって分類される性質。粘土の含量で「日本農学会法」では次のように分類されている。簡単な判定基準は、粘土細工の要領で手のひらで転がしてみる。

・ころがすと、こよりのように細くなる→埴土※（C）（粘土含量50％以上）
・マッチ棒くらいの太さになる→埴壌土（CL）（粘土含量50〜37.5％）
・鉛筆くらいの太さになる→壌土（L）（粘土含量37.5〜25％）
・ころがすと棒になる→砂壌土（SL）（粘土含量25〜12.5％）
・ころがすことができない→砂土※（S）（粘土含量12.5％以下）

土壌酸度のチェック 土壌酸度（pH）の計測。土壌に雨水を加えたものにリトマス紙をつけて判断するのが最も正確であるが、簡易な酸度計測機であっても、多少の目安にはなる。

◆**土壌の改良法**◆

異物の除去と耕耘 土壌調査の結果に基づいて適切な植栽地盤づくりを行なうが、どんな場合でも、異物の撤去と耕耘の作業は行なうほうがよい。とくに新築の住宅や造成地の庭などの場合は必ず最初に土を掘り返して、がれきや残材、既存樹の根株などを撤去すること、またできる限り雑草もこの段階で取り除いておくことが望ましい。また、耕耘の作業は、固く締まった土をやわらかくする、最も有効な土壌改良の方法である。

客土 表土の厚さが十分でない、地下水位が高い、土性に問題がある場合は客土（盛土・入替）を行なう。客土とは新たに別の場所から土を持ってくるという意味であり、盛土は既存土壌の上に客土を盛ることである。土壌の入替はあまり簡単に考えることではないが、極端に土に問題があるようなケースでは有効な方法である。客土の場合は持ってくる土に問題のないように、畑土、黒土（黒ポカ）、マサ土（関西）、山砂などと必ず業者に指定すること。

水はけの改良 透水性に問題がある場合、強制的に地表面から排水してしまうのが最も効果的である。土地に勾配をつけ、最も低い位置に排水用の格子枡や溝を設けて、雨水を地表面に流して排水する（明渠排水）。また地下に浸透した水が滞留する場合は、地下に有孔管などを排水溝につなげて埋設して排水する（暗渠排水）。

　土壌改良でも、ある程度までは透水性（通気性）は改善される。その場合には無機質系の土壌改良材が適しており、おもに焼成岩石であるパーライトなどを一定の割合で土壌にすきこむ、あるいは下層に排水層として集中的に入れる方法もある。

保水性の改良 保水性に問題が

※埴土（粘土）と砂土の場合は土壌改良が必要となる

ガーデンデザインの実際――植栽植物の選定とデザイン

ある場合は、一部の無機質系の土壌改良材や有機質系の土壌改良材が適している。一般的には有機質系のバーク堆肥やピートモスなどを一定の割合で土壌にすきこむ。腐食が不足している土に対しては、保肥力の向上にも効果があるため、施肥とともに土壌にすきこむとよい。固い土に対しても土を軟らかくする効果がある。

土壌酸度の調整　一般に酸性の土が多いので、石灰類を施す。ただし過度の入れすぎに注意する。

■温度条件

植栽選定に大きな影響を及ぼすのは、その場所の温度、特に最低温度である。緯度や高度によって、北海道から沖縄まで、大きく植栽分布が異なってくることを理解するのは簡単だが、実際には大都市圏のヒートアイランド現象やその他のさまざまな要因によって、植栽可能樹種は微妙に変化している。

最も確実なのは、デザインの対象となっている庭周辺の植物の生育状況などを実際に見て、選定する樹種を判断する方法。大まかには日本の森林植生のように暖地では常緑樹と落葉樹の一部、寒地では落葉樹と針葉樹などが主体となってくる。

■日照条件

最近は市街地を中心に庭の面積がかなり狭くなってきている。おのずと日照条件も悪くなり、日の当たらないところに植物を植えることも多くなってきた。

陽樹は日陰では生育できないが、陰樹は日陰でも生育できる。ただ日陰にもいくつか段階があり、例えば春や秋に数時間は日が当たるような樹木下の「半日陰」と、年間を通してまったく日が当たらない建物の北側などの「日陰」を比較すると、圧倒的に後者のほうが条件が厳しい。

まったく日が当たらない日陰で生育できるものは、極陰樹木（強陰樹）とよばれるもので、アオキ、イチイ、ヤツデなど。前者の半日陰程度であれば、ナツツバキ、ヒメシャラ、カンツバキ、アセビ、シロヤマブキなど花を咲かせるものも選定できる。

草花類は、特に一・二年草でも日陰に生育するものはかなり限られてくる。宿根草だと、ギボウシやアスチルベ、シュウメイギク、アジュガ、ヤブラン、ツルニチニチソウ、クリスマスローズなどは、半日陰でも生育する。

■水分条件

乾燥した土地やバルコニーなどの人工地盤上などで選定する植栽は、乾燥に強いものでなければならない。逆に排水不良の土地や、湿度が常に高い土地では、湿気に強い植物を選定する。また軒下や上部に屋根があるところでは雨があたらないので、水やりを行なうか、やはり乾燥に強い植物を選定する必要が生じる。

湿気（湿地）に強い植物には、ヤナギ類、トネリコ、ヤマボウシ、ネズミモチ、アジサイ、ヤマブキ、ウツギ、ハナショウブ、エゾミソハギ、ギボウシ、クリンソウなどがある。

乾燥に強い植物には、オリーブ、マツ類、シラカバ、アベリア、エニシダ、ハイビャクシン類、ローズマリー、ラベンダー、マンネングサなどのセダム類、マツバギクなどがある。

■その他の条件

公害、特に排気ガスなどの大気汚染による影響がある場合には、耐性があるものから選定する。潮風の影響のあるところでも、やはり耐性のあるものを選定する必要がある。

公害（大気汚染）に強い植物にはカイズカイブキ、キョウチクトウ、ヒイラギモクセイ、ツバキ、サザンカ、アオキ、アベリアなどがある。

潮風に耐える植物には、ウバメガシ、オリーブ、ヤシ類、シャリンバイ、ハイビャクシン、ハマギクなどがある。

IV 植栽図・リストの作成と施工

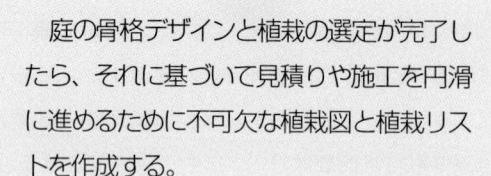

庭の骨格デザインと植栽の選定が完了したら、それに基づいて見積りや施工を円滑に進めるために不可欠な植栽図と植栽リストを作成する。

1 植栽図・植栽リストの作成

平面図は、庭の構成(要素、素材)を説明するもので、通常植物の種類は記載せず、植栽図とリストを別途作成し、そこにすべての植物の種類やサイズ、数量などを記載する。植栽図がなければ、施工業者も正確な見積りが行なえず、施工上もデザイナーの意図は正確に伝わりにくい。

植栽図には、まず円を使って高中低木の位置を記入する。円の直径は葉張りの直径をもとにしているので、一般的に大きな樹木は大きな円になる。草花類や地被類などは、その種類ごとに植栽範囲を記載する(低木でも密植する場合は同じ)。植物の種類、高さ、葉張り、数量などの細かな情報はリストにして、植物名は記号などを用いてわかりやすく記載する。記号の形態は自由でよい。

■造園植物の寸法規格の指示

植栽図や植栽リストなどにおいて、造園植物の指定は次のことを基本とする。樹木、地被・草花類・つる植物などはいずれも規格が決まっていて、その規格からはずれた指示をするとコストアップにつながる。

高・中・低木 樹高(H)、葉張り(W)、目通り(C)の3種を基準として指定する。目通りとは地上1.2mの高さでの幹の外周長さをいう。目通りや葉張りは個人庭の場合、必ずしも指定しなくてもよい。単位はメートルで記入。株立ちなどの場合は、樹幹の本数などを記入する。低木は樹高(H)と葉張り(W)で指定する(■図-81、162ページ)。

地被・草花類・つる植物類など まずポットサイズを指定し、必要に応じて形状を、3枚葉、3芽立、3本立などといったように記入する。つる植物などで当初から格子に絡ませる場合には、必要となる長さを記入する。

数量の単位 数量の記入のしかたは、高中木は本数を、低木は本数か㎡数(㎡数で記入する場合は、㎡当たりの本数を備考欄などに記入しておく)。生垣は本数かm数(m数で記入する場合は、m当たりの本数を記入しておく)。地被・草花類・つる植物は、ポット数か、㎡数を記入する(㎡数で記入する場合は、㎡あたりの本数を備考欄などに記入しておく)。備考欄には、樹木の支柱方式や、花木・草花類などの花色、その他必要な指示事項を記入する(■図-80)。

2 植栽施工のポイント

植栽の施工開始前に、可能であれば、シンボルツリーなどおもな樹木について畑で事前に現物を見て、樹姿や生育状況などを確認しておくことが望ましい。地上部だけでなく、根の状態についても見ておくことが大切。根が土をしっかりとつかんでいて根鉢がしっかりしていれば、生育状況はよい。

80 植栽図と植栽リスト

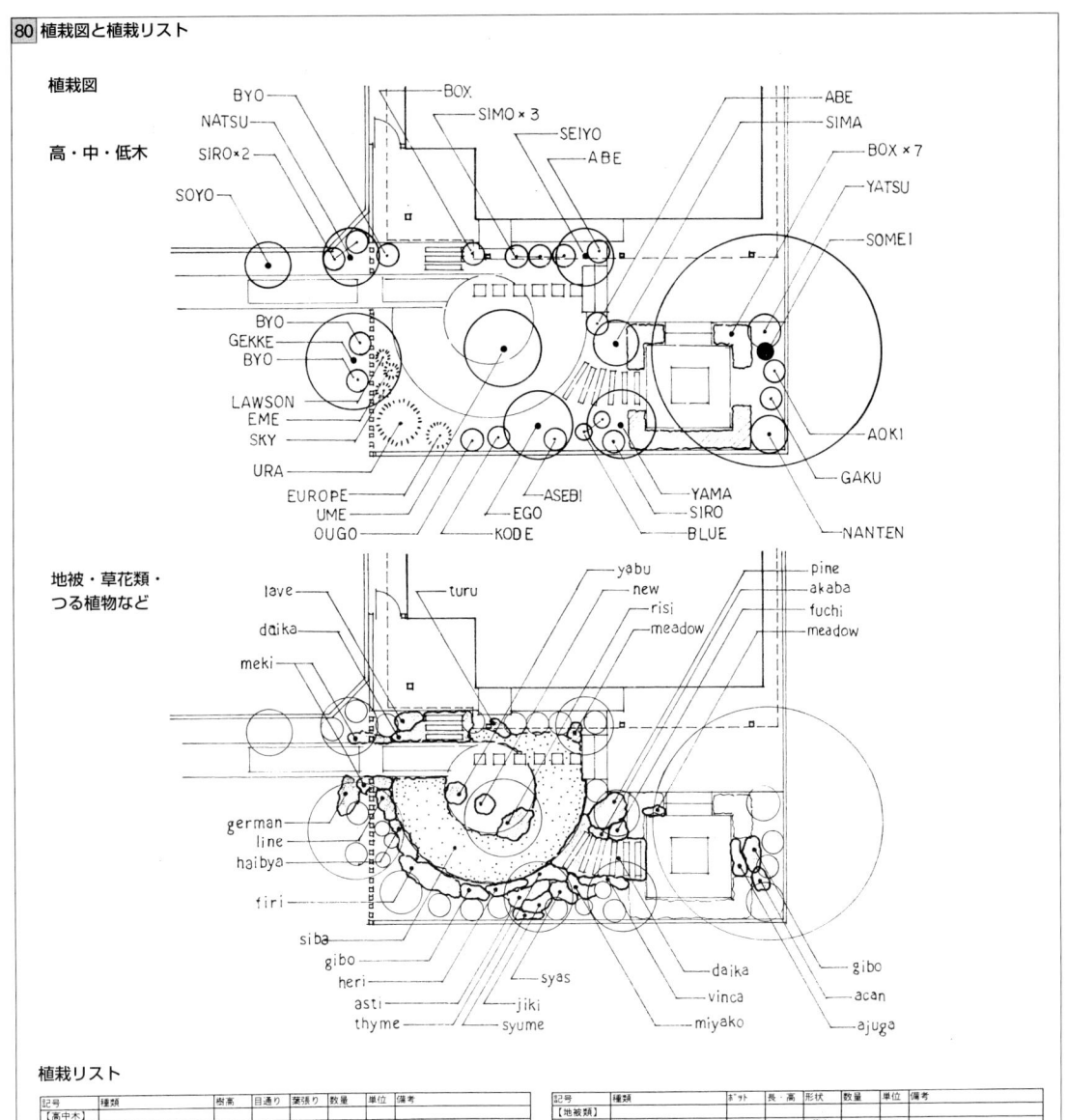

植栽図

高・中・低木

地被・草花類・つる植物など

植栽リスト

記号	種類	樹高	目通り	葉張り	数量	単位	備考
【高中木】							
SOME	ソメイヨシノ	–	–	–	1	本	既存樹
UME	ウメ	–	–	–	1	本	既存樹
GEKKE	ゲッケイジュ	–	–	–	1	本	既存樹 ＊常緑
YAMA	ヤマボウシ	3	株立	1.2	1	本	
NATSU	ナツハゼ	3	株立	1	1	本	
EGO	エゴノキ	3	株立	1.2	1	本	別名：ジューンベリー
SEIYO	セイヨウイワナンテン	2.5	株立	0.8	1	本	
SIMA	シマトネリコ	2	株立	0.8	1	本	＊常緑
SOYO	ソヨゴ	1.5	株立	0.6	1	本	＊常緑
【コニファー類】							
URA	クジャクヒメ	1.5	–	0.6	1	本	
EUROPE	ヨーロッパゴールド	1.5	–	0.4	1	本	
LAWSON	ローソンヒノキ	1.2	–	0.3	1	本	
EME	エメラルド	1.2	–	0.3	1	本	
SKY	スカイロケット	1.2	–	0.2	1	本	
【低木】							
BOX	ボックスウッド	1	–	0.4	8	本	＊常緑/生垣
NANTEN	ナンテン	1.2	株立	0.4	1	本	＊常緑
YATSU	ヤツデ	0.8	株立	–	1	本	＊常緑
AOKI	アイアオキ	0.6	–	0.4	1	本	＊常緑
ASEBI	アセビ	0.5	–	0.4	1	本	＊常緑
BYO	ヒョウタンボク	0.5	–	0.4	3	本	＊常緑
ABE	アベリア	0.5	–	0.3	2	本	＊常緑
GAKU	ガクアジサイ	0.8	株立	–	1	本	
SIRO	シロマテバシ	0.6	–	0.4	3	本	
KODE	コデマリ	0.6	株立	0.4	1	本	
OUGO	オウゴンコデマリ	0.6	株立	–	1	本	
BLUE	ブルーベリー	0.4	–	0.3	2	本	
SIMO	シモツケ	0.4	–	–	3	本	

記号	種類	ポット	長・高	形状	数量	単位	備考
【地被類】							
acan	アカンサス・モリス	15vp	–	3芽立	1	pot	
ajuga	アジュガ	9.0vp	–	–	5	pot	
akaba	アカバメギ	15vp	H=0.3	–	1	pot	
asti	アスチルベ	18vp	–	3芽立	5	pot	花色：白・桃混合
firi	フィリフェオーレア	10.5vp	H=0.2	–	5	pot	
fuchi	フクギソウ	10.5vp	–	3芽立	1	pot	
german	ジャーマンアイリス	10.5vp	–	3球	4	pot	花色：白
gibo	オオギボウシ	10.5vp	–	3芽立	3	pot	
haibya	ハイビャクシン	15vp	L=0.3	–	1	pot	
heri	ヘクサグラム	9.0vp	–	3芽立	2	pot	グレー葉
jiki	ジキタリス	10.5vp	–	3芽立	3	pot	花色：白・桃混合
lave	イングリッシュ・ラベンダー	10.5vp	–	–	2	pot	
line	ラインゴールド	10.5vp	–	3芽立	3	pot	
meadow	メドウセージ	10.5vp	–	3芽立	3	pot	
meki	メキシカンマンネングサ	9.0vp	–	3芽立	9	pot	
miyako	ミヤコワスレ	10.5vp	–	3芽立	3	pot	
new	ニューサイラン	15vp	–	3芽立	1	pot	紫葉
pine	パイナップルセージ	15vp	–	3芽立	1	pot	
risi	リシマキア	9.0vp	–	3芽立	2	pot	黄金葉
syas	シャスターデージー	10.5vp	–	3芽立	3	pot	
syume	シュウメイギク	10.5vp	–	3芽立	2	pot	花色：白・桃混合
thyme	タイム	9.0vp	–	3芽立	3	pot	
turu	黄金ツルニチ	10.5vp	L=0.3	–	1	pot	
vinca	ビンカ・ミノール	9.0vp	–	3芽立	3本	pot	
yabu	ヤブラン	10.5vp	–	3芽立	1	pot	
daika	ダイカンドラ	–	–	–	3	㎡	種子まき
siba	コウライシバ	–	–	–	8	㎡	ベタ張り

ガーデンデザインの実際 — 植栽植物の選定とデザイン

81 植物推定寸法

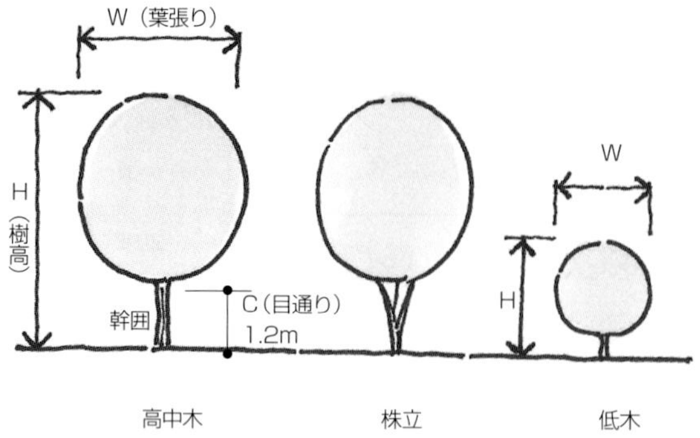

W（葉張り）
H（樹高）
幹囲
C（目通り）1.2m

高中木　株立　低木

樹木の植栽は、根巻き（鉢付き）の掘り取り作業から始まり、運搬しやすいように枝折り（すべての枝を幹上部に向けて縛って束ねること）を行なう。

クレーン付きトラックなどで運搬の後、植栽前に剪定し、植え穴を掘ってから樹木の立入れをする。立入れとは樹木の位置や方向、傾きなどを、樹木を動かしながら決めること。本来は畑で植えてあった向きと同じように植えるのが樹木にも負担が少ないが、デザイン上の理由があれば、ある程度までは美しい向きが意図した方向から見えるようにすることも必要。デザイナーとしても必ず立ち会って指示するべき段階である。

位置と方向が決まったら、土を埋め戻し、水極めを行なう。水極めとは十分に水を与えながら土を埋め戻すことによって、鉢の周囲のすきまをなくし鉢土と根を密着させること。

植え付けの後、樹木の根の活着を助け、ふれや倒れ防止用に支柱を取り付ける。支柱は樹木の大きさと美観上の観点から使い分ける（■図-82）。

高中木のレイアウトが決定し、植え込みが完了すると、次に低木類の植え込みを行なうが、あとで何度も動かすことがないよう、根巻きのままの状態で大まかに並べてみて、全体の構成を確認する。

地被植物や草花類についてもポットのままで大まかに配置させて、レイアウトを確認してから植え込みを行なうと効率的である。図面をベースに配置するが、植物の形は実際には微妙に大きさやイメージが異なることが少なくない。場合によっては図面からかなりアレンジしてレイアウトすることもある。

高中木、低木、地被・草花類はすべて、植え込み当初のサイズではなく生長後の大きさを念頭に、間隔を決定しながら配置することが大切。特に高中木については、隣地や道路境界線近くに植える場合に、そのはなれについて十分注意が必要である。低木や地被・草花類については、樹木の陰や塀やフェンスの陰など、日照の状況を実際に現場で確認して微調整しながらレイアウトすることが大切である。

82 樹木支柱の種類

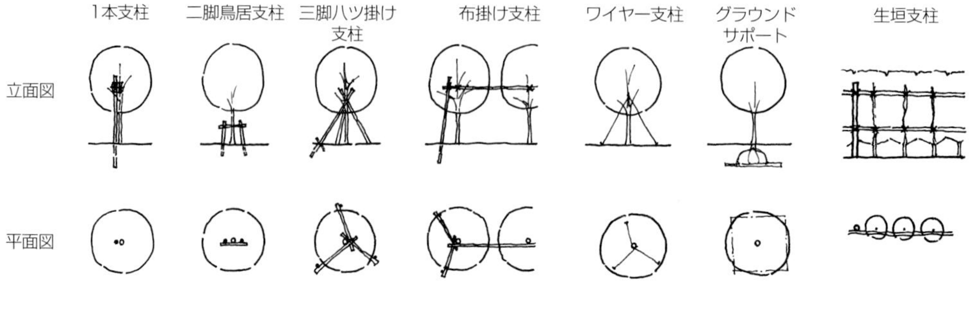

	1本支柱	二脚鳥居支柱	三脚ハツ掛け支柱	布掛け支柱	ワイヤー支柱	グラウンドサポート	生垣支柱
立面図							
平面図							

Chapter 2 ガーデンデザインの実際 ― コンテナ・ハンギングバスケットガーデン

d コンテナ・ハンギングバスケットガーデン

I コンテナガーデン

平城好明
（ひらき園芸研究所）

コンテナ（container）とは容器のこと。植木鉢、テラコッタ、プランター、ウインドーボックス、トラフ、ハンギングバスケット容器、ハイドロカルチャー容器、テラリウム容器など、いずれもコンテナである。「コンテナ園芸」の定義は現在のところ確立していないが、広義では、地植え以外の、これらの容器を用いた園芸はすべて「コンテナ園芸」である。

しかし、同じ容器栽培でも、盆栽やオモトなどの古典園芸植物、花鉢や観葉植物の鉢栽培、さらにハンギングバスケット、ハイドロカルチャー、テラリウムなどは一般にコンテナ園芸とはいわない。「コンテナ園芸」と一般的に称されるようになったのは、1990（平成2）年に開催された大阪花博からである。そして、1995年ころから、数種の植物を美的に寄せ植えしたり、コンテナを組み合わせてアレンジするなど、より観賞価値を高めた「コンテナガーデン」がブームになった。

「コンテナ園芸」とは「容器栽培園芸」という意味であるが、一般的には、プランターやテラコッタなど比較的大きな容器に複数の苗を寄せ植えしたり、容器を組み合わせてデザインした庭つくりを意味する。ここでは、この狭義の「コンテナ園芸」について述べる。

1 どんな場所でも楽しめるコンテナ園芸

地植え栽培と比較すると、コンテナ栽培は狭い場所や土がない場所でもでき、移動も自由。日当たりが悪くても植物を選べば楽しむことができるので、利用方法は幅広い。

庭のアクセント　緑が多い庭では、やや大きなコンテナに草花などを寄せ植えして庭のフォーカルポイントに設置する。庭の景観のアクセントとなるので、花期が過ぎたら植え替え、四季折々花を絶やさずに美しく咲かせるよう、計画的に植栽・管理する（●写真-43）。

狭い庭の花壇や野菜畑に　庭が狭い、日当たりが少ないなどの理由で花壇や畑がつくれない場合も、ちょっとした日当たりさえあれば、玄関まわり、門まわり、植え込みの中、バルコニー、

㊸白い花のヒアシンスを群植したグラスウールのコンテナを、広い芝生の庭にフォーカルポイントとして設置した。

163

㊹インパチエンス、ブルーファン、アイビーを寄せ植えしたウインドーボックス。

テラス、窓辺などにコンテナを置いて園芸を楽しむことができる。コンテナをいくつか集めて高低・花色・葉色・質感などをアレンジすれば、狭い場所でも見事なコンテナ花壇ができる（●写真-44）。

ベランダや屋上でも　土のないマンションなどのベランダや屋上でも、コンテナガーデンなら手軽にできる。いくつかのコンテナを並べれば、好きな花や野菜を育てることができる。

ベランダや屋上は、夏はとくに高温となるので、コンテナは「ウッドデッキ」などの上に置いたり、寒冷紗などで猛暑をやわらげるとよい。また、ベランダ・屋上は風が強いので、風上に防風ネットやラティスなどを設置して防風する。このラティスにつる性植物を這わせてもいい。

日当たりの悪い北側のベランダは、観葉植物の夏越しの場所としたり、半日陰・日陰でも栽培できる植物を選んで栽培する。

そのほかの利用　道路などの境界に並べてボーダー花壇にしたり、塀や門などに設置したハンギングバスケットと組み合わせる、水をためて水生植物を育てるなど、庭の環境によっていろいろな工夫、応用ができる。

２
コンテナの種類と使い方

コンテナは形や大きさ、材質など多種多様であるが、形から鉢型タイプと箱型タイプに分けられる。

鉢型コンテナ　大型植木鉢（径30cm以上、高さ30cm以上）、テラコッタ（径60〜70cm、高さ70〜80cm以上）、ボウル型（径60cm、高さ25cm）、スタンド型（径40cm以上、高さ20〜25cm脚付き）、ビヤ樽半切り（輪切り）などがある。

いずれも中心に、心となる丈の高くなる木や草花を植え、その周囲に低性や這性の宿根草的灌木や草花などを植える（●写真-45,46）。ボウル型コンテナは必ずしも心となる灌木を植えなくてもよいが、数種の矮性草花を美しく配色して植え、花が終わったら順次植え替えていく。また、ヒアシンスやパンジーなど同一種類の草花を、同じ品種で統一したり異なった品種を組み合わせてデザインしてもよい（●写真-47）。

スタンドタイプのコンテナなど

㊺**木製の鉢型コンテナ**　中心に黄花アブチロンのスタンダード、地際にマーガレット、鉢縁にアイビーが垂れる。

㊻**鉢型のテラコッタ**　中心にコルジリネ、株元にアイビーゼラとシルバーリーフを寄せ植え。

㊼赤・ピンク・紫・白のヒアシンスを群植したボウル型コンテナ。

⑱箱型のトラフに、インパチエンス、ゼラニウム、ヒマラヤユキノシタなどを寄せ植え。
⑲1種類の野草を群植し、道路との境界に並べた箱型コンテナ。

Chapter 2 ガーデンデザインの実際——コンテナ・ハンギングバスケットガーデン

は、這性ペチュニアのサフィニアや宿根バーベナなどを植えて鉢一面に大きく育てるなど、這性で長期間咲き続ける多花性草花が向いている。

箱型コンテナ 標準プランター（長さ65〜70cm、幅20cm、深さ20cm）を基準に、大型、小型、深型、幅広型などがある。トラフは石をくりぬいた長方形のコンテナで、ヨーロッパでは山野草の栽培に使われている。その他、深さのある木製のビヤ樽半切り（縦切り）などがある。

これらはいずれも今までのプランター同様に利用できるが、深型や幅広型コンテナは、宿根草や野菜、ユリやダリアなどの高性球根植物の栽培に適している。大型コンテナ（長さ90〜100cm、幅40cm、深さ40cm）は汎用性があるが、ツツジ、ツバキ、コニファーなど花木・緑樹の栽培や、ベランダなどでの本格的な寄せ植えコンテナとしてよく利用されている。

トラフは山野草や草もの（グラス）、多肉植物など、ワイルドで野性的な草花のコンテナ花壇に適している（●写真—48,49）。ビヤ樽半切り（縦切り）は、開放的でにぎやかな熱帯性の草花や花木の栽培・観賞に適している。

3 コンテナガーデンのデザインと設計

■植栽デザインの前に必要な栽培知識

コンテナをひとつの美しい庭に見立てた「コンテナガーデン」をつくるには、植栽する植物を、草丈、花や葉の色や形、質感、さらには背景となる構造物との統一や変化などの手法で組み合わせて配置するなど、グラデーション感覚が必要になる。コンテナも、装飾されたものや花が映える土・石・木材などの自然の色や材質のものが増え、コンテナをカバーするウッドボックス、背景となるラティスなども数多く市販されている。

大きさ、形、色彩、質感、芳香などによるグラデーションの方法については、2章C-Ⅱ「植栽植物の選定とデザイン」の項を参考にしていただきたいが、このような動きのなかで色彩感覚に優れた「園芸芸術家」も登場してきた。

しかし絵画などと違い、コンテナガーデンでは、素材となる生き物としての植物の生育の特性を知って育て、継続して観賞するという認識がないと、その美も実現できない。

■重要な年間の栽培計画

年間の植栽計画は菜園や花壇などでも必要だが、年中美しく観賞したいコンテナガーデンではとくに大切である。植栽計画では、それぞれのコンテナガーデンのイメージ、設置場所の日当たりなどの環境条件、コンテナの種類などによって植栽する植物を選択する。1年中花を切らさずに楽しむには、早春から春、初夏から盛夏、秋から晩秋などに分けて、年間の植栽設計、栽培計画を立てることが不可欠である。

園芸店には四季折々に花苗や開花はじめの苗が売られており、このような苗を購入して寄せ植えしたほうが栽培もデザインも楽

で、管理も容易である。しかし、市販の苗はハウスなどの施設で人工的な環境で商品として育てられている。その植物本来の生育を楽しむには、「花苗を買ってきて植えたら完成」というインスタント園芸ではなく、自分で種播きや挿芽をして苗つくりから始めたい。

同じ草花でも、地域の気象環境によって播種適期や開花時期・開花期間が違う。自分で試行錯誤しながらも育苗することによって、その地域での播種適期や播種可能期間、定植時期や開花期間なども正確になり、栽培計画も充実してくる。さらにはその植物の生態や生育特性、もっとも美しく咲かせるコツもわかってくる。こうなれば育てる喜びも感受でき、観賞し飾る楽しみもいっそう深まっていくだろう。

■寄せ植えのポイント

デザインは創意工夫で自由だが、それぞれの植物の生育特性を知ってデザインすれば失敗が少ない。寄せ植えで大切なことは、花期が同じ時期のものを選び、生育特性が似通ったものを組み合わせることである。たとえば、日当たりを好むもの、半日陰や日陰を好むもの、乾燥気味を好むもの、やや湿り気味の土を好むもの、肥料の要求度が似ているもの同士を組み合わせて、寄せ植えすることが原則である（●写真−50）。

寄せ植えするときは、最初から小さな苗を混植すると、どうしても株張りや草丈などの生育に優劣ができて、思ったような美しさになりにくい。育苗する場合でも、3・4号ポットで蕾が見えるくらいまで育て、そろった苗を選んで植えることが、イメージした美しさに仕上げるポイントである。

また、ひとつのコンテナに同じ種類を単植し、それを組み合わせて配置したほうが栽培のうえでは楽で、自由にイメージどおりのデザインができる（●写真−51、52）。

㊿日当たりを好み、丈夫で花期の長いカンナ（中央）、ゼラニューム、四季咲きベゴニア、シロタエギク、ホクシア、マリーゴールド、スイートアリッサムなどを寄せ植えした大きなボウル型コンテナ。

51 白いノースポールを単植したバスケット、三脚に乗せたヒメキンギョソウ（中）、ラナンキュラスのプランターを入れたウッドボックス（手前）。いずれも単植だが、高低を配慮してアレンジすると見事な花壇になる（写真・大沼田鶴子）。

52 赤いプリムラ・マラコイデスを単植したプランターをウッドボックスに入れ、白いプリムラ・マラコイデスを単植した三脚スタンドのボウルを間に配置した、早春のコンテナボーダー花壇（写真・大沼田鶴子）。

栽培管理の基本

■もっとも重要な培養土

花壇などの地植えと比べ、根の張るスペースが狭く限られているコンテナ栽培では、培養土がもっとも重要である。良い培養土の条件は、保肥性、排水性、保水性、通気性がよく、適正なpHであることである。庭の土や市販の単品の用土では、このような条件に適うものがないので、組み合わせて配合する。

市販の配合された培養土はこの条件に適っているが、一般に取扱いを容易にするために、赤玉土などの土素材を少なくして軽くしたものが多い。しかし、軽すぎると根株が安定せず、根の張りも悪い。市販培養土を購入するときは、同じ容量でも土が多くて重いものを選びたい。

自分で配合してつくる場合は、赤玉土：腐葉土を6：4か7：3の割合で配合するとよい。大型のプランターや径30cm以上の鉢の培養土は、排水性や通気性をよくするために、赤玉土は小粒と中粒を等量に配合するとよい。

■水はけを維持する工夫

コンテナ栽培での最大の問題は、生育に伴って根が鉢いっぱいになり新根が伸びにくくなる、いわゆる「根づまり」状態になって、生育不良になりやすいことである。根づまり状態になると、水はけが悪くなり水が全体に浸透しにくくなる。また、コンテナ栽培は乾燥しやすいので水やりの回数が多くなる。そのため、生育中途で用土が粉状になりやすく、さらに水はけが悪くなる。水はけが悪く過湿状態になると、酸素不足となって「根腐れ」が発生する。

水はけを維持するには、排水性のよいパーライトや保水性のよいバーミキュライトを配合したり、コンテナの底に排水層を設ける。草花や葉菜などは土の深さは20〜25cm、宿根草や花木・植木でも30cm以上あれば十分に育つ。

一般にプランターには排水層は必要ないが、深めのコンテナには底に軽石、ゴロ土、発泡スチロール片などを入れたほうがよい。とくに大型のテラコッタやウッドコンテナは、土の深さを30〜35cm程度にして、発泡スチロール片を厚く入れないと育ちにくい。

しかし、どうしても培養土の粉状化、根づまりは起こるので、一般に草花で2年、樹木類でも3年に1回、土壌改良と植え替えが必要になる。

■定植後の管理

コンテナ栽培に限らず、日当たり・通風をよくして丈夫に育てることが基本である。定植の際には、開花時期の大きさを考えてスペースを空けて植える。

肥料は肥効ムラをなくし、やりすぎないことが肝心である。多肥すると軟弱に育ち病害虫も発生しやすい。コンテナ栽培では、緩効性の肥料を元肥として培養土1ℓあたり3gを目安に施し、定植後1カ月くらいから同じ緩効性肥料を2カ月おきに培養土1ℓあたり1g（元肥の3分の1）ずつ株元に追肥する。追肥を液肥で施す場合は、10日から2週間おきに施す。

分枝しやすいものや株立ちで本数が増えるものは、込みあってきたら適宜間引いて日当たり・通風をよくする。花期が長い草花は込みあってきたら切戻して新しい芽を伸ばすとよい。コンテナ全体を覆いたい這性植物は、先端部を刈込み、腋芽を多く伸ばして放任伸長をさせる。

また、植物は開花後、種子の稔実にエネルギーを大変使い、株が消耗する。また枯れた花弁から病気も発生しやすいので、花が終わったら早めに花梗部分まで摘み取る「花がら摘み」をこまめに行なうことが、美しい花を長く楽しむ秘訣である。

Ⅱ ハンギングバスケット

武内嘉一郎
(日本ハンギングバスケット協会)

ハンギングバスケットが日本で盛んになってきたのは、大阪で開かれた花の博覧会ごろからであろうか。経済発展とともに競って海外旅行に出かけた多くの女性たちが、英国やカナダなどのハンギングバスケットの美しさに感動して帰国し、博覧会会場でその実物に触れる機会を持ち、自分でもやってみようという気になっていったのだろう。また、日本流の新しい容器が改良された点も見逃せない要素である。その後も資材関係の充実がいっそうはかられ、日本ハンギングバスケット協会も発足した。その底流にはガーデニングブームがあった。こうした点からも現在の日本流のハンギングは、すでに欧米を抜いた水準まで到達しているのかもしれない。

1 ハンギングに使用する資材

■容器

欧米の容器の主流は、今もワイヤーバスケットが多く、日本でもその改良型容器が出ている。しかしワイヤーバスケットは容器の表面からも水がかなり蒸散し、たいへん乾きやすい。空間装飾に使われるハンギングは、水の管理がキーポイントである。

そこで、乾きにくいハンギングバスケットとしてプラスチックの容器が台頭し、そのなかでも側面にも植え込みやすくしたスリット式のハンギングバスケットが主流になった。植え付ける際に根鉢を崩して植えると苗にとって大変なストレスとなるが、スリット式はスリット部分に沿って根鉢をそのままの状態で容器の下部まで持っていくことができるため、根を傷めずに綺麗に早く植えられる(●写真-53,54)。

さらに最近では、穴に差し込むだけで簡単に植えられるプラスチック容器もできてきた。また、自分でフジづるなどで編んで容器をつくったり、身近なもので工夫を凝らす人も出てきた。この場合、土の重さに耐えられる強度を保つためには、素材の中にスチールなどを入れて補強するなどの工夫が必要である。

■S字フック

ハンギングバスケットを壁に掛ける把手となるS字フックは、ハ

㊹壁掛け型ハンギングバスケット 左から天植えのみのハンギングバスケット、ワイヤーバスケット(ビニールなどを内側に敷く)、スリット式プラスチックハンギングバスケット、スリット式ワイヤーハンギングバスケット(シュロを飾りに入れ、その内側に水を通さないシートを敷く)、植え穴式のプラスチックハンギングバスケット。

㊺吊型ハンギングバスケット

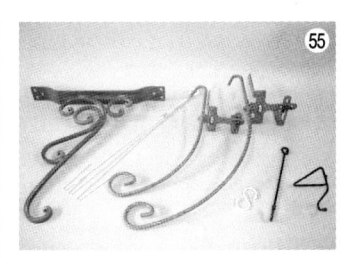

⑤⑤ **S字フック** 左より一般吊型用フック、ブロック塀用S字フック、ブロック用壁掛け型フック。
⑤⑥ **ポールに取り付けたアームと「はすかい」** アーム下に取り付けたほうが強度が増す。
⑤⑦ テラコッタに設置した自動灌水ホース（写真・もりもとちはる）。  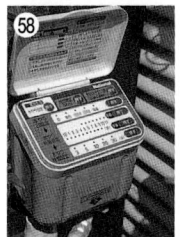
⑤⑧ 灌水日、時刻、時間を設定できる自動灌水装置（写真・もりもとちはる）。

ンギングバスケットの重量に応じた強度のものを選ぶ（●写真-55）。壁の強度も特に重要なので注意したい。また、ブロックのように厚みのある所では、それなりのS字フックを考えるべきである。特に吊型の場合、風に吹かれて落下することのないよう、フックが閉鎖式になっているものをお勧めする。

■アーム

壁、あるいはポールに吊型ハンギングバスケットを取り付ける際に必要となるアームは、ハンギングの幅と、壁やポールからの距離を考慮して選択する。アームの強度を高める「はすかい」は、写真のように、アームの上にはすかいを入れるよりも、下に入れたほうが強度が増す（●写真-56）。

■自動灌水装置

最近は、たくさんのハンギングバスケットをとりつけている家庭も少なくない。また、ハンギングバスケットは普通のコンテナと違い灌水時に水がたまらないので、ゆっくり、細く、時間をかけて水やりをするほかなく、なおさら時間がかかる。

家庭用の自動灌水装置は簡単に取り付けられ、とても便利でお勧めできる。公共の場合もそうであるが、休日などで水やり作業ができない時にタイマーを使えば、その効果はてきめんである（●写真-57,58）。

■製作用道具

植え込むために必要な道具類はコンテナとほぼ同じであるが、特に大小の土入れと、細部に土を入れるための「割り箸」などがあると便利である。

■ミズゴケ

植栽後、容器表面の土の部分にミズゴケを敷きつめる。ミズゴケは用土の乾きを抑え、水やりの際にクッションとなり、土の表面に細い穴をあけて根を傷める心配がなくなる。

2 用土の選び方

用土は市販されてるハンギングバスケット用培養土でよいが、購

⑤⑨ **ハンギングバスケットの用土材料** 左よりミズゴケ（上）、竹炭（下）、排水槽に入れる鉢底石、ハンギング用培養土、液肥（上）、緩効性肥料。

ガーデンデザインの実際——コンテナ・ハンギングバスケットガーデン

⑥ 根張りがよく植えやすいVIVO苗

入の際にはその中身をよく確認する。一般的には、比較的「軽く」て「保水性があり」、「緩効性肥料が充分に入っている」ものが望ましい。

長く花をもたせ、急激な栄養補給により植物がストレスをためないようにするために、一気に効いてくる普通化成肥料よりも、ゆっくりと長く効いてくる緩効性肥料のほうが効果的である。限られた容量の容器の中に多くの植物を植え込むため、保水性や肥料保持は、バスケット用土に欠かせない条件である。

自分でブレンドする場合は、「ピートモス」「パーライト」「バーミキュライト」など軽量化や保水性を高めるためのものを、一般培養土に3割くらいまで混ぜて使うとよい。もちろん壁の強度などに心配がなければ、重さのある一般培養土でもかまわない。混ぜた後、1ℓあたり緩効性肥料を3〜5グラムくらい混ぜるとよい（●写真−59）。

苗の選び方

ハンギングバスケット用に限らず、あまりポットの中で根が回りすぎている苗は、その後の生育に影響するので避けたい。しかし、あまり若い苗でも問題がある。根張りが悪く、ポットから苗を抜いた際に土が崩れてこぼれてしまうようなものは、うまく生育しないことがあるので注意が必要だ。

ハンギングバスケットには、ポットの周囲に葉や花があふれるくらい茂り、勢いのあるもののほうが製作しやすい。ちょうどよい生育状態の苗を探すことが、ハンギングバスケットを製作する大きなポイントである。

最近では、ハンギング用に根がペイパーで包まれた小さなVIVO苗も売られている。この苗を使えば、土をたくさん入れられるため、その後の生育が期待できる。また、苗の根をほとんど切らずに植え込めるので失敗も少ない（●写真−60）。

病害虫のついている苗を避けるのは当然であるが、虫そのものでなくても、その卵がついている場合があるのでチェックする必要がある。その見分け方は日ごろからよく勉強しておくことが望まれる。

さらに、購入した苗の土と自分が植え付ける土とが似通っていると、新根が出やすくスムーズに活着する。

また、最近はわい化剤などを使って草丈を制御している苗が当たり前のように販売されている。しかしこれは、適切に使用されていれば問題はないが、不適切に処理されたものは、花が咲かなかったり、開花が遅れることがある。また、生育中にわい化剤の効果が切れて急に生育しはじめ、考えていた以上に伸張してしまったり、全体の構成が変わったりして、姿が乱れてしまうことがあるので、苗のコンパクトな姿にまどわされず、植え込み位置を決めることが大切である。

同じ容器に複数の種類の植物を寄せ植えする際には、生育の特性が同じものを選ぶことが望ましい。日向を好むものと、日陰

を好むもの同士の組み合わせや、湿地を好むものと乾燥地を好むもの同士、多肥を好むものと少肥を好むもの同士などを組合せると、かならずどちらかが負けてしまう。

さらに花や葉のバランスや開花時期まで考慮して植物を選ぶことが、混植の基本である。また、下垂性のものや幅が広がって生育するもの、草丈が高くなってしまうもの、刈り込みに耐えるものなど、植物の性質に合わせて容器のどこに植えるか、配置を考えながら選定する必要がある。

ハンギングバスケットのデザイン

デザインは、大きく分けて「色」と「フォーム（型）」で構成されている。

■色

色について勉強をすることはいうまでもないが、植物のもっているナチュラルカラーは、他の物質的な色とは取りあわせ方が違ってくる。色を組み合わせるときには、実際に植え込む植物を事前に揃えておき、それぞれを寄せて見ながら確認するとよい。どれも茎葉の質感が違うため、単純な色だけでは判断できない相性があるからだ。

色使いで失敗しないためには、同系色でまとめる方法や反対色を使う方法、色数を2～3種に制限する方法や、白を基本色にほかの色を適合させてゆく方法などがある。もちろん、そのハンギングバスケットが置かれる場所や周囲の環境によっても色使いは変わってくる。

また、生長度合いが異なる植物を混植すると、生長するにつ

⑥1 大きな柱のまわりに壁掛け式ハンギングをたくさん取り付け、装飾している。
⑥2 ラティスの長い壁面に壁掛け型ハンギングバスケットを配置したボーダー花壇。
⑥3 円柱状に花を取り付けた立体花壇の基本。

Chapter 2 ガーデンデザインの実際──コンテナ・ハンギングバスケットガーデン

れて、その色の占める割合も変わってくるので、先を読んで組み合わせることが大事になる。

いくつかのハンギングバスケットを寄せて装飾する場合、個別のハンギングの色と全体の色の組み合わせも考える必要がある。多数のハンギングを寄せて飾るときは、あまりたくさんの色を使いすぎないほうがよい。

■フォーム（型）

フォームは、日本本来のいけばなの「立花」、「左右対称」、「逆三角型」などの落ちつきのある型から、少し冒険的な底辺の長い三角型や右肩上がり型など、いろいろあると思われる。定型の美やアンバランスの美など、いろいろつくって試したい。

つくろうとするハンギングバスケットの置かれる環境やテーマによっても、デザインは変わってくる。例えば、数多くのバスケットで装飾しているディズニーランドなどでは、色を単純化した2色で線を出し、そのフォームも対称的で幾何学的にしている。逆に、門扉などにひとつのハンギングバスケット作品を誇張するように飾るときは、幾何学模様はあまりお勧めできない。また、一定のテーマを設定してデザインすると、見る人にインパクトを与える（●写真−61,62,63）。

5
生育中の管理

■灌水方法

ハンギングバスケットは、風に吹かれやすい環境に置かれるため（それが病害虫が発生しにくい長所ともなっている）、一般のコンテナより多くの水が必要である。さらに、一般的にハンギングバスケットは灌水時に水が上面にたまりにくいので、灌水は細くゆっくりと長い時間をかけるようにしたい。特に1カ所ばかりに水やりすると、そこに水の道ができてしまい、土の中の根の細部まで水が届かなくなってしまうので、表面のいろいろな地点からまんべんなく灌水したい。

■施肥

灌水頻度が多い分、肥料分が流出し、肥料切れになりやすい。元肥には根を傷めにくい緩効性肥料を多めに施し、定植後1カ月くらいから固形肥料を置肥したり、液肥を1週間おきくらいに追肥するなど、植物にストレスをかけないように安定した肥効を保てば、長く花が咲き続けてくれる。

■花がら摘み

咲き終わった花を花梗の元から摘み取る花がら摘みは、バスケット全体の美しさを保持するためにもこまめにしたい。また、この作業は病害虫の予防としても重要だ。葉の上に残った花がらは病原菌に冒されやすく、そこから病気が蔓延していくからだ。

さらに、花後に実をつけるまで放置すると、実の成熟に養分をとられ、植物全体の体力が消耗し、花期が短くなってしまう。

■枝抜きと摘芯・切り戻し

一定に生長・繁茂した時期に枝抜きをすると風通しや日当たりが良くなり、いっそう生育が良くなる。また、まだ小さなときに先端を摘芯すると、腋芽が伸びて枝数が多くなり、しっかりとした株になる。

草丈を短くしたいときや、一度咲き終えて弱り気味の株は、根元から3〜4節を残して切り戻し追肥すると、新しい枝が伸び勢いが甦ってくる。

■手入れの注意点

安全対策を忘れてはならない。吊型の場合、もし落下したら、重いバスケットが人間の頭などを直撃し、大きな事故になる可能性があるので注意が必要だ。マンションの2階以上のベランダに外付けしているハンギングバスケットは、吊部分の強度に特に注意が必要である。念には念を入れて安全確保につとめたい。

Chapter 2 ガーデンデザインの実際——Re・ガーデン（庭の改造）

e Re・ガーデン（庭の改造）

萩野賢三（㈱富士植木）

I 改造にあたって考えること

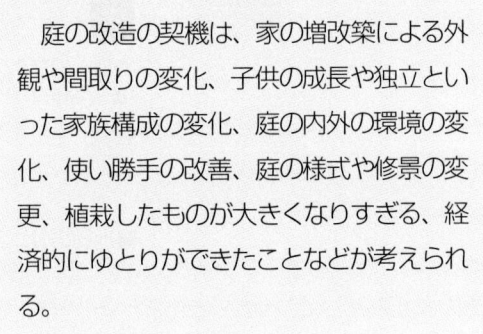

　庭の改造の契機は、家の増改築による外観や間取りの変化、子供の成長や独立といった家族構成の変化、庭の内外の環境の変化、使い勝手の改善、庭の様式や修景の変更、植栽したものが大きくなりすぎる、経済的にゆとりができたことなどが考えられる。

　現在ある庭を全部取り壊してつくり変える、または一部を残して変えることになるが、いずれの場合でも永年住んでいる家主の庭への思い入れがあり、家主の改造の目的をはっきりさせることが大切である。

　改造を行なうにあたっての大事なポイントは、現在の庭になじんでいる植栽や修景を全部壊してつくり変えるのではなく、樹木や修景物や庭石などをそのまま取り込んだり、材料として再利用することである。

　したがって、改造プランを考えるにあたっては、家主の要望を受け、これら既存のものをいかに利用できるかを考え、また庭を取りまく景色や環境でマイナス要因となっている現状をプラス要因に改善して利用することができれば、良い庭づくりに結びつく。

1 要望と現況を整理する

■現況の気に入っているところと気に入らないところは？

　これはぜひ家主に確認しておかなくてはならない項目である。雨が降ると部分的に水がたまったり、水はけが悪いところがある、木が大きくなり冬場日当たりが悪くなる、隣から見えるなど、環境に関することは住んでいるからこそわかる情報だからである。

　また、現況の庭のここの部分は気に入っているがあそこは気に入らないなど、実際の雰囲気を示されることで、具体的な趣向を感じ取ることができる。

■改造の目的やイメージは？

　庭の景色づくりの基本となる庭の様式や表現形式を確認しておく必要がある。和風にするのか、洋風にするか、折衷の形式にするか。また、植栽を多くして自然風にするか、石を使って枯山水風にするか、水を使い池や流れでまとめるか、花壇や菜園などを楽しむものにするかなど、打ち合せのなかでできるかぎり庭に対するイメージや目的を引き出すことが大切である。

■使い勝手はよいか

　庭のスペースは、日常的に家

人が利用することになるので、誰がどのように使うのかを確認しておかないと、使い勝手が悪いままの状態になってしまう。

まず、使う人は夫婦2人だけなのか、子供も考えるのか。また、家にいる時間が長く家事の中心となる主婦は庭と密接な関係をもっているので、主婦の使い勝手の意見はとくに反映していかなければならない。

また、庭の中を人が移動する歩行路すなわち動線は、その方向と幅を考えることが大事である。まず、来訪者も利用する門から玄関まで、部屋から庭、日常的に使用する干し場や駐車場など、庭の中の主要な動線は必ず確認する必要がある。

■プライバシーの確保

庭の周辺隣接地からの視線を遮蔽することも重要なポイントとなる。特に隣接地の建物からの視線や建物の外観は気になるものであり、改造の要望にあげられる場合が多い。

いわゆる目隠しを完全にすることはなかなか難しい場合も多く、どの程度で家人が納得するかが重要である。

完全に遮蔽してしまうと、かんじんな庭が閉鎖的になったり、圧迫感のあるものになってしまう。したがって、部屋の中まで視線が通らない生垣や竹垣のようにスクリーン的なものか、樹木の枝葉で遮る程度でよいか、窓を開けることの多い春から秋の間だけでよいのかなどを確認する必要がある。

■リサイクル材料は？

家主の要望を聞き、必ずその場に残してほしい材料、移植や移設して使ってほしい材料を確認する。その他の材料については、庭になじんでいる材料や、現在の庭では活かされていない材料でも使い方で活かされるものは、積極的に再利用してやることが改造での大切なポイントである。

特に樹木類に関しては、移植したい場合でも、根の状態が悪く移植に耐えないもの、移植の難しい樹種、施工時期が適当でないもの、大きな樹木のため機械力を必要とするが機械の搬入が無理なものについては、残存を提案するか、代替として新植をすすめるようにしたい。

2 庭の現状をつかむ

現況の庭の持つ景色上、環境上、材料上などのプラスとマイナス要因を的確につかんでおく必要がある。特にマイナス要因は、家主が気になっている部分でもあるから、マイナス要因のまま残らないように改善するにはどのようにしたらよいかを考えていくことが大事である。

したがって、改造する庭の状況と家主の要望や現場の問題点をチェックし、目的に応じた改庭のポイントを把握しておくことが必要である。

3 地割・つなぎのリニューアル
（■表—1）

■地割のリニューアル

庭の地割スペース（前庭、主庭、裏庭、側庭、中庭）の改造にあたって、家人の要望を取り込んでいくことになるが、それぞれのスペースの果すべき機能、好ましい環境、景色づくりなどのポイントをチェックして、そのうえでできるかぎり要望の実現を図りたいものである。

■つなぎのリニューアル

また、改庭にあたって各スペースの接続と連絡の仕方も重要なポイントとなってくる。特に改庭するスペースと改庭しないスペースがあるときや、庭の形式の異なるスペースができるときなど、そのつながり方が悪いと全体としてバラバラになり、統一のとれない庭になってしまう。

「つなぎ」の手法として、景色づくりでは、接続部に視線の通

1 地割スペースのチェックポイント

地割スペース	現況のチェックポイント	改庭上のポイント
前庭スペース 門から玄関までのスペース	・玄関と道路までの動線状況 ・駐車スペースと動線の状況 ・家の顔としての存在 ・来訪者への印象、誘導、安全性	・奥行を感じさせる動線の方向づくり ・玄関アプローチとの併用と兼用 ・建物とのつりあいをとりやすくするため、いつもすっきりした感じのまとめ ・目印づくり（門、植栽） ・門から玄関、玄関から門の景色（見返しの景）づくり ・アイストップづくり ・植物の生長を考えた配植
主庭スペース 居間、客間、食堂など主要な部屋に面するスペース	・庭の様式と表現形式 ・景趣の強調ポイント有無 ・庭のスペースと植栽の割合 ・プライバシーの保守 ・庭の広狭感 ・動線の有無	・部屋の様式と庭の様式、表現のバランス ・ポイントの絞り込み ・植栽スペースのバランス（1/3程度） ・目隠し、遮蔽 ・視覚的、心理的手法の導入 ・動線の修景として取り込み
裏庭スペース 一般的には建物の北側か北東側で、台所に面した実用的なスペース	・実用的な利用の度合 ・日当たりの状況	・物置、ゴミ置場、物干し場などの設置 ・利用動線の設置 ・清潔感、明るさの確保 ・菜園（キッチンガーデン）の設置
側庭のスペース 一般的に、東や西側の隣家や道路に面した幅の狭いスペース	・建物と境界囲障の幅 ・日当たりの状況	・幅の狭い場合の目隠し植栽 ・塀やフェンスを利用した壁面植栽の利用 ・耐陰性地被植栽
中庭スペース 建物で三方または四方囲まれたスペース	・囲まれる部屋の間取りの状況 ・日当たり、風通しの状況	・間取りに応じた土の面と舗装や植栽スペースのバランス ・明るさ、通風、清潔感などに対応した植栽、修景 ・ワンポイントの強調ポイント

る区切り（竹垣や柵など）を設置して互いのスペースの景色づくりに利用することや、隣接するスペースに使用している植栽や石材などを景色づくりに組み込むことで、景色のつながりをつくっていくことなどが考えられる。

また、動線は庭の各スペースを無理なくつなぎ、美観の上でも修景のひとつとして大切なつなぎの要素である。飛石や延段、舗装園路など、各スペースの景色に合わせた手法でつながりを持たせていく方法が考えられる。

景色のリニューアル（■表-2）

■強調ポイントの設定

庭の様式に合わせた景色としての強調ポイントをどうするかが大事である。現況の庭にポイントがあり、それを残存させる場合は、部屋からの視線を確認し、視線誘導が弱いと感じられるようであれば補助的な強調ポイントを設け、残存のポイントを引き立てるようにする。

新しく強調ポイントを設ける場合は、目的に応じた植栽や添景物などを配し、部屋からの視線内に強調ポイント（アイストップ）を配置して、景色の焦点がぼやけないようにしたい。

■景観上の目隠しの設置

庭の景色づくりに好ましくない外の建物や構造物の陰蔽、隣家からの視線の目隠しなどの植栽も、庭の景色の背景、あるいは強調ポイントに積極利用するようにしたいものである。

建物の周りには、生活に必要な室外機、埋設物などが散在している。これらはそのまま露出していると意外と目立ち、庭の景色づくりにマイナスになっていることが多い。改庭を機会に必要に応じて竹垣などで修景的な目隠しを行ない、プラスに変えていくようにする。

■移植木の利用

植栽については、原則として生育が良ければそのまま残存させ、利用することが好ましいが、移植して利用する場合は、現在植えられている状態が問題となる。高中木類が寄せ植えされた

ものは、そのかたまりとして樹形ができていることが多い。これを、バラバラにして単木で使用すると樹形の一部がくずれていて、その部分に新しく補植する必要が出てくる。

また、元のような配植で寄せ植えとして利用するにしても、移植時に剪定して切り詰めるので、以前のようなボリューム感は当面、期待できない。低木の刈込みも、1本ずつバラして元の刈込みのようにしようとしても無理があり、新たに同じ種類の木を補植する必要がある。

思い入れのある樹を移植することは必要であるが、一般的に移植は掘り取ってから植え付けるまでの手間がかかるので、新たに材料を購入して植えるよりもコスト高となることが少なくない。高中木類などのように大きな樹になればなるほど、移植のための準備的な対処も必要になり、機械に頼らなければならないので費用的にも大変となる。

5 環境のリニューアル（■表-3）

■地中部の環境改善

庭の環境の改善は、改庭の内容やスペースによって根本的に実行できない場合がある。特に地中部の環境改善が必要なときは、地表面の処理だけでは後々また問題となる可能性もある。

排水性や土壌の乾湿の改善、植物の生育を促進する土壌改良などは、地上部ができあがってからでも部分的には可能であるが、庭園施設や樹木の根などが障害となり難しい。現況の庭で問題があるときは、改庭を機会に手をつけておくことが好ましい。

■地上部の環境改善

日当たりの方向や時間はどうすることもできないが、日当たりの悪いところをさらに悪くしないように植栽を考えたり、枝葉の剪定などの手入で地表面に陽が入り込むようにすることはできる。また、狭くて日当たりが悪

2 景色上のチェックポイント

景色上の要因	現況のチェックポイント	改庭上のポイント
建物の間取	・庭に面する各部屋の間取（玄関、居間、客間、寝室、台所）	・部屋に合わせた景色づくり、使い勝手区分 ・特に玄関へのアプローチと来訪者からの視線の遮蔽
隣接地の建物	・庭に面した隣家の窓や出入口の位置 ・建物の外壁の色 ・隣家の建物との離れ	・隣家からの視線の遮蔽と建物の目隠し ・日当りと視線の遮蔽
庭の様式	・残存景色、修景物、植栽などの目的とする様式への利用の是非	・目的とする様式への再利用 ・家と目的の庭の様式の整合
強調ポイント	・強調ポイントの残存の有無	・部屋からの視線の内への絞り込み ・残存の場合ポイントとして強調
境界沿の囲障構造物	・柵、塀、生垣などの透過性、高さ、材質	・修景上の不都合箇所の隠蔽 ・囲障への植栽による修景
室外機	・冷暖房、ポンプ、ガスメーター、プロパンガスなどの位置、形状	・修景的目隠しによる演出
埋設物	・雨水、汚水桝、配水管の位置 ・地下埋の貯水槽、浄化槽の位置と埋設の深さ	・修景的隠蔽による演出 ・排水管上の高中木の植栽 ・土被りの浅い地上部への高中低木の植栽 ・埋設物が浅い場合盛土
電柱、架線	・庭に面した電柱、架線の位置や高さ	・柱の隠蔽 ・樹木の生長による架線への支障
既存植栽	・残存、移植の判定（樹勢の状況） ・形状（樹高、枝張、幹周、下枝の高さ） ・寄植えの樹形の状態	・残存の場合、樹勢の良いものを選定、不良の場合は樹勢回復 ・移植する場合、時期、形状、難易から判断 ・ばらして使用する場合、樹形の変形部への添植 ・移植木になじむ新規植栽の配植

く、地表部が湿って暗い場所は、裸地にせず、植栽せずに砂利敷や舗装などにすれば、乾いた感じの明るい地表面となる。環境の改善だけでなく、景色としても引立つ。

風当たりが強いと、庭の中の植栽も影響を受ける。昔から風の強い地域では防風垣としてシラカシ、クロマツなどの常緑の高木や生垣が用いられてきたが、狭い庭では幅狭く仕立てられるつる植物などの生垣か、竹垣や塀の設置を考える。

軒下やベランダ、出窓の下は雨や夜露が当たらないので、原則的に植栽を避けるべきである。雨落のラインを境にして生育環境は極端に変わるので気をつけたいものである。

3 環境上のチェックポイント

環境上の要因	現況のチェックポイント	改庭上のポイント
日当たり	・庭の方位、日照時間 ・植栽の生長、過密による日当たり不良 ・隣接建物との関係	・西日など日当たりに対応した植栽の選定と配植 ・残存木については枝透し、剪定による地表面への日当たりの確保 ・暗い場合、明るくなる修景デザイン、植栽
水はけ（排水） 土壌の乾湿	・地形上の高低差 ・既存排水施設の位置 ・滞水（水はけ不良）の発生 ・地面の乾湿	・表面の排水の方向、排水の処理の方法 ・埋設管上の植栽、露呈桝の修景的隠蔽 ・排水桝（透水桝）、盲排水の設置 ・土壌改良による透水性の向上 ・陰湿な表土部の修景的処理（砂利敷、敷石） ・耐乾、耐湿性の植栽
土壌・土質	・土壌不良による植栽生育不良	・土壌改良による透水性、通気性、土の団粒化の促進、保肥性の向上 ・場合によって客土の搬入
風通し	・季節風や強風による被害 ・潮風・塩害による被害	・庭の方向によって、防風、強風に耐性のある植栽、風除施設の設置 ・耐潮性の植栽 ・竹垣、塀などによる防護
降雨	・雨や夜露のあたらないスペースの確認	・雨や夜露のあたらない部分への植栽回避 ・軒下の雨落部への修景処理

6 既存材料のリサイクル（■表−4）

現況の庭に使用されている材料を改庭で再利用することは大事なことであるが、あれもこれもと多用するのでなく、目的とするイメージを演出するための材料としてさりげなく置いて、家主に喜ばれれば成功といえる。

いずれにしても庭にある材料はすべてを大事にし、活用の可能性があれば再利用していくといった心がけが必要であり、それが家人に対する配慮でもある。

4 材料としてのリサイクルのチェックポイント

材料＝要因	現況のチェックポイント	改庭上のポイント
移植木	・移植の可否の判定 ・移動運搬の可否	・家主要望の移植木の修景上のポイントへの配植 ・移植木への新規植栽の補植 ・移植は新植よりコストがかかる
添景物	・添景物の種類、形状確認（灯籠、つくばい、水鉢、置物、飾鉢など）	・強調ポイントなどへの効果的配置
庭石	・石の形状、材質 ・移動・運搬の可否（機械使用が可能か）	・山石、川石、色の異なる石の混在の使用は不可 ・大きさに変化をもたせた使用 ・人力での運搬と機械による運搬
各種舗装材 （敷石、延段、飛石、砂利など）	・材料の種類と据付状況（土極め、モルタル据付など）	・敷石、飛石、敷砂利など必要に応じ再利用 ・取りはずしに費用がかかるもの、取りはずしてもモルタル、コンクリートなどの付着で使用に耐えないものは不可 ・大きなコンクリート破砕片の敷石利用、小さなものは基礎材、排水材などへの使用

II A邸の改庭紹介

　ここで紹介する事例は、東京都内の住宅街にお住まいのご夫婦の庭である。家の改修にあわせて、庭の改造を行ないたいとのことであった。

　まず、改庭のプランに先立って家主の要望を聞き、その要望が実現可能かどうか、また改庭に役立つ要素は何があるかなどを現場で把握することから始まった。

　住居は道路より奥まった所にあり、周囲は隣家に囲まれ、庭には色々な樹木が茂り、全体として暗い感じを与えていた。

　改庭プランにあたって、家主の要望を入れつつ次のことをポイントとした。

　①門より玄関までの長いアプローチに変化をつけること。
　②利用スペースごとに「つなぎ」をもたせ、メリハリのある景色づくりをすること。
　③隣家に取り囲まれた主庭はプライバシーを確保し、明るい雰囲気にすること。
　④現在の庭の材料で、使えるものは極力使うこと。

　何度かの打ち合せの後、ここに紹介する改庭となった。

■家主の改庭にあたっての要望

●気に入っているもの、気に入らないものは？

・リビング前のハクウンボクは、そのまま活かしてほしい。
・リビング横の花壇スペースを残してほしい。
・門からのアプローチ正面の物置を目立たないようにしてほしい。

●改庭の内容は？

・庭の様式は、どちらかというと和風式にしたい。
・今の庭は暗いので、明るい感じの庭にしたい。

●使い勝手は？

・リビング前のテラスからアプローチや庭への動線がほしい。

●プライバシーの保持は？

・正面家屋の勝手まわりからの目隠しをしたい。ただしあまり高くないもので。

●材料のリサイクルは？

・ハクウンボクは残し、それ以外の植栽についても利用できるものは利用してほしい。他の材料については、自由にしてよい。

ガーデンデザインの実際──Re・ガーデン（庭の改造）

A邸改庭平面図

※1 低木類
ヒラドツツジ、クチナシ、ヒイラギナンテン、ジンチョウゲ、ヤマブキ、カンツバキ、アジサイなど

※2 地被類
ヤブラン、フッキソウ、ヒメシャガ、オオバジャノヒゲ、ユキノシタ、シダ、ツワブキ、イカリソウ、ホトトギスなど

図中ラベル：丸型埋め込み灯籠／ヤマモミジ／エゴノキ／ニシキギ／サザンカ／隣家／ポーチ／玄関／ヒメシャラ／御簾垣／石組（再）／ナツツバキ／低木（※1）／水鉢（再）／主庭／低木（※1）／地被類（※2）／和室／台所／飛び石（一部再）／砂利敷／縁石／リビング・ダイニングルーム／踏脱石／既存木（ハクウンボク）／コンクリート平板（再）／花壇スペース／裏庭／ラティスフェンス／物置／既存木（キンモクセイ）／分岐点／自然石乱敷／門／アプローチ・前庭／既存木（マツ、サワラ）／ユズリハ／ヤブツバキ／隣家

アプローチ・前庭スペース

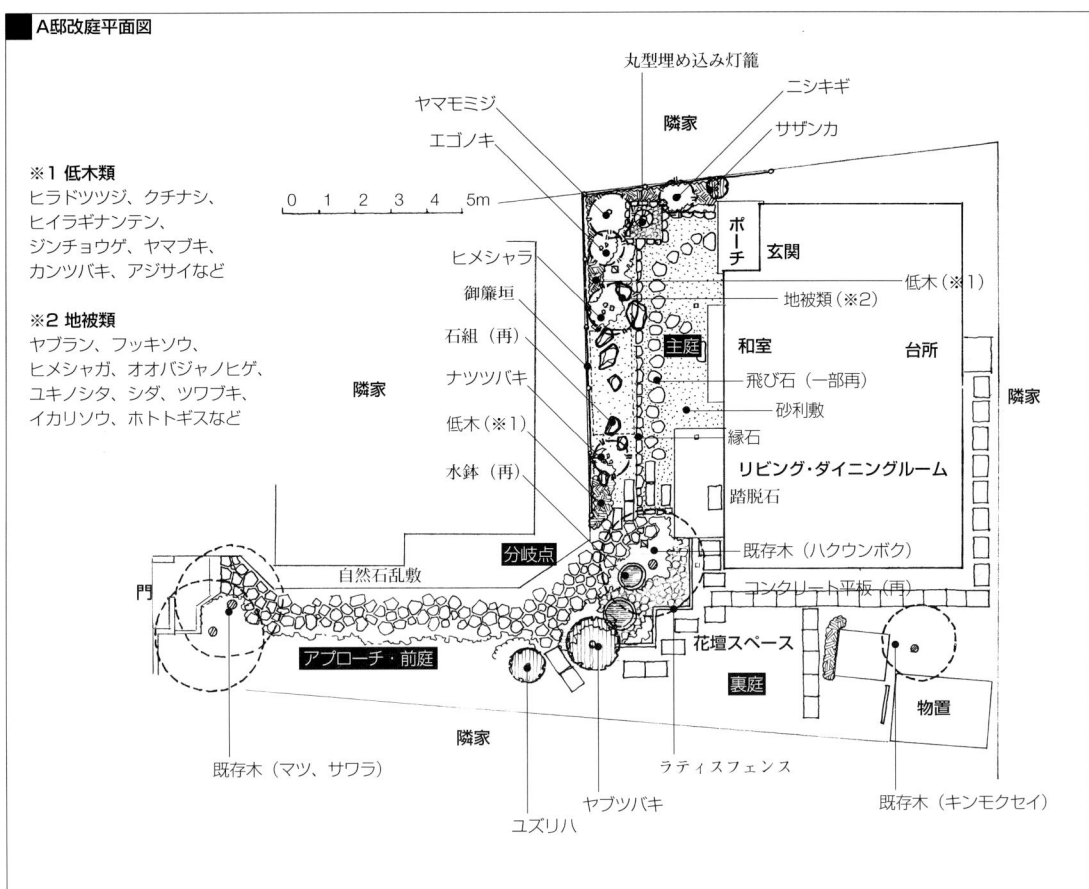

改庭前
コンクリート平板の単調な動線、路地裏のようなアプローチとなっており、来訪者へのもてなしと誘導に配慮したいものである。

改庭後
右側隣家の四つ目垣とサツキの刈り込みを利用し、和風にふさわしい自然石の乱敷のアプローチにして変化を与える。左側の石敷の縁に下草類を補植しメリハリをつけ、楽しいものとなる。

179

●アプローチから主庭・裏庭への分岐点

改庭前
前庭のアプローチから裏庭のほうへ動線が延びており、物置へ視線がいってしまう。分岐点とスペースの区切りとしての演出を考えたいものである。分岐点にあるハクウンボク（高木・落葉樹）はアイストップとして残し、周囲を演出することが望まれる。

改庭後
分岐点のラティスフェンスは隣家からの目隠し効果としても役に立っている。テラス前で延段風の切石を敷き、主庭とリビング、玄関への動線の区切りをつけ、アプローチからの雰囲気を変える。ハクウンボクの下に再利用の水鉢を高さを変えてアイストップとして配置。

●主庭

改庭前
目隠しの植栽が列植のため日当たりが悪く、地表面も湿った状態で暗いイメージである。
地下埋設の貯水槽の上に植桝を設置して植栽されていたので、植桝の処理が必要である。主庭としての強調ポイント不足で雑然とした感じなので、すっきりとメリハリのあるスペースに改庭する。

改庭後
隣家との境には御簾垣（H＝1.5m）を設け、奥の2階の出入口には目隠しとして落葉樹を植えた。玄関前の強調ポイントとして、灯籠と高木の植込みを設ける。
地表部は日が当たるように植栽地を外周に限定し、家屋側を縁石で1段上げて（7cm程度）水はけをよくするため砂利敷きとする。植込み地側を濃く、建物側を淡くし、遠近感とメリハリを出す。主庭全体が広く、明るく感じるようになった。

第3章
暮らしを楽しむ
ガーデンデザイン実例

chapter 3

フロント・アプローチガーデン ①
アールを生かしたフロントガーデン
Front & Approach gardens

T邸	（神奈川県茅ヶ崎市）
設計●	井田洋介（アウトテリア民園）
施工●	㈲アウトテリア民園
敷地面積●	約104㎡
庭面積●	約36㎡

※写真提供（一部）：赤松富仁

　狭い敷地でも、欲しい庭の条件は変わりません。生活活動空間の確保、プライバシーの確保、みどりの保有と育てる楽しみ、植物との暮らしがもたらす開放感や安らぎなどです。
　敷地が狭くても、工夫しだいで機能性と安らぎを満たした快適な暮らしを楽しめる庭がデザインできます。この家の敷地は約30坪です。そのうち住宅の建坪を除くと約10坪です。ここに玄関アプローチ、カーポート、庭などのすべての要素を盛り込みました。

カーポートを兼ねたアールをつけたアプローチ
　北に長い敷地は南側が道路に面しており、車の出入りもたやすいので、カーポートを玄関アプローチと兼ねることにしました。車が入るための強度とともに玄関へのアプローチを美しくするために、基礎をしっかりつくり、約90cm角のコンクリートのタタキを敷きました。アプローチの入り口の左右は、車を入れやすいようにアール（曲線）をつけました。

居間の前庭との境界を滑らかな曲線の塀で仕切る
　道路に面して居室があり、大きな窓が道路から丸見えになっていて落ち着きません。そこで、目隠しとしてコンクリートブロックの塀で仕切ることにしました。塀もアプローチにきっちり沿わせずに、滑らかなアールを使って、道路からの視線を柔らかく遮り、隣地からだんだん低くなる曲線にしました。この塀の曲線も、全体の柔らかさの演出に一役買っています。

道路や塀との間の狭いエッジスペースに植栽
　幸い南北に長い敷地は南側に面しており、植物の生育には好環境です。アプローチのアール部分のちょっとした隙間と、目隠し役の塀の曲線と道路境界の直線との間に生まれた隙間には、コナラ、ソヨゴ、ボーガシ、トネリコを植えました。その下には下草を植え、草花も楽しめるガーデニングスペースとなりました。狭くともここなら、南の陽射しを受け、樹木も下草もすくすくと育ち、道行く人へのプレゼンテーションガーデンとなります。

前庭はデッキを貼って「屋外の小部屋」に
　居室の前庭は中途半端な庭にせず、思い切って全部デッキ張りにして、子供も大人も安らぐ「屋外の小部屋」にしました。デッキも塀に沿わせずにアール形にして、双方の形の隙間に、シロカシやボーガシを植栽しました。樹木が目隠しになるとともに、デッキの小部屋や居間に緑風を運んでくれます。
　カーポートを兼ねたアールをつけたアプローチや塀を縁取るように植栽しましたが、植栽面積は外と内を合わせても7㎡です

▶ **施工前の全景**
居室の掃き出し窓が道路から見えてしまう状態。

▶ **完成後の全景**
道路からの適度な遮蔽効果をもつ塀と植栽の効果で、景色が変わる。

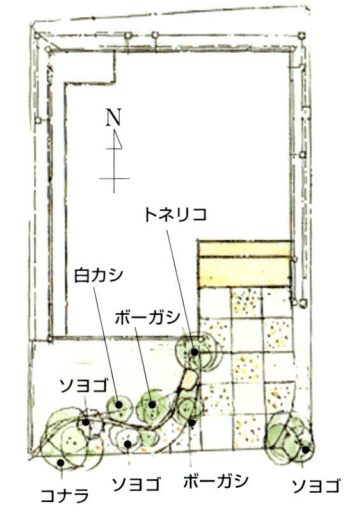

Chapter 3 暮らしを楽しむガーデンデザイン実例 ——フロント・アプローチガーデン❶ アールを生かしたフロントガーデン

⬆ **アプローチから見た全景** 家と、家の前の空間がひとつのハーモニーを奏でている。建物の色と塀の色を同じクリーム色にし、素材も同じジョリパット（塗装用の壁剤）の左官仕上げにして、ナチュラルな一体感を演出している。

⬇ **道路に面した植栽** コナラで高さを出し、ソヨゴでボリュームと目隠しを兼ね、株元は日当たりがよいので草花を植栽。

トネリコ
白カシ
ボーガシ
ソヨゴ
コナラ　ソヨゴ　ボーガシ　ソヨゴ

183

Front & Approach gardens

施工過程

① デッキと板フェンスつくり
デッキは、居室から出やすいように居室よりわずかに低い高さにして、厚さ2.5cmの板を貼る。隣地との境は木製のフェンスで目隠し。

② アプローチとカーポートの土台づくり
しっかりと基礎をつくり、90cm角に板で仕切ってコンクリートを詰める。

③ コンクリタタキにゴロを散らす
車の滑り止めや駐車していないときの景観を考慮して、1枚おきに家と同じベージュの御影石（伊勢ゴロ）を散らした。

④ なめらかな曲線の塀づくり
ブロックをアールに積み上げ、外からの目隠しをつくる。

⑤ デッキと塀との間の隙間
デッキと塀のわずかな隙間も、大切な植栽エリア。

⑥ 塀にモルタルを塗る

⑦ 塀にジョリパットを上塗り
建物の壁と同色、同素材のジョリパットで上塗りをする。

⑧ 樹木・下草を植栽

Chapter 3 暮らしを楽しむガーデンデザイン実例 ——フロント・アプローチガーデン❶ アールを生かしたフロントガーデン

↑居間から見たデッキ 塀の外・内のエッジに植栽された雑木から居間に緑風が流れ、デッキでは緑陰を憩う。

トネリコを中心に、コナラ、ソヨゴ、ボーガシ、シラカシなどで構成された植栽は、里山の雑木林を写した。雑木は幹の線が細めで株立ちも多く、常緑でも葉の大きさが小さめで、風にそよぐ小枝もうるさくならないので、狭い敷地に向いている。立ち上がった幹の下に植えた草花は根締めとなり、里山の景観を醸しだす。

←アプローチから見たデッキの小部屋 塀の右端を踏み石状にし、アプローチからも出入りできるようにした。ウェルカムツリーのトネリコ(右)が、客を緑陰に誘う。

↑南に面したデッキ側の植栽エリア 常緑の雑木と一緒に草花も育つ。

井田洋介
いだ ようすけ

1974年、藤沢市に現在のアウトテリア民園を設立

飾る園芸を提唱した第一人者

NHK趣味の園芸講師、テレビ、雑誌など多数で活躍中

㈲アウトテリア民園 代表取締役

デザインポリシー
自然でホッとできる庭づくりをめざしている

185

フロント・アプローチガーデン ❷

細長い小道ガーデン
Front & Approach gardens

S邸（東京都世田谷区）

設計●	ガーデン&ファニチャーズ（長谷川祐二・定子）
施工●	ガーデン&ファニチャーズ
施工協力●	栗原造園
敷地面積●	約79㎡
庭面積●	約25㎡

　玄関へのアプローチは、その家の顔です。ドアまでの間に庭があれば、その大小にかかわらず住み手の感性を映し出します。ここは、南側と北側に隣地が迫った幅2m、奥行き18mの細長い通路です。宅地開発業者の呼び名で"旗竿"（旗が宅地で、竿の部分が私道）と呼ばれる形をしています。花よりグリーン、自然素材が好きという若い施主からの要望を取り入れ、奥行のある立体的な空間として、玄関までの長いアプローチを歩く楽しみのあるガーデンとしました。

細長い通路を大きくふたつに分けたゾーニング

　通路の約半分から玄関までの両側をフェンスで囲い、プライベートな庭という設定にしました。一方、カースペースは、隣地も駐車場になっているので、お互いの出入りを考慮して片側はオープンにしています。囲われた庭への入口部分には、トピアリーのコンテナをシンメトリー（左右対称）に置き、さりげないゲートとしてふたつを区切りました。

明るい色の木製のフェンスで若々しく演出

　両側のフェンスは施主の希望である自然素材の木製で、狭さを感じさせないよう明るい色で塗り、囲われる圧迫感を軽減するよう配慮しました。ヘデラが絡み合い緑のエリアとして年々深まっていけば、いっそう自然に囲まれた庭になるはずです。

立体的なヒナ壇づくりで空間演出を

　平面的なアプローチに立体感を加えるため、18m先のドア前にパーゴラを建て、つる性の植物をからめて緑の屋根をつくりました。また、幅が狭いエリアでは草花中心の植栽になり、高さのある木が少なくなりがちですが、コンテナの数々で高低差をつけ、連続するアプローチの単調さを補っています。

日陰の条件をプラスに変える植栽選定

　北向きで陽が当たらないというマイナス条件を、耐陰性植物を多種類混植することと、斑入りなどの葉色のバリエーションを使って明るくし、プラスに変えています。幅が狭いので広がりが出るよう、さまざまな種類のグリーンに、白を基調とした少量の花を加えました。

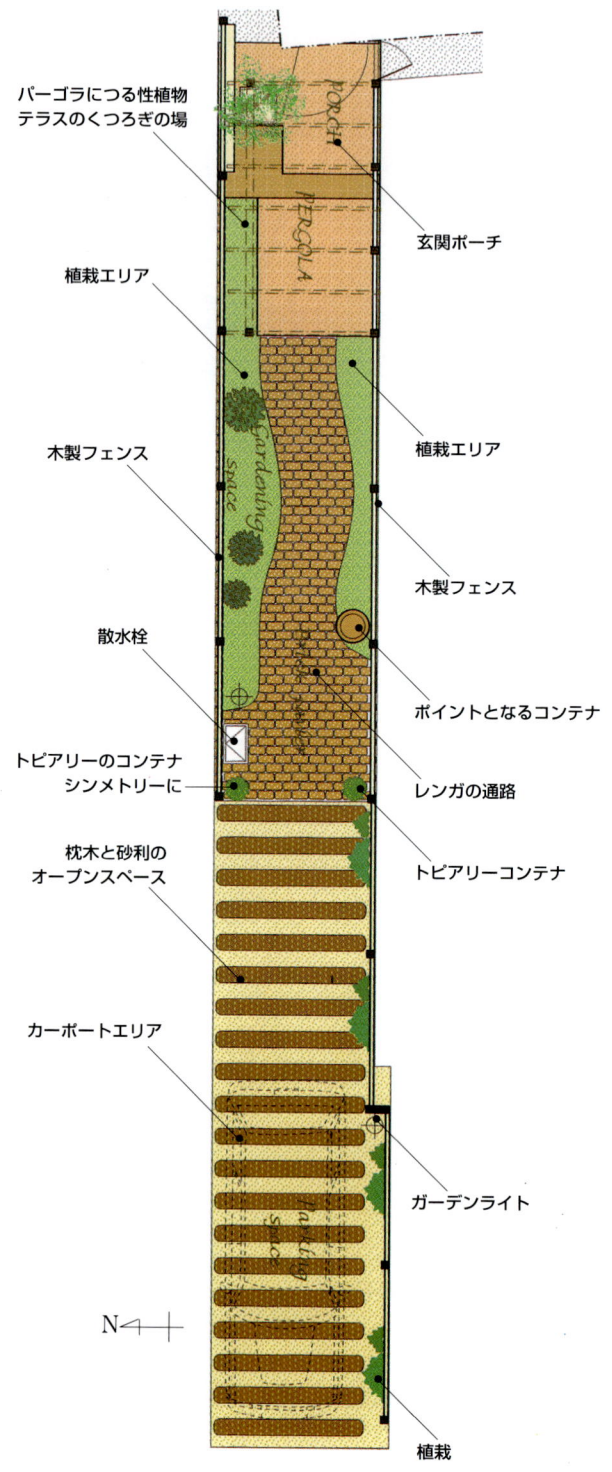

※写真提供：主婦と生活社

暮らしを楽しむガーデンデザイン実例──フロント・アプローチガーデン❷ 細長い小道ガーデン

↑オープンスペースのカーポート側から、玄関までのアプローチを望む　枕木と砂利、木製のフェンスとコンテナ、ポーチのテラコッタタイル、パーゴラなど、連続する自然素材とその色が統一されていて美しい。そこに植物の緑や花色が加わって育つことで、温かみが生まれる。

Front & Approach gardens

▶ **カーポートのあるオープンスペース** 枕木と伊勢砂利でコントラストを出している。ガーデンライトは、そこから少し幅が狭くなる通路の車止めサインの役割も兼ねる。

▶ **パーゴラに絡まり繁茂するナツユキカズラ** 玄関前を飾る緑のゲート下は、テラコッタタイルを敷いたくつろぎのテラス。

暮らしを楽しむガーデンデザイン実例 ——フロント・アプローチガーデン② 細長い小道ガーデン

← 玄関前のプライベートガーデン 通路のレンガの間にも植物が生えて、コンテナの植物と地植えの植物が一体となった。通路も緩やかな曲線になっているので遠近感が出ている。緑の中に少し花色をアクセントカラーとして差し込んでいる。

→ 日陰に強い植物を混植 ツルニチニチソウ、ヘデラ、クリスマスローズ、フイリマサキ、アカンサス、ギボシやアスチルベなど。斑入りの葉色が全体を明るくする効果を上げ、斑の白や花の白など、植物のもつ質感の違いが、それぞれの白を引き立てている。

↓ 棚を工夫 隣地の目隠しを兼ねる木製のフェンスに、2×6材をそのまま取り付けた14cmの棚を設けた。ちょっとした空間も工夫次第で飾れる場所に。

↓ 船舶用のライト パーゴラにつけた船舶用の照明器具で棚の上部を照らし、夜の雰囲気を効果的に。

長谷川祐二
はせがわ　ゆうじ

インテリアデザイナーとして活躍の後、'97年よりガーデン&ファニチャーズ設立

庭とインテリアを共に提案している

長谷川定子
はせがわ　さだこ

生活感あるナチュラルな植栽が好評のガーデンデザイナー

デザインポリシー
インテリアと庭の融合によるナチュラルな生活の提案

フロント・アプローチガーデン ③

オープンスタイルのフロントガーデン
Front & Approach gardens

I邸（神奈川県茅ヶ崎市）
設計●井田洋介（アウトテリア民園）
施工●㈲アウトテリア民園
前庭面積●約10㎡

　道路との境、建物の前の庭をフロントガーデンといいます。この境界をフェンスや塀などで区切らずにオープンにして、道路など公共に接する小さな緑地帯をつくれば、道行く人がみどりの恩恵を享受でき、住宅も街並みも美しさが倍増します。プライバシーさえ確保できれば、オープンスタイルの境栽ガーデンは、道行く人も楽しめる新しいガーデンエリアになります。

建物を境界近くに寄せ、
玄関サイドとガレージ脇を植栽エリアに

　この家は、建築前から全部の庭のデザインを依頼されました。敷地はかなり広いのですが、北側と西側が道路に面している関係から、北側の道路に面して玄関やガレージをもってくるしかありません。玄関先を広くとりたいところですが、そこは建物の日陰となり、植栽できる植物も限られてしまいます。

　そこで北西に建物を寄せ、日当たりの良い南側、東側の庭のスペースを広くし、北側、西側の道路との境界は、フェンスなどの仕切りをつくらずに、建物の壁を利用したオープンフロントガーデンにすることを提案しました。玄関先のアプローチと車が出入りするガレージ前は植栽できませんが、壁面部分に奥行1m前後のボーダー花壇をデザインしました。

　2台の車が入るガレージの左右には対称形に低い花壇をつくり、玄関横の西側の壁沿いは、レンガを積んだレイズドベッド方式のボーダー花壇にしました。両方とも縁には枕木を使って共通性を持たせ、建物を囲うように配置しました。3つの花壇には、日陰に強く、すくっと立つ樹木を植え、そのみどりの縦線がレンガと白壁に美しく映えるようにしています。花壇の縁取りも、硬い感じのするレンガやタイルに植物や枕木が加わることにより柔らかさが出て、全体のイメージが暖かくなりました。

玄関サイドはコニファー花壇、
ガレージサイドは落葉樹を

　西側の道路に面してつくったレイズドベッド花壇は、奥行約90cm、長さは約4mです。ここは、南西から日が当たり風通しも良いので、コニファーを中心に細長く植栽しました。針葉樹のがっちりした紡錘形の樹形は殺風景な外壁を補っています。レイズドベッド花壇の手前の小さな三角形のスペースは切り込み花壇とし、四季を彩る草花を植えるエリアとしました。

　一方、ガレージサイドのふたつの低い花壇は、奥行は約1m、ひとつの花壇が1坪弱、畳約2枚分の大きさです。ここには比較的日陰に強いソロとモミジの雑木を植えました。細い幹が何本も立つ株立ちの樹形は、コニファーと違って動きのある柔らかさを演出し、門扉や門柱のない玄関まわりを引き締めています。落葉樹なので、その下にはアセビなどの低木や宿根草などの草花が植えられます。

　3つの花壇をあわせて10㎡あまりのスペースですが、コンクリートで固めたり、まわりを囲ってしまわなければ、木々や草花が育つ立派なガーデンができます。まわりを囲わないオープンフロントガーデンにすることによって、奥行感も増し、面積以上の大きな広がりと開放感を感じさせてくれます。そして住まい手だけでなく、ここを通る人々に豊かなみどりの空間を提供し、街並みの美しさにも貢献しています。

➡ **全景**　道路に面したレンガと白壁の外装を背景に、3つのボーダー花壇を配したオープンフロントガーデン。

⬆ それぞれ形は少しずつ違っている花壇だが、素材や植栽で統一感と動きを出す。

Chapter 3 暮らしを楽しむガーデンデザイン実例 ──フロント・アプローチガーデン❸ オープンスタイルのフロントガーデン

▼道路との境界をオープンにしたフロントガーデン　樹木や草花のみどりのゾーンが家を引き立て、広々とした開放感のある住宅風景になった。

- ガレージ
- 雑木と低い花壇
- 雑木と低い花壇
- 玄関
- コニファー中心のボーダー花壇
- 隙間につくった切り込み花壇

191

Front & Approach gardens

◀ **ガレージの左側のボーダー花壇** ガレージを中心にほぼ対称形となっている建物に合わせ、ガレージの右側の花壇と対称形に植栽。ソロの株立ちにシラカシを植栽。下草は、日陰にも強いクサソテツ、オシダ、ヤマウド、フッキソウ、セイヨウイワナンテンなど葉色を楽しむものに、シュウメイギクやシモバシラなどの白い花がひっそりと咲いている。

▲ **コニファー花壇の手前の切り込み花壇** 不定形な切り込み花壇は施工の過程で新たにつくられた。玄関前のウェルカムガーデンとして明るい花の植栽エリアに。コニファー花壇にもサルビアなど草花を混植。

➡ **西側のレイズドベッドのコニファー花壇** レンガと枕木を積んでレイズドベッドをつくり、壁に沿って立ち上がる直線的なきりっとしたフォルムを連続させたコニファーボーダー花壇。コニファーは数種類を混色し、葉色のリーフハーモニーを奏でる。

ジュニペルス・スカイロケット（右端）…ブルーがかったグリーン色

カマエキパリス・ボールバード（右から2本目手前）…夏は銀灰色、冬は灰青色

カマエキパリス・ヴァリエガ（左から3本目）…緑色の葉に明るい黄色の斑が入る

ツヤ・オクシデンタリス・エメラルド（左から4本目）…濃い目のグリーンに青みがかった葉色

暮らしを楽しむガーデンデザイン実例
——フロント・アプローチガーデン❸ オープンスタイルのフロントガーデン

↑玄関サイドのボーダー花壇 ガレージの右側の花壇は、玄関先のアプローチまで連続させるため、ポーチの横の壁まで枕木で巻き込んでつくった。ソロの株立ちでしなやかな林を表現し、モミジやアセビが趣を加える。玄関サイドを草花が彩る。

←玄関前のウェルカムガーデンエリア コニファー花壇手前、切り込み花壇、ガレージの右側のボーダー花壇の玄関側には、楽しんで植え替えができるように季節の草花を植栽。サルビアやメドセージ、バーベナ、パイナップルセージ、クジャクソウなどの小さな淡い色の花がレンガによく似合う。

和洋折衷の庭 ①

縁側のある庭
Western & Japanese

東京ガーデニングショー　出展テーマガーデン
- **設計**●井田洋介（アウトテリア民園）
- **施工**●㈲アウトテリア民園
- **庭面積**●約225㎡

　この庭は、2000年春に東京、明治神宮外苑で行なわれた「東京ガーデニングショー」に筆者が出品したモデルガーデンです。設定は、三世代家族としました。祖父母の時代からの縁側のついた古い木造の住まいに暮らす、庭いじりを日課とする祖父、お花好きのお嫁さんと遊びまわる子供たちのために、ナチュラルな生活が楽しめる和風と洋風を融合させた庭をコンセプトにデザインしました。

縁側からの眺めを和風・洋風に分け、縁側から広がる動線を確保

　日本住宅に昔からある縁側は、腰掛けて気軽に庭を見ながらお茶を飲み憩うスペース。庭と居間をつなげる、見直すべき大切な場所です。この縁側から眺める庭を2つに分け、ひとつは、縁側の先に濡れ縁をおき、つくばいまでを飛石でつなげ、裏口に通じる通路には瓦を縦に埋め込んで、落ち着いた和風に。
　もう一方は縁側の先に現代の縁側にあたるデッキを円形に設け、裏口からの木製パネルを敷いた通路につなげました。縁側からも裏口の通路からも、いずれの庭にも通じる動線の流れをつくりました。

和風の庭の周囲はアールに雑木を密生させ、中央を芝生の庭に

　道路との境界は塀や生垣をつくらず、少し土を盛って1〜2m幅の雑木の林のボーダーにしました。ボーダーのラインを丸くして四角い土地を丸く使い、目隠しも兼ねるよう、中低木の雑木や花木を密植しました。洋風のデッキの庭との境にも雑木を植えて仕切ったので、真ん中の芝生の広場は木立に囲まれ、明るい自由空間になっています。林縁には山野草や草花を植え、四季を彩るようにしました。
　懐かしさがよみがえる古い家と、雑木林の中につくばいが見えるだけでは、昔のままの「見る庭」ですが、このように広い芝生と林縁の花壇を融合させることによって、庭いじりの楽しみがふくらむ庭となりました。

洋風のデッキは竹塀で丸く囲い、コンテナやハンギングを飾る

　洋風の庭のデッキは、縁側と段差をとりました。縁側との連続性だけでなく、和風の庭からも裏口の通路からも上がれるようにしたかったからです。そのことで2つの違った庭が連続し融合することをねらいました。
　デッキまわりは目隠しも兼ねて竹で編んだ曲線の塀で囲み、和風の趣を演出しました。竹は厚みがないうえに見た目が柔らかく、庭の雑木や建物の風情とも違和感がありません。デッキの庭にはコンテナやハンギングバスケットを飾り、チェアーを置いて憩います。また、竹塀の外は雑木と草花のボーダー花壇にして、その緑が竹塀の上部を囲い、デッキの庭に緑風を運んでいます。

草花が咲き乱れるカーポートとキッチンガーデン

　両方に通じるウッドパネルの通路は裏口からカーポートに、そしてキッチンガーデンにも行けるようになっています。この通路サイドにも現代風な草花を楽しむ花壇があり、添景としてコンテナなどが置かれ、和洋が溶け合った風情となっています。
　カーポートはコンクリートの床にダイヤ柄を配してモダンにデザインし、一段高く盛った雑木林の林縁花壇からは、季節の草花がこぼれるようにカーポートに伸びて咲き乱れています。

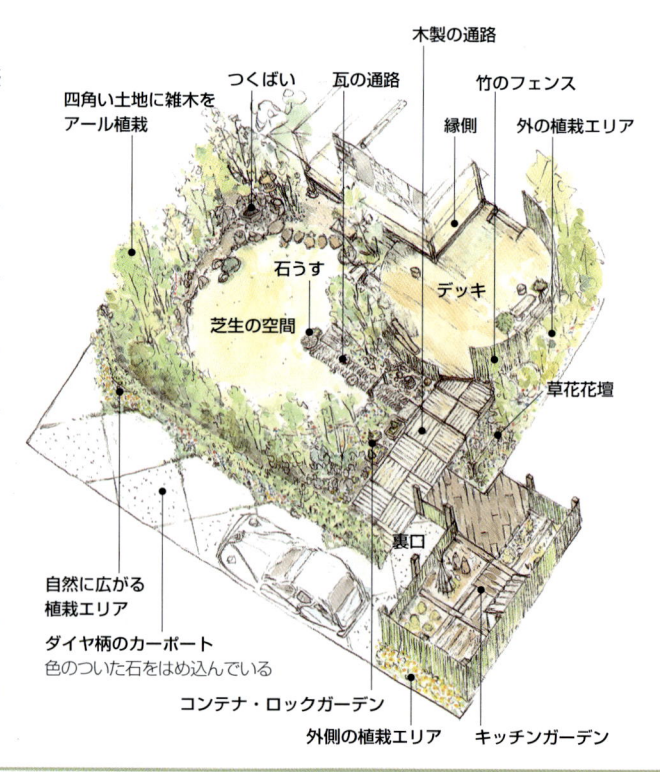

- 四角い土地に雑木をアール植栽
- つくばい
- 瓦の通路
- 木製の通路
- 竹のフェンス
- 縁側
- 外の植栽エリア
- 石うす
- 芝生の空間
- デッキ
- 草花花壇
- 裏口
- 自然に広がる植栽エリア
- ダイヤ柄のカーポート　色のついた石をはめ込んでいる
- コンテナ・ロックガーデン
- 外側の植栽エリア
- キッチンガーデン

暮らしを楽しむガーデンデザイン実例 ── 和洋折衷の庭 ❶ 縁側のある庭

⬆ 縁側から雑木の庭を眺める　老夫婦が縁側に腰掛けてひと休みする濡れ縁を、縁側に据え付けた。飛石はつくばいにつながり、つくばいからは林縁に砂利を敷いて流れを演出。雑木の細くたおやかな幹は、隣地の景色を緩和して、さりげなく遮ってくれるソフトな目隠しになる。

Western & Japanese

↑デッキの庭 縁側に続くデッキの庭は、縁側をベンチの代わりにして座るため、40cm低くつくられている。和風の庭からも裏口通路からも土足で入れる。竹の塀で丸く囲み、後方の樹木も丸く植栽してデッキの庭を囲んでいる。バスケットや三脚鉢を配置し、椅子に座って若夫婦や子供といっしょにくつろぐ林の中の小部屋である。

↓和風の庭から見た縁側とデッキの庭 庇（ひさし）の出た縁側は、雨の多い日本の家には必要。ガラスの仕切りがあるので急な風や雨を避けることができ、風雨から家を守っている。縁側もデッキも、家と庭をつなぐ空間である。

Chapter 3 暮らしを楽しむガーデンデザイン実例 ── 和洋折衷の庭 ❶ 縁側のある庭

↑裏口の通路から見た雑木の庭 大きな株立ちのアブラチャンの幹越しに見た和風の庭。落葉樹は冬は寒さに震える小枝の裸樹が美しく、春の萌える新緑や花は目にしみ、夏には枝葉を茂らせて日陰をつくり、秋には鮮やかに紅葉し、年中楽しませてくれる。そのうえ松柏類と異なり、明るい樹下には低木や草花が植えられるので、和洋融合の庭には欠かせない樹木だ。

瓦や石臼の素材で通路を舗装し、洋風の玉石や和風の砂利などをミックスさせて、和洋調和した風情を演出した。

➡キッチンガーデン前から見た草花花壇 竹のフェンスの外側の通路沿いは、地面と段差をつけずに植栽したボーダー花壇。混植したジキタリス、カラー、バコパ、セラスチウム、ヤブランなどが彩っている。中央の丸太のバーは、和風のテイストを加味しながら、背丈のある植物が風で傾かないよう、プランツガードの役目をしている。

和洋折衷の庭 ②

水琴窟のある雑木の庭
Western & Japanese

城内園作庭舎　（筆者自宅）（群馬県伊勢崎市）
設計・施工●岡田文夫（城内園作庭舎）
庭面積●約52㎡
茶室●約14㎡
テラス（車庫）●約22㎡

4つのイメージで骨格を設計

　和洋折衷の雰囲気を持った住居に、「見せる、隠す、透かす」という造園の技術を随所に取り入れ、①前庭、主庭、側庭と足を運ぶにつれて洋風から和風の趣にし、②奥まったところには、私の趣味であるミニ盆栽の観賞や手入れをする「趣味の部屋」を設け、③それぞれのゾーンに水鉢、つくばい、水琴窟（土中に伏瓶を埋めて空洞をつくり、そこに水を落として琴のような音色を楽しむ仕組）を配置して水の風情や音を楽しみ、④植栽はヤマボウシやカエデなどの落葉樹を主体にして四季の変化を楽しむ。これが我が家の庭の設計時のイメージでした。

玄関先の株立ち落葉樹の前庭と、
車庫の上のウッドテラスの庭

　車庫前から玄関まではフェンスのないオープンフロントガーデンです。車庫との境に1.2㎡のL字型の植栽部を設け、御影石の板石で舗装。植栽部には、幹越しから玄関が透けるよう落葉樹と常緑樹を混植し、ヒメスイレンが浮かぶ水鉢を添えました。玄関ポーチから道路まで、踏み込みはわずか1mあまりですが、この前庭によって奥行感が増しています。

　車庫の上は、物干しなどの家事作業のスペースともなるウッドテラスを増設しました。その柱には、樹木のうろ幹（片側が朽ちて溝となった幹）を利用したコンテナやハンギングを飾っています。そこには株立ちの落葉樹との調和を図って、ハーブや小花の宿根草を植えました。柱の元のアンティークレンガの花壇からはツキヌキニンドウがつるを伸ばし、いずれテラスのフェンスを緑と清楚な花でおおってくれるでしょう。

居間の前は御簾垣を背景にしたつくばいの主庭

　居間の前の主庭は、道路を通る人の気配を感じる程度に目隠しをする竹垣（御簾垣）を背景にし、奥の側面に続く延段は鉄平石と御影石でフラットに仕上げました。土埃などで汚れにくくするために、縁はタマリュウなどで地被しました。

　そして、延段と垣根の間の排水枡の上に石鉢を置き、中鉢形つくばいを設けました。その横に立てた丸太の盆栽台から、五葉松がつくばいを見下ろしています。居間から沓脱石に足を下ろし、水音と四季の風情を眺めてくつろぐ主庭です。

側庭は待合から雑木林を眺める和風の庭

　側庭の南側にはミニ盆栽の栽培棚があり、そのうしろに立性の雑木（数種類のカエデと落葉低木）を密植して雑木林をつくり、側庭の背景としました。奥の趣味の部屋に続く飛石には山野草を添え、石灯籠と水琴窟のある静寂な和風の庭に誘います。東の隣家との境に設けた待合は、柱と壁の構造や素材を趣味の部屋と同様に設計しました。隣家との目隠しにもなり、居間の出窓からの眺めに落ち着きを醸し出しています。

ヤマボウシの樹下に設けた織部灯籠と水琴窟

　趣味の部屋の右前に株立ちのヤマボウシを植栽し、その下に織部灯籠と向かい鉢形式のつくばいと水琴窟を配置しました。筧や手水鉢や根締めの下草類などは一般的なものを使っていますが、水琴窟は少し工夫しました。ふつう水琴窟はつくばいの排水下（海の部分）に埋めます。しかし、長年経つとゴミや泥が混入して水音が響かなくなります。そこで、内部の掃除がしやすいよう、つくばいとは少し離して水琴窟をつくりました。

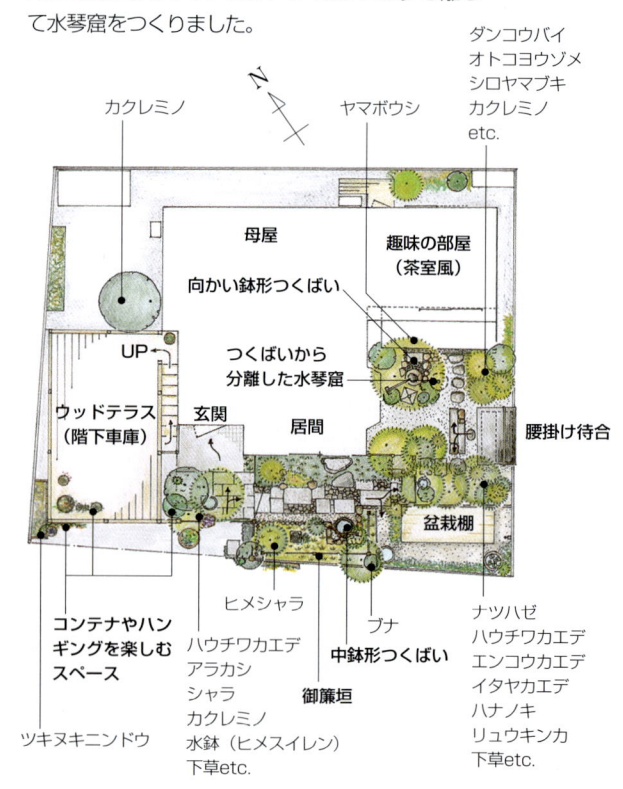

暮らしを楽しむガーデンデザイン実例 ── 和洋折衷の庭❷ 水琴窟のある雑木の庭

⬆ ガレージの上につくったウッドテラス 玄関の西側にあるガレージの上に、統一した横板張りのテラスをつくった。ウッドテラスの柱には、ロベリアのハンギングとツキヌキニンドウを添え、根締めのラベンダーが彩り、玄関脇のデッキに上がる階段も、前庭の植栽に隠れて見えにくくなっている。

⬆ 戸外室としてのウッドテラス ガーデニングや家事作業(物干し)の場所として利用するほか、バーベキューなどでくつろぐ戸外室として楽しむ。

⬆ 玄関前のオープンスタイルの前庭
1.2㎡にハウチワカエデの株立ちやシャラノキ、常緑のアラカシやカクレミノなどを混植した。玄関ポーチまでの動線とコンテナ類の位置(高低)を考えて、目隠しの効果を高めている。

➡ 居間の前の主庭 御簾垣を背景にチゴザサで地被し、右勝手の柱上の盆栽(五葉松)と、左隅に中鉢形のつくばいを対比させた空間有美の水庭。植栽したビヨウヤナギ、シュウメイギク、ミツバツツジ、ワビスケなどの四季の彩りが、手水鉢の水面に映る。水が自然木(サルスベリの幹)の竟から滴り、手水鉢からこぼれた水は、その下の砂利にたくさんの緑を芽生えさせている。

Western & Japanese

◀ **フェンスの外に吊ったうろ幹ハンギング** 伐採されたサルスベリのうろ幹（中心の材が朽ちて樋状になった幹）に草花を植え、ネットフェンスにハンギング。捨てられそうになった自然素材が命を吹き返した。

▶ **ミニ盆栽の栽培棚** 背景に植栽したカエデの新緑の前で、整然と並ぶ多種多彩なミニ盆栽。高さ5〜8cmくらいの小さなものでも、年月を経て大樹の風格を持ったものが少なくない。仕切りの向こう側は和の静寂な側庭の空間が広がる。

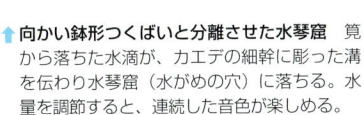

暮らしを楽しむガーデンデザイン実例 ── 和洋折衷の庭❷ 水琴窟のある雑木の庭

↑ 向かい鉢形つくばいと分離させた水琴窟 筧から落ちた水滴が、カエデの細幹に彫った溝を伝わり水琴窟（水がめの穴）に落ちる。水量を調節すると、連続した音色が楽しめる。

← 趣味の部屋から眺めた和風の側庭 背景には盆栽棚を仕切るカエデ林と主庭を仕切る袖垣、左にはカクレミノなどの雑木の枝葉に透けて待合が見える。右前の株立ちのヤマボウシの下には、自然石の手水鉢、織部灯籠、水琴窟（フウチソウの草物盆栽の下）をしつらえ、御影石の飛石が左右をとりもつ。緑の濃淡のある落葉樹に覆われ、樹下には素朴な山野草が咲き、澄んだ水琴窟の水音が響く。

➡ つくばいの頭上で咲き乱れるヤマボウシ 樹冠の枝先に純白の花が咲き乱れるヤマボウシの華麗な美しさは、樹下からは想像できない。

↓ 向かい鉢形つくばいと分離式の水琴窟

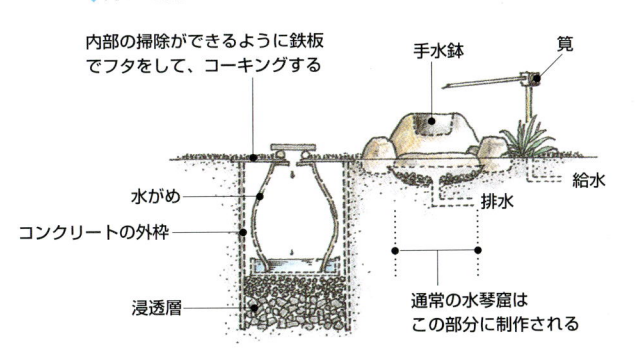

- 内部の掃除ができるように鉄板でフタをして、コーキングする
- 手水鉢
- 筧
- 水がめ
- 給水
- コンクリートの外枠
- 排水
- 浸透層
- 通常の水琴窟はこの部分に制作される

岡田文夫
おかだ　ふみお

城内園作庭舎　一般家庭の庭の設計・施工・植栽管理を行なう

デザインポリシー
自然の素材を多く活用し、和洋の枠を超えた管理がしやすい庭つくりを心がけている

水を楽しむ庭 ①

壁泉のある庭
Water Gardens

H邸	（東京都調布市）
設計	●湯浅剛（アトリエ六曜舎）
施工	●㈲栗原造園
敷地面積	●285㎡
庭面積	●主庭70㎡、中庭12㎡

※写真提供：主婦と生活社

　住み手からの希望は、緑豊かで自然な雰囲気の庭にすることと、中庭に「壁泉」をつくりたいということでした。建物がややモダンな和風だったので、庭のデザインや素材、植栽など、全体的に和洋折衷のイメージを意識しながらデザインしました。

庭に動きと変化を与える壁泉

　玄関扉をあけると、ガラス越しの正面に中庭があります。日当たりも広さも十分ではないのですが、質感のよいレンガと木材で壁泉の骨格をつくり、日陰に強い植物を加え、室内からのフォーカルポイントとしてデザインしました。

　壁泉とは、壁面から水が出てくるスタイルの噴水のこと。通常はポンプで水を回転させているので、給排水設備だけでなくポンプ用の電源も必要です。ここでは隣地のコンクリート塀が隠れる高さまでレンガを積み、木製ラティスの扉も同程度に合わせました。結果的に隣地樹木が背景となり、緑が敷地外までつながっているような効果が得られました。また鏡を窓のように嵌め込んで、壁泉のポイントとしつつ、奥行も演出しています。夜にはライトアップして、帰宅する家族や来客の目を楽しませています。

　壁泉はどんな小さなものでも庭に動きや変化を加え、優しく涼しげな水音や、スイレンなどの水性植物を楽しむこともできます。狭い庭でも水を取り入れやすい方法ですが、掃除などのメンテナンスや、素材によってはコストがかかることがあります。壁泉をデザインする際には、壁素材の質感や色彩を十分検討し、緑をどのように加えるかを考えます。噴水口は既製品でなくてもよく、全体デザインから調和のとれた形態で考えることが大切なポイントです。

柔らかな印象の主庭

　建物の南側にある主庭は、自然な雰囲気を演出させるため、曲線状に骨格をレイアウトし、塀の際には株立ちのヤマボウシなどの樹木と低木類、草花類などを植えています。全体的に日陰にやや強く、落ち着いた印象の植栽選定をしました。また芝生をある程度設け、視覚的な広がりを演出しています。

　フジを絡ませたパーゴラは、砂岩テラス上部に設けました。夏場は涼しげな日陰をつくり、冬場は葉を落として光を通します。圧迫感や堅い印象をやわらげるために、砂岩テラス前面の曲線にあわせて梁の出に変化をもたせ、柔らかな印象をもたせています。

　塀は、下部はコンクリートブロックに左官仕上げ、上部は視線をある程度遮りながら光と風が入るスクエアラティスを設置しました。縦横のスクエアラティスは、日本の格子的な印象が強いので採用しています。また舗装に利用している砂岩は、プレーンな石肌で色目も落ち着いているので、和風洋風どちらにも調和します。

▼**主庭全景**　フジ棚を兼ねるパーゴラを中心に、自然な植栽と芝生の緑を曲線状のレイアイトで柔らかく構成。日当たりのよい建物際にはハーブ類を中心に植栽。

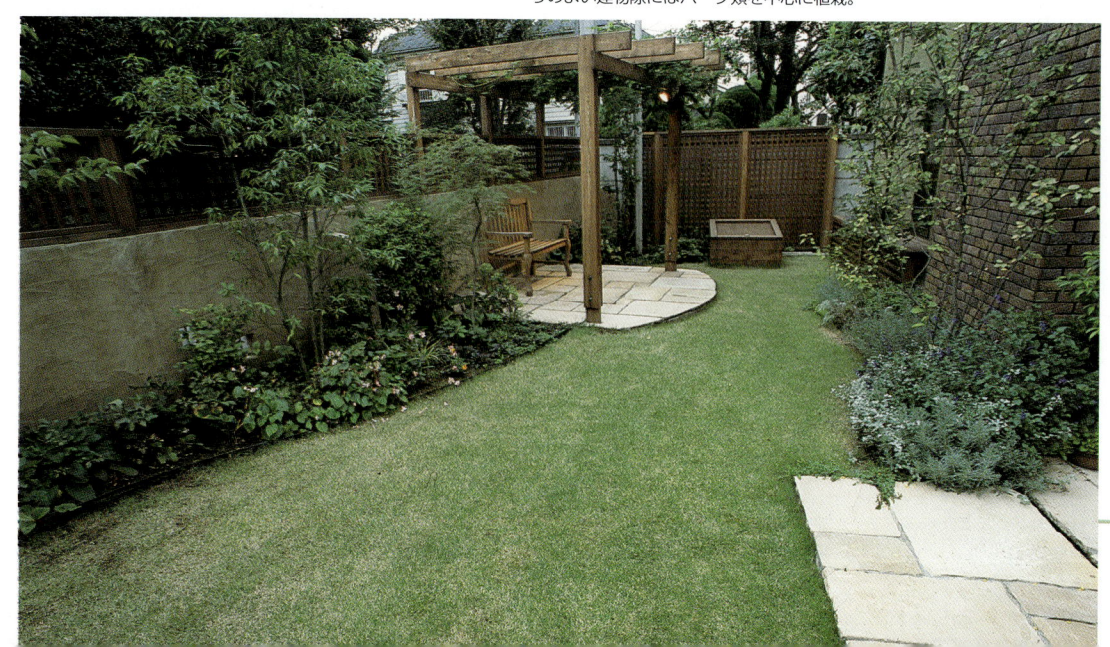

⬆ **中庭の壁泉** 涼しげな水音と質感のあるレンガ、アイビー類の緑が景観に彩りを加えている。借景としての隣地の緑が非常に効果的。

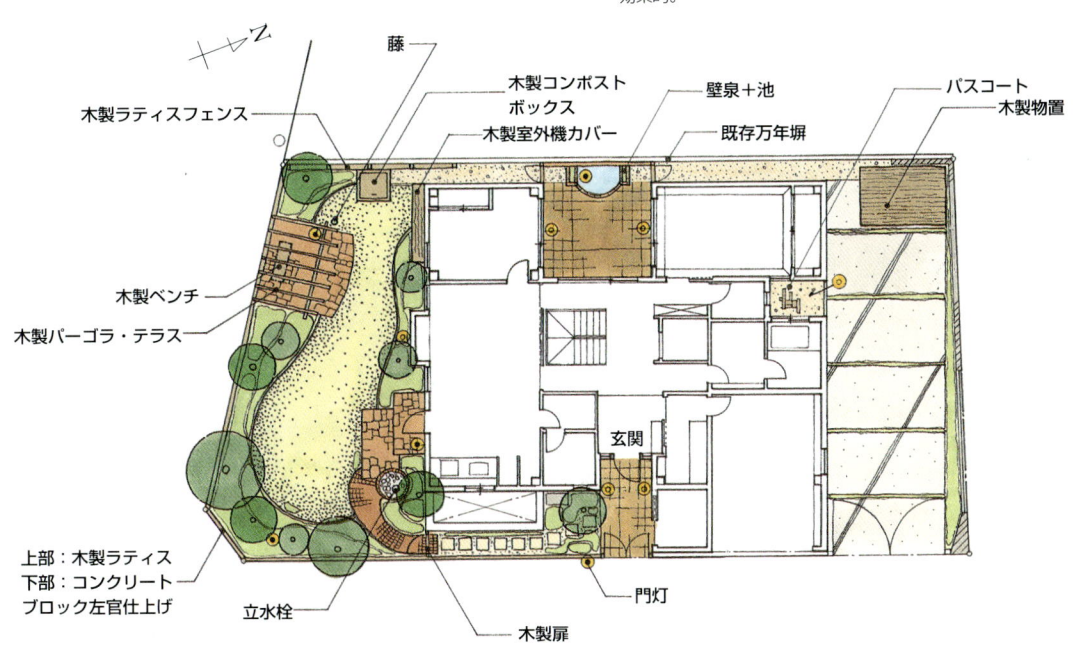

- 藤
- 木製ラティスフェンス
- 木製コンポストボックス
- 木製室外機カバー
- 壁泉＋池
- 既存万年塀
- バスコート
- 木製物置
- 木製ベンチ
- 木製パーゴラ・テラス
- 玄関
- 上部：木製ラティス
- 下部：コンクリートブロック左官仕上げ
- 立水栓
- 門灯
- 木製扉

203

Water Gardens

↑立水栓まわり 通路からの小道は、円形に配列させた砂岩のピンコロ石で方向性を強調。テラスとの交差部に立水栓を設置し、背景のハナセンナやハーブ類で彩りを。

←門扉から主庭への通路 狭く無機質な印象をやわらげるために、明るい砂利とタイルを敷き、塀を明るめの色で塗り、アイビー類を周囲に植えた。このアイビーは下垂して、右手の地下のドライエリアの壁面を彩るためのものでもある。正面の扉は、飼っている犬が庭から外に出ないようにするためのもの。

↓塀際の植栽 既存のモチノキや低木類を生かしながら、株立ちの落葉高中木、低木類を加えて、自然な印象の植栽を行なった。塀の際は日陰になってしまうため、日陰でも育つものを選定している。

暮らしを楽しむガーデンデザイン実例 ── 水を楽しむ庭❶ 壁泉のある庭

パーゴラ パーゴラはベイスギ材で製作し、オリンピックステインで塗装したもの。ベンチは、機能だけでなくひとつのシーンを演出するための役割もはたしている。

道路からの外観 建物の外壁に合わせて、塀の下部をアースカラー系の塗り壁、上部をベイスギのスクエアラティスとした。塗り壁にあいたランダムな穴は、植栽の通風を確保するためのもの。樹木の柔らかさが建物の圧迫感をやわらげ、道路側からもパーゴラがひとつのアクセントになっている。

室外機カバー 庭の印象が崩れないように、エアコン室外機を木製フレームとラティスで隠ぺいし、その上を花台としても使えるようなカウンターとした。

コンポストボックス 秋には庭だけでなく隣地からの枯葉がすごいため、集めて利用できるようコンポストボックスを設置。

湯浅 剛
ゆあさ つよし

アトリエ六曜舎代表/一級建築士

一色建築設計事務所勤務を経てグリニッジ大学ランドスケープ学科卒

デザインポリシー
家と庭をトータルに提案することをテーマに、住宅や街並などの設計に携わっている

水を楽しむ庭 ②

つくばいのある和風の庭
Water Gardens

K邸（東京都）

設計●榊原八朗
施工●(株)ランドアート
庭面積●約30㎡

　和風の庭は、日本の大自然をモチーフに、自然の材料を使った表現が最大の特徴となっています。この思想を基本として、自然を象徴化したもの、景勝や名勝を縮小したもの、抽象的なもの、自然を再構成する手法を用いたもの、俗世間とは別の世界を表現した茶庭などの形式があります。いずれも、観賞を主体とした静的な庭が中心です。その中で最も多く使われる素材は、滝、流れ、池、つくばいなど水をテーマとしたものです。それは清らかな水を好む日本人の清潔好きな性格からきていますが、庭に表現力を持たせ、ストーリーを組み立てやすいことも要因のひとつです。

　つくばい（蹲踞・そんきょ：相撲からきた言葉、腰をかがめてつくばうこと）は、千利休が茶庭に取り入れたことから始まり、茶庭には不可欠な要素です。その姿や清浄な水、静けさを感じさせる水の音など、ほんの小さな空間で庭の添景物となる素材は他にないことから、茶庭以外にもよく用いられています。

石の置き方の決まりごとを守って
　つくばいは、**手水鉢**を中心に、前石（水鉢の手前にあり、ここに乗って屈む石）、湯桶石（周辺に水を打ったり、水鉢に注いだり、冬季の茶事に用いる桶を乗せる石）、手燭石（夕方から行なう茶事の手燭をのせる石）、これらの安定した平らな石と海囲い石（水鉢を囲う石）が、水が落ちる海を囲っています。

手水鉢の形と庭の飛石を統一して
　手水鉢は、古銭を模した形の**布泉型**の創作物を使っています。また、近年になって、昔使われた挽き臼と菊の家紋を模様としたものを飛石に流用しました。そして、濡れ縁から庭に出る踏み石からつくばいへとつなぎ、全体の調和をとっています。

御簾垣で囲った和の空間
　寝室と和室に挟まれた中庭を**御簾垣**で囲って、観賞を主体とした静的な庭をつくりました。中心としたつくばいは小さな水音で、鳥たちが水遊びに来るバードバスにもなります。

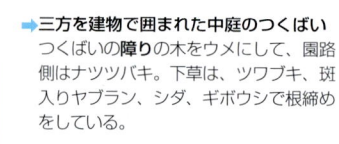

➡ **三方を建物で囲まれた中庭のつくばい**
つくばいの障りの木をウメにして、園路側はナツツバキ。下草は、ツワブキ、斑入りヤブラン、シダ、ギボウシで根締めをしている。

⬅ **布泉型の手水鉢**　後方には、織部灯籠をあしらっている。

⬇ つくばいの名称

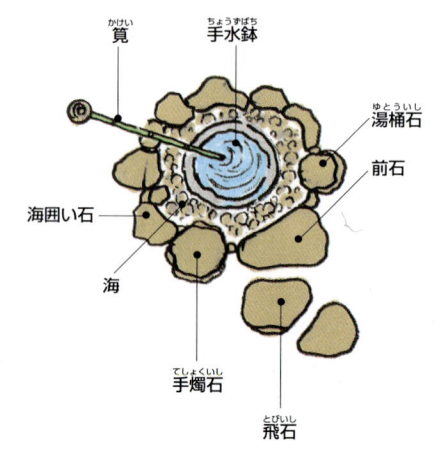

筧（かけい）
手水鉢（ちょうずばち）
湯桶石（ゆとういし）
前石
海囲い石
海
手燭石（てしょくいし）
飛石（とびいし）

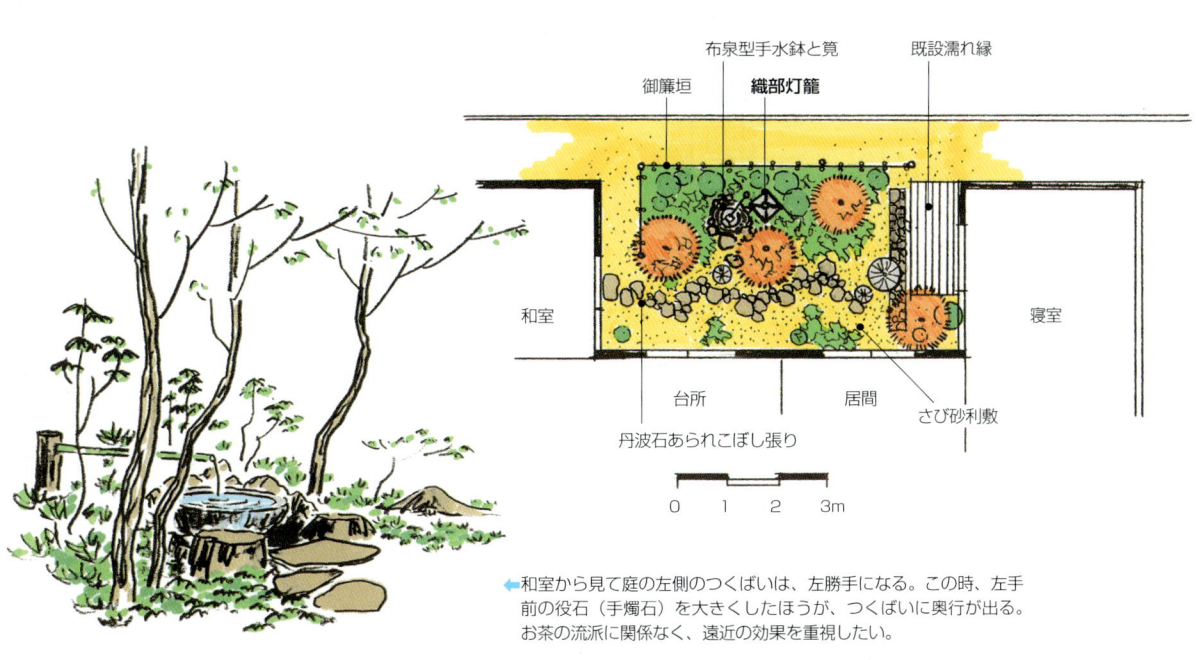

暮らしを楽しむガーデンデザイン実例 — 水を楽しむ庭❷ つくばいのある和風の庭

布泉型手水鉢と筧
既設濡れ縁
御簾垣
織部灯籠
和室
寝室
台所
居間
さび砂利敷
丹波石あられこぼし張り

0　1　2　3m

← 和室から見て庭の左側のつくばいは、左勝手になる。この時、左手前の役石（手燭石）を大きくしたほうが、つくばいに奥行が出る。お茶の流派に関係なく、遠近の効果を重視したい。

207

Water Gardens

↑↓園路 丹波石を使ったあられこぼしという張り方。飛石は、円形の紋飛石と挽き臼の大中小を不等辺三角形に配置している。

日本庭園の用語解説

【障り】景色に奥行感や創造性を高めるために用いる植栽手法。ものを100％見せるのではなく、30％くらいを隠すことで、奥ゆかしさや遠近感を演出する(図1)。

【御簾垣】直径2〜3cmの細い竹(女竹)を横に使って、太い竹の竹垣と異なった柔らかさを出す。雑木の庭や茶庭に使われる(図2)。

【布泉型】
イ：古銭の形で布泉という字が彫られているもの(図3)。
ロ：禅の修行僧の言葉「吾唯足を知る」を、手水鉢の口を使って漢字表現しているもの(図4)。

【織部灯籠】江戸時代、千利休の弟子、古田織部の創作。茶庭に最も多く使われるひとつ(図5)。

【受台の手水鉢】灯籠を構成する5つの要素、基礎・竿・受台・灯袋・笠・宝珠のうち、受台に穴を掘って手水鉢に流用したもの。

【切石】自然石を正方形や長方形に加工したもので、自然と人工の対比の象徴として飛石に使う。

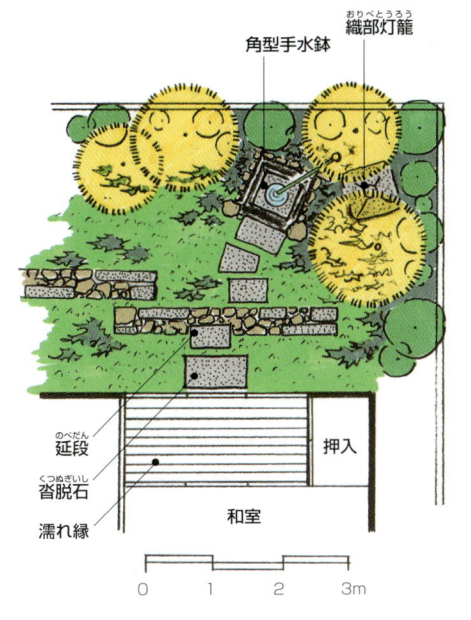

Chapter 3 暮らしを楽しむガーデンデザイン実例 ——水を楽しむ庭❷ つくばいのある和風の庭

➡ 雑木林に似合う素朴な臼型水鉢を使ったつくばい。

⬇ その他のつくばいを配した庭の例

角型手水鉢
織部灯籠
延段
沓脱石
濡れ縁
押入
和室

0 1 2 3m

⬇ 灯籠の**受台**を使った角型の手水鉢。海囲いも前石も**切石**で統一している。

榊原八朗
さかきばら　はちろう

東京農業大学造園学科卒

東京庭苑・小形研三氏に師事

昭和記念公園日本庭園設計管理、六本木ヒルズ庭園設計など

デザインポリシー
自然に学び、理想とする自然を創りだす

屋上・ベランダガーデン ①

バーベキューも楽しめる屋上ガーデン
Roof gardens & Balconies

I邸	（千葉県市川市）
設計●	ポール スミザー（ガーデンルームス）
施工●	(有)ガーデンルームス／ポール スミザー
敷地面積●	約100㎡
庭面積●	約75㎡

　都会では、都市緑化、ヒートアイランド等の対策として屋上緑化が脚光を浴び、さまざまな工法や資材も開発されていますが、屋上ガーデンをつくる際には、次のことを考慮する必要があります。

　まず、屋上がどのくらいの重さに耐える耐重構造となっているか、防水・排水・給水設備などの水制御設備・処理がなされているかの確認が重要です。また、施工の際には、防根シートの利用、花壇の水の浸透を促す透水シートの利用、保水資材の利用、軽量土など軽い用土資材の選択・利用、用土の深さや陽射しや強い風、乾燥などに適応できる植物の選定など、地上の造園とは違った技術が求められます。これらは専門的な知識・技術が必要となるため、施工は専門業者に依頼するほうが賢明です。

パーゴラで覆いデッキを敷き、サンドバックも吊るす

　この家は屋上ガーデンをつくる計画で建築されたので、上記の問題はありませんでした。施主の希望は、小さな子供たち3人の遊び場として安全に利用したい、趣味のボクシングのトレーニングルームとしたい、家族や友人とバーベキューができる場所が欲しい、全体のイメージは「大好きなハワイ風」にとのことでした。そこで住宅の敷地と同面積の約23坪の広い空間を、家族がエンジョイする機能を大きく盛り込んだ"生活ガーデン"として設計しました。

　まず、まわりの壁上にぐるりと木製のフェンスを回して子供たちの安全を図り、上部を同じ木製のパーゴラで覆いました。つる性植物が繁茂すれば、屋上環境の弱点である乾燥と強い風や陽射しもやわらぎ、居心地が良くなります。パーゴラは、重いサンドバッグを吊るす梁も兼ねているので、パーゴラの柱を階段室の壁や通路に敷いたウッドデッキの土台としっかりと固定しました。

バーベキューもできるテラス

　デッキは、中央の階段室との段差（15cm）を埋めてバリアフリー効果を出し、ぐるりと回遊できるようにしました。テラスは一番広い空間をとり、重さを抑えるために薄いタイル状のレンガ敷きにしました。椅子やテーブルを設置して、バーベキューパーティーや子供たちのプール遊びもでき、外の景色を眺めてゆったりくつろげる場としました。

レイズドベッド花壇にハワイイメージの植物を

　通路を散策しながら植物を見たり手入れができるよう、防腐処理された外壁材でつくった高さ60cmのレイズドベッドを、周囲に大小4カ所つくりました。底に防腐処理された板をスノコ状に敷き、その上を土が流出しないよう透水シートで包み、軽量土を詰めています。軽量土でもある程度深さがあるので、水やりなどの手入れも軽減されます。植栽する植物は、ユッカやハーブなどハワイのイメージのあるものを選定しました。

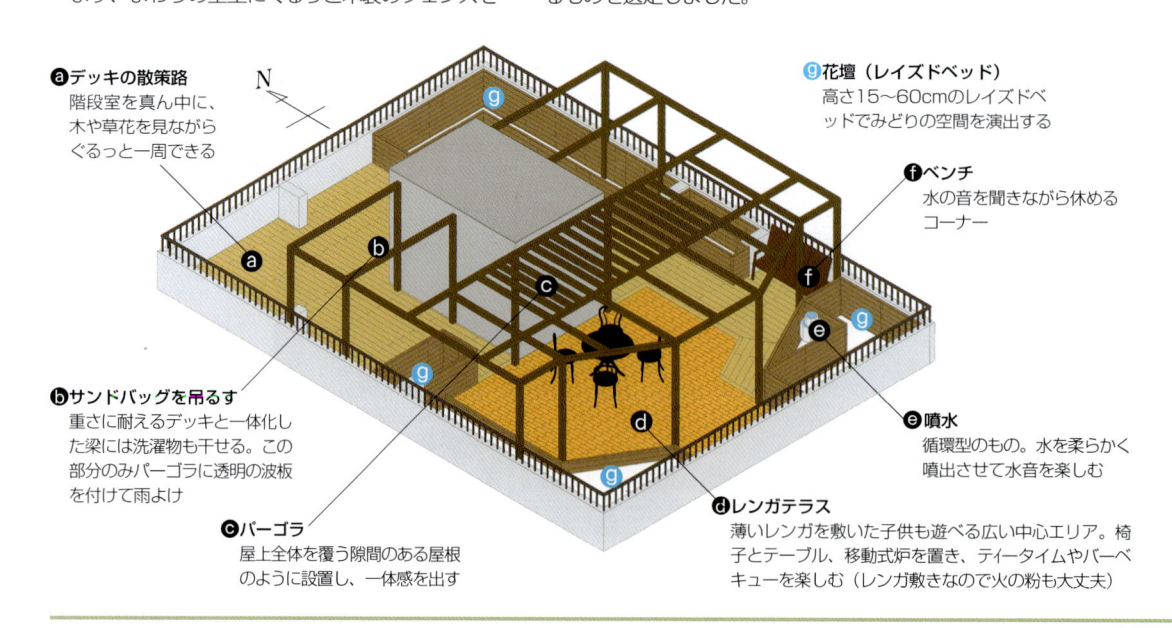

ⓐ デッキの散策路
階段室を真ん中に、木や草花を見ながらぐるっと一周できる

ⓑ サンドバッグを吊るす
重さに耐えるデッキと一体化した梁には洗濯物も干せる。この部分のみパーゴラに透明の波板を付けて雨よけ

ⓒ パーゴラ
屋上全体を覆う隙間のある屋根のように設置し、一体感を出す

ⓓ レンガテラス
薄いレンガを敷いた子供も遊べる広い中心エリア。椅子とテーブル、移動式炉を置き、ティータイムやバーベキューを楽しむ（レンガ敷きなので火の粉も大丈夫）

ⓔ 噴水
循環型のもの。水を柔らかく噴出させて水音を楽しむ

ⓕ ベンチ
水の音を聞きながら休めるコーナー

ⓖ 花壇（レイズドベッド）
高さ15〜60cmのレイズドベッドでみどりの空間を演出する

暮らしを楽しむガーデンデザイン実例 ──屋上・ベランダガーデン❶ バーベキューも楽しめる屋上ガーデン

↑テラス 家族が憩う屋上の小部屋。この部分はパーゴラの梁を細かくし、天井全体につる性植物を這わせる。テーブルや椅子、子供が水遊びをするプール、移動式のバーベキュー炉を置く。パーゴラやレイズドベッドが心地よい光や風を運び、適宜にプライバシーも守ってくれる。

Roof gardens & Balconies

↑デッキを敷いたコの字型の通路　中央にある階段室を囲むコの字型通路は2人並んで歩ける幅があり、レイズドベッド花壇の植物が彩っている。レイズドベッドも外壁と同じグレーの外壁材を塗装し、角材で縁取って柔らかな感じにした。同じ木製のパーゴラと外壁の上のフェンスも、黒色系にまとめてつながりをもたせ、全体が一体化した落ち着いた趣を演出。木製の柱に植物が巻きついてゆく。

←ユッカを中心にハーブやモッコウバラを植栽　強い陽射しに映えるハワイの雰囲気を出すために、ポイントにはユッカ・フラシダを植えしっかりしたフォルムをつくった。その中に混植したキャットミント（写真の小さな花）、ジャスミン、ローズマリーなどのハーブ類が柔らかさを添え、薫風を漂わせている。

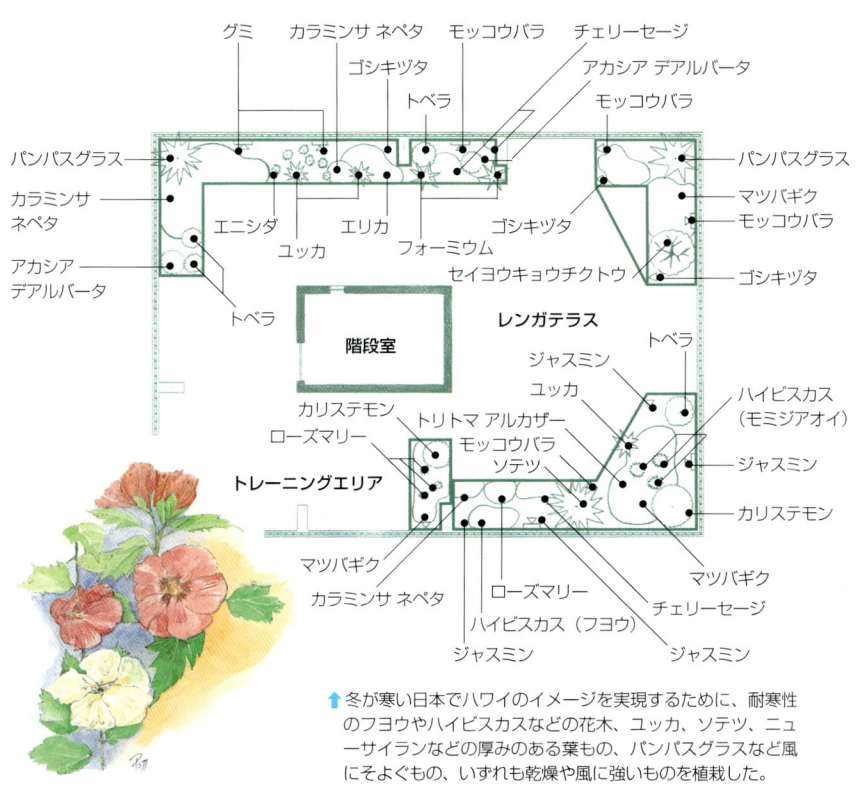

Chapter 3 暮らしを楽しむガーデンデザイン実例 ——屋上・ベランダガーデン❶ バーベキューも楽しめる屋上ガーデン

↑サンドバッグを吊るしたトレーニングエリア ご主人の趣味であるボクシングのサンドバッグを吊るしたトレーニングエリア。エクササイズマシンやバーベルも置き、雨の日でも利用できるように、ここにだけ後から塩ビの屋根をつけた。ちょっとした雨でも洗濯物を干すことができる。トレーニングエリアは階段室と突き出したレイズドベッドによって、くつろぎ空間と区切られているので、景観的にも違和感がない。

平面図ラベル

- グミ
- カラミンサ ネペタ
- モッコウバラ
- チェリーセージ
- ゴシキヅタ
- トベラ
- アカシア デアルバータ
- モッコウバラ
- パンパスグラス
- パンパスグラス
- カラミンサ ネペタ
- マツバギク
- エニシダ
- ユッカ
- エリカ
- フォーミウム
- ゴシキヅタ
- モッコウバラ
- アカシア デアルバータ
- セイヨウキョウチクトウ
- ゴシキヅタ
- トベラ
- 階段室
- レンガテラス
- トベラ
- ジャスミン
- ユッカ
- ハイビスカス（モミジアオイ）
- カリステモン
- トリトマ アルカザー
- モッコウバラ
- ローズマリー
- ソテツ
- ジャスミン
- トレーニングエリア
- カリステモン
- マツバギク
- カラミンサ ネペタ
- ローズマリー
- マツバギク
- チェリーセージ
- ハイビスカス（フヨウ）
- ジャスミン
- ジャスミン

↑冬が寒い日本でハワイのイメージを実現するために、耐寒性のフヨウやハイビスカスなどの花木、ユッカ、ソテツ、ニューサイランなどの厚みのある葉もの、パンパスグラスなど風にそよぐもの、いずれも乾燥や風に強いものを植栽した。

ポール・スミザー
Paul Smither

英国王立園芸協会RHSウィズリー校卒

米国ロングウッドガーデン卒

'96年から(有)ガーデンルームス取締役

デザインポリシー
自然と共生する庭づくりをめざしている

213

屋上・ベランダガーデン ②

マンションの坪庭

Roof gardens & Balconies

K邸（東京都台東区）
設計●井田洋介（アウトテリア民園）
施工●㈲アウトテリア民園
坪庭面積●約12㎡

　ビルのベランダや屋上の庭は、地上の庭とは違ったさまざまな条件があります。特に全体に土を入れた本格的な庭づくりでは、重い土に耐えられる強度や排水・防水の設備など、建物の基礎設備が欠かせません。また環境面でも、一般的に陽射しや風当たりが強く、乾燥しすぎる、あるいはまったく日が当たらないなど、植物の生育にとって問題も少なくありません。しかし、こうしたことを配慮し工夫すれば、木々や草花が立派に育つ庭ができます。

ビルに囲まれたベランダを自然風の庭に

　ビルが林立する東京の繁華街の中にあるマンションのK邸は、6階建ての最上階にあり、約4坪ほどの三角形のベランダが付設されています。方位は東南の角で日当たりは良いのですが、東側と南側に7階建てのビルがあり、居間の窓からの視界をこの2つのビルの壁がすっかり遮っています。

　施主の希望は、この三角形のベランダに自然風のテイストをもった、みどりあふれる安らぎの空間をつくってほしいということでした。幸いにもこのベランダは、最初から庭をつくる目的で防・排水の基礎設備が完備され、以前の庭の土はビルの亀裂などを修理するため全部撤去されていました。

軽石とパーライトで排水層をつくり、軽量土を35cm入れる

　まず、水はけを良くするための軽石、次にパーライトを敷き詰めて、厚さ約5cmの排水層をつくり、その上に軽量土を20cm入れました。そして通路となる枕木を置き、さらに軽量土を15cm入れました。

高さのある樹木を植え坪庭風に

　一般にベランダは風が強く、よほど深く土を入れて根を張らせないと高木は倒れてしまうので植えられません。しかし、このベランダはちょうど隣のビルが風除けになっているため、このくらいの土の深さでもソヨゴやヤマボウシ、ハウチワカエデなどを植えることができます。また、ビルが強い陽射しを遮り、高温や乾燥もやわらげてくれます。さらにビルの白い壁が、雑木の枝ぶりや風にそよぐ葉っぱを映し、落ち着いた奥座敷の坪庭の趣となりました。

枕木を敷き、フォーカルポイントに水鉢を

　リビングの先から林の中に続く枕木の小道の先には、フォーカルポイントとして水鉢を置きました。インド製の大理石の水鉢は、湧き出る沢水を連想させ、雑木の庭に潤いをもたせています。きっと小鳥たちも寄ってき水浴びをすることでしょう。自然風庭園には、樹木とともに水が重要なアイテムです。

暮らしを楽しむガーデンデザイン実例 ── 屋上・ベランダガーデン❷ マンションの坪庭

▲ リビングから坪庭を見る

リビングの床と同じ高さまで土を入れているので、庭とリビングがつながって庭が身近に感じられる。さまざまな方向に動いている雑木の幹は、里山の風情を醸し、枕木の道をたどれば水のあるポイントにたどりつく。リビング内も雑木林の中のように感じられ、食事やお茶の時間は、自然と安らぎを覚える。

図中ラベル：
- 水鉢（インド製大理石鉢）
- 枕木の小道
- ソロ
- ソヨゴ
- ヤマボウシ
- ソロ
- エゴ
- ハウチワカエデ
- 柱
- ヤマボウシ
- モミジ
- コンテナ
- アセビ
- コナラ
- Living Room
- N

Roof gardens & Balconies

⬆ **軽石・パーライトを敷く** 防水処理されているベランダだったので、まず軽石とパーライトを5cmくらいの厚さに敷いて、排水層をつくる。屋上からの排水パイプ（奥）がベランダを横断しているので、防水シートで巻いてから土に埋める。

⬆ **軽量土を入れて枕木の通路をつくる** パーライトの上に軽量土を20cm入れ、枕木を並べる。植栽する木を設計図の位置に並べ、さらに軽量土を15cm詰めて植え込む。

⬅ **植栽後、上から見た坪庭**
水鉢を囲むようにソロ、ソヨゴ、エゴ、ハウチワカエデ、ヤマボウシ、コナラなど里山の雑木を植栽。ビルに囲まれた庭に里山景観が凝縮。

　1株ごとに違う種類の木は、葉型や葉色の変化を楽しめる。中央に水鉢を置くことによって、光が水鉢やその周囲にスポットライトのように射し込み、庭に明るさを出す。また小鳥が来訪する通路にもなる。

➡ **株立ちのモミジの幹越しに水鉢を眺める** 株立ちのモミジの細い幹越しに、シダが垂れ、陽を浴びて光る水鉢が見える。リビングのすぐ前の枕木の左は、サルビアや山野草を植えて花を楽しむエリア。奥のソロの樹下に植えたシャクナゲや赤花サワギキョウが水鉢に映る。

Chapter 3 暮らしを楽しむガーデンデザイン実例 ──屋上・ベランダガーデン❷ マンションの坪庭

屋上・ベランダガーデン ③
メゾネットの ベランダガーデン
Roof gardens & Balconies

H邸（東京都目黒区）
設計●ガーデンcom（森橋優子・中村智砂子）
施工●㈲フラワービジネス・プラン
施工協力●苑友造園　テクノホームエンジニアリング
庭面積●B1 約7㎡　F1 約2㎡

　集合住宅というと無機質で個性のない印象が強いですが、ベランダを住み手の個性を生かした庭のようにしつらえれば、ガーデニングを楽しんだり、くつろぎの空間を演出することができます。単なるコンクリートの塊であったベランダに花や緑が加われば、リビングからの眺めが変わり、そこに植物の育つ庭が生まれます。

　ただし、ベランダでは床への重量のかけすぎや水はけへの注意、ハンギングの落下や水やりの際の階下への配慮、避難ハッチや防火扉を確保することなど、共同住宅のルールが基本にあります。ここはメゾネットタイプのマンションで、半地下のやや広めのベランダと1階のベランダのふたつがあり、利用する機能で分けてふたつのベランダガーデンをつくりました。

寝室に面した半地下のデッキは遊びのガーデン

　寝室から見えるベランダのデッキの上はあいていて、青空が見えます。コンテナに植えた高さのある常緑のトネリコやソヨゴをポイントに設置し、境界にある既存の植栽エリアにもコニファーを植えて樹木のある庭の風景をつくりました。植栽はすべてコンテナで対応し、低めのコンテナには季節の草花と低木を植栽しました。立水栓があるところには水受けの鉢と石を置き、水跳ねを防止しています。

ガーデンファニチャーはくつろぎの時間をつくり出す

　1階からB1へ降りる外階段は直接道路から入れるため、テーブルと椅子を置き、部屋に入らずに友人をお招きできるようにしました。階段下の空間は寝椅子を半分入れ込んで、かくれんぼの気分で休めるスポットに。緑の木々の下に座れる場所があれば、くつろぎの時間が生まれます。

居間とキッチンに面したベランダはキッチンガーデン

　1階のベランダはキッチンやリビングルームに隣接していて、洗濯物干し場としても使われる生活の場です。物干しパイプを置ける場所を確保した上で、むき出しの雨水パイプを隠すため、垂直に立てたネットをパイプのまわりに取り付けて立体ガーデンとしました。フックに掛けた鉢の中で、ハーブやキイチゴを育てます。手入れが簡単で手軽に利用できる、コンテナ栽培のキッチンガーデンです。

▼**B1ベランダ全体風景**　半地下のベランダ、階段上から寝室の窓を望む、エアポケットのような空間。

← B1ベランダの施工前　コンクリートがむきだしの壁面は潤いがなく、階段下は自転車や荷物置き場になっていた。

↑ 施工後　1階の隣地境界にある植栽エリアと階段をそのまま風景の一部として取り込んで、立体的に構成する絵としてデザインした。高さのある木とガーデンファニチャーが彩る空間を提供。

↑ B1ベランダの施工前　デッキから寝室の窓を見る。物干し竿が設置されているが、西向きのため日当りが悪くあまり利用していない。

➡ 施工後　立体的で緑あふれる空間が完成、コンテナだけでも高低差をつければ庭の景色はつくれる。

Chapter 3 暮らしを楽しむガーデンデザイン実例——屋上・ベランダガーデン❸ メゾネットのベランダガーデン

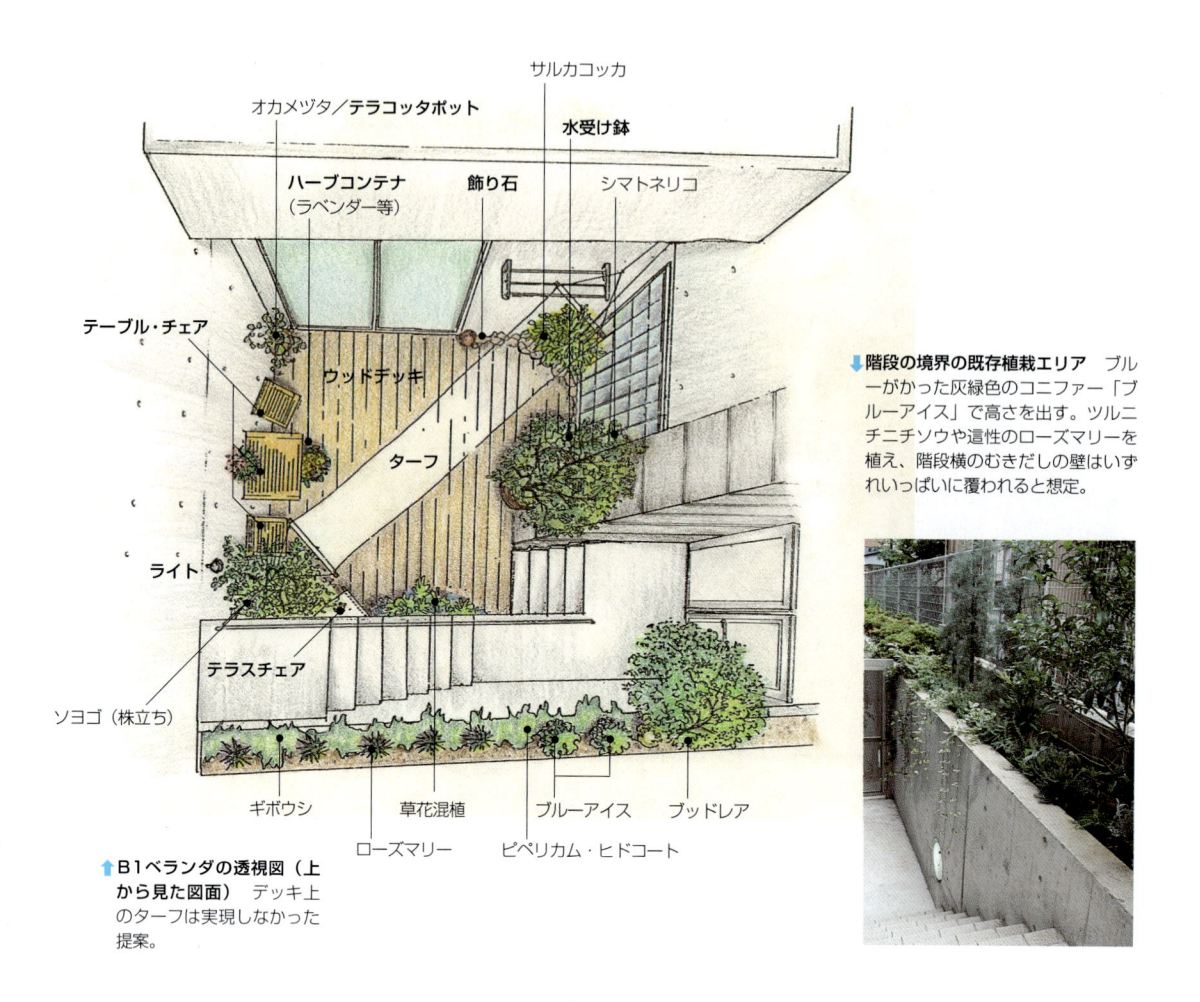

Roof gardens & Balconies

B1ベランダの透視図に関する図解：
- サルカコッカ
- オカメヅタ／テラコッタポット
- 水受け鉢
- ハーブコンテナ（ラベンダー等）
- 飾り石
- シマトネリコ
- テーブル・チェア
- ウッドデッキ
- ターフ
- ライト
- テラスチェア
- ソヨゴ（株立ち）
- ギボウシ
- 草花混植
- ブルーアイス
- ブッドレア
- ローズマリー
- ピペリカム・ヒドコート

▶ **階段の境界の既存植栽エリア** ブルーがかった灰緑色のコニファー「ブルーアイス」で高さを出す。ツルニチニチソウや這性のローズマリーを植え、階段横のむきだしの壁はいずれいっぱいに覆われると想定。

⬆ **B1ベランダの透視図（上から見た図面）** デッキ上のターフは実現しなかった提案。

➡ **1階ベランダの立面図** 居間やキッチンとつながっている1階の南向きベランダ。物干し用の折りたたみ式パイプを置くとほとんど余裕がないので、立体的に構成して植物の育つ場所を確保した。気になる排水パイプも、緑が覆えば、隣のベランダの視線も防いでくれる。共同住宅の壁なのでネットの取り付けは管理規約などを守り、風などで倒れないよう専門家に設置を依頼した。

1階ベランダの立面図に関する図解：
- 排水パイプ
- アスパラガス・スプレンゲリー
- ネット
- キイチゴ／テイカカズラ（斑入り）
- ハーブポット（チャイブ、セージ、パセリ他）
- グラスポットキャンドル
- アロエベラ
- ウッドデッキ
- トピアリー（イチゴの木）
- エアコンカバー（木製）
- テラコッタポット

暮らしを楽しむガーデンデザイン実例 —— 屋上・ベランダガーデン ❸ メゾネットのベランダガーデン

▼ **立体キッチンガーデン** 立体ガーデンは狭い場所に最適。イチゴの赤い実や、キイチゴのオレンジの実でフルーツガーデン風に。

▼ **1階ベランダの施工前** B1と同様にデッキが張ってあり、物干し以外に使えないベランダだった。

▲ **施工後** 機能は変えずに、ハーブやキイチゴ、チャイブやパセリの育つ空間に変えた。コンテナの下にはポットフィート(鉢を支える足状の台)を置いてデッキを保護。室外機は木製のカバーで覆ってナチュラルに。

▼ **室外機カバー** 市販のものは取り付けも簡単、上部に物が置けると便利。アロエは傷の手当てに。

ガーデンcom
森橋優子・中村智砂子・桝田聖子・本橋悦子・尾崎秀子

2001年設立のガーデンデザイナーグループ

ガーデンのデザイン計画から施工までを行う

デザインポリシー
依頼主と同じ目線の提案

屋上・ベランダガーデン ④

駐車場の上の テラスガーデン

Roof gardens & Balconies

K邸（東京都多摩市）
設計● 正木覚
施工● イエナランドスケープ
庭面積● 約51㎡

　駐車場の上はコンクリートの床面のため、木々の茂る本格的な庭として活用せずに、鉢などをたくさん並べているだけという例が多く見られます。夏の強い陽射しやコンクリートの照り返し、部屋との段差などがあるので、車庫の屋根だからとあきらめている人も多いでしょう。

　ところが、こうした場所でもきちんとした施工を行なえば、ガレージ分の広さを有効活用した快適な庭ができます。2階のテラスにあたるこの庭は、コンクリートにタイルをはっただけの"車庫の上"にすぎませんでした。ここにデッキを張り、大きく枠組した植栽部分をつくり、人工地盤向けの軽量土を入れて本格的な樹木が茂る庭にしました。

デッキを幅いっぱいに敷き、開放感を演出

　リビングからの段差をなくすために、デッキをフラットに張ります。部屋から素足で出られるので外に出る時間がふえ、また、コンクリート床の熱も軽減してくれます。ラティスパネルで囲んで強い風当たりを防ぎ、両サイドに設けた植栽エリアに木々が育てば、遮熱や防風の効果も高まります。

両袖に植栽エリアと憩いのエリア

植栽中心の大きな花壇：デッキと一体化させた大きなプラントボックス（レイズドベッド）は、コンクリートの下地に珪藻土を塗って柔らかさを出しています。落葉樹とコニファーを中心に灌木や果樹を混植し、和洋混合の木々が育つ緑の風景をつくりました。

　テラスには基本的な排水・防水設備が完備されていたので、植栽場所のみ屋上緑化用資材を使って施工しました。防水シートを敷き、耐根シート（根と防水層を遮断する役目）を重ねます。その上に、保護用のマット（余剰水の貯留と防水層の保護の役目）を載せ、人工土壌（自然土壌に比べて軽い、水もちがよい、水を通しやすい）を入れています。

木製パーゴラをかけたベンチ付き憩いの場：寄せ木を使った曲木の集成材で、曲線のベンチをつくり付けにしました。パーゴラの屋根と生い茂る木々が適度な日陰をつくり、憩いの場所になりました。ベンチの端にはガーデニング大好きな奥様のためにシンクを設け、楽しい作業場にしています。

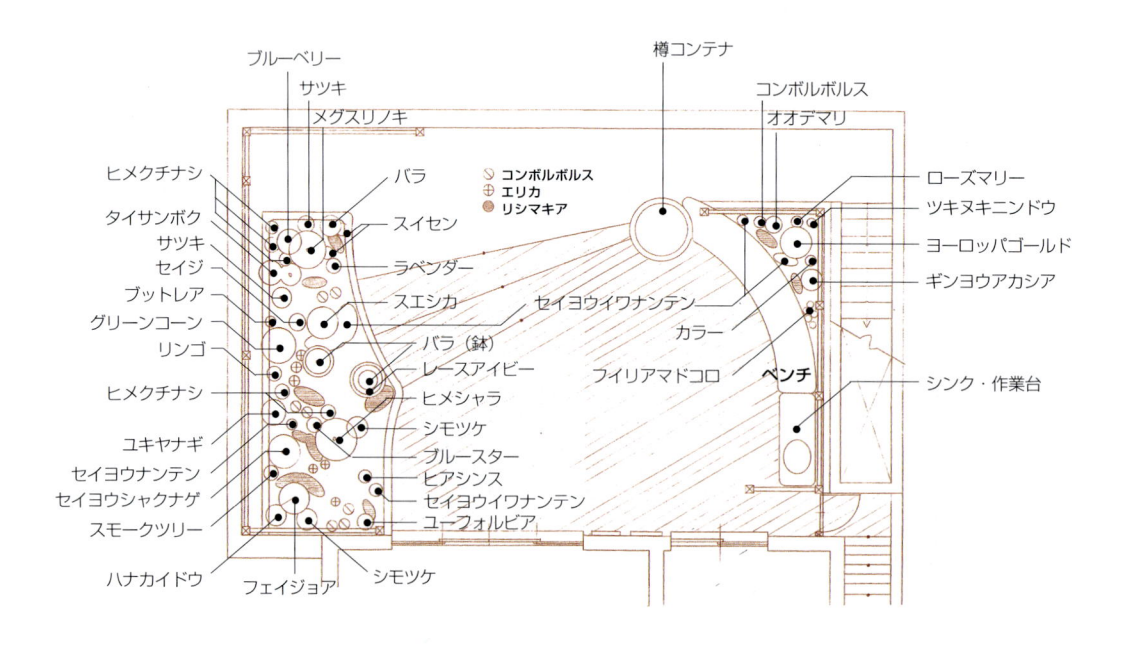

Chapter 3 暮らしを楽しむガーデンデザイン実例 ――屋上・ベランダガーデン ④ 駐車場の上のテラスガーデン

⬆ **緑に囲まれた憩いのテラス**　ラティスとベンチに囲まれた右側の憩いのエリア。緑のつるが絡まり、樹木が茂り、奥様が育てたコンテナの草花が彩りを添えて、豊かな空間が息づいている。

Roof gardens & Balconies

↑植栽前のデッキに付属させた左側のプランツゾーン　デッキから既存のタイルのタタキに降りる階段は、花壇の草花を手入れするための広さも考慮して斜めにつくった。花壇の縁のV字型ラインとあわせてデザインし、階段と感じさせないよう一体感を追求した。

↑植栽後　デッキとつながった大きなボックスも立派な庭になった。落葉のヒメシャラとスモークツリーやメグスリノキ、コニファーのスエシカ、グリーンコーンが高さを出し、セイヨウシャクナゲやヒメクチナシ、シモツケやセイヨウイワナンテンが空間を埋め、ボックスの縁はグランドカバーの植物が覆って隠してしまった。緩やかなV字型の花壇にリシマキア・オーレアやグレコマがせり出すように伸び、デッキとなじんだ形になった。

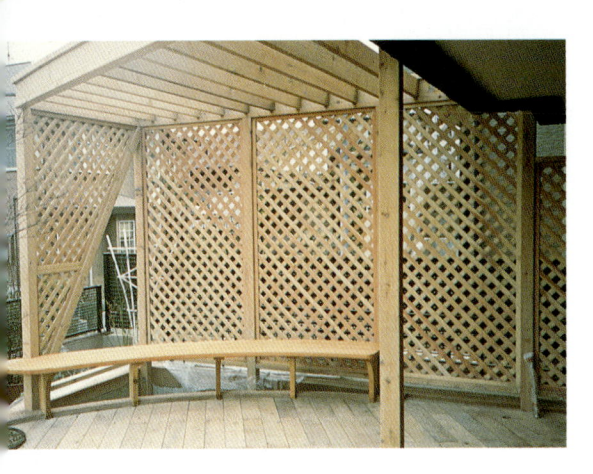

暮らしを楽しむガーデンデザイン実例──屋上・ベランダガーデン❹ 駐車場の上のテラスガーデン

↑植栽前の憩いのテラス ベンチとパーゴラ、ラティスが一体になっている。一体型は強度もありインパクトが強い。ラティスとベンチの間は三角形の植栽エリアに。斜めに空いたところから陽射しや風をたくさん取り入れ、コニファー・ヨーロッパゴールドが生長する。既存の大きな樽（下写真の左）はデッキに少しはめ込み、馴染ませた。

↑ラティスパネルの前につくりつけたベンチ 奥行き60cm足らずのベンチが弧を描いている。ここは花の飾り台になったり愛猫の椅子になったりと、大いに利用されている。

↑植栽後の憩いのテラス 既存の床タイルはそのまま部分的に生かして使っている。デッキとの段差は庭を広く見せる。

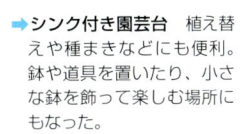

→シンク付き園芸台 植え替えや種まきなどにも便利。鉢や道具を置いたり、小さな鉢を飾って楽しむ場所にもなった。

正木 覚
まさき さとる

武蔵野美術大学造形学部卒 造園会社勤務を経て'84年に独立

'91年エービーデザイン㈱設立

個人邸から公共の街路や河川の提案まで幅広く活動

デザインポリシー
植物をテーマにした環境デザイン

ナチュラルガーデン ①

ナチュラリスティック ガーデン
Natural Gardens

S邸（山梨県北巨摩郡）
設計●ポール スミザー（ガーデンルームス）
施工●㈲ガーデンルームス／ポール スミザー
敷地面積●約600㎡
庭面積●約400㎡

　ナチュラリスティックガーデンとは、自然風景の一部のように見える庭です。花壇や石積みなどの構造物はもちろん、植物の選択や植栽も人工的なものを排し、できるだけその地域の自然風景に溶け込むようにデザインします。たとえ園芸品種を使っていても、まわりの風景と違和感がないようにします。

　手入れも自然の法則に則った方法で行ない、自然の中に育つ野生の草花との共生が感じられるようにします。1年で完成させるのではなく、生長する植物の色や形、樹形の自然な姿を観察し、周りの環境と相談しながら年月をかけてつくり込んでいく庭です。それが自然とともに暮らす生活の何よりの楽しさとなります。

野生植物との共生を図り、手入れの手間を軽減

　ここは、八ヶ岳山麓の標高600mの緩やかな傾斜地に建つ家の前庭です。家の後方、北と西に山林を背負い、南側が傾斜になっています。その先は、田んぼや小川が流れる田園風景につながり、遠くには松林が点在する豊かな自然風景の中にあります。

　しかし冬寒く寒暖の差が激しい気象条件で、土壌は痩せた山砂。雨が降るたびに傾斜地から土砂が流出します。施工前は、山の木々のために玄関まわりは日陰になり、冬期は裸地となって砂埃が舞い、夏は雑草が生えるままにされていました。

　施主の希望は、手入れの時間をかけなくても、いつも美しく維持できる庭ということでした。

石組や階段で傾斜地を改善し、
宿根草でグランドカバー

　この庭の大きな問題点は、風雨によって南側の傾斜地の土砂が流出し、植栽した植物の根が露出し育たなくなり、そこに雑草がはびこってしまうことでした。

　そこで第一に、南の傾斜地に石を置いたり石組みをして傾斜をやわらげ、大きく二段構成にして、土砂の流失を抑えました。

　第二に、家と下段のガーデンをつなぐ坂の通路は、少し蛇行させて土留めの枕木を並べ、緩やかな階段にしました。階段の通路部分には、地元産の細かい砂利を敷き詰め、除草などの手入れがいらないようにし、通路の両側にはところどころに土留めの石を置きました。階段の通路は、庭に目をやりながらゆっくりと降りていける誘導路の役目を担っています。

　第三に、植栽する植物は、原種系多年草、球根や花木類を中心に構成しました。多年草は地表にびっしりと根を張り、表土の流出を防ぎ、雑草の繁茂も少なくします。また、どの植物も春と秋に少しの手入れをし、落ち葉や、剪定によって庭から出るゴミで堆肥をつくり、それをマルチングすることによって、手間をかけずとも毎年元気に育ちます。

　このようにナチュラリスティックガーデンは、その庭の諸条件を整理し、その地域に合った丈夫な多年草や球根や樹木を選び、野生の植物との共生を図る手入れを続けていけば、だんだん自然と融和したガーデンになっていきます。

➡**設計当初のイメージ図**　カーブした枕木の階段を下りていくと、両側の植栽エリアから溢れた植物が足元に絡みつき、池に至るとの想定。隣接する貯水地が改修されたときに水底にあった切り株も、自然なオブジェとして取り入れた。後に池はつくらずに植栽エリアに変更。

Chapter 3 暮らしを楽しむガーデンデザイン実例 ── ナチュラルガーデン❶ ナチュラリスティックガーデン

↑南面に広がる庭の遠景 リアトリスやコレオポシス'ムーンビーム'やチコリなどの丈夫な宿根草が群生し、草原の花畑の風景を思わせる。石組の上の花壇とも違和感なく一体となっている。花色は黄、ブルー、白にしぼっている。

←施工前の全景 傾斜地がむき出しの状態で、庭の土が下の通路に流出。土留めの大きな石だけが目立つ(大きな石はかえって不自然)。

Natural Gardens

↑裏の山に続く階段の小道 枕木と地元産の砂利を敷いた小道の両脇に、混植したアップルミントなどのハーブや、ガウラやツユクサなどの野草がおおいかぶさり、自然の山に違和感なく続く。踏まれたハーブの香りがほのかに立ち上がり、豊かな気分になれる。

←傾斜地に生えるオーナメンタルグラス ススキなどイネ科のオーナメンタルグラスは、日本の風土に適したこれからの注目植物。傾斜地でもよく育ち、葉色の変化や秋の穂が美しい。小型のスティッパ（写真）から大型のパンパスグラス、葉色が美しいカレックス・エバーゴールドなど多彩な種類がある。

➡早春を彩る球根 白のムスカリと黄色の原種のチューリップ。原種チューリップは種と、球根のまわりに小さな球根ができて増えるので、いずれも毎年、植え替えなくてもよい。植える場合も、球根を地面にまいてころがったところにランダムに植えると、咲いたときに自然に見える（左の写真と同じ場所）。

↑空積みの石組に育つユーフォルビアや野草 田んぼとの境の空積みの石垣に、覆いかぶさるように育つユーフォルビア。石の隙間にも近くの野草などを植えると、年月を経るにつれて石を植物が包み込み、いつかまわりの自然と一体化したやさしくナチュラルな景観となっていく。石の保温力は寒い地域で威力を発揮する。

↑セイヨウノコギリソウの群生 野草のルドベキア（黄色い花）を負かすかのように咲き乱れるアキレア（セイヨウノコギリソウ）の群生。園芸品種でも、まるで自然に咲いているように見える。

⬆ **宿根草の植栽** ヒソップの白花、黄色のコレオプシス'ザグレブ'、紫のネペタ、中央にはトリトマのオレンジの花穂がすくっと立つ。メギの銅葉色が景観を引き締めている。

Chapter 3 暮らしを楽しむガーデンデザイン実例――ナチュラルガーデン❶ ナチュラリスティックガーデン

ナチュラルガーデン ②
野生の生き物を呼ぶビオガーデン
Natural Gardens

S邸（静岡県三島市）
設計・施工●富士見グリーンエンジアリング
静岡グリーンサービス
アメニティプラン
庭面積●約254㎡

※写真提供：赤松富仁

野生の生き物がすみやすいビオガーデン

「ビオガーデン」とは、ドイツ語で「野生生物の生活の場」という意味の「ビオトープ」のビオと、英語のガーデンとの造語で、「自然の要素を取り入れたビオトープ的庭園」という意味です。

身近な自然が極端なまでに失われ、人工的な環境の中で心身ともに疲れている現代人にとっては、厳格な基準でつくられた人工的な庭園よりも、野生生物が集まり無邪気にふるまう作為のないビオガーデンこそ、安らぎを享受できるのではないでしょうか。自然がほとんど排除されたかに見える都会でも、野生の生き物がすみやすいビオガーデンを多くの家庭の庭や小公園、道路や小川の法面などにつくれば、点と点が結ばれ野生生物の生態回廊となり、驚くほど野生生物が戻ってきます。

ビオトープでは人の手はできるだけ排除し、地域に生息・自生する動植物だけを導入して完全に野生生物の利益を優先しますが、ビオガーデンは、人が一定に手を入れて、安らぎと美を感じる景観を維持します。植栽する植物は地域に自生する植物を主体にしますが、園芸種も拒みません。

フロントガーデンは洋風花園ビオガーデン

私は家屋の周りの約80坪の敷地を半分ずつに分け、玄関先のアプローチは家屋にもマッチした洋風花園ビオガーデンに、奥まった居間の前の主庭は水辺を主体にした和風ビオトープにしました。

洋風花園ビオガーデンの中のアプローチ部分は、枕木、御影石の板石、透水性穴あきブロックで舗装し、その隙間にハーブ類を植え、流木などを配置しました。アプローチの生垣沿いは土を盛ってキッチンガーデンとし、生ごみや落ち葉をリサイクルするコンポストを設置しました。

また、アプローチの左奥には、唐木多喜秀氏が高原の花畑をヒントに考案した「宿根草複層ボーダー花壇」をつくりました。この花壇は、低層にはイワダレソウやサギゴケなどの、ランナーを伸ばして地表を覆う被覆草花、中層には四季を演出するコルチカムや原種チューリップなどの球根、高層にはミツバツツジやシャクナゲなどの低灌木を配置した花壇です。すべてが多年草なので植え替えがほとんど必要なく、茎葉でよく被覆されれば除草も無用です。

主庭は水辺を中心にした和風ビオトープ

生き物の生息環境では水が欠かせませんので、約20㎡のヒョウタン型の池をつくりました。深さに変化を持たせ、厚さ1.2mmのビニールシートを敷いて防水し、土を入れ石や礫（れき）、枯木、蛇籠（じゃかご）を沈めました。そしてボウフラを駆除するためにメダカを放しました。護岸は植物も生え小動物のすみかともなる、ヤシの繊維でできたベストマンロールでつくりました。池の周囲は、右端には土を盛って築山風にし、多くの昆虫の食樹となるコナラを主体に、小鳥に餌を供給するクロガネモチやピラカンサなどを植えました。またつる植物の支えにもなる竹柵状の餌台も設置しました。

ガレージも土ふき屋根でビオトープに

門扉に続く花園の奥にあるカマボコ型のガレージの屋根も、防水シートを張ってハニカム枠で土留めを設け、糊剤を混ぜた土を敷き詰め、頂部に灌水装置を設置して、屋上ビオトープとしました。

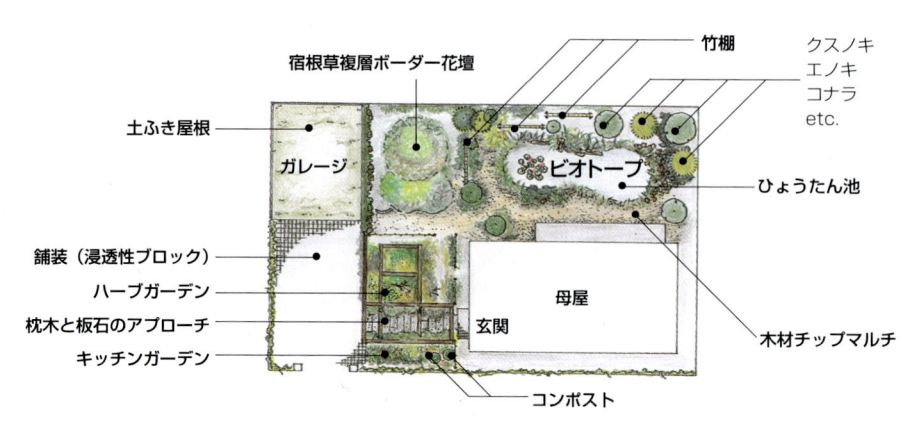

暮らしを楽しむガーデンデザイン実例 — ナチュラルガーデン② 野生の生き物を呼ぶビオガーデン

↑門柱の下の枕木のすきまに咲き誇るミントやシロタエギクやバーベナ。

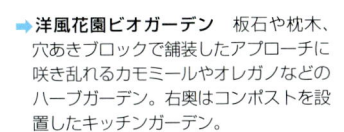

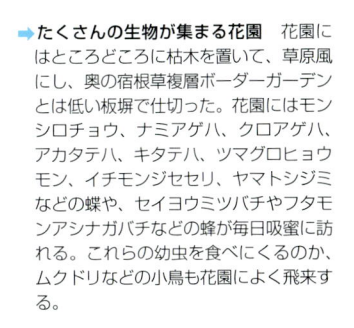

→洋風花園ビオガーデン　板石や枕木、穴あきブロックで舗装したアプローチに咲き乱れるカモミールやオレガノなどのハーブガーデン。右奥はコンポストを設置したキッチンガーデン。

→たくさんの生物が集まる花園　花園にはところどころに枯木を置いて、草原風にし、奥の宿根草複層ボーダーガーデンとは低い板塀で仕切った。花園にはモンシロチョウ、ナミアゲハ、クロアゲハ、アカタテハ、キタテハ、ツマグロヒョウモン、イチモンジセセリ、ヤマトシジミなどの蝶や、セイヨウミツバチやフタモンアシナガバチなどの蜂が毎日吸蜜に訪れる。これらの幼虫を食べにくるのか、ムクドリなどの小鳥も花園によく飛来する。

Natural Gardens

⬅ 宿根草複層ボーダー花壇と土ふきの屋根のガレージ

ヤシの繊維でできたベストマンロールで土留めした宿根草複層ボーダー花壇には、斑入ヤブランやサフラン、テッポウユリやバーベナなどを植栽。被覆された茎葉と地表のすきまはミミズ、ダンゴムシ、アリ、テントウムシ、トカゲなど多くの生き物の快適な生息空間となっている。右奥に立てた竹は、先端部に発泡スチロールを吹き固めた小鳥の巣と餌台。左奥は蝶が大変好む給蜜植物のブッドレア。ガレージの土ふきの屋根には、メヒシバやアレチノギクなどが繁茂。

Chapter 3 暮らしを楽しむガーデンデザイン実例——ナチュラルガーデン❷ 野生の生き物を呼ぶビオガーデン

←水辺を中心にしたビオトープ 池にはマコモ、ナガエミクリ、ホソイ、ヒツジグサ、トチカガミ、クワイ、オモダカなどの水性植物とメダカを移入した。このビオトープ池にはクロスジギンヤンマ、シオカラトンボ、オオシオカラトンボが産卵し、毎年羽化して飛び去っていく。また、池にはスズメ、ムクドリ、ヒヨドリ、カラス、シジュウカラ、モズ、ツグミなど多くの鳥が、水や木の実や小動物、メダカをついばみに訪れる。カワセミやコサギも来たことがある。アマガエルも棲みつき、繁殖時期の初夏の夜は騒がしいほど。

↓ハナショウブやスイレンが咲くビオトープ池 無作為に配置した太い枯木や石がメダカなどの隠れ家となり、自然な景観美をつくっている。対岸の境界には、小鳥の止まり木や餌台となる割り竹の柵と、蜂などが営巣する竹束を配置している。

←小鳥の餌台 竹を柵状に組んだ小鳥の餌台に絡まるテイカカズラなどのつる性植物は、隣家との目隠しにもなっている。パン屑やミカンの輪切りを置くと、スズメやヒヨドリ、メジロなどが、いつも同じ時間に催促するように鳴き立てる。下に置いた竹筒の束には、オオハキリバチやドロバチなどが巣をつくった。

杉山恵一
すぎやま けいいち

元静岡大学教育学部教授/常葉学園大学教授/理学博士/日本ビオトープ協会理事/自然環境復元研究会事務局長

デザインポリシー
ビオトープ運動だけでなく、都市の中の住宅に囲まれたごく身近な場所を、野生の生き物が生息できる環境にエコアップする研究・普及に専念している

233

共歓するもてなしの庭 ①

ガーデニングと生活を憩う庭
Various enjoyments

K邸（千葉県柏市）
設計●神田隆
施工●フロム・ネイチャー
敷地面積●約200㎡
庭面積●約50㎡

　和風住宅に常緑の木々が茂る庭、その多くは見る庭としてつくられています。この場合、素人にはメンテナンスが難しい樹種が入っていることが多く、イメージも暗くて閉鎖的な感じがすることがあります。それよりも、住み手が自分で手入れをし草花を育てたりできる、明るく開放的な"楽しむ庭"を望む人が増えてきました。

　既存の構築物を壊さずに洋風の要素をポイント的に加えれば、現代風な庭をつくることができます。この庭は、そうした施主の要望から生まれました。三方が道路に面した日当たりの良い敷地、奥様が植物好きという条件もそろっています。庭の背景にあたる窓や壁、玄関などを庭の雰囲気と一体化させた上で、家の周りを楽しむシーンにつくり替えました。

ふたつのシーンをつくり出す
①ガーデニングスペース

　ガーデニングを楽しむエリアを南西の居室前につくりました。通路を石貼りにし、レンガの池を立ち上げ、花を育てるフラットな花壇を各所につくっています。平面的には狭い敷地でもベンチやオブジェを置いて高低差をつけ、石やレンガ、壁などのハードな素材にソフトな植物をからませれば広がりが出ます。育てた花々が明るい色を添えて洋風な雰囲気を倍化させ、楽しいガーデニングエリアになりました。

②くつろぎのスペース

　次に、玄関を挟んで反対側に、椅子とテーブルを置いたくつろぎのスペースをつくりました。レンガを積み上げたバーベキュー炉はこの庭のアクセントにもなっています。お茶を飲んだり、近所の人とおしゃべりできる開放的なコミュニティーエリアです。

和風の外観も庭に合わせて洋風に追加施工

　白い吹き付けだった壁を明るいベージュ色の塗り壁に替え、玄関前のポーチをアーチ型につくり直し、モダンなデザインの飾りドアで閉鎖しました。道から見える窓には、ガーデングリーンの鎧戸と飾り台を設けています。後から加えたテイストでも、植物という生き物の力があれば自然になじんでいきます。

↓**ベンチと池のあるガーデニングエリア**　南西の道路に面した庭は、好きな植物の手入れを楽しむエリアに。池の縁にも植物が繁茂して、ハードな素材と溶け合っている。壁に絡まるバラの枝がベンチにかかる。

Chapter 3 暮らしを楽しむガーデンデザイン実例 — 共歓するもてなしの庭❶ ガーデニングと生活を憩う庭

⬆ **テーブルと椅子のくつろぎエリア** 南東に面した庭も道路に接しているので、道行く人と植物の話に花が咲き、地域のコミュニケーションがとれる庭になった。

⬇ **バーベキュー炉** 使わないときには花の飾り台にもなる庭のアクセント。両側から植物がかぶさるように茂り、自然な風景になった。

➡ **壁面のデザインと植栽** 明るいベージュの壁に這うバラの枝、植物が映える緑色の鎧戸。フラットな植栽エリアに茂った花が足元にこぼれる。窓辺の棚やそこここに置かれた花いっぱいのコンテナも、効果的に使われている。

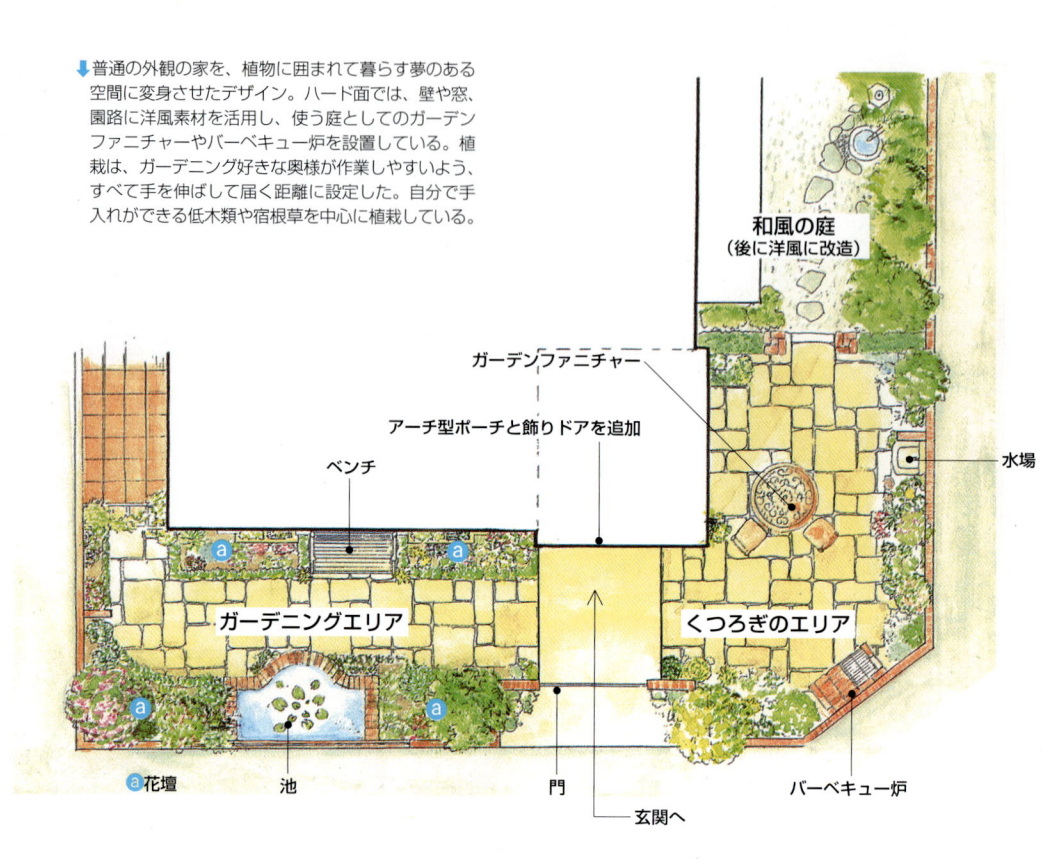

Various enjoyments

⬇ 普通の外観の家を、植物に囲まれて暮らす夢のある空間に変身させたデザイン。ハード面では、壁や窓、園路に洋風素材を活用し、使う庭としてのガーデンファニチャーやバーベキュー炉を設置している。植栽は、ガーデニング好きな奥様が作業しやすいよう、すべて手を伸ばして届く距離に設定した。自分で手入れができる低木類や宿根草を中心に植栽している。

和風の庭
（後に洋風に改造）

ガーデンファニチャー

アーチ型ポーチと飾りドアを追加

ベンチ

水場

ガーデニングエリア

くつろぎのエリア

ⓐ 花壇　池　門　バーベキュー炉

玄関へ

Chapter 3 暮らしを楽しむガーデンデザイン実例 — 共歓するもてなしの庭 ❶ ガーデニングと生活を憩う庭

↑モダンなデザインにつくり替えた玄関前 アーチ型のポーチの壁にドアをつけて、アプローチ正面をふさぐ。

↓施工前の玄関 施工前は門かぶりの槇や松をはじめとする和風の常緑樹が、庭全体に植栽されていた。

←奥の和風の庭も洋風に 2年後には東側の和風庭も洋風に変更、パーゴラ付きのベンチと2階のベランダにオリジナルなコンサバトリー（部屋の機能もあるサンルーム）をつくった。道路から見える外観はすべて洋風に変化。

神田 隆
かんだ たかし

写真・エッセイ・建築やインテリア、食などの多分野でナチュラルな生き方をテーマに活動

花とガーデニングの教室「フロム・ネイチャー」主宰

デザインポリシー
人と自然の共存するライフスタイルの提案

共歓するもてなしの庭 ②

リビングガーデン
Various enjoyments

S邸（神奈川県横浜市）
設計●ガーデン＆ファニチャーズ（長谷川祐二・定子）
施工●ガーデン＆ファニチャーズ（造作は建築業者）
施工協力●栗原造園
庭面積●フロントガーデン／約83㎡
　　　　リビングガーデン／約47㎡

※写真提供：主婦と生活社

　自然の風に吹かれ、植物との共生を感じながら過ごせる一番身近な場所が庭です。椅子やテーブルなどを置いて休んだり、お茶を飲んだり、バーベキュー炉があれば戸外のキッチンにもなります。友人とのパーティー会場として利用することもあります。
　こうした戸外での生活を積極的に取り入れたリビングガーデンがこの庭です。前庭が道路に面しているので、パブリック要素を強めたオープンスタイルにしました。そのため家族のくつろぐ庭を裏側に設定し、居室とつなげてデッキ上につくりました。

建物の外観とマッチしたフロントガーデン
　ここは、住宅の建築と庭のデザインがコラボレーション（共同制作）した例です。建築家がイメージする骨格に合わせて、庭のハード部分の配置やデザイン、植栽までのすべてを提案し、検討しながらつくりあげています。
　南欧風の建築と植栽の乾いたイメージがひとつになり、玄関前のパーキングスペースと庭が同化して見えるデザインとなりました。オープンスタイルの庭は、通路、池、オブジェ、植栽すべてがフラットで、高さのあるものは何本かの樹木以外ありません。陽光あふれる南欧風のオープンスタイルのフロントガーデンです。

プライベートなリビングガーデン
　前庭と住居部分を挟んで、反対側には住居とフラットに全面デッキを張ったリビングガーデンがあります。西側の敷地が低くなっているので、眺望を取り入れながらプライバシーが守られる場所です。くつろぎの居間空間や食事のできる場所、植物が育つエリアなど、戸外での家族の暮らしが盛り込まれたプライベートな場所です。

リビングガーデンの中のふたつのゾーン
　ガーデニングゾーンでは、花壇をつくって乾燥に強い植物を中心に植栽し、植物の中にテラコッタのコンテナを飾った南欧風のデザインにしています。リビングゾーンでは、バーベキュー炉を室内から見える中心に据え、北西角のエリアをラティスで囲って、落ち着いたリビングの雰囲気を高めています。
　北側の隅には水場を設け、料理やガーデニングに使います。カウンターやシンクは市松模様のタイルを使ったデザインで、ここでも南欧風の統一感を出しています。

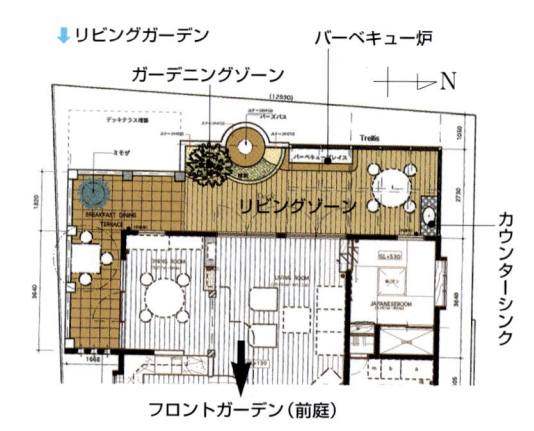

↑**リビングルームから見たリビングガーデンの全景イメージ**　建物外壁の素材と合わせて、壁はすべて同じ塗り壁仕上げに統一している。室内でもなくまったくの戸外でもない半戸外の空間は、生活の場として利用する機会も多い。

Chapter 3 暮らしを楽しむガーデンデザイン実例 ——共歓するもてなしの庭❷ リビングガーデン

↑デッキ北側リビングエリア アウトドアリビングは落ち着いてくつろぐことができるように、天井までトレリスで覆った。右奥のカウンターシンクはガーデニング作業やバーベキューにも便利。

↑南側の柱のゾーン 花壇の植え込みの南側は別のゾーンに。柱を立てて区切った空間は、もうひとつの開放されたリビングゾーン。ここは隣家が見えるため、目隠しのフェンスを回している。

↑ガーデニングゾーン デッキに面した部分に地植えスペースを確保し、シンボルツリーのオリーブや宿根草を楽しむコーナーとした。全体的に常緑とし、冬でもさびしくならないよう配慮されている。

↑バーベキュー炉 デッキの上にテラコッタを敷き、壁と同素材の炉をつくりつけた。後方はフェンスをつけず枠だけにして煙を逃がす。この炉は植栽エリアとつなぐポイントであり、外での生活を楽しむ象徴にもなっている。

Various enjoyments

↑前庭に面して開けたガラスのない窓は、アイアンを使ったモダンなデザイン。植物をからめ、外の景色との一体感を演出して美しい。

↓フロントガーデン

植栽エリア（季節の花を楽しむ）
カバードポーチ
壁泉
自転車置場（砂利敷き）
パーキングエリア

池
ミニ門柱
ギリシャツボのコンテナ
パーキングエリア
シンボルツリー
ピケットフェンスとラベンダー
隣地境界の植栽
南ヨーロッパでもよく使われるスエシカを植えている

↑玄関横のカバードポーチ　パティオ風に囲まれているので、余裕のある空間としてインテリアを楽しむ。カバードポーチは、玄関前の前室として庭とつなぐ効果がある。

↑ 南欧風のフロントガーデン 建築家とガーデンデザイナーのコラボレーションの結果、住宅と違和感なく自然につながっている。

↑ フェンス 南側の隣地との境界には低いピケットフェンスを。カーポートの石畳とフェンスとの間にラベンダーを植栽。

↑ 池 玄関までのアプローチ途中にある池は、通路と同じレンガでフラットに、植物に囲まれて埋もれるように配置している。斑入りとグリーン葉の2色のニューサイランが、アイストップになっている。

Chapter 3
暮らしを楽しむガーデンデザイン実例 ——共歓するもてなしの庭❷ リビングガーデン

共歓するもてなしの庭―――③

いろりのある庭
Various enjoyments

O邸（東京都三鷹市）
設計●正木覚
施工●イエナランドスケープ
庭面積●約26㎡

　生活の中で火を焚くという行為はなくなってしまいましたが、燃える火の温かさや柔らかさは人の心を和ませてくれます。その雰囲気が和風であればなお、日本人としての懐かしさ、心地よさを感じることができます。火をテーマに、現代風にアレンジしたいろりを囲む生活を庭の中に再現しました。庭のメンテナンスにあまり時間をかけられない施主のために、庭で過ごす時間を重視した庭です。

いろりをベンチで囲み、テラコッタタイル舗装
　火を使う場所は火事などへの配慮が必要です。風の対策も兼ねて床を20cmくらい掘り下げ、床にはテラコッタタイルを敷きつめました。真夏の暑さの厳しい時期に水を撒くと、テラコッタにしみ込んだ水が少しずつ蒸発して気化熱を奪い、暑さをやわらげてくれます。
　いろりは大谷石をくりぬいた特注品です。存在感のある大谷石は思いどおりに形がつくりやすいので、この庭のモダンなアクセントとしました。まわりはコンクリートで曲線のベンチを設け、柔らかい珪藻土（七輪の素材。通気性がよく、濡れても渇きが早い）で外側を仕上げました。床より少し下がっていて、囲われているこの空間は、落ち着く場所になりました。

パーゴラを架け、周囲を植栽
　敷地の角にコの字型に設けた珪藻土塗りのベンチの背と境界の塀や、ラティスパネルは、ライトグレーで一体化させて、木製のパーゴラをその上に架け、外からの視線を遮りました。やさしく陽射しをカットし、閉鎖しすぎない目隠しです。植栽エリアは、いろりを包みこむように配置しました。

火に対しての水、バードバスを置く
　いろりの右側に、水をテーマにしたバードバスをつくりました。鉢の中に石を沈めて水を張れば、水の安らぎが生まれます。赤い炎を見ながら土の椅子に座り、照明に照らされた水のある景色が楽しめます。

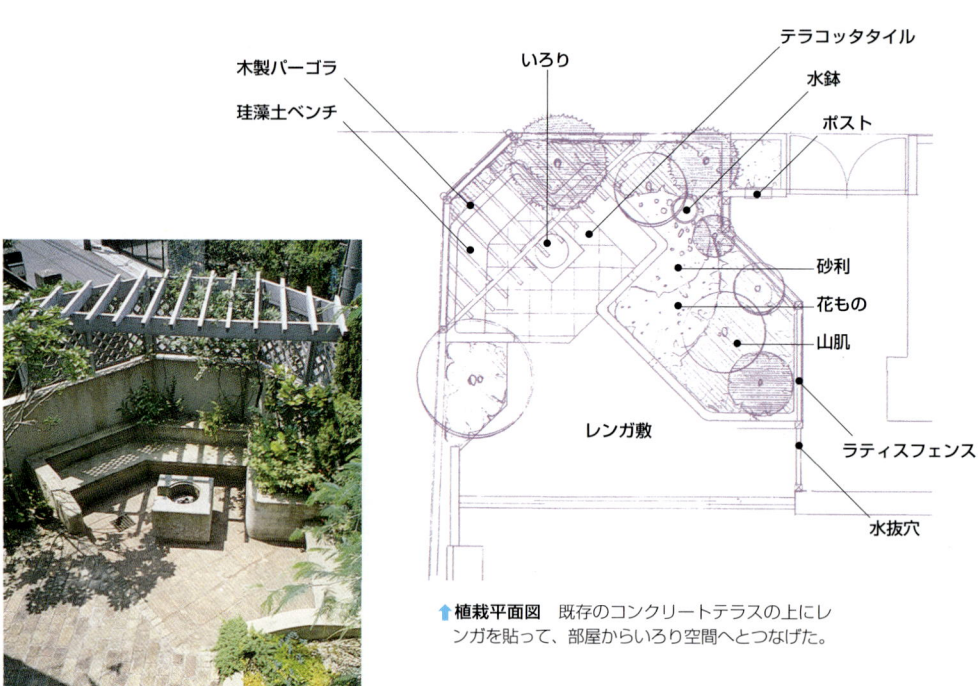

⬆ **植栽平面図**　既存のコンクリートテラスの上にレンガを貼って、部屋からいろり空間へとつなげた。

⬅ **敷地の角を利用した庭の全景**　道路との境界、外部からの視線の遮り、植栽エリアとくつろぎ空間の確保などの課題を、いろりを中心にひとつのエリアでまとめて解決した。

Chapter 3 暮らしを楽しむガーデンデザイン実例 ——共歓するもてなしの庭 ③ いろりのある庭

↑オレンジ色の炎が揺らぐいろり 火を囲んでゆっくり過ごすことが自然に思える時間に。大谷石のいろりと珪藻土を塗ったベンチは、和風の趣と風情がある。

いろり図 大谷石を丸くくりぬいて、モダンにデザイン。

大谷石をくりぬいてつくったいろりは700×700×500と少し大ぶりだが、炉の縁は食器などを置くテーブルがわりにもなる。

243

Various enjoyments

▲**全体の植栽構成** いろりを囲むコーナーも家の窓枠とお揃いのライトグレーで、石の冷たさを補っている。植物はドライな中に湿潤な日本の空気になじむ、フサアカシア、リョウブ、セイヨウタイサンボク、ニューサイラン、ハイビャクシン、アカンサス、リシマキアやセダム類などに、コニファー数種を加えて構成している。

▼▶**ラティスフェンスと木戸** カーポートや玄関アプローチと庭の間を仕切っているライトグレーのラティスパネル。庭へ入るための木戸も同じ素材でつないだ。ドライな植栽風景に、コニファーのグリーンコーンやエレガンティシマが潤いと高さを加えている。

➡ **バードバス（鳥の水飲み場）**　いろりの向かい側の植栽の中に、水を張った浅鉢を置いた。インド製の鉢の底に緑華石を入れると、水の色と相まって緑色が浮かぶ。
　空間には明るい色の砂利を敷き詰め、ところどころにセダムやリシマキアを点在させ、石の中に繁茂するのを待つ。照明の奥のフイリパンパスグラスが明るさと線を強調し、平面を引き締めている。植物はドライな感覚で構成し、手入れを軽減している。

➡ **バードバスのコーナー**　砂漠の中のオアシスをイメージした。明るさを演出するために、フェンスと縁どりをライトグレーにして、日向砂を敷き、サンゴ石をポイントに配置した。
　植栽した明るいブルーグレーや黄色、白斑の植物がよく映えている。

Chapter 3　暮らしを楽しむガーデンデザイン実例——共歓するもてなしの庭❸ いろりのある庭

共歓するもてなしの庭 ④

ペンションの
キッチンガーデン
Various enjoyments

F ペンション	（栃木県那須町）
設計●	神田隆
施工●	フロム・ネイチャー
敷地面積●	約1000㎡
庭面積●	約660㎡

⬆ **ペンションのメインガーデンはキッチンガーデン**　普通は裏庭につくるキッチンガーデンをメインに。整形式につくった骨格は、野菜やハーブが収穫された後でも美しく維持できる。幾何学模様のラインをつくっているのはレンガの園路。くつろぎのガーデンデッキと、その先には芝生の遊ぶエリアが見える。

　自分で栽培した野菜を自分で食べる。栽培の楽しさとともに安心も得られるのが、キッチンガーデンです。身近なハーブなどから本格的な野菜類の栽培まで、幅広く楽しむことができますし、花と野菜や果物を混植したデザインで、見た目の美しさを求める方法もあります。

　ここは広い敷地に建つペンションの前庭。目の前に那須連峰が広がる、日当たりと見晴らしに恵まれた環境にあります。山々を望みながら野菜栽培ができ、お客様の子供たちが走り回れるような庭がほしいとの依頼に、3つの異なったタイプのガーデンをデザインしました。

メインガーデンにキッチンガーデンを設計

　それまでオーナーは新鮮な野菜の買い出しに、毎日3時間費やしていたそうです。そこで宿泊客の朝食用のサラダガーデンをメインガーデンとしました。ここは全体のイメージを左右する建物の前に位置しているので、作業のしやすさを考慮しながらも、整形式の骨格をきちんとつくり、見た目にも美しいデザインにしました。南向きのオープンな環境に恵まれた庭で採れる野菜やハーブは新鮮でおいしく、農薬も使わないので安全です。庭を歩いて観賞し、食卓に出されて味わうだけでなく、収穫が多い時にはお土産にもなります。年を追うごとに新鮮食材目当てのリピーター客が増えてきました。

見晴らし優先のデッキガーデン

　お茶でも飲みながらくつろぐ庭として、デッキを張った庭をつくりました。ダイニングに面したパブリックなスペースからは、キッチンガーデンを挟んで那須連峰がゆっくりと眺められます。

遊びまわれる芝生ガーデン

　ファミリー単位で宿泊されるペンションなので、子供たちが自由にのびのび遊べる空間も必要です。構築物や植栽をせずに、広い原っぱの感覚で一面にケンタッキーブルーグラスやベントグリーンなどの洋芝の種を蒔いた芝生の庭です。

暮らしを楽しむガーデンデザイン実例——共歓するもてなしの庭④ ペンションのキッチンガーデン

➡ **ガーデンゲート横は花壇風にカラーコーディネート** フウチソウ、ニコチアナ、アルケミラ、ツボサンゴ、セラスチウムなどカラーを楽しむエリアにした。ヘリクリサム・シルバーとオーレア、ラムズイヤー、フイリグミ、コリウス、シロタエギク、サルビアなどのグリーンのさまざまなカラーハーモニー。

⬇ **整形式キッチンガーデンの全景** 幾何学模様にデザインされたキッチンガーデン。アンティークレンガを敷き詰めた通路は、歩行や作業のしやすさのために直線的なエッジで区切られている。区画の縁取りにハーブや愛らしい草花、低木を植えて、その間にレタスやサラダ菜、ロケット、イチゴなど多種類を育てている。

Various enjoyments

▼ **眺めを楽しみ、ゆっくりくつろぐデッキ**　はるかな那須連峰を眺めるデッキは、じかに座ってゆっくりできる場所。手前のキッチンガーデンが自然の風景に彩りを添えていっそう楽しい。

↑ **早春のキッチンガーデン**　まだ野菜などが育っていない状態のキッチンガーデンも、コニファーや低木の生垣が骨格を支えているので美しい緑の庭になっている。花壇のエッジが、乱れる草姿を整えて美しい。

暮らしを楽しむガーデンデザイン実例 —— 共歓するもてなしの庭 ④ ペンションのキッチンガーデン

⬅⬆ ハーブと野菜のキッチンガーデン 通路のレンガにきちんと埋め込んでつくった木枠のエッジ。セージ、ラベンダー、ミント、ローズマリー、バジル、サントリナなどさまざまなハーブに、ホスタやジキタリスなどの花色や葉色をそえて明るく植栽。ハーブや花、斑入り葉の中に枝豆の苗が植えられる。収穫の後も土が全部むき出しにならないので、全体の構成が崩れない。

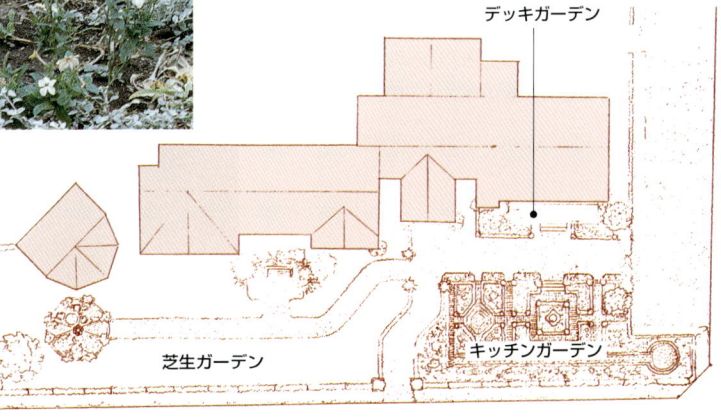

デッキガーデン

芝生ガーデン　キッチンガーデン

心を癒すパブリックガーデン ①
心を解放するキッズガーデン
Relaxing Gardens

子供寮	（東京都）
設計●	神田隆
水のシステム●	神谷博
施工●	フロム・ネイチャー　水系デザイン研究室
庭面積●	約450㎡

　都市化が進展し、自然と接する機会が少なくなった現代の子供たち。植物の存在は、その心を豊かに育む大きな意味をもっています。植物を通して自然の「循環」を体験すれば、生きたエネルギーを享受でき、自然との共生が心を解放してくれます。

　ここは子供たちが共に暮らす施設です。子供たちがもっと自由に外で遊べる庭にしたいとの願いと、建物の建設時の残土処理や施設内のゴミ処理、雑草が多く蚊に悩まされることなどへの対応が望まれました。「自然と生命」をテーマに、都会の中でも自然に触れ、共存・循環できる庭をつくりました。

田んぼのある風景を中心につくる
　中心には田んぼをつくりました。水を循環させるシステムづくりは、水系デザイン研究室の神谷氏を中心としたコラボレーション（共同制作）です。雨水を溜め小川を流し、風力とソーラーシステムでくみ上げ散水します。稲作は、苗代づくり、田植え、草取り、刈り取り、乾燥、脱穀、精米、お餅つきやごはん炊きまで、ひとつの目に見えるサイクルを持っています。1年を通してみんなの共同作業で稲づくりをすれば、その循環と恩恵が自然に理解できます。

自然の循環システムを庭に再構築
　残土は園内に丘をつくって埋め込み、滑り台などを設けて起伏のある遊び場としました。余ったガラは、丘の土留めに利用しています。毎日大量に出る施設のゴミは、堆肥置き場をつくってミミズを放し、良質な土への再生に取り組みました。うっそうと茂っていた木々は外郭に移植して剪定を施し、明るいエリアをまとめました。切られた枝や葉を細かいチップにして、雑草防止とクッション代わりに園路に敷いています。田んぼのまわりにつくったあぜ道や水路には、カエルや昆虫があっという間に住みつくようになり、雑草も共存する昔ながらの風景となりました。

遊具も置いて自由に選択
　自然への参加を強要することのないように、遊具で遊びたい子供たちのためにツリーハウスやブランコ、滑り台なども設置しています。すべて自然素材の青森産ヒバ材で、防腐剤や毒性が心配される塗料などは一切使用しませんでした。

　筆者もここで庭づくりから農作業、収穫して食べるまでを子供たちと一緒にしました。はじめは不安そうに見ていた子供もだんだん参加してきて、最後の収穫では手づくりの野菜やお餅の味に満足そうでした。

↓**泥んこになって遊ぶ子供たち**　稲刈りがすんだ後にも、田んぼに入って泥の中の昆虫を無心に探す子供たちの姿は、都会の中の庭とは思えない風景。

Chapter 3 暮らしを楽しむガーデンデザイン実例 ──心を癒すパブリックガーデン❶ 心を解放するキッズガーデン

⬆ **風と太陽の恵みで水を循環させた庭**　施設や庭に降る雨は、草屋根と田んぼのあるエリアの下に蓄水されるようになっていて、その水がソーラーシステムと風力で汲み上げられ、ツリーハウスの足元から湧き出るようになっている。それが小川となって滑り台の下をくぐり、あぜの水路を流れ、田んぼに注ぎこまれる。オーバーフローした水は再び蓄水槽に戻る仕組み。

Relaxing Gardens

➡️**スケッチ** 自然を求める庭は、すべてを再利用するサイクルをつくることから始まった。有機栽培や雨水の利用で植物はよく育ち、おいしいお米も収穫できた。珍しい昆虫などもどこからか集まってきて、ここにひとつの自然循環が生まれた。

⬅️**田んぼのある田園風景が都会の庭に出現** 皆で田植えから始めた稲穂が実った。収穫して、天日で干し、手で籾殻を取ってお餅つきをして食べた。

⬆️**雨の中の田植え** 最初は大人だけの作業に。その後はだんだん子供たちも参加して、皆で完成させた。

◀︎ **遊びごころを大切にしたシーンづくり** 太陽の光と風の力を利用して水を動かすシステムは、高い塔や羽の形が子供の心を楽しませる。ツリーハウスは残土でつくった丘にあり、谷間をくぐったり階段を駆けあがったり、滑り台やブランコなどで遊べる場所に。

◀︎ **副産物の再利用** 建物の建設残土でつくった丘を反対側から見る。起伏のある庭は、子供たちにうってつけの遊び場に。

Chapter 3 暮らしを楽しむガーデンデザイン実例 ── 心を癒すパブリックガーデン❶ 心を解放するキッズガーデン

心を癒すパブリックガーデン ②
学校花壇とグリーンコミュニティー
Relaxing Gardens

高岡市立成美小学校（富山県高岡市）
第10回全国花のまちづくりコンクール
団体部門最優秀賞（農林水産大臣賞）受賞

つくばアーバンガーデニング実行委員会（茨城県つくば市）
第9回全国花のまちづくりコンクール
団体部門最優秀賞（建設大臣賞）受賞

「全国花のまちづくりコンクール」は、"花のまちづくり"運動の全国的な普及啓発をめざして、花のまちづくり推進協議会によって1991年から毎年開催されています。全国からの応募作品をコンクール形式で審査し、4つの部門（市町村・団体・個人・企業）で優れた活動を表彰します。花を介した公共・個人の活発な交流は、豊かな地域環境を創生し、個人のガーデニングから展開した広がりのひとつとして進展しています。その取り組み方はさまざまですが、「花のある暮らし」がテーマになっています。

学校花壇

高岡市の市街地に位置する成美小学校は、昭和44年から継続して花壇づくりに取り組んでいる長い歴史があります。ここでは、生徒や学校内にとどまらず、PTAや町の自治会など地区ぐるみ一体となった活動を、3つの柱にそって実行しています。

花を育てる活動
春一番に行なわれる栽培委員会で、子供たちが独自に年間のテーマと手順を決めます。みどりの日にはPTAが肥料や土づくりをし、子供のデザインで花壇がつくられます。大人からいろいろ教えてもらいながら、地域住民と一緒に手入れをします。秋には、地域の人と花の集会を開き、反省や来年への勉強をします。

花を活かす活動
図工や俳句、作文や手紙、理科にも花を応用します。マリーゴールドで草木染めをしたり、押し花や絵葉書をつくるなど、授業内容にも積極的に取り入れています。また、天気の良い日には給食を花壇のまわりでとるなど、外での生活の快適さを楽しみます。

花を広げる活動
近隣の小学校や養護学校、福祉施設などを訪問して、花の種や苗の交換や、プレゼントを行なっています。また、市民花壇づくりにも参加して、いろいろ教わりながら花を育てます。このように、花を活用した多彩な教育活動に加えて、地域と深く連動した活動が行なわれています。

↑**立体花壇** 木枠のプランターをつくって、立体的に積み上げたコンテナ花壇。プランターが目立たないように杉丸太のボックスをつくり、花がきれいに見えるように工夫している。

↑**オニバスを育てる** 隣町の学校から分けてもらったオニバスを育てている。自分たちの育てた苗のプレゼントなど、地域との交流も活発だ。これにより花の輪が着実に広がっている。

↑**地域と交流** 地域の方への苗のプレゼントや栽培のお手伝いなど、花を通してボランティア活動や地域内交流も積極的に行なっている。花が子供たちと地域をつないでいる。

⬆学校の前庭を開放的な花壇に　町の中心街にあるため、道行く人にも楽しんでもらえるよう、一緒につくるオープンな花壇。
⬇カーブのある通路をつくる　緩やかなカーブを描いているので、咲き誇る花が溢れて楽しく歩ける。

Chapter 3 暮らしを楽しむガーデンデザイン実例――心を癒すパブリックガーデン❷ 学校花壇とグリーンコミュニティー

255

Relaxing Gardens

↑**つくばの町を彩る花壇**　カラーを意識した花壇の植栽。手入れされているので美しい。

グリーンコミュニティー

　つくばアーバンガーデニング実行委員会は、筑波研究学園都市に住む市民が、自分たちの手で自分の町の景観を美しくしようと手を挙げて生まれたグループです。これは市民による花のまちづくりをめざした3つの部会で構成されています。

花壇整備部会
　行政や地域と地元の花き生産者の協力を得て、殺風景だった空き地や広場などに地元農家栽培の花を植え、手入れをしています。

環境デザイン部会
　参加型の環境づくりに市民のセンスやアイデアを生かすために、町全体の環境デザインを考えるワークショップを開催し、花のデザインや空間構成を研究しています。

交流部会
　バザールやクリスマスイベント、花のフォーラムなどを開催しています。

暮らしを楽しむガーデンデザイン実例 ——心を癒すパブリックガーデン❷ 学校花壇とグリーンコミュニティー

▼**色をデザイン**　赤をメインにカラーコーディネートされた植栽。

▼**シックなデザインの提案も**　明るいグリーンのゴールドクレストに、銀色の葉色が映えるシックなカラー植栽。

↑➡**コンテナ花壇の展示もおしゃれに**　まわりの環境に合わせたデザインのコンテナ。植物の名前の表示も統一しておしゃれに。

▼**憩いの公園にも花のエリアが**　市民が育てた公園の花壇の花が、散歩する楽しみと彩りを添えている。

**花のまちづくり
コンクール推進協議会**

提唱：農林水産省、国土交通省

事務局：財団法人　日本花の会

目的：花を通した豊かな生活環境を目的とした花のまちづくりコンクールの普及・啓発の推進

257

心を癒すパブリックガーデン ❸

ドライガーデン
Relaxing Gardens

設計●井田洋介（アウトテリア民園）
施工●㈲アウトテリア民園

　ドライな風景というと、砂漠や、乾燥し荒涼とした大地に、乾燥や暑さに負けない植物がわずかな水を求めて生えている風景を連想します。しかし、湿潤な気候の日本にもドライな庭があります。竜安寺の石庭を代表とする「枯山水（かれさんすい）」という伝統的な手法です。これは、砂礫や岩で構成した乾いた風景にもかかわらず、水の流れを想起させる抽象的な庭のつくり方です。

手軽にできる現代の枯れ山水風箱庭

　ドライガーデンは、枯山水の手法を応用し、砂礫や枯れ木、乾燥に強い植物、あるいはわずかな土に生えるコケなどを使ってつくります。むき出しの地面が減少してヒートアイランドとなった都会では、ビルの中やベランダなどの厳しい環境にも耐える手軽なガーデンとして注目されています。

　陽が当たらない場所でも、陽射しが強すぎる場所でも、その環境に耐える植物を選べば、どこにでもつくることができます。商業施設の装飾などに使われることが多いですが、マンションのベランダや屋上、日陰で植物が育ちにくい場所、雨の当たらない坪庭など、設置場所に合わせてコンセプトを絞り込めば、誰でも失敗なくつくることができ、気軽に楽しめます。用土はあまり使わないので、コンテナ栽培はもちろん、舗装された場所でも手軽にでき、移動も容易です。いつまでもあまり大きくならない丈夫な植物が主体となるので、管理も容易です。

原風景を思い浮かべたコンセプト

　この6つの事例は、それぞれ原風景を思い浮かべてアレンジしたものです。見る人にその原風景を連想させ、安らぎを与えてくれます。荒涼とした砂漠の中のオアシス、うっそうと茂る薄暗い森の樹下、波寄せる浜辺の砂浜など、アレンジするイメージは自由です。

　また、古い壺や瓦、素焼きのテラコッタ、枯れ木や倒木、朽ち木などは、ドライガーデンの古びた風情を深めてくれる格好の資材です。

▼**乾燥した砂漠のオアシス**　マンションの階段下のちょっとした隙間に砂を入れ、大小の石を並べ、素焼きの玉と壺を置き、乾燥に強いユッカとコルジリネ・オーストラリスを植栽した。

Chapter 3 暮らしを楽しむガーデンデザイン実例 ――心を癒すパブリックガーデン ③ ドライガーデン

- **現代風苔庭** 木材でエッジをつくった長方形の枠の中に、錆び砂を敷きテラコッタ風の鉢を倒して、口から水がこぼれるように土を入れ、苔をはる。
京都の妙心寺の非公開の小さな石庭を模した箱庭。一直線上に石を並べて石の力と形で変化を誘う妙心寺の石庭の手法から学び、石の代わりに鉢を使い、苔の青で水の流れを表現した。
コケは乾燥を嫌うが日陰を好むので、室内のインドアガーデンや日陰の庭に向いている。

- **屋上のドライコンテナガーデン** 完全な防水や防根処理などの設備を施工しなくても、設置型のドライガーデンなら誰でもつくることができる。パネル式のデッキを置いて残った空間に砂利を入れ、素焼きの大きめのコンテナを千鳥状に置くだけで、立派なドライガーデンができた。砂利の上にコンテナを置くと、排水もよく底孔から新鮮な空気も入ってくる。砂利は水分の保湿役も担い、強い風でも飛散しないので、屋上環境に適している。
大きなコンテナには軽石やパーライトを半分以上詰め、その上に砂礫や軽量土を詰める。

- **ドライスタンドコンテナガーデン** マンションのベランダにつくったドライコンテナガーデン。足元には地面を模した砂利や、木々を模した素焼きの玉、それにセダムの鉢を置き、乾燥地の景観を思い浮かべて小さな庭をつくった。
高さのある脚付きの鉢には、乾燥した高原を模してセダム類やユッカを寄せ植えした。乾燥し高温になりやすいベランダ環境に適したドライガーデンである。

259

Relaxing Gardens

➡ **小石と流木で浜辺の風情を**　砂利と小石を敷き素焼きの玉を並べた浜辺には、波の音が聞こえてくる。倒れた壺から流れるコケや、土を入れてコケやシダ、リュウゼツランを植えた朽ちた流木からは、水の流れや浜辺を見下ろす大地の風情が感じられる。
　コンテナに見立てた自然素材の流木は、土や植物と馴染んで時間を経るごとに趣も変化し、育てる楽しさも増していく。ときには花が咲き種が飛ぶ。それだけでも野趣を感じさせる小さな庭になる。

➡ **枯れ木コンテナのオープンフロントガーデン**　店舗のイベントに合わせて創作されたドライフロントガーデン。
　大きな壺に枯れ木を数本立てて高さを表現した。上の写真は、このガーデンの右下部分。石や壺のイメージとあいまって、メキシコの風景や、枯れ木がたたずむ湖沼の水辺の風情を感じさせてくれる。

資料

園芸関係団体一覧 ── 平成13年11月1日現在 順不同

名称	住所	電話番号
(財)日本花普及センター	中央区東日本橋3-6-17　山一ビル4F	03-3664-8739
(社)日本花き生産部会	港区芝大門2-6-5　協和第一ビル	03-3434-9554
(社)日本花き卸売市場協会	千代田区神田司町2-7　福禄ビル6F	03-3291-6987
(社)日本生花商協会	横浜市金沢区鳥浜町1-1　横浜中央卸売市場南部市場内	044-779-2081
(社)日本生花通信配達協会（JFTD）	品川区北品川4-11-9　日本フラワー会館内	03-5496-0369
全国花き振興協議会	横浜市金沢区鳥浜町1-1　横浜中央卸売市場南部市場内	044-779-2081
(社)日本インドア・グリーン協会	品川区東五反田2-3-4　ビックナインビル3階	03-3473-6551
(財)日本花の会	港区赤坂2-3-6　小松ビル	03-3584-6531
(社)日本家庭園芸普及協会	中央区日本橋小伝馬町17-12　堀ビル3　6階	03-3249-0681
(財)公園緑地管理財団	港区虎ノ門4-1-21　葺手第2ビル3F	03-3431-6875
(財)都市緑化基金	千代田区麹町1-6　相互麹町第二ビル8F	03-5275-2291
(財)日本緑化センター	港区赤坂1-9-13　三会堂ビル	03-3585-3561
(社)全国森林レクリエーション協会	港区赤坂1-9-13　三会堂ビル	03-3585-4217
(社)園芸文化協会	港区虎の門1-8-6　木戸ビル2F	03-3591-6295
(社)日本フラワーデザイナー協会	港区高輪4-5-6	03-5420-8741
(社)日本花いっぱい協会	千代田区一ツ橋1-1-1　毎日新聞社内	03-3212-0187
(財)国際花と緑の博覧会記念協会	大阪市鶴見区緑地公園2番136号	06-6915-4500
(社)日本植木協会	港区赤坂6-4-22　三沖ビル3F	03-3586-7361
(社)日本造園建設業協会	千代田区麹町5-3　麹町中田ビル	03-3263-3039
(社)日本造園組合連合会	千代田区内神田1-16-9　内神田サニービル6F	03-3293-7577
(社)日本種苗協会	文京区本郷2-26-11	03-3811-2654
日本園芸商協会	金沢市伏見新町326　㈱総合園芸内	076-226-8422
家庭園芸肥料用土協議会	港区元麻布2-1-10　有栖川ナショナルコート404	03-5474-1809
日本山草業者組合	伊勢原市小稲葉2358	0463-95-1564
(社)日本植物園協会	北区田端2-1-21-301	03-5685-1431
英国王立園芸協会日本支部(RHSJ)	豊島区東池袋3-1-1　サンシャイン60　38F	03-3984-9690
RHSJコンテナガーデニング協会	豊島区東池袋3-1-1　サンシャイン60　38F	03-3984-9690
日本ハンギングバスケット協会	愛知県日進市浅田町平池69-3　ARスカイライフ503	052-807-2751
(社)全日本菊花連盟	三島市西若町9-27	0559-72-1701
(財)日本ばら会	世田谷区等々力5-9-1　タマハイム101	03-3702-9413
(財)日本さくらの会	千代田区平河町2-3-19　麹町山晴ビル	03-3234-2034
(社)日本盆栽協会	台東区池之端2-8-1	03-3821-3059
日本椿協会	練馬区向山3-1-13	03-3999-1011
日本クレマチス協会	和光市白子3-30-35	048-466-4837
(社)日本万年青協会	墨田区両国2-17-2　おかのビル2階	03-3846-8503
日本ポインセチア協会	比企郡吉見町谷口205	0493-54-0566

全国緑の相談所一覧 ── 提供/財団法人公園緑地管理財団

都道府県	施設名	住所	電話番号
北海道	札幌市緑化植物園豊平公園緑のセンター	札幌市豊平区豊平5条13丁目	011-811-6568
	手宮緑化植物園（緑の相談所）	小樽市手宮3-12-1	0134-22-7773
	札幌市緑化植物園平岡樹芸センター	札幌市清田区平岡4条3丁目	011-883-2891
	麻生緑の相談室	札幌市北区北39条西5丁目　麻布総合センター	011-757-1003
	百合が原緑のセンター	札幌市北区百合が原公園210	011-772-3511
	いわみざわ公園緑のセンター	岩見沢市志文町794	0126-25-6111
	苫小牧市サンガーデン	苫小牧市末広町3-1-15	0144-33-4411

資料

都道府県	施設名	住所	電話番号
	旭川市緑のセンター	旭川市神楽岡公園1番地	0166-65-5553
	北見市緑のセンター	北見市緑が丘4-40-3	0157-26-3866
	都市緑化植物園	夕張郡由仁町伏見134-2	01238-2-2001
青森県	八戸公園植物園	八戸市十日市字天摩33-2	0178-96-2932
	鷹揚公園植物園（弘前城植物園）	弘前市大字下白銀町1-1	0172-33-8737
	花と緑の相談コーナー	盛岡市内丸12-2	019-651-4111
秋田県	花と緑の相談所	秋田市下北手桜字蛭沢141-7　一つ森公園コミュニティ体育館内	018-831-0087
宮城県	グリーンハウス勾当台	仙台市青葉区国分町三丁目1-1　勾当台公園内	022-264-3924
	七北田公園都市緑化ホール	仙台市泉区七北田字赤生津4	022-375-9911
栃木県	足利市緑化センター	足利市元学町827-13	0284-42-5267
	井頭公園緑の相談所	真岡市下籠谷5028	0285-82-4475
	宇都宮市緑の相談所	宇都宮市平出工業団地30-1	028-662-5813
	栃木県中央公園緑の相談所	宇都宮市睦町2-50	028-636-1491
	那須野が原公園緑の相談所	那須郡西那須野町千本松801-3	0287-36-1220
	みかも山公園緑の相談所	岩舟町下津原1747-1	0282-55-7733
	日光だいや川公園緑の相談所	今市市瀬川844	0288-23-0208
群馬県	敷島公園ばら園緑化相談所	前橋市敷島町262	027-232-2891
茨城県	梅と緑の相談所	水戸市見川1-1251	029-244-5560
埼玉県	川口市立グリーンセンター	埼玉県川口市新井宿700	048-281-2319
	国営武蔵丘陵森林公園　都市緑化植物園	比企郡滑川町山田1920	0493-57-2111
	さいたま市園芸植物園	さいたま市大字大崎3156-1	048-878-2026
	熊谷市緑化センター	熊谷市宮町2-37-1	048-525-7180
	狭山市立都市緑化植物園緑の相談所	狭山市柏原622	042-952-6131
	大宮公園緑の相談所	さいたま市寿能町2-405	048-645-9605
千葉県	千葉市都市緑化植物園	千葉市中央区星久喜町278	043-264-9559
	21世紀の森と広場パークセンター	松戸市千駄堀269	047-345-8900
	千葉県立柏の葉公園都市緑化植物園緑の相談所	柏市柏の葉4-1	04-7134-2016
	千葉県立青葉の森公園緑の相談所	千葉市中央区青葉町977-1	043-208-1510
	千葉市花の美術館	千葉市美浜区高浜7-2-4	043-277-8776
	千葉県立北総花の丘公園緑の相談所	印西市原山1-12-1	0476-47-4031
東京都	緑と花の学習園	墨田区文花2-12-17	03-3616-3823
	世田谷区立緑化相談所	世田谷区代田4-38-52　羽根木公園内	03-3322-1167
	板橋区立赤塚植物園	板橋区赤塚5-17-14	03-3975-9127
	目黒区花とみどりの相談室	目黒区碑文谷6-13-18	03-5721-4587
	練馬区立花とみどりの相談所	練馬区光が丘5-2-6	03-3976-9402
	塚山公園みどりの相談所	杉並区下高井戸5-23-12	03-3302-9387
	多摩市立グリーンライブセンター	多摩市落合2-35　多摩中央公園内	042-375-8716
	足立区都市農業公園緑の相談所	足立区鹿浜2-44-1	03-3853-8011
神奈川県	横浜市こども植物園	横浜市南区六ツ川3-122	045-741-1015
	川崎市緑化センター	川崎市多摩区宿河原6-14-1	044-911-2177
	長久保公園都市緑化植物園	藤沢市辻堂大平台2-13-35	0466-34-8422
	相模原公園内緑の相談所	相模原市下溝3277	042-778-6819
	大和市グリーンアップセンター	大和市下草柳552-1	046-263-8711
	鎌倉中央公園緑の相談所	鎌倉市山崎1667	0467-45-2750
	みなとみらい21地区クロスパティオ内　緑の相談所	横浜市西区みなとみらい二丁目地先	045-223-2651
	横浜市こども植物園内緑の相談所	横浜市南区六ツ川3-122	045-741-1024
山梨県	山梨県笛吹川フルーツ公園	山梨市江曽原1488	0553-23-4101
静岡県	浜松市緑化推進センター	浜松市大塚町1876-1	053-426-2300
新潟県	保内公園緑の相談所	三条市下保内字本所3714	0256-38-5240
	新潟県立植物園	新津市大字金津186	0250-24-6465
富山県	入善町フラワーセンター	下新川郡入善町小摺戸271	0765-78-0603

資料

都道府県	施設名	住所	電話番号
福井県	福井都市緑化植物園	坂井郡丸岡町楽間	0776-67-0002
愛知県	愛知県緑化センター	西加茂郡藤岡町大字西中山字猿田21-1	0565-76-2106
	豊田市西山公園緑の相談所	豊田市西山町5-1	0565-31-2108
	名古屋市緑化センター	名古屋市昭和区鶴舞1-1-168	052-733-8340
	庄内緑地グリーンプラザ	名古屋市西区山田町大字上小田井字敷地3527	052-503-1010
	愛知県植木センター	稲沢市堀之内町花ノ木129	0587-36-1148
	春日井市都市緑化植物園	春日井市細野町3249-1	0568-92-8711
	名城公園フラワープラザ	名古屋市北区名城1-2-25	052-913-0087
	荒子川公園ガーデンプラザ	名古屋市港区品川町2-1-1	052-384-8787
	このはな館	知多郡東浦町大字緒川字沙弥田2-1	0562-84-6166
岐阜県	花フェスタ記念公園	可児市瀬田1584-1	0574-63-7373
京都府	福知山市都市緑化植物園緑の相談所	福知山市字猪崎377-1	0773-22-6617
	宇治市植物公園	宇治市広野町八軒屋谷25-1	0774-39-9387
	緑の相談所	京都市下京区上中之町1-3	075-352-2500
大阪府	緑と花の相談所	松原市新堂1-522	072-333-9566
	大泉緑地花と緑の相談所	堺市金岡町128	072-252-3651
	花と緑と自然の情報センター	大阪市東住吉区長居公園1-23	06-6694-8788
	服部緑地都市緑化植物園	豊中市寺内1-13-2	06-6866-3622
	堺市都市緑化センター緑の相談所	堺市東上野芝町1-4-3	072-247-0310
	市民の森緑の相談所	枚方市楠葉丘2-10-1	072-850-2274
	豊中市立花とみどりの相談所	豊中市曽根南町1-4-1	06-6863-8730
	五月山緑地都市緑化植物園	池田市五月丘5-2-5	0727-52-7082
	花図かん	大阪府守口市八雲北町1-1-16	06-6994-0087
	吹田市花とみどりの情報センター	吹田市江坂町1-19-1（江坂公園内）	06-6384-3987
兵庫県	尼崎市都市緑化植物園緑の相談所	尼崎市東塚口町2-2-1	06-6426-8407
	花と緑のまち推進センター	神戸市中央区諏訪山町2-8	078-351-6756
	兵庫県立明石公園緑の相談所	明石市明石公園1-27	078-918-2405
	西宮市北山緑化植物園	西宮市北山町1-1	0798-72-9391
	（財）芦屋市都市整備公社	芦屋市精道町5-11	0797-38-2103
	日岡山公園育苗園緑の相談所	加古川市加古川町大野1682	0794-26-6354
	姫路市手柄山中央公園緑の相談所	姫路市西延末440	0792-92-6887
	明石市立花と緑の学習園	明石市鳥羽字弁財天1278-1	078-924-6111
	兵庫県立淡路夢舞台温室（奇跡の星の植物館）	津名郡東浦町夢舞台4	0799-74-1200
	市ノ池公園みどりの相談所	高砂市阿弥陀町地徳301	0794-47-6401
奈良県	生駒市花のまちづくりセンターふろーらむ	生駒市真弓1-11-16	0743-70-0187
岡山県	岡山市半田山植物園緑の相談室	岡山市法界院3-1	086-252-4183
	南部花と緑の相談所	岡山市浦安西町148-1	086-261-8588
広島県	広島市植物公園	広島市佐伯区倉重3-495	082-922-3600
	広島県立広島緑化植物公園	広島市東区福田町166-2	082-899-2811
愛媛県	今治市鹿ノ子池公園緑の相談所	今治市町谷乙13-1	0898-47-2838
福岡県	福岡市植物園「緑の情報館」	福岡市中央区小笹5-1-1	092-522-8100
	北九州市立都市緑化センター花と緑の相談所	北九州市若松区大字竹並1006	093-741-5545
佐賀県	徐福長寿館薬用植物園	佐賀市金立町大字金立166	0952-98-0696
熊本県	熊本市動植物園緑の相談所	熊本市健軍5-14-2	096-368-4416
大分県	南立石緑化植物園	別府市大字南立石字向原1880	0977-24-1643
	佐野植物公園	大分市大字佐野3452-2	097-593-3570
宮崎県	都城市早水公園緑の相談所	都城市早水町3867	0986-23-4980
	延岡植物園	延岡市天下町1235-1	0982-39-0977
	フローランテ宮崎	宮崎市山崎町浜山414-16	0985-23-1510
沖縄県	熱帯・亜熱帯都市緑化植物園	国頭郡本部町字石川424	0980-48-3782

索引

あ

アーキテクチュアルプランツ……151,152
アーチ……133,134
アーム……169
アール……182
RHS……20,22
RHSJ……59
RHSディプロマ……25
RHSマスター……25
アイストップ……67,85
アウトドアキッチン……139
アウトドアリビング……77
赤玉石……112
赤身……115
アクソメ図……91,98
芦野石……109
あじろ……114
アスファルト舗装……121
東屋（四阿）……135
アブストラクトスタイル……78,79
洗い出し平板……121
あられこぼし……108,208
アルベール・カーン……51,52
淡路ごろた……112
暗渠排水……158
安山岩……109
イエローブック……15
イギリス庭園……10
イギリス積み……125
イギリス庭園史……6
池……136
生垣支柱……162
生駒石……109
諫早石……110
石積み塀……125
石積み……129
石張り塀……125
石張り舗装……110,111
伊勢ごろた……111
伊勢砂利……112
伊勢玉石……112
板石……108,111
一・二年草……147
いちまつ……114
一般公開庭園……29,30
稲田石……109
イメージ……78
伊予青石……111
いろり……242
イングリッシュガーデン……11
陰樹……147,159
インターホン……103
インターロッキングブロック……121,122
インナー……142
ウィズレーガーデン……24,25
ウィリアム・ギルピン……10
ウィリアム・ケント……7,30
ウィンドーボックス……142,164
植木屋……62
ウェルカムガーデン……193
打放し……124
ウッドテラス……199
ウッドボックス……165
海囲い石……206
裏庭……54
AIPH……58
英国王立園芸協会……20,22
AGM……23
AAC……116
ACQ……116
S字フック……168
枝抜き……172
NGS……14
NCCPG……18
NT……26
NVQ……19
エヌヴィーキュー……19
エフロレッセンス……114
遠近感……66
園芸装飾技能士……59
園芸文化協会……58
円定規……96
縁石……107,108
大磯……112
オーナメンタルグラス……228
大引……117
オープンガーデン……15,57
オープンスペース……79,80
大谷石……110
雄勝石……110
屋上ガーデン……210
屋上緑化……62
落とし……69
オリエンタル風ガーデン……32,34
織部灯籠……208,209
温度条件……159

か

ガーデナー……19,59
ガーデニング……56
ガーデンショー……58
ガーデンデザイナー……59,62
ガーデンデザイン……76
ガーデンファニチャー……218
ガーデンライト……143
カーポート……134,182
外構図……89
階段……103,107
回遊式庭園……47
カウンター……139
垣根……128
角石……108
学名……146
筧……138,206
花崗石……109
加工石……107
笠木……126,130
重なりと間隔の原則……69
カスケード庭園……33,38
ガゼボ……135
学校花壇……254
桂垣……128
金ごて仕上げ……120
壁掛け型ハンギングバスケット……168
カラー平板……121
カラーリーフプランツ……85
空石積み……129
空積み……228
軽石……214
枯山水庭園……47
乾式組積工法ブロック……131
寒水石砂……112
寒水石……111
乾燥に強い植物……159
カントリーコッテージ……10
管理……74,94
幾何学式庭園……6
気勢……64
擬石……122
擬石平板……121
基礎石……126
木曽石……110
北木石……109
キッズガーデン……250
キッチンガーデン……246
CAD……95
客土……158
旧ウィルトン庭園……7
球根庭園……37,39
球根類……148
旧芝離宮庭園……49
給排水設備……145
強陰樹……159
凝灰岩……110
切石……208
切石積み……129
切り戻し……172
金閣寺垣……128
クォーツサイト……110
草止め……137
櫛引仕上げ……124
崩れ積み……129,130
沓脱石……209
グラウンドサポート……162
鞍馬……109
グランドカバー……148,226
グリーンアドバイザー……59
グリーンコミュニティー……256
グリッド……79

索引

クレオソート油 … 116	サービスヤード … 90	書院造庭園 … 47
クローズドスペース … 80	栽培計画 … 165	正阿弥の庭 … 54
蹴上 … 103	砂岩 … 110	詳細図 … 98
景石 … 108	作庭家 … 62	壌土 … 158
結晶片岩 … 111	桜川砂 … 112	小舗石 … 108,109,111
現況図 … 89	櫻御影 … 109	照明設備 … 143
玄昌石 … 110	砂壌土 … 158	常緑樹 … 147
間知石 … 108,130	雑割石 … 130	常緑と落葉の比率 … 72
間知石積み … 129,130	砂土 … 158	植栽計画 … 82,91
建仁寺垣 … 128	沢田石 … 110	植栽 … 91,98,160
現場調査 … 88	障り … 206,208	植栽デザイン … 150
玄武岩 … 109	三角定規 … 95,96	植栽の表現方法 … 99,100
光悦寺垣 … 128	三角スケール … 95,96	植栽密度 … 72
公害に強い植物 … 159	三脚スタンド … 166	植栽リスト … 92,160
杭火石 … 110	三脚八つ掛け支柱 … 162	埴壌土 … 158
格子枡 … 145	サンゴ石灰岩 … 111	植生ブロック … 122
甲州ごろた … 111	サンドクッション … 114	埴土 … 158
甲州玉石 … 111	サンドブラスト … 109	ジョリパット … 183,184
構成要素の基本的な寸法 … 101	サンルーム … 135	白川砂 … 112
構造物・舗装の表現方法 … 101	GA … 59	白河石 … 109
高低差の活用 … 87	CCA … 116	白太 … 115
勾配三角定規 … 95,96	CP型枠ブロック積 … 131	白玉 … 112
高木 … 147	ジェイキル … 151	白那智 … 112
広葉樹 … 146	J&P … 109	白御影 … 109
広葉樹材 … 114	ジェットバーナー仕上げ … 109	真・行・草 … 63
コートヤード … 90	潮風に耐える植物 … 159	しんうま … 114
護岸 … 137	枝折り … 162	シンク … 139
極陰樹木 … 159	しがらみ … 137	心材 … 115
国際園芸家協会 … 58	色彩 … 84,152	新白川 … 112
国産材 … 114	磁器質タイル … 119	人体寸法概算値 … 102
小口積み … 125,129,130	色相環 … 152,153	寝殿造り庭園 … 46
五色砂利 … 112	鹿おどし … 138	浸透枡 … 145
小たたき … 109	慈照寺銀閣 … 48	シンボルツリー … 86
古典主義庭園 … 6	シシングハースト城庭園 … 8	シンメトリー … 80
コニファー … 190	自然石 … 107	針葉樹 … 146
小端積み … 130	自然素材 … 84	針葉樹材 … 114
小端積み塀 … 125	下草 … 148	水琴窟 … 198,201
こぶ出し … 109	支柱 … 162	水生植物 … 149
小松石 … 109	質感 … 84,85,153	水分条件 … 159
ごろた石 … 108,111	湿気に強い植物 … 159	スクエア … 127
コンクリート下地 … 114	自動灌水装置 … 169	スクエアラティス … 205
コンクリートブロック積み … 131	自動車の回転軌跡 … 104	スケール … 97
コンクリートブロック塀 … 123	芝生 … 148	スケール感 … 86
コンクリート塀 … 124,125	借景 … 64,68,87	スチール製門扉 … 133
コンクリート舗装 … 120	斜投影図 … 98	スチールフェンス … 128
コンサバトリー … 135,237	砂利 … 111,112	砂 … 112
コンセプト … 77	砂利洗い出し舗装 … 112	洲浜 … 111,137
コンテナ … 142,163	砂利敷舗装 … 112	スポットライト … 144
コンテナ園芸 … 163	修学院離宮 … 50	スレート … 110
コンテナガーデン … 142,163	縮尺 … 89,97	スロープの勾配 … 103
コンドル … 45	樹形 … 150	諏訪鉄平石 … 109
コンパートメント … 11	樹高 … 160,162	寸なし … 111
コンポストボックス … 205	宿根草 … 147	寸法図 … 98
	宿根草複層ボーダー花壇 … 230,232	寸法線 … 99
さ	主庭 … 90	整形庭園 … 6
	種苗管理士 … 59	製図用具 … 95
ザ・ガーデンハウス … 8	樹木医 … 59	生態回廊 … 230

索引

西洋芝 …………………………148
石英岩 …………………………110
石英粗面岩 ……………………110
積算 ………………………………74
石粒舗装 ………………………112
施工 …………………………74,93
石灰岩 …………………………110
せっ器質タイル ………………119
設計監理 …………………………93
設備計画 …………………………92
セメントペースト ……………120
前栽 …………………………46,54
線積み ……………………129,130
線の種類 …………………………99
線の引きかた ……………………96
閃緑岩 …………………………109
造園 ………………………………59
造園技能士 ………………………59
造園樹木 ………………………146
造園植物 ………………………146
造園植物の寸法規格 …………160
造園施工管理技師 ………………59
造園用草花 ……………………147
草姿 ……………………………150
相州ごろた ……………………111
相州玉石 ………………………111
僧都 ……………………………138
ゾーニング …………………90,91
ソーラーシステム ……………251
測量 ………………………………89,90
袖垣 ……………………………128

た

耐火レンガ ……………………113
大徳寺大仙院 ……………………45
大名庭園 …………………………47
ダイヤ …………………………127
大理石 …………………………111
タイル …………………………119
タイル張り仕上げ ……………124
タイル張り舗装 ………………120
滝 ………………………………138
多胡石 …………………………110
タタキ …………………………184
立入れ …………………………162
谷積み ……………………129,130
玉石 ………………………108,111
玉石積み …………………129,130
鍛鉄 ……………………………128
丹波石 ……………………109,208
チェルシーフラワーショー …12,21,22
竹材 ……………………………114
秩父青石 ………………………111
地被植物 ………………………148
着色用具 …………………………96
駐車スペース …………………104

中木 ……………………………147
手水鉢 …………………………206
地割 …………………………90,174
ツーバイシックス ……………117
ツーバイフォー ………………117
通路幅 …………………………102
束 ………………………………117
束石 ……………………………117
築山 ………………………………46
つくばい ………………………206
筑波石 …………………………109
土ふき屋根 …………………230,232
つつき仕上げ …………………124
つなぎ …………………………174
壺 ………………………………46
ツリーハウス …………………250
吊型ハンギングバスケット …168
つる性植物 ……………………149
低木 ……………………………147
ティンティンフルハウス ………27
T定規 ………………………95,96
摘芯 ……………………………172
テクスチュア ………………67,85
デザインの原理 …………………80
手燭石 …………………………206
手すり …………………………103
デッキ ……………………116,196
デッキクリップ ………………117
テラコッタ …………………142,164
テラコッタタイル ……………120
テラスガーデン ………………222
テラススペース ……………102,103
電気設備 ………………………143
添景物 ………………………85,140
天端 ………………………………69
テンプレート ……………………96
陶器質タイル …………………119
透視図 ……………………………98
動線計画 …………………………90
特殊樹 …………………………146
土壌酸度 ……………………158,159
土壌条件 ………………………157
土性 ……………………………158
土留め …………………………129
ドライガーデン ………………258
トラフ …………………………165
ドリフト植栽 …………………155
トレース …………………………97
十和田石 ………………………110

な

ナーセリー ………………………17
長手積み …………………125,129,130
中庭 ………………………………90
中島 ………………………………46
流れ ……………………………138

ナショナルガーデン・スキーム …14
ナショナルコレクション ………18
ナショナルトラスト庭園 ………26
那智黒 …………………………112
ナチュラリスティックガーデン …226
夏型芝 …………………………148
ナフテン系 ……………………116
南部砂利 ………………………112
南洋材 …………………………114
二脚鳥居支柱 …………………162
二丁掛タイル …………………120
日照条件 ………………………159
日本芝 …………………………148
庭木 ……………………………146
庭の改造 ………………………173
庭の目的 …………………………77
布掛け支柱 ……………………162
布積み ……………………129,130
濡れ縁 ………………116,195,209
根締め ……………………………53
根太 ……………………………117
根づまり ………………………167
根府川石 ………………………109
根巻き …………………………162
練石積み ………………………129
粘板岩 …………………………110
野面 ……………………………109
野面石積み ………………129,130
延段 …………………………67,209

は

パーゴラ ……………133,134,202,205
パーゴラの高さ ………………105
パース …………………………92,98
バードバス ……………………245
ハーフバスケット ……………142
ハーベイシャスボーダー ………11
バーベキュー炉 ……………235,239
パーライト ……………………214
配植 …………………………71,82
排水設備 ………………………145
排水枡 …………………………145
配置手法 …………………………68
配置図 ……………………………89
培養土 …………………………167
配列の割合 ………………………73
はけ引き仕上げ ………………120
箱型コンテナ …………………165
バスケットウィーブ …………114
鉢型コンテナ …………………164
白華 ……………………………114
バックガーデン …………………14
バックヤード ……………………90
ハッチング ………………………99
パティオ ……………………36,38,90
花がら摘み …………………167,172

索引

パネルフェンス……126	壁泉……137,202,203	床舗装……106
葉張り……160,162	ベストマンロール……230	湯桶石……206
ハワード城庭園……8	ベランダガーデン……218	輸入材……114
ハンギングバスケット……142,168	ヘリンボーン……114	輸入レンガ……113
ハンギングバスケットマスター……59	辺材……115	ようかん……113
万国博覧会……50	方位のマーク……98	陽樹……147,159
半ます……113	方形石……111	用紙類……95
半落葉樹……147	防水シート……137	用土……169
PGG……20	防草シート……112	擁壁……129
ビオガーデン……230	防腐処理法……116	寄せ植え……166
ビオトープ……230,233	ボウル型コンテナ……164,166	四つ目垣……128,179
控壁……124	ボーダー……11	鎧戸……235
控柱……124	ポーチ……237	
引き出し線……99	北欧材……114	**ら**
ピクチャレスク……10	北欧パイン……115	落葉樹……147
ピケットフェンス……126	北米材……114	ラティス……127
灯障の木……67	保水性……158	乱杭……137
ビシャン……109		乱形石……111
ビス止め……117	**ま**	乱敷……179
飛泉障りの木……67,138	前石……206	ランダム植栽……155
VIVO苗……170	前庭……90	ランドスケープエッジング……112
ヒヤリング・アンケート……88	枕木敷……118	ランドスケープコンサルタント……62
表面炭化法……116	枕木土留め……131	ランニングボンド……114
ピンコロ石……108,111,204	万成石……109	ランプの種類……144
風景式庭園……7,8	磨き……109	Re・ガーデン……173
フェンス……127	御影石……109	リーフカラー……153
フォーカルポイント……67,85	御簾垣……128,199,208	立水栓……204
フォーマルガーデン……6	水極め……162	立体花壇……171
フォーム……172	ミズゴケ……169	立面図……98,100
吹き付け仕上げ……124	水セメント比……120	竜安寺……48
布泉型……206,208	水抜き……129,130	琉球石灰岩……111
普通平板……121	水場……138	琉球トラバーチン……111
普通レンガ……113	水はけ……158,167	緑花石……112
不等辺三角形配置……69,83,154	水鉢……216	緑化木……146
踏面……103	見積調整……93	レイズドベッド……56,77,192,212
プライバシー……81,174	見積り……74,93	レッドシダー……115
プライベートガーデン……12	都林泉名勝図絵……54	レンガ……112
プライベートガーデン・オープン……14	無隣庵……49	レンガ敷のパターン……113
ブラケット……144	明渠排水……158	レンガ積み……130
フランス積み……125	目地心々……120	レンガ積みのパターン……125
プランツファインダー……18	目通り……160,162	ロートアイアン……128
プラントハンター……22	木材……114	鹿苑寺金閣……48
フリーハンド……96	木材保護着色塗料……116	六方石……110
プレゼンテーションガーデン……182	木レンガ舗装……119	ロンドンフラワーショー……21
ブレニム宮庭園……8	モチーフ……79	
フロアーハッチ……145	物置……135	**わ**
ブロック植栽……155	モルタル……120	わい化剤……170
プロフェッショナル・ガーデナーズギルド……20	門扉……132	ワイヤー支柱……162
フロントガーデン……12,14,182,190	門扉の高さ……105	ワイヤーバスケット……168
フロントヤード……90		割石……108
噴水……137	**や**	割肌仕上げ……109
塀……123	焼き過ぎレンガ……113	ワンカラーガーデン……152
塀・フェンスの高さ……104	薬剤塗布法……116	
塀・フェンスの表現方法……101	矢羽積み……129,130	
平板舗装……122	遣水……46	
平面幾何学式庭園……32,35		
平面図……91,98		

■執筆者（掲載順）

赤川　裕（あかがわ ゆたか）■明治学院大学教授

八尋　和子（やひろ かずこ）■園芸ジャーナリスト

澤野　多加史（さわの たかし）■JAPANESE FLORAL&GARDEN DESIGN（英国在住）

平城　好明（ひらき よしあき）■ひらき園芸研究所代表

白幡　洋三郎（しらはた ようざぶろう）■国際日本文化研究センター教授

村田　幸子（むらた さちこ）■（有）フラワービジネス・プラン代表
　〒107-0062　港区南青山2－2－15ウイン530　電話 03（5771）0178

萩野　賢三（はぎの けんぞう）■（株）富士植木　統括部設計室室長

湯浅　剛（ゆあさ つよし）■アトリエ六曜舎代表
　〒182-0011　調布市深大寺北町2－28－5　電話 0424（83）8686

武内　嘉一郎（たけうち かいちろう）■日本ハンギングバスケット協会常任理事

井田　洋介（いだ ようすけ）■（有）アウトテリア民園代表取締役
　〒251-0025　藤沢市鵠沼石上2－8－8　電話 0466（26）1061

長谷川　祐二（はせがわ ゆうじ）■ガーデン＆ファニチャーズ主宰
　〒338-0832　さいたま市西堀8－11－34ベルメゾン103　電話 048（857）8380

岡田　文夫（おかだ ふみお）■城内園作庭舎代表
　〒372-0834　伊勢崎市堀口町308－2　電話 0270（32）7858

榊原　八朗（さかきばら はちろう）■（株）ランドアート代表取締役
　〒156-0043　世田谷区松原2－42－7 YS第二ビル　電話 03（3323）9111

ポール・スミザー（Paul Smither）■（有）ガーデンルームス取締役
　〒181-0005　三鷹市中原2－10－9　電話 0422（46）9298

正木　覚（まさき さとる）■エービーデザイン（株）代表取締役
　〒186-0003　国立市富士見台2－35－2　電話 042（572）8101

杉山　恵一（すぎやま けいいち）■元静岡大学教授（日本ビオトープ協会理事）

神田　隆（かんだ たかし）■フロム・ネイチャー主宰
　〒155-0031　世田谷区北沢2－37－13ハイヒルズ1F　電話 03（3469）8862

（財）日本花の会 花と緑の研究所

設計から楽しむ
ガーデンデザイン入門
2002年7月15日　第1刷発行
2021年9月15日　第4刷発行

企画・編集	一般財団法人　日本花普及センター
企画協力	有限会社　フラワービジネス・プラン
編集協力	公益社団法人　日本家庭園芸普及協会
発行所	一般社団法人　農山漁村文化協会
	〒107-8668　東京都港区赤坂7－6－1
	電話 03（3585）1141（営業）　03（3585）1147（編集）
	FAX 03（3589）1387　振替 00120・3・144478
	URL http://www.ruralnet.or.jp/
	ISBN978-4-540-02121-3
制作・ブックデザイン	編集室りっか・丸楠さゆり
DTP制作協力	赤木隆一　熊野暁
印刷	（株）東京印書館
製本	根本製本（株）

＜検印廃止＞　Ⓒ2002 Printed in Japan
※乱丁・落丁本はお取り替えいたします。定価はカバーに表示。